**Stephen M. Johnson**

**Charakter - Transformation**
Erkennen - Verändern - Heilen

# Stephen M. Johnson

# Charakter - Transformation

## Erkennen - Verändern - Heilen
Aus dem Amerikanischen von Bernhard Maul

*TRANS* **FORM** Verlag 1990

Die Originalausgabe erschien unter dem Titel: "Characterological Transformation: The Hard Work Miracle" im Verlag W.W. Norton & Company, Inc., New York, NY.
Copyright © Norton 1985
Aus dem Amerikanischen von Bernhard Maul.

CIP - Titelaufnahme der Deutschen Bibliothek

**Johnson, Stephen M.:**
Charakter-Transformation : Erkennen - Verändern - Heilen /
Stephen M. Johnson. Aus dem Amerikan. von Bernhard Maul.
- 1. Aufl. - Oldenburg : Trans-Form-Verl., 1990
    Einheitssacht.: Characterological transformation <dt.>
    ISBN 3-926692-17-0

1. Auflage 1990
Copyrigth © by Transform Verlag, Werner Lange
Postfach 4709, 2900 Oldenburg
Printed in Germany. Alle Rechte vorbehalten.
Druck: Fuldaer Verlagsanstalt, Fulda

ISBN 3-926692-17-0

Für Margaret und Merle,
Mama und Papa

# Danksagung

Die Straße, die schließlich zu diesem Buch führte, war lang und mühsam, aber auch lohnend. Ich habe auf ihr viele Lehrer getroffen, die großzügig ihr Wissen und ihre Erfahrung mit mir teilten und auch viele Klienten, die bereit waren, das Risiko einzugehen, mir trotz manigfaltigster Verletzungen, die sie in ihrer Kindheit und Jugend erlitten hatten, dennoch zu vertrauen. Ich möchte an dieser Stelle all jenen Kollegen danken, die mir während großer Strecken meiner Reise zur Seite standen und deren Gegenwart sich in den folgenden Seiten wiederspiegelt. Von diesen haben mich vor allem zwei Psychologen von Anfang an begleitet und unaufhörlich ermutigt, auf meinem Weg zu bleiben und meinem eigenen Urteil zu vertrauen. Sie gaben mir Sicherheit und halfen mir, mir selbst die Treue zu halten. Dank an Dr.phil. Peter Alevizos und Dr.phil. Larry King.

Weitere Begleiter auf meiner Wanderung waren die Leiter und Mitglieder einer Supervisions- und Ausbildungsgruppe. Dr.phil. Edward Muller war viele Jahre lang Gastleiter dieser Gruppe und mein Mentor. Ed zeigte mir, daß es möglich ist, die Theorien von Charakteranalyse, Objekt-Beziehung und Ich-Psychologie zu integrieren. Dr.phil. G.Timothy Scott war jahrelang innerhalb, aber auch außerhalb der Supervisions-Ausbildungsgruppe mein Trainer, vor allem in Bioenergetik. Und ich möchte natürlich nicht die Langzeitmitglieder dieser Gruppe vergessen. Ein Dankeschön an Susan Rutherford, Gypsy Frankl-Podolsky, Debra Jackson, Pollyann Jamison, Richard Klotz, Judith Lindsay und Georgene Ollerenshaw.

Besonders zwei Menschen haben die Produktion dieses Buches ermöglicht. Jane Gantor tippte das Manuskript, kritisierte mich oft hilfreich und ermutigte mich unentwegt. Meine Lektorin Susan Barrows erkannte den Wert meiner Arbeit. Sie redigierte den Text und geleitete ihn durch jede Phase bis zu seiner Fertigstellung. Ihre Kompetenz und Unterstützung haben die Aufgabe, dieses Buch herzustellen, wesentlich erleichtert.

# Inhalt

# Vorwort des Übersetzers

Alles fließt..., auch die Sprache. Indem wir uns verändern, verändert auch sie sich. Die deutsche erstarrte vor langer Zeit im männlichen Artikel. Es gibt in ihr nur den Therapeuten, den Klienten, den Patienten. Die weibliche Seite wird stillschweigend unter den männlichen Teppich gekehrt. (Wir könnten uns jetzt kilometerweit darüber streiten, daß der grammatikalische Genus nicht gleich dem biologischen Sexus ist, was sich tatsächlich umfangreich beweisen läßt. Dabei wird leider immer die Atmosphäre und das Gefühl einer Sprache verdrängt.) Dieses Buch wird vom "Transform-Verlag" herausgegeben. Eine gute Voraussetzung dafür, auch die Sprache zu transformieren. Befreien wir also die männliche Sprachform aus dem Eis der Arroganz. Die neue Wärme wird ihr, und auch uns, nur gut tun.

Ihre Charakterstruktur mit den je nach Geschlecht unterschiedlichen Artikeln und Endungen macht es allerdings nicht leicht, wieder beweglich zu werden. Die "Schrägstrich-Methode" (der/die Therapeut/in) wirft Knüppel zwischen die Lese-Beine und die "Hochstell-Methode" (KlientInnen) erzeugt nicht weniger Probleme. Ich habe mich dafür entschieden, zwischen der weiblichen und der männlichen Form abzuwechseln. Ich glaube, so kommen wir der Realität am nächsten.

Diese Übersetzung hat eine weitere Besonderheit. Wer über Neues redet, muß neue Wörter dafür finden. Aber er muß immer an Altes anknüpfen, damit man ihn versteht. Oft reicht es, die Betonung eines alten Wortes zu verändern, um ein neues daraus zu machen. Die gebräuchliche "Selbstbehauptung" meint z.b. Durchsetzungsvermögen, kann aber auch für unbewegliche Halsstarrigkeit stehen. Zwar wird beim Sprechen das Selbst (aber was ist das, bitteschön?) betonend hervorgehoben, emotional dominiert jedoch die Behauptung, das Haupt, der Kopf. Im Begriff "Selbstbewußtsein" bedeutet "Selbst" alltagssprachlich verstanden die Erfassung des "Ich" durch das eigene Bewußtsein. Im Begriff "Selbstverstümmelung" steht es stattdessen für den Körper. Also was nun? Ich wähle wie Johnson den Bindestrich und schreibe "Selbst-Behauptung". Denn das "Selbst" unterscheidet sich von Körper, Geist und Seele dadurch, daß es alle drei erfaßt. "Selbst-Behauptung" meint die Rückkehr zu unserem wirklichen Selbst, d.h. der Einheit aus Körper, Geist und Seele. Der Bindestrich soll's deutlich machen. Das tut er auch in einigen anderen Fällen. Sprache hat vor allem verständlich zu sein. Ist der Bindestrich dabei eine Hilfe, verwende ich ihn, auch wenn Duden's dagegen sind. Und nun viel Spaß beim Lesen.

Bernhard Maul

(B.Maul arbeitet als Körper-Psychotherapeut und Übersetzer in Berlin.)

# Einführung

Es gibt viele Möglichkeiten, sich an die Probleme des Menschen heranzutasten. In diesem Buch möchte ich Ihnen zwei vorstellen, die normalerweise nur getrennt betrachtet oder sogar als unvereinbar und antithetisch angesehen werden. Ich bin nicht dieser Meinung. Ich glaube im Gegenteil daran, daß sie verbunden werden können und uns in dieser Verbindung mehr nutzen als vorher. *Charakterologische Theorien* sind hauptsächlich psychoanalytisch, klassisch und gewöhnlich innerhalb des Gesichtkreises psychiatrischer Literatur angesiedelt. *Transformationelle Psychologien* leiten sich vorwiegend aus der "human potential movement" ab. Sie sind populär und werden oft mit nicht-professionellen Kreisen assoziiert. Die einen gehen von grundlegenden und ziemlich unwandelbaren Merkmalen aus, die anderen halten sofortige und profunde Veränderungen für möglich. Während die Psychoanalytiker mehr passive Therapiemethoden bevorzugen, sind die Transformer höchst aktiv.

Dieses Buch spiegelt die vielen Facetten dieser Polaritäten wieder und versucht eine Integration der Gegensätze. Das ist die Absicht dieses Buches, obwohl die Integration auch zwischen die beiden Pole und über sie hinaus zu anderen Formen konventioneller und unkonventioneller Heilung übergreifen will. Wesentlich wird immer wieder die Bestärkung der Hoffnung sein, daß wir das Unveränderliche verändern können. Das Wunder ist machbar. Aber es setzt nicht geringe und oft auch harte Arbeit voraus.

Das Buch ist das erste einer Serie, in der ich eine Anzahl von theoretischen und praktischen Ansätzen der Psychotherapie verbinden möchte. Es ist das Ergebnis meiner Suche nach den psychischen Quellen menschlichen Schmerzes und den Potentialen menschlichen Ausdrucks. Als Psychologe habe ich dieser Suche meine Lebensarbeit gewidmet. Als Mensch mit all meinen Anteilen an Schmerz und Potential wurde sie mir zu einer persönlichen Notwendigkeit. Sie machte mich, sowohl empfangend als auch gebend, mit vielen verschiedenen Arten therapeutischen Denkens und Praktizierens bekannt. Immer fand ich etwas Wertvolles. *Jede der großen Schulen hat irgendetwas zu bieten - eine Einsicht, eine Technik, eine nützliche theoretische Sichtweise. Gleichzeitig scheint jeder einiges über die Bedingungen, Umstände und Heilung menschlichen Schmerzes zu fehlen.* Diejenigen, die oft am meisten über die Schmerzen zu sagen haben, wissen am wenigsten von der anderen Seite - von dem Wunder, der Freude und dem Frieden, der uns tatsächlich möglich ist. Jede scheint für die Werte der anderen blind zu sein. Jede untersucht und lehrt nur einen einzigen Teil des Elefanten und glaubt, der Rüssel, der Schwanz, der Fuß oder was auch immer sei das ganze Tier. Jenen von uns, die zumindest schon mal das Positive aus zwei verschiedenen Ansätzen wertschätzen, fällt es oft schwer, eine auch nur annähernd vollständige Einschätzung und Integration von Psychopathologie, Therapie und Gesundheit zu formulieren. Durch eine einzigartige und glückliche Anhäufung von Umständen war es mir möglich, einen theoretischen und anwendungsbezogenen Blick auf die Psychotherapie zu entwickeln, der die Weisheit vieler therapeutischer Schulen nutzt und zur selben Zeit eine solide Verankerung in den Prinzipien charakterologischer Entwicklung und Veränderung liefert.

Wie viele Therapeuten meiner Generation habe auch ich verfrüht der psychoanalytischen Psychotherapie den Rücken gekehrt und mich so gut wie allem anderen zugewandt, bevor ich schließlich doch zu der großen Weisheit dieser Basistheorie zurückfand. Meine frühen Frustrationen und Enttäuschungen mit der psychoanalytischen Theorie und Praxis waren allerdings nicht unberechtigt. Große Teile der psychoanalytischen Schriften sind unnötigerweise diffus. Sie werden von einem ungenauen und oft archaischen Jargon dominiert und wimmeln von unbewiesenen Dogmen.

Im Gegensatz dazu sind etliche der neueren Therapien wie die Transformationale Psychologie, die Verhaltenstherapie, die Rational-emotive Therapie, das Neurolinguistische Programmieren, die Gestalt-Therapie, die Familientherapie usw. zugänglicher, greifbarer und produktiver in den therapeutischen Ergebnissen und das auch noch in angemessenen Zeiten. Andererseits sind ihre Theorien unvollständig und unbefriedigend, ihre Arbeitsergebnisse oft begrenzt, einseitig und sogar nur von kurzer Dauer. Keine gibt uns eine ganzheitliche Sicht, was denn nun die menschliche Krankheit wirklich ist. Sie liefern uns kein Handbuch über die geistige, emotionale und verhaltensgerechte Gesundheit und unser Wohlbefinden. Meistens bietet uns jede nur einen schmalen Blickwinkel auf den Lebensprozeß an, der doch von so Ehrfurcht einflößender Komplexität und Schönheit ist.

Es gab in meinem Leben glücklicherweise Leute, die mir die Psychoanalyse auf menschliche und verständliche Weise vermittelt haben. Sie halfen mir dabei, die zentralen Probleme unseres Lebens zu erkennen und mich darüber zu freuen, wenn es keine mehr waren. Die Ich-Psychologen und besonders die Objekt-Beziehungs-Theoretiker haben eine sehr nützlichen Skizze dieser Kernthemen entworfen. Obwohl die Charakter-Analytiker aus einer anderen Richtung kommen, entwickelten sie eine auf archetypischen Ausdrucksweisen fußende Typologie mit annähernd den gleichen Punkten. Diese Themen begleiten unser ganzes Leben. Wenn wir sie verstehen, verstehen wir die Tragik, die Ironie und das Pathos unserer Existenz. Gleichzeitig werfen wir aber auch die Saat für die Würdigung aus, wie erfüllt, entspannt und schön dieses Leben sein kann. Gefühl und Emotion spielen eine zentrale Rolle in Zeiten der Krankheit und Zeiten der Gesundheit. Auch die gegenwärtige Psychoanalyse betont das. Unser primitives Empfindungssystem steht absolut in der Mitte der Entwicklung unserer Probleme. Die Leute haben, wie der Laie sagt: "emotionale Schwierigkeiten". Wir verstehen den Menschen und seine psychischen Probleme nicht, wenn wir nicht seine Gefühle und seine Emotionalität verstehen.

*Die analytische Entwicklungspsychologie klärt uns über die Ursprünge unserer Kernthemen auf.* Das ist ihr größter Beitrag. Die Themen ergeben sich aus dem Wechselspiel zwischen den fundamentalen Bedürfnissen des kleinen Kindes und den Fähigkeiten seiner Umwelt, sie angemessen zu erfüllen. Die aus der Interaktion folgenden tragischen Enttäuschungen bilden den Schmelztiegel, der die Probleme formt und schmiedet. Das Kind antwortet letztendlich mit Wut, Erschrecken und Kummer, wenn auf seine Basisbedürfnisse nicht adäquat geantwortet wird. Weil es aber nicht ständig in einem Zustand chronischer negativer Emotion leben kann, baut es eine Abwehrstruktur gegen die Gefühle, die zur Lebensunfähigkeit führen würden, auf. Die spezifische Art der Abwehr richtet sich nach der Schwere des Traumas, dem Entwicklungsstand des Kindes und seiner genetischen Stärke oder Schwäche. Das fünfjährige verfügt über größere kognitive, verhaltensmäßige und affektive Möglichkeiten, als das fünf Monate alte. Es wählt eine andere Abwehr als dieses, um seine Gefühle zu vermeiden und mit der Umwelt auszukommen. An den Punkten und Zeiten der Traumata wird die Entwicklung des Ich, des Selbst und der Empfindungsfähigkeiten aufgehalten und in den Charakter einzementiert. Ich werde auf das sehr nützliche Konzept der *Entwicklungshemmung* später noch näher eingehen. Diese grundlegend analytische Sichtweise von Leben und Krankheit fehlt fast überall sonst. Wer zwischen den Zeilen lesen kann oder erfahrenere analytische Lehrer hatte, kann aus der Theorie ein Modell mentaler Gesundheit ableiten. Offensichtlich jedoch gehen die psychoanalytischen und besonders die charakterologischen Beurteilungen der charakteristischen Anpassungsweisen von der negative Seite und von der Krankheit aus. Man kümmert sich recht wenig darum, wohin denn fehlende Pathologie führen kann. Kaum jemand fragt sich, was wir denn wirklich sein könnten und niemand, um was es sich beim Melodram des Lebens überhaupt dreht.

Von der traditionellen charakterologischen Fachsprache ausgehend haben wir die Wahl zwischen folgenden Schrecklichkeiten: oral, schizoid, masochistisch, psychopathisch, narzißtisch, rigide, hysterisch, zwanghaft usw., usf., etc. Natürlich müssen wir die Psychopathologie benennen, um miteinander reden und das Ganze systematisch bedenken zu können. Unglücklicherweise transportieren diese mächtigen negativen Suggestionen Vorurteile und fördern so die Trennung zwischen denen, die wir für gesund und jenen, die wir für krank halten. Ich denke, daß wir bereits genug Erkenntnisse über die

Effekte von negativen Bezeichnungen haben, um wegen der Auswirkungen dieser herabsetzenden Etiketten auf uns selbst und andere besorgt zu sein. Leider muß ich sie auch im weiteren benutzen, weil ich in dieses Buch der Integration weite Felder einbeziehen möchte, die es verdienen, einbezogen zu werden. Aber ich gebrauche sie nur widerstrebend. Stattdessen will ich versuchen, mitfühlendere und kommunikativere Worte zu finden. Ich fange gleich damit an, indem ich die Bezeichnungen auf die ätiologischen Traumata beziehe, die die Kernprobleme auslösten. Hoffentlich fördern solche Termini ein bißchen mehr die Sympathie für unsere eigenen Probleme und die von anderen Leuten als jene Aufschriften, die sich von den typischen Konsequenzen der krankheitsverursachenden Faktoren ableiten. Die Oralität z.B. entwickelt sich als Reaktion auf Ablehnung, Verlassenheit und die versteckte oder offene Forderung, möglichst schnell und damit zu früh aufzuwachsen. Lassen Sie uns den Oralen als Menschen betrachten, der mit den Folgen seiner Vergangenheit kämpft und nicht als jemanden, der infolge *einer* von vielen möglichen Arten der Anpassung an eine solche Geschichte nur fordert, jammert, klammert, saugt und sich unterwürfig verhält. So stimulieren wir meiner Meinung nach wesentlich mehr den Heilungsprozeß als andersherum. Was ist den Menschen möglich? Diese Frage sollten wir uns vor allem stellen. Wissen denn die klassisch ausgebildeten Analytiker wirklich wie der genitale Charakter mit beständiger Objekt-Konstanz tatsächlich handelt? Aber auch wenn sie es wüßten, würde das denn all den Reichtum, die Komplexität und die Schönheiten erklären, die uns möglich sind? Wenn wir mehr darauf achten würden, wohin wir gehen, hätten wir vielleicht größere Chancen, dort auch anzukommen.

Viele der neueren Ansätze haben allerdings noch weniger darüber zu sagen als die psychoanalytischen Schulen. Die Verhaltenstherapeuten und kognitiv arbeitenden anscheinend überhaupt nichts. Wir müssen uns mit unseren Fragen der "dritten Kraft" zuwenden, den humanistischen und erfahrungsorientierten Therapeuten. Viele der in der wissenschaftlich, kühl-abwägenden Tradition ausgebildeten und erzogenen Kollegen jedoch rümpfen über einen Großteil des in diesem Bereich erstellten Schrifttums nur die Nase - zu viel Zuckerwatte, zu unspezifisch, unbewiesen und auch noch ...romantisch. Ich habe das bei etlichen Gelegenheiten selbst erlebt und nicht selten waren diese Reaktionen auch berechtigt. Mir lag deshalb viel daran, andere, bessere Wege zu finden. *Gerade die Objekt-Beziehungs-Theorie und die Charakteranalyse helfen uns, unsere eigenen angeborenen, menschlichen Bedürfnisse mehr zu beachten und höher einzuschätzen. Denn sie schauen eher darauf als jemand, dessen Bedürfnisse erfüllt worden sind und immer noch erfüllt werden, tatsächlich aussieht.* Die Freuden eines sich weiterentwickelnden Schizoiden sind anders als die Freuden des erneut wachsenden

Rigiden. Die Unterschiede können jedoch konkret beschrieben werden, und es ist möglich auf dieser konkreten Ebene Begriffe zu bilden. Durch die Konkretheit in Beschreibung und Erörterung will ich den glühenden Ergüssen über das menschliche Nirwana entfliehen, ohne das Ziel positiver menschlicher Gesundheit aus den Augen zu verlieren.

Im ersten Kapitel biete ich Ihnen meine theoretische Integration von Objekt-Beziehungs-Theorie, Ich-Psychologie und Charakteranalyse an. Es handelt sich dabei um kurze Zusammenfassungen der psychoanalytischen Entwicklungstheorie, (die sich hauptsächlich auf die Arbeiten von Mahler, Spitz und anderen aus den Schulen von Objekt-Beziehung und Ich-Psychologie stützt) und der charakterologischen Theorie, (die ich vorwiegend von Reich, Lowen und weiteren Bioenergetikern ableite). Außerdem werde ich einige Begriffe definieren, die in diesem Buch und den folgenden immer wieder gebraucht werden, z.B. das *Ich*, das *Selbst*, die *Strukturen der Ich-Organisation* usw. Der Rest des ganzen Textes rankt sich dann jeweils um eine der archetypischen Charakterstrukturen. Sie wird immer im Hinblick auf eine Integration (also einer Verbindung von einzelnen Teilen zu einem höheren Ganzen) von Charakteranalyse und Objekt-Beziehungs-Theorie gesehen, untersucht und erörtert. Die Darstellung folgt dem Schema:
- Ursachen
- Gefühle, Verhaltensweisen, Erkenntnisse
- Energetischer Ausdruck
- Therapeutische Ziele
- Therapeutische Techniken

Wir werden uns also bei jeder charakterologischen Klassifikation die Ätiologie während der Entwicklung des Kindes anschauen und dabei das Konzept der Entwicklungshemmung benützen. Danach kommen die *affektiven Probleme* des jeweiligen Typus, aber auch seine Pluspunkte. Dann das *Verhalten*, das soziale Funktionieren und die *kognitiven Fähigkeiten*. Beim energetischen Ausdruck ziehe ich überwiegend reichianische und bioenergetische Erkenntnisse heran, um die körperlich sichtbaren Abwehrformen zu beschreiben. Danach schlage ich therapeutische Interventionen auf der Körperebene vor. Es folgt eine Aufstellung der Ziele und schließlich der nützlichen Techniken aller wichtigen, gegenwärtigen Schulen der Psychotherapie wie Psychoanalyse, Transaktionsanalyse, Bioenergetik, Ich-Psychologie, Gestalt-Therapie, Hypnose, Klienten-zentrierte Therapie, Verhaltensveränderung, Strategie-Therapie, Rational-emotive Therapie, Familientherapie und Neurolinguistisches Programmieren. Ich halte dieses Schema für ein wertvolles heuristisches Hilfsmittel, mit dem wir jede Fallstudie gut untersuchen können. Ich habe es immer als nützliches Muster bei Falldarstellungen in der Supervision aber auch bei anderen Gelegenheiten empfunden und empfehle es Ihnen zum Gebrauch auch außerhalb der Thematiken dieses Buches. Aber noch einmal kurz zu Affekt, Verhalten und Erkenntnis. Wir können einen Charaktertypen beschreiben, indem wir seine charakteristischen Gefühle, seine Verhaltensweisen und Gedankenprozesse skizzieren. Umgekehrt können wir die großen psychotherapeutischen Schulen danach einordnen, wie sie Affekt, Verhalten und Erkenntnis berücksichtigen. Natürlich können ihre verschiedenen Techniken offensichtlich jeden dieser Bereiche teilweise oder auch ganz berühren und beeinflussen, aber offensichtlich ist doch auch, daß sich z.b. psychoanalytische und ebenso Gestalt-Arbeit mehr auf die affektive Erfahrung beziehen, während die Verhaltensveränderung und die Strategie-Therapie mehr auf die Veränderung des Verhaltens abzielen. Ganz ähnlich richtet sich das Neurolinguistische Programmieren und die Rational-emotive Therapie ausschließlich auf die kognitiven oder gedanklichen Prozesse. Diese Ansätze zu integrieren bietet Vorteile. Wir können sie ganz selektiv dazu benutzen, um entwicklungsmäßige Verletzungen in jedem spezifischen Bereich zu heilen. Sie haben also ein Buch der Integration von Theorie und Praxis vor sich. Es bietet gleichzeitig eine Struktur an, die wir dazu gebrauchen können, einen Menschen zu verstehen und ihn zu behandeln. Dieses Buch ist Charaktermodellen und Modellen therapeutischer Techniken gewidmet. Alle Modelle sind stark vereinfachte und unvollständige Darstellungen dessen was wirklich ist. Sie sind nützlich, aber nicht wahr. Wenn wir Charaktertypen diskutieren, diskutieren wir in Wirklichkeit archetypische menschliche Themen. Jeder einzelne Mensch präsentiert eine einzigartige Zusammenstellung von Antworten auf diese Fragen. Aber er ist doch noch so viel, viel mehr. Es gibt keine reinen schizoiden Charaktere in dieser Welt, aber die Kenntnis des schizoiden Themas hilft uns dabei, es im Menschen, der leidet, zu entdecken und zu behandeln. Die gleiche Person wird jedoch auch von der Arbeit an anderen Fragestellungen profitieren.

Techniken beschreibe ich ganz bewußt nur kurz. Ich glaube, daß sie dadurch leichter zu lernen und ihre Kernstücke einfacher zu greifen sind. Denn letztlich kommt es doch in der täglichen Praxis auf den flüssigen Gebrauch der Basisprinzipien an, die jeder Technik unterliegen. Therapie nach Kochbuch klappt nicht. Aber wenn der Therapeut die Standard-Prozeduren erst einmal befolgt, wird es ihm möglich, ihre Prinzipien und Techniken in seine Arbeit zu integrieren. Ob er sie dann auch benutzt, hängt von den Reaktionen des Klienten ab. Therapie ist immer ein dynamisches Wechselspiel zwischen Menschen. Es wird nur ein wenig von den Modellen beeinflußt, mit dem wir es verstehen.

Korzybski schrieb:"Die Landkarte ist nicht die Landschaft." In der Psychotherapie können wir ergänzen: "Schau' mit deinen Augen während der Fahrt auf die Straße, nicht auf die Karte."

# Kapitel 1

# Objekt-Beziehungstheorie und Charakteranalyse

Ein Psychoanalytiker ist jemand, der vorgibt, er wisse nicht alles.

- Anonymus -

In diesem Kapitel möchte ich zwei Bereiche psychoanalytischen Denkens, die in ihrer Essenz vereinbar sind, sich aber unabhängig voneinander entwickelt haben, darstellen und beginnen, sie zu integrieren. Die *Objekt-Beziehungs-Schule* wird von Forschern, die die *Entwicklungsprozesse des Kindes* beobachten und von Analytikern, die dieses Material in ihr Verständnis der Psychopathologie des Erwachsenen einfügen, gebildet (z.b. Horner, 1979; Jacobson, 1978; Kernberg, 1981; Kohut, 1973; Mahler, 1986; Masterson, 1980; Spitz, 1989; Winnicott, 1988). Ihre Theoretiker konzentrieren sich auf die Ich-Entwicklung und die Auswirkungen von Traumata. Daneben betonen sie gleichermaßen stark das *Objekt* (sprich: Bezugsperson, Mutter, Vater, etc.) und die Effekte von heftigen Erschütterungen in der Beziehung zu ihm während der frühen Kindheit. Sie forschen auch zur Natur der Übertragung in der Therapie.

Die *Charakteranalytische Schule* wurde von Wilhelm Reich gegründet (1988) und besteht gegenwärtig aus Autoren wie Alexander Lowen (1988), Stanley Keleman (1982) und David Boadella (1977). Sie beschäftigt sich hauptsächlich mit den durch die Umwelt (im Sinne von Umgebung) ausgelösten Traumata und deren Auswirkungen auf die Entwicklung des Charakters. Sie ist eine der wenigen Schulen, *die sich um die energetischen oder körperlichen Konsequenzen von Traumen und der sie begleitenden Entwicklungshemmungen kümmern.*

Obwohl beide Schulen aus einer ähnlichen analytischen Tradition stammen, beziehen sie sich auf verschiedene psychopathologische Phänomene. Das macht ihre Integration etwas schwierig. Die *Objekt-Beziehungs-Theoretiker* konzentrieren sich vorwiegend auf die Krankheitsursachen, Merkmale auf die Behandlung von narzißtischen Charakterstörungen und Borderline, die *charakteranalytischen Theoretiker* auf die fünf Basis-Charakterstrukturen: schizoid, oral, psychopathisch, masochistisch und rigide. Es gab zwar schon theoretische Kontroversen darüber, ob der Borderline- und der narzißtische Charakter auch in andere Bezugssysteme passen (Horner, 1979; Muller, 1982), aber die Integration ist schwer. Borderline ist leider nicht für jeden gleich Borderline. Die Literatur enthüllt ziemliche Definitionsunterschiede (Perry & Klerman, 1978). Ich werde dennoch in diesem Kapitel und auch den folgenden eine Integration dieser charakterologischen Phänomene versuchen.

Sieht man einmal von den durch die verschiedenen Definitionen verursachten Verwirrungen und Kontroversen ab, passen die beiden Schulen ganz gut zusammen. Obwohl die Charakteranalytiker die Natur des Umwelt-Traumas und die darauf folgende energetische oder körperliche Panzerung betonen, erkennt ihre Theorie auch entwicklungsbedingte Faktoren bei der Charakterbildung an. Die Objekt-Beziehungs-Theoretiker betonen ihrerseits die Evolution von Ich-Fähigkeiten. Im speziellen sind das Abwehrmechanismen und zunehmend komplexere, kognitivere Repräsentationen des eigenen Selbst, der anderen und der materiellen Welt. Ihre evolutionäre Skizze der Ich-Entwicklung zeigt wie die Ich-Störung funktioniert und wie sie behandelt werden kann. Das gilt nicht nur für Narzißmus oder Borderline, sondern auch für andere Diagnosen.

Zuerst nun eine Zusammenfassung des uns von Mahler, Spitz und Bowlby gegebenen Musters der frühen Kindheitsentwicklung. Danach der charakteranalytische Ansatz, der ja von der universellen Natur der Reaktion des jungen Menschen auf die Frustration seiner natürlichen Bedürfnisse und evolutionären Prozesse ausgeht. Diesem generellen Überblick folgen Umrisse spezieller Charakterstrukturen, die sich aus der Integration von Charakteranalyse und Objekt-Beziehungs-Theorie ergeben. Schließlich werde ich eine Sammlung der Möglichkeiten, die eine solche Integration für die Diagnose und Heilung von Entwicklungshemmungen innerhalb der Psychotherapie bietet, offerieren. In dritten Abschnitt mit dem Titel "Perspektiven der Ich-Psychologie" geht es um die Diagnose der Ich-Funktionen und die Behandlung. Die einzelnen Charakterstrukturen bilden das Schema dieses Buches. Ich werde jede ausgiebig analysieren und bei jeder für die Bereiche von Affekt, Verhalten und Erkenntnis Behandlungsmöglichkeiten empfehlen.

## Die Perspektive der Objekt-Beziehungs-Theorie

Die Objekt-Beziehungs-Theorie hat zwei wesentliche Beiträge zum Verständnis des menschlichen Lebensprozesses und seiner Krankheiten geleistet. Zum einen bietet uns ihre Literatur einen Überblick über die Phasen der frühen Kindheitsentwicklung mit besonderer Betonung der kognitiven und sozialen Faktoren. Vor welchen Aufgaben steht die Entwicklung? Was passiert, wenn sie sie nicht vollständig lösen kann? Das Konzept der Entwicklungshemmung erklärt in Analogie viele Probleme des Erwachsenen. Dessen "Trennungsangst" ist natürlich nicht genau die gleiche wie die "Trennungsangst" des Kleinkindes, die im siebten Monat entsteht. Die Ähnlichkeiten sind jedoch aufschlußreich. Es ist sehr sinnvoll, die menschlichen Entwicklungsaufgaben und -probleme in ihren Anfängen, ihren ersten Äußerungen und ersten Lösungen zu untersuchen. Wenn der Erwachsene sie noch nicht gelöst hat, war es dem Kind in der entsprechenden Entwicklungsperiode ebenfalls nicht gelungen. Wenn wir wissen, wie Kinder ihre speziellen Fragen typischerweise lösen, können wir dem Erwachsenen helfen, seine übriggebliebenen Fragen zu beantworten.

Mit dieser Struktur können Therapeut und Klient alle kognitiven und emotionalen Schwierigkeiten betrachten. Ich benutze sie in meiner Praxis sehr gerne für Erklärungen. Es erleichtert vielen Klienten, eine Erklärung für ihre Schwierigkeiten zu bekommen. Es hilft ihnen, sie energischer anzugehen. Die Erklärung gibt ihnen eine Orientierung. Sie gibt ihnen ein Ziel für die Arbeit und führt sie zu der Tatsache, daß es oft um die sehr jungen und sehr verängstigten kleinen Kinder in sich selbst geht. Das fördert ihre Geduld mit sich selbst und den "irrationalen" und "kindischen" Reaktionen, wegen denen sie meistens in die Therapie gekommen sind. Es hilft ihnen, sich selbst mehr zu unterstützen und zu nähren.

Die Theorie beschreibt also *erstens* wie das Kind, als heranwachsendes menschliches Wesen, jede seiner Entwicklungsaufgaben meistert. Z.B. benutzt das neun Monate alte Kleinkind "Übertragungsobjekte" (einen Teddybären oder ein flauschiges Tuch, etc.) um sich selbst zu beruhigen und zu trösten, wenn die Mutter nicht da ist. Es lernt seine Trennungsangst zu tolerieren und erlebt, daß Mama ja doch immer wieder kommt. Schließlich internalisiert es die nährenden Funktionen der Übertragungsobjekte. Es entwickelt eine solide innere Repräsentation der Mutter und damit viele ihrer hegenden und pflegenden Handlungsweisen. Allgemein gesprochen: Wem als Erwachsenen eine "Masche" fehlt, der muß sie im therapeutischen Kontakt "nachstricken." Genau hier bietet die Objekt-Beziehungs-Theorie aufeinanderfolgende und detaillierte Erklärungsmuster der Kindheitsentwicklung an. Sie liefert wertvolle Analogien zum Verständnis und zur Behandlung von Mängeln generell, aber auch im Einzelfall.

Die Theorie analysiert *zweitens* bestimmte kognitive Erscheinungsweisen oder sogenannte Ich-Funktionen. Blanck und Blanck (1989) empfahlen für die klinische Behandlung eine "deskriptive Entwicklungsdiagnose." Sie meinen damit eine breit angelegte Diagnose der Ich-Funktionen aus der Sicht ihrer Entwicklung. Das heißt, wir sollen erst den Entwicklungsstand solcher Ich-Phänomene wie Realitätsprüfung, Entscheidungsfindung, Befriedigungsaufschub, Selbst-Repräsentation, Objekt-Repräsentation, charakteristische Abwehrmechanismen usw. einschätzen, um sie dann von dieser

Diagnosebasis ausgehend zu "reparieren." In diesem Bereich schlägt die Objekt-Beziehungs-Theorie, oder erweitert gesprochen, die Ich-Psychologie, eine ganz wichtige Brücke zwischen der psychoanalytischen Theorie und den modernen kognitiven und verhaltensbezogenen Behandlungsansätzen. Die kognitiven Strategien des Neurolinguistischen Programmierens oder die aktiven Techniken der Verhaltenstherapie können einiges zur Wiederherstellung der Anpassungsfunktionen beitragen. In der analytischen Literatur konzentriert man sich gegenwärtig sehr auf die Borderline-Pathologien. Dabei wird das Bedürfnis nach reparativen und erzieherischen therapeutischen Prozessen eminent deutlich. Die Behavioristen und Kognitivisten arbeiten auf diesem Gebiet schon lange. Sie haben bereits einige wirklich effektive Methoden entwickelt.

Nun aber ein Blick auf die Entwicklungstheorie. Nachdem ich sie mit den Einsichten der Charakteranalyse verbunden habe, gebe ich im Abschnitt "Perspektiven der Ich-Psychologie" eine Übersicht der Entwicklungsdiagnose via Charakterstruktur.

### Der Autismus (Geburt - 6./8. Woche)

Die autistische Phase umfaßt die ersten beiden Lebensmonate. Sie heißt so, weil das Baby kaum auf äußere Stimuli reagiert. Es ist, als flüchte es sich hinter eine "Stimulus-Barriere." Es reagiert hauptsächlich auf seine inneren Bedürfnisse und auf Frustrationen und scheint ausschließlich auf instinktiver Grundlage zu handeln. Es quengelt nach der Brust, aber erkennt sie nicht, wenn sie ihm angeboten wird. Die Funktion der Erinnerung arbeitet während dieser frühen Zeit nicht. Das Baby ist nicht fähig, die Bedürfnisbefriedigung mit der Quelle, aus der sie sprudelt, zu identifizieren. Es nimmt daher auch keine spezifische Verbindung mit dieser Quelle auf. Wir sprechen vom sogenannten undifferenzierten Stadium:
1. Das Kleinkind differenziert nicht zwischen sich selbst und dem Rest der Welt.
2. *Es benimmt sich so, als nähme es nicht die geringsten Unterschiede zwischen den Objekten innerhalb dieser Welt wahr.*
Die Hypothese ist: Das Baby erlebt die Befriedigung seiner Bedürfnisse innerhalb seines eigenen "omnipotenten autistischen Raums", in ihm und aus ihm heraus entstehend. Es will, daß sein Hunger und einige andere Wünsche befriedigt werden. Währenddessen ist es nur halbwach. Danach schläft es sofort wieder ein.

Pearce (1977) behauptet, die autistische Phase ist in Wirklichkeit nicht angeboren, sondern vielmehr das Resultat eines durch die typischen Geburtshilfeprozeduren der westlichen Kulturen erzeugten Traumas. Seine Argumentationen sind ziemlich überzeugend. Er zitiert u.a.. die Arbeiten von Gerber (1958), der natürliche Geburtspraktiken in Afrika studierte. Dort werden die Kinder generell zu Hause geboren und nie von ihren Müttern getrennt. Sie erhalten stattdessen in den ersten Tagen ihres Lebens ständige liebende Aufmerksamkeit. Diese Kinder sind fast sofort nach der Geburt ausdrucksstark und reagieren. Sie lächeln spätestens vom vierten Tag an. Pearce berichtet, daß der Verfechter der natürlichen und sanften Geburt, Frederick Leboyer, das Lächeln sogar schon zwölf Stunden nach der Entbindung beobachtete.

Erzeugt oder angeboren, das autistische Stadium ist jedenfalls in unserer Gesellschaft noch die beobachtete Norm und wird es wohl auch noch bleiben. Obwohl das Baby autistisch erscheinen mag, finden dennoch wichtige Lernprozesse statt. Der körperliche Kontakt mit der Pflegeperson erscheint sehr wichtig! Ist er da, haben Stimuli, von denen es ohne diesen Kontakt erschreckt und zum Schreien veranlaßt wird, überhaupt keinen oder nur einen geringen Effekt. Es erträgt größeres Unwohlsein und mehr Schmerzen. Eltern wissen, daß Verdauungs- und andere Störungen durch Halten oder wiegen gemildert werden. Obwohl Babys möglicherweise die Quellen menschlichen Kontaktes noch nicht unterscheiden, sind Kinder, die zuwenig mütterliche Pflege erfahren haben, weniger sicher und leichter irritierbar als die anderen. Auch wenn es also nicht so aussieht, als geschähe während dieser Periode sehr viel, lernt das Kind doch eine Menge. Denn eines schönen Tages lächelt es plötzlich, wenn es ein menschliches Gesicht *erkennt,* woraus wir schließen, daß es nun dieses Objekt von anderen unterscheidet.

## Vom Autismus zur Symbiose (2. - 6. Monat)

Dieses Lächeln nach etwa zwei Monaten ist ein entwicklungsmäßiger Einschnitt. Es kennzeichnet den Beginn von menschlichen, psychologischen Beziehungen. Es ist natürlich nicht das erste. Aber es unterscheidet sich von anderen, weil es das Lächeln des Erkennens und Differenzierens ist. Wir nehmen an, daß die wiederholten Befriedigungen, die mit dem menschlichen Gesicht assoziiert werden, nicht nur die frühe Unterscheidung von anderen Objekten ermöglicht, sondern auch die Natur der Reaktion bestimmt, nämlich zu lächeln.

An diesem Zwei-Monats-Punkt kann *das Kind* noch nicht zwischen dem Gesicht seiner primären Bezugsperson und anderen unterscheiden. Aus seinem Verhalten schließen wir, daß während der symbiotischen Periode eine Repräsentanz aus der Verschmelzung zwischen ihm selbst und der Pflegeperson entsteht. Mahler, Pine und Bergman (1988) schreiben: "...das Kind benimmt sich und funktioniert, als ob es und seine Mutter ein omnipotentes System wären - eine Zweieinigkeit mit nur einer einzigen gemeinsamen Grenze." In dieser Phase wird genauso an der verschmolzenen Repräsentation gearbeitet wie vorher während der autistischen Periode, an der Unterscheidung des menschlichen Gesichts von anderen Objekten.

Auf jeder Stufe ähnelt das Baby einem Studenten mit einem schwierigen theoretischen oder mathematischen Problem. Es muß jeden Tagen lernen, üben und die grundlegenden Sachen wiederholen. Eines Tages fällt dann alles in seinen richtigen Platz und es "klickt." Die Erkenntnis ist da, die Einsicht, die Unterscheidungsfähigkeit. Doch das dauert, geht nur langsam voran und braucht eine Menge Erfahrungen. Die Herstellung einer gesunden Symbiose beginnt mit etwa zwei Monaten und konsolidiert sich um den fünften oder sechsten herum. Stolpersteine sind die nicht-verbalen Hinweise des Kindes.

Mit ihnen will es auf seine Bedürfnisse, Spannungen und Freuden aufmerksam machen. Je klarer und offensichtlicher es sie zeigen kann und je sensibler und besser die Mutter antwortet, desto fester wird die symbiotische Verbindung. Die ist für eine gesunde Entwicklung all dessen, was danach noch kommt, notwendig. Mahler, Pine und Bergman (1988) vergleichen die beiden Partner dieser Symbiose mit zwei Polen, die die organisierenden Eigenschaften des Ego strukturieren.

Die solide Verbindung der beiden Pole liefert ein doppeltes Informationsnetzwerk, innerhalb dessen die Erfahrungen des Kindes letztlich zu "klaren und vollständigen Repräsentationen" geformt werden. Spitz (1989) bezeichnete die Mutter als das Hilfs-Ich des Babys. Ihre Rolle bestehe darin, das Kind in einer sicheren Realität zu erden, aus der schließlich ein solider Sinn für sich selbst, die anderen und die Welt der Objekte erwachsen könne. In einer sicheren Symbiose entwickelt es eine "vertrauensvolle Erwartungshaltung" (Mahler, Pine & Bergman, 1988) gegenüber der Welt, die durch die Mutter repräsentiert wird. Das mütterliche Halten und Stabilisieren bildet "das symbiotische Organisationsfeld - als Hebamme der Individuation und der psychologischen Geburt" (Mahler, Pine & Bergman, 1988).

Während das Kind in der Symbiosephase kaum erkennen läßt, daß es seine Bezugsperson von anderen Menschen unterscheidet, baut es jedoch währenddessen seine Fähigkeit dazu auf. Sobald sich die Symbiose gefestigt hat (fünfter bis sechster Monat), zeigt es sie. Von nun an bleibt es immer weniger das passive Knuddelkind. Es erforscht und prüft das Gesicht der Mutter, es drückt gegen ihre Brust usw. Es beginnt, sie zu studieren. Es arbeitet an dem Puzzle der Unterscheidung.

# Die Differenzierung (6. - 10. Monat)

Die Phase der Differenzierung als erster Stufe der Ablösung und Individuation beginnt ungefähr im sechsten Monat. Das Baby versucht, sich von der Mutter wegzudrücken, um sie klarer zu sehen. Die zu einer vollkommen getrennten Identität führenden Entwicklungsprozesse setzen sich von nun an bis etwa zum Alter von zweieinhalb Jahren beständig fort und für einige auch darüber hinaus. In der Differenzierungs- oder Unterscheidungsphase fängt das Kind an, seine Aufmerksamkeit nach außen zu richten. Wenn die Symbiose sicher war und eine "gute Verankerung" aufgebaut hat, von der aus sich das Kind nun "über die symbiotische Umlaufbahn hinaus ausdehnen kann" (Mahler, 1986), verläuft diese Verschiebung der Aufmerksamkeit allmählich, ruhig und glatt.

Die Selbst-Respräsentation bleibt zwar immer noch mit der Objekt-Repräsentation verschmolzen, aber das Kind beginnt, die spezifische Identität des anderen Teils der symbiotischen Einheit zu unterscheiden. *Es bildet ein ganz eigenes Lächeln des Wiedererkennens für die bemutternde Person heraus.* Wir schließen daraus, daß eine besondere Verbindung zu ihr entstanden ist. Das Kind unterscheidet sie von anderen Menschen. Der Same für die Trennung von der Symbiose ist gesät. Fremde werden als solche erkannt. Sie sind eben nicht die mütterliche Bezugsperson. Kinder mit einer guten symbiotischen Verbindung neigen dazu, Fremde mit Neugier und Verwunderung zu betrachten, während sie sich immer wieder mit Blicken bei der Mutter rückversichern. Kinder, die wegen einer weniger sicheren Symbiose weniger Vertrauen haben, zeigen Angst und sogar Streß, wenn sich ihnen ein Fremder nähert oder sie gar trägt (Mahler, Pine & Bergman, 1988). Wir befinden uns im Moment im achten Monat. Deshalb heißt diese Reaktion die "Acht-Monats-Angst". Vorher hätte jeder warme Körper zum Halten und Schaukeln ausgereicht. Aber nun werden Unterschiede erkannt und die Mutter vorgezogen. Von nun an geht es um mehr als die materiellen Befriedigungen von Wärme und Nahrung. Von nun an ist das Kind mit einer ganz besonderen Quelle dieser Mittel "verbunden".

Jetzt werden auch Verbindungen mit Objekten wie Teddybären und Kuscheltüchern aufgenommen. Solche "Übertragungsobjekte" dienen dazu, die Angst zu vermindern, wenn Mama mal nicht da ist. Die Angst vor der Trennung signalisiert den Beginn der Selbstwerdung. Das Kind nimmt langsam wahr, daß es von Mama trennbar und deshalb tatsächlich getrennt ist. Die Trennungs-Angst kann es in eine Panik gleichbedeutend mit der Auflösung des Selbst stürzen, wenn die symbiotische Einheit bedroht ist. Der Ärger beginnt dann, wenn die symbiotische Einheit nicht stark genug, nicht befriedigend genug war, oder das Kind, aus welchem Grund auch immer, noch "Brutzeit" braucht und nun frühreif oder abrupt die Trennung vollziehen muß (Mahler, 1986). Wir nehmen an, wie ich später noch detaillierter ausführen werde, daß schizoide und orale Charakterstrukturen durch Störungen in der Zeit von der Geburt bis durch die Differenzierungsphase hindurch entstehen. Eine integrierte Objekt-Beziehungs-Theorie und Charakteranalyse vermutet, daß die beiden Pathologien durch Mängel in der frühen symbiotischen Verbindung und durch Störungen ihrer Auflösung gebildet werden.

### Einübung in die Realität (10. - 18. Monat)

Zwischen dem zehnten und achtzehnten Entwicklungsmonat tritt die Übungsphase ein. Das Kind ist zunehmend mit dem Wachstum seiner autonomen Funktionen und der daraus folgenden Meisterung der Welt beschäftigt. Es lernt mehr, nimmt mehr wahr, unterscheidet mehr und ... es beginnt sich aufzurichten. Wahrscheinlich für es selbst seine wichtigste und beeindruckendste Leistung. Am Anfang krabbelt es noch im Sicherheitsbereich der Eltern. Es probiert seine Fähigkeiten aus und erforscht seine direkte Umgebung.

Aber mit der Zeit durch das Wunder des Wachstums und seine Ausdauer bei Versuch und Irrtum lernt es zu gehen. Mit dieser neuen Fähigkeit erwirbt es eine vollkommen neue Sicht der Welt. Das sind, wie Beobachter sagen, ganz besondere Blütezeiten im Leben des Kindes. Es scheint "eine Liebesaffäre mit der Welt" (Greenacre, 1957) zu haben und "fasziniert von seinen eigenen Kräften und der Großartigkeit seiner Welt" (Mahler, 1972, S.7) zu sein. Bei seinen "Forschungsreisen" kümmert es sich kaum um Knüffe und Püffe, um einen Sturz oder um Frustrationen. Es zeigt eine ungezügelte Lust am Leben und erfreut sich seiner eigenen Kapazitäten und Entdeckungen. *Es scheint sogar die Gegenwart der Mutter zu vergessen. Aber immer wieder kehrt es zu ihr zurück.* Immer wieder braucht es ganz offensichtlich ihre körperliche Nähe, wie um sich aufzuladen. Sind die Eltern allerdings nicht da, verlangsamt es seine Geschwindigkeit und kehrt sich nach innen.

Aus Experimenten schließen wir, daß das Kleinkind nun auch beginnt, sich Objekte, die es nicht sehen kann, vorzustellen. Es baut so Repräsentationen auf, die schließlich in solide und getrennte Repräsentationen von sich selbst und den anderen münden. Die Großartigkeit des Kindes und der Glaube an seine eigene magische Allmacht leiten sich aber immer noch "in beträchtlichem Ausmaß von seinem Gefühl ab, daß es die magischen Kräfte der Mutter teilt" (Mahler, 1986). Die "symbiotische Zweieinigkeit" und die "aufgeblasene Empfindung der Omnipotenz" bestehen weiterhin. Sie gründen sich in den mit den magischen Fähigkeiten der Mutter verschmolzenen heranwachsenden autonomen Funktionen und spiegeln sich in der Selbst-Repräsentation. Die Welt ist die Auster des Kindes.

## Die Wiederannäherung (15. - 24. Monat)

Die Periode der Wiederannäherung dauert ungefähr vom fünfzehnten bis zum 24. Monat. Ab etwa dem fünfzehnten Monat möchte das Kleinkind seine Entdeckungen mit der Mutterfigur teilen. Es begreift sie nun zunehmend mehr als unabhängige Einheit denn als bloße Ausweitung oder "Heimatbasis" des eigenen Selbst. Ein untrügliches Zeichen dieser Wandlung ist seine neue Gewohnheit, der Mutter ständig Dinge zu bringen und ihren Schoß mit seinen Entdeckungen zu füllen. Das Kind braucht jetzt nicht mehr so sehr die "Aufladung", sondern eher das Interesse und die Beteilung an der Forschungsreise. Im Laufe dieser Verschiebung nimmt es seine Getrenntheit von den anderen noch stärker wahr. Sein Interesse an der sozialen Interaktion wächst. Mit 18 Monaten kann es aufrecht stehen. Es wird vom Erlernen dieser autonomen Funktion kaum noch vereinnahmt. Es ist unabhängiger denn je, und je mehr sich seine kognitiven Fähigkeiten entwickeln, desto mehr wird es sich der Trennung bewußt. Aber trotz entwickelterer und sich immer noch verstärkender geistiger und motorischer Fähigkeiten, scheint es auch verletzlicher zu werden. Es ist nicht mehr unempfindlich für Frustrationen und Verletzungen, sondern stattdessen wiederholt enttäuscht, wenn die Mutter nicht sofort an seiner Seite steht, wenn es hingefallen ist. Es zeigt vermehrte Angst vor der Trennung und vergißt nun keinesfalls, ob die Mutter da ist oder nicht. Es entwickelt ein mehr oder weniger konstantes Interesse daran, wo sich Mama befindet und verbringt viel Zeit damit, ihr zu folgen, sich ihr zu nähern, ihr Dinge zu zeigen und ihre Aufmerksamkeit zu erregen. *Das Kind beginnt, die Frustrationen des Lebens wirklich zu erleben.* Es muß sich mit dem Fakt auseinandersetzen, sich selbst während der omnipotenten Hoch-Zeit der Übungs-Phase überschätzt zu haben. Es erkennt langsam, daß es nicht allmächtig und nicht mit der Mutter verschmolzen ist und sich auch nicht im Besitz ihrer magischen Kräfte befindet. Das Bewußtsein dieser Trennung konfrontiert es mit seiner Hilflosigkeit. Mahler (1972, S.9) schreibt:

*"Gerade auf der Höhe seiner Meisterschaft ... beginnt dem Kleinkind zu dämmern, daß die Welt **nicht** seine Auster ist; daß es mehr oder weniger **auf sich selbst gestellt** mit ihr fertig werden muß; sehr oft als relativ hilfloses, kleines und eigenständiges Individuum, das unfähig ist, Hilfe und Beistand allein durch das Gefühl sie zu brauchen herbeizuzaubern, oder dem eine Stimme geben kann."*

Das Kind ist anfällig geworden für Trennungs-Angst, für die Frustration seiner Bedürfnisse nach Abhängigkeit und für die Störung seiner Autonomie und Selbst-Einschätzung. Bedürfnisse abhängig und unabhängig zu sein stehen sich im Konflikt gegenüber, wenn seine primäre Angst sich allmählich von der Furcht, das Objekt zu verlieren zu der Furcht, die Liebe des Objekts zu verlieren verschiebt. Es ist schwer, dem Kind in dieser Zeit interner Konflikte und wachsenden Bewußtseins zu helfen. Denn einerseits ist es unabhängiger, aber andererseits auch wieder abhängiger von der Beteiligung der Eltern an seiner Welt und der Befriedigung seiner Bedürfnisse. Einige Eltern bestehen fast natürlicherweise darauf, daß es kein Zurück gibt. Andere freuen sich über die Rückkehr des jungen Menschen zur Abhängigkeit und fördern diese Richtung. Die Mißverständnisse und Konflikte dieser Periode vergrößern die Empfindung des Getrenntseins. *Sie fordern immer stärker die Entwicklung der Sprache zur Kommunikation und Lösung komplexerer Probleme.* Das Kind braucht die ständige und vorhersagbare emotionale Beteiligung der Bezugsperson und es braucht ihren Willen, es gehen zu lassen und seine unabhängige Entwicklung zu unterstützen. Wegen der Sensitivität und dem wachsenden Bewußtsein des Kindes, wegen der gegensätzlichen Forderungen und kritischen Lektionen dieser Zeit ist dies wahrscheinlich die entscheidenste Phase der Selbstwerdung. Als psychologische Abwehr taucht die "Spaltung" auf. Mit ihr werden zwei polare, nicht integrierte Sichtweisen des gleichen Objekts, besonders der Mutter, aufrechterhalten. Sie wird entweder als die "gute", nährende, erfüllende, *oder* als die "schlechte", frustrierende empfunden, aber nicht als einheitliches Objekt, das "gut" *und* "böse" ist.

Unausweichlich erscheinen während dieser Zeit einige schmerzhafte Realitäten. Mutter und Kind sind nicht eins, sondern getrennt. Das Kind besitzt nicht ihre magischen Kräften, sondern ist ihnen sogar ausgeliefert. Mama ist nicht immer gut und nicht immer allmächtig. Das Kind ist nicht omnipotent und seine Fähigkeiten, die Welt zu kontrollieren sind begrenzt. Die schmerzhafte Durcharbeitung dieser Realitäten nennt Mahler (1972) die "Wiederannäherungskrise". Sie dauert vom achtzehnten bis zum 21. Monat. Es ist der dramatischste Abschnitt der Wiederannäherungsperiode. Die meisten Kinder sind währenddessen sehr launig, oft wütend, sie reagieren trübsinnig oder feindlich auf Trennungen und Einengungen und befinden sich im offenen Konflikt zwischen Autonomie und Abhängigkeit. Es gibt dramatische Kämpfe mit den Eltern, die dazu beitragen, den Charakter des Kindes zu formen. Um die Trugbilder von der eigenen Großartigkeit und der Fusion loslassen zu können, muß es einige dieser "Schlachten" verlieren, aber die "gütige, ausreichende Mutter" (Winnicott, 1988) erlaubt ihm, ohne Furcht und Demütigung von der Täuschung zur Realität überzuwechseln. Damit es sich gesund entwickeln kann, müssen wir ihm den Widerstand erlauben, ohne ihm unsere Liebe, unsere Unterstützung und unsere Zustimmung zu entziehen. Das Kind muß einige Kämpfe verlieren, aber wir dürfen nicht über seine Versuche der Selbstwerdung hinwegfegen. Während der Wiederannäherungsphase stellt der Druck der Kultur in Form von Sauberkeitserziehung, Tischmanieren und anderen kulturell geforderten Verhaltensweisen große Aufgaben an Kind und Eltern. Das Kind ist äußerst anfällig dafür, seine Bezugsperson zu idealisieren, weil diese die Macht hat, es vor den schmerzvollen Realitäten und den eigenen Verletzlichkeiten zu schützen. Gleichzeitig erkennt es allmählich, daß sie nicht allmächtig ist und den Schutz vor den Schlingen und Pfeilen des Lebens nicht immer geben kann. Solange die Elternfigur nur aus der Sicht der eigenen Bedürfnisse und aus der Ecke des Trugsystems heraus gesehen wird, ist sie ein "Selbst-Objekt" und kein "Real-Objekt." Eine der wichtigsten Aufgaben dieser Periode ist es, diese Sichtweise zu verändern. Es gibt den anderen nicht nur wegen meiner Bedürfnisse (Selbst-Objekt), sondern er ist ein Individuum mit eigenen Bedürfnissen und auch Begrenzungen (Real-Objekt).

Gegen Ende der Wiederannäherungsphase ebben gewöhnlich die Kämpfe ab. Die Lösungen der vielen in ihr, aber auch vorher von der Entwicklung gestellten Aufgaben verfestigen sich. Durch die wachsenden Sprach- und anderen Fähigkeiten des Kindes, die sein Gefühl Probleme meistern zu können vergrößern, scheint es mit vielen der Wiederannäherungsthemen übereinzukommen. Es hat, so wird von ihm gesagt, die "optimale Entfernung" von der Mutter erreicht. Eine Entfernung, die ihm oder ihr ein Optimum sowohl an Sicherheit, als auch an Freiheit gibt.

## Identität und Objekt-Konstanz (22. - 30. Monat)

Die vierte Stufe der Trennung-Selbstwerdung wird als *das Kind auf dem Weg zur Objekt-Konstanz* bezeichnet (Mahler, 1972). Sie dauert vom 22. bis zum 3o. Monat. Während dieser Zeit gewinnt es eine realistische und einheitliche innere Repräsentation des Liebesobjektes. Genau wie die tatsächliche Bezugsperson *äußerlich verfügbar* ist, wird nun ihre Repräsentation *innerlich verfügbar,* um Unterstützung, Nahrung, Trost und Liebe zu spenden. Das Kind kann sich vor der Aufrichtung der Objekt-Konstanz in "Spaltungen" verfangen. Bei diesen Abwehrmanövern läßt es jeweils nur eine Seite der internen Repräsentation zu. Es gibt entweder die "gute Mutter", die ernährt, unterstützt und liebt, *oder* die "schlechte Mutter", die zurückweist, bestraft und enttäuscht. Beide Repräsentationen sind vorhanden, aber es "spaltet" sie. Es kann sie nicht gleichzeitig ertragen. Mit der Objekt-Konstanz gelingt es, die beiden polaren Repräsentationen in ein einheitliches, tatsächlich vorhandenes und als ambivalent erfahrenes Konstrukt - die Mutter (oder allgemein: die Bezugsperson) zu integrieren. Mit dieser soliden Repräsentation kann sich das Kind seine Gefühle der Verbindung und Liebe erhalten, auch wenn das Objekt unbefriedigend handelt. Das Objekt wird nun nicht mehr nur wegen der eigenen Bedürfnisbefriedigung geschätzt. Man sieht die Objekt-Konstanz allgemein als Voraussetzung für wirkliche Liebe zwischen Menschen an, weil der andere nicht mehr nur als Quelle zur Unterstützung des eigenen Narzißmus gesehen wird, sondern als einzigartiges Individuum mit eigenen Rechten, an dem man oder frau nachdrückliches Interesse haben kann. Wenn sich diese Fähigkeit zu lieben entwickelt, beginnt das Kind, so vermuten wir, auch zu begreifen, daß es geliebt wird. Die Objekt-Beziehungs-Theoretiker nehmen an, daß die Primär-Angst sich nun vollständig von der Furcht, das Objekt zu verlieren auf die Furcht, die Liebe des Objektes zu verlieren verschoben hat (Blanck & Blanck, 1989).


## Ödipus (ab 3 Jahre)

Aus psychoanalytischer Sicht beginnt im Alter von etwa drei Jahren die ödipale Phase, mit der ein Beziehungs-Dreieck möglich wird. Mit einer soliden und differenzierten Repräsentation von Selbst, Mutter und Vater kann das Kind tatsächliche Objekt-Liebe und Objekt-Rivalität entwickeln. Die Objekt-Beziehungs-Theoretiker leisten ihre einzigartigen Beiträge nur bis zu diesem Wasserscheide-Punkt. Ihre psychoanalytische Erörterung des Themas stimmt im wesentlichen mit der der Charakteranalytiker überein. Ich werde es deshalb in deren Kontext später abhandeln.


## Die Perspektive der Charakteranalyse

Das Studium des Charakters ist so alt wie die moderne Psychiatrie, denn es widmet sich der Darstellung von Konstellationen konsistenten menschlichen Verhaltens , die sich durch verschiedene Zeiten und Situationen hindurch erhalten (z.B. Freud, 1913; Jones, 1919; Abraham, 1953). Tatsächlich bezieht sich jede klinische Arbeit welcher Richtung auch immer auf Probleme, die beharrlicher und charakteristischer Art sind. Ausnahmen sind Kriseninterventionen und isolierte plötzliche Anfälle. Ansonsten kommen die Leute wegen Affekten, Verhaltensweisen und geistigen Mustern in die Therapie (oder werden ihr zugeführt), die sie nicht wollen und die ihnen lästig sind, die sie aber dennoch nicht einfach abschütteln können. Typischerweise beschäftigen sich die meisten Wissenschaftler beim Studium des Charakters nur mit den grundlegendsten Charakterzügen. Sie nehmen gewöhnlich an, daß die meisten anderen, seien sie nun symptomatisch oder Ich-syntonisch, von den ersteren abhängen und sich von ihnen ableiten. Folglich heißt es dann: Solange die unterliegenden Charakterzüge nicht berührt werden, ändert sich bei den abgeleiteten Strukturen nichts oder sie verändern einfach nur ihre Form. Im psychoanalytischen Sprachgebrauch besteht der Charakter aus stabilen Handlungsmustern, mit denen das Ich erstens die unvermeidlichen Konflikte zwischen den inneren psychischen Strukturen und zweitens die ebenso unvermeidlichen Konflikte zwischen diesen Strukturen und den Anforderungen der Außenwelt zu mildern und aufzulösen sucht. Weil diese Handlungsmuster seit langem bestehen und tatsächlich auch eine gewisse Erfolgsgeschichte aufweisen können, gibt es einen Widerstand, sie zu verändern. Das gilt besonders für jene, die in den Schmelztiegeln extremer Bedrohung geschmiedet wurden. Sie haben damals die Bedrohung vermindert oder sogar aufgehoben. Deshalb assoziieren wir mit diesen Mustern eine Erleichterung unserer Lage. Folglich möchten wir sie auch nicht aufgeben.

*Die reichianischen und bioenergetischen Schulen arbeiten und forschen am aktivsten mit charakterologischen Ideen.* Sie liefern uns die ertragreichsten Darstellungen zum Thema. In den "respektablen" Zirkeln mit "Tradition" hat man ihre wichtigen Beiträge unglücklicherweise oft kurzerhand verworfen oder einfach ignoriert. Vor allem weil die reichianischen und bioenergetischen Techniken nicht alltäglich sind und auch weil sich Reich in seinen letzten Lebensjahren mit ziemlich ungewöhnlichen Gedanken befaßte. *Ich habe während meiner Forschungen und Wanderungen durch alles und jedes von der klassischen Analyse bis hin zu "radikalen" Transformations-Bewegungen allerdings nichts Wertvolleres gefunden.*

Auch wenn wir die reichianischen und bioenergetischen Techniken weglassen, können wir immer noch viel von der umfassenden Theorie lernen, die uns ihre typischen charakterologischen Lösungen für die unterschwelligen menschlichen Probleme anbietet. Die Objekt-Beziehungs-Theorie versorgt uns mit ihren klugen Ideen zur natürlichen Entwicklung des Ich, die charakterologische Theorie mit ihren klugen Ideen zur natürlichen Entwicklung grundlegender menschlicher Bedürfnisse und der gefühlsmäßigen Konsequenzen, wenn diese frustriert werden. Lassen Sie uns die Erkenntnisse der beiden Richtungen über die kognitive Evolution und die affektive Erfahrung kombinieren und wir gewinnen ein ganzheitliches und strukturiertes Verständnis des menschlichen Lebens und seiner Krankheiten. Ich selbst habe dadurch viel besser als jemals zuvor begreifen können, was denn nun wirklich essentiell im Klienten vorgeht. Es ist dieses tiefe und zunehmenderweise ruhige Wissen über das Menschendasein, das ich hier mit

Ihnen teilen möchte. Robert Hilton gibt uns einen sehr beredten und dennoch knappen und bündigen Überblick zur Charakterologie. Er beschreibt unsere angeborenen menschlichen Bedürfnisse, ihre typischen Frustrationen und die daraus folgenden charakterologischen Lösungen. Hier ist seine "Kurzgeschichte" der Charakterentwicklung (Hilton, 1980):

*Der Organismus drückt sich originär in pulsatorischen Bewegungen der Expansion und Kontraktion aus. Das bedeutet: Ausstrecken und Zusammenziehen, Geben und Nehmen und auch z.b. Kontakt und Einverleibung durch Verdauung. Schauen Sie sich mit dem Mikroskop Protoplasma oder Amöben an und Sie wissen, was ich meine. Beide haben den gleichen fundamentalen Rhythmus.*

*Diese grundlegende Lebensbewegung führt auch den menschlichen Organismus zu dem, was er braucht. Durch den Kontakt mit seiner Umwelt baut er sich seine Lebensstruktur, innerhalb derer er zunehmend unabhängiger und selbstbestimmter wird. Mit seiner Geburt verkündet ein menschliches Wesen organismisch sein ureigenstes Recht auf Existenz. Danach drückt es immer stärker seine Bedürfnisse aus, festigt seine Eigenständigkeit und reproduziert sich schließlich durch Liebe und Sexualität. Wie sehr sich der Kern des Menschen nach außen hin offenbart, variiert je nach Wachstum und Ausdehnung des Organismus und dem Maß, mit dem den Bedürfnissen des Kerns von der Umwelt Rechnung getragen wird. Wenn etwa das Recht zu existieren von Anfang an bedroht ist, verbringt der Mensch vielleicht den Rest seines Lebens damit, diesen primären Ausdruck seines Kerns zu verteidigen. Alle anderen Bedürfnisse schrumpfen auf ein Minimum oder werden dazu mißbraucht, den bestehenden Mangel zu beheben.*

*Frustrationen von Eltern und Umgebung dringen in den Organismus ein und blockieren sein Streben, sich selbst zu erfüllen. Ihre Negativität richtet sich z.B. gegen die Expansions-Kontraktions-Impulse des Körpers (wie bei der oralen Struktur) oder gegen die Kontraktions-Unabhängigkeits-Wünsche (wie bei der masochistischen Struktur).*

*Dauert die Frustration an, zieht der Organismus jene Impulse, die in der Umgebung negative Reaktionen hervorrufen zurück. Schließlich geht's ums Überleben! Sobald sich ein innerer Antrieb in entsprechender Richtung regt, kontrahieren die Muskeln und sagen kurzerhand: "Nein!". Die Hemmung ist da. Sie hat sich im Körper strukturiert, hat dort eine Struktur aufgebaut. Mit Hilfe der willkürlichen (unserem Willen unterworfenen) Muskulatur behindert das Ich die Impulse. Es identifiziert sich mit den Verboten von Eltern und Umwelt. So erzeugt das Ich Verhaltensmuster, die dem Überleben dienen. Allerdings auf Kosten spontaner organismischer Lebendigkeit. Diese Konfliktlösung zerteilt das einheitliche, das ganzheitliche Leben des Körpers. Der Mensch steht im Krieg mit sich selbst. Der Kampf in der Umwelt mit der*

*Umwelt wurde zum Kampf in sich selbst gegen sich selbst. Derart internali-*
*siert, ist es der Kampf zwischen den Basisbedürfnissen des Organismus und*
*seinen Überlebensversuchen.*

*Das Überlebensmuster wird zum Ideal des Ich und zum Teil einer Charak-*
*terhaltung, die ständig vom lebendigen Körper bedroht ist. Um die Drohung*
*zu verringern, muß der Körper ständig durch verminderte Atmung und ein-*
*geschränkte (Körper-) Wahrnehmung kontrolliert werden.*

*Das Ideal wird zum Vorbild. Wir orientieren uns an ihm. Unsere Überle-*
*benshaltung setzt sich aus dem Ich-Ideal und den Blockaden zusammen.*
*Das Ich kontrolliert und gibt uns eine Illusion von Sicherheit. Der orale*
*Charakter blockiert z.b. hauptsächlich die Ausdehnung und den Griff nach*
*etwas. Der Block sagt: "Greife nach nichts, sonst wirst du verlassen." Dement-*
*sprechend ist sein Eindruck von der Welt: "Die Welt beraubt mich." Nun sucht*
*er nach jemandem, der für ihn sorgt. Allerdings erlaubt ihm sein Ich-Ideal*
*der Unabhängigkeit und Selbst-Genügsamkeit nicht, sich seinen Bedürfnis-*
*sen hinzugeben. Er ist ständig frustriert.*

*Der Masochist blockiert seinen innersten Wunsch nach Unabhängigkeit.*
*Der Preis ist zu hoch, die Schuld zu groß. Die Welt unterdrückt und belastet*
*ihn. Gleichzeitig verlangt sein Ich-Ideal von ihm, sich um andere zu küm-*
*mern. Weil die Sicherheit des Organismus auf der Zustimmung der elterli-*
*chen und sonstigen Umgebung beruht, muß der Selbst-Ausdruck strikt*
*kontrolliert werden: "Wenn ich mich ausdrücke, verliere ich meine Sicher-*
*heit", oder: "Wenn ich spontane Bewegungen zulasse, bekomme ich Angst."*
*Genau das passiert, wenn der Orale seine Hände um Hilfe ausstreckt und*
*sagt: "Ich brauche dich", und wenn der Masochist ein Hilfebedürfnis mit:*
*"Ich brauche dich nicht", ablehnt...*

*Angst entsteht, wenn wir uns zwischen Sicherheit und Selbst-Ausdruck*
*verfangen haben. Angst entwickelt sich, wenn wir unserem Organismus*
*nicht erlauben, sich mit der verfügbaren Energie auszudehnen. Wenn ein*
*auftauchender Impuls auf einen "Sicherheitsblock" im Körper trifft, wird ein*
*Bedürfnis des Organismus durch ein Ich-Ideal oder eine Charakterhaltung*
*gestoppt.*

So gesehen können wir die Charakterbildung auf fünf Stufen reduzieren.

1. *Die Selbst-Bestimmung.* Der Organismus erklärt sein natürliches Recht,
sich auszudehnen oder zusammenzuziehen. Es ist instinktiv, angeboren
und dem Menschen ureigen. Es schließt die Rechte zu existieren, Bedürfnisse zu haben, sich zu trennen und unabhängig zu werden, sich selbst
zu behaupten und durchzusetzen, zu lieben und sich sexuell zu betätigen
ein.

2. *Die negative Reaktion der Umwelt.* Vielen von uns sind diese grundlegenden menschlichen Rechte wiederholt verweigert worden. Die Eltern reagierten auf die Existenz des Kindes mit Feindseligkeit und Kälte. Seine Bedürfnisse wurden nicht erfüllt und seine Autonomie nicht unterstützt, sondern im Gegenteil manipuliert und bedroht. Sie zerstörten sein Selbstbestimmungsrecht und wiesen seine Liebe ab. Der ureigene Kern-Ausdruck der Lebenskraft wurde blockiert. Dadurch lösten sie eine zweite Schicht instinktiver, in den Organismus eingebauter Reaktionen aus.

3. *Die Reaktion des Organismus.* Wird die natürliche Lebenskraft des kindlichen Organismus abgeblockt, tauchen unvermeidlich bestimmte Gefühle und Verhaltensweisen auf. Sie sind fast reflexhafter Natur. Die negativen Antworten des Organismus können auf die drei fundamentalen negativen Gefühlszustände und ihre Erscheinungsweisen reduziert werden: *Wut, Schrecken und Schmerz.* Sie sind sehr mächtig und regen aufmerksame Eltern an, ihr Verhalten gegenüber dem Kind zu überdenken und zu verändern. Die Natur kann sich dann wieder einpendeln. Die gesunde Entwicklung des Organismus geht weiter. Beachten die Eltern die Reaktionen des Kindes nicht, wird es gezwungen, mit unbarmherzigem inneren Aufruhr zu leben. Wird er zu groß, kann es ihn nur gegen sich selbst richten. Auf diese Weise verneint er seinen Lebensausdruck.

4. *Die Selbst-Verneinung.* Wenn die Umwelt immer wieder negativ reagiert und die unangenehmen körperlichen Empfindungen nicht aufhören, hört das Kind auf sich, auszudrücken. Um die Frustrationen und Strafen von außen und die Schmerzen der gefühlsmäßigen Ausbrüche von innen zu stoppen, gibt es schließlich auf und unterdrückt seine Lebenskraft. Es erstickt seine Bedürfnisse, reduziert seine Autonomie, weist seinen Wunsch nach Unterstützung ab und hält seine Liebe zurück. Das kleine Mädchen verneint nicht nur ihr originales Streben, sich körperlich auszudrücken, sondern verweigert nun auch ihre Sekundärreaktionen auf Frustration. Welche Abwehrmanöver werden zu diesem Zweck gewählt? Das kommt auf die bereits erreichte Organisationsstufe des Ich an. Die Selbst-Verneinung kann daher strukturell primitiv, aber auch sehr komplex und verwickelt sein. Der kleine Junge mag daher z.B. entweder einfach abstreiten, daß er wütend ist oder er sublimiert die Wut in eine gesellschaftlich anerkannte Form. Es bleibt allerdings, daß jede Abwehrstrategie die unerträglichen, nicht tolerierbaren Affekte der Wut, des Schreckens und des Schmerzes negiert.

5. *Der Anpassungsprozeß.* Das Kind muß sich nun, egal welche Mittel und Wege der Abwehr es benutzt, sowohl der fundamentalen Verneinung seines Selbst als auch den weiterbestehenden Umweltfrustrationen anpassen. Das wird immer ein Kompromiß bleiben. Denn so plastisch und

verformbar unser Organismus auch sein mag, kann er sich doch nie völlig und befriedigend der Verneinung seiner Basisrechte und -bedürfnisse unterwerfen. Wenn wir es ablehnen, in unser natürliches oder wirkliches Selbst zu investieren, müssen wir unser von Winnicott (1988) so genanntes "falsches Selbst" oder "Ich-Ideal" unterstützen. Durch diese Anpassung versuchen wir, uns über unser natürliches Selbst, unsere menschlichen Bedürfnisse und überwältigenden Emotionen zu "erheben". Wir versuchen, ein *Ideal* zu leben, das akzeptiert wird, das gleichzeitig externe Frustrationen und internen Aufruhr eliminiert und, so wagen wir zu hoffen, auch noch den originalen Ausdruck unseres Selbst erlaubt. Wir widmen all unsere Energien der Entwicklung eines Paketes von Einstellungen, Verhaltensweisen und Strategien, welches uns helfen soll, mit der frustrierenden Umwelt und der Selbst-Verneinung auszukommen. Diese Manöver sollen die Verluste des Kompromisses minimieren und die Gewinne maximieren. Je später im Leben sie eingegangen werden, desto erfolgreicher sind sie. Denn der Organismus besitzt dann einen größeren Selbst-Zusammenhang und größere verhaltensmäßige und kognitive Alternativen. Soweit das Individuum sich selbst und die Welt mit diesen Kompromissen zum Narren halten kann, zeigt es einen Ichsyntonischen, also mit dem Ich gleichlaufenden Charakter. Je unfähiger es dazu ist, desto Ich-dystonischer und Schmerz-induzierter ist die Symptomatologie. In beiden Fällen wird das Geburtsrecht auf wirkliche Befriedigung des natürlichen Lebensprozesses abgestritten. Wir können von diesem Punkt an nur zwischen dem Versagen des Kompromisses oder dem Gewinn des falschen Erfolges wählen. Diese universelle Zwickmühle ist die essentielle menschliche Tragödie.

Ein Mensch erhebt sich über sein natürliches oder wirkliches Selbst, indem er sich Illusionen hingibt. *Das Ich-Ideal ist ein Trugbild, dem man nachlaufen muß.* Es gibt korrespondierende Illusionen bezüglich dessen, was man glauben kann, solange die natürlichen Lebenskräfte blockiert sind, aber auch bezüglich dessen, was geschieht, wenn sie befreit werden. Sie wurden die "Illusion der Kontraktion" und die "Illusion der Befreiung" genannt. Ich kann z.B. die Wunschvorstellung nähren, daß ich befriedigt, geliebt und unterstützt werde, solange ich etwas Besonderes bin, solange ich viel gebe oder etwas erreiche.

Andererseits mag ich gemäß meinem Trugbild der Befreiung glauben, daß das zur Kontraktion führende ursächliche Trauma wiederkehren wird, wenn ich mich befreie, loslasse und anfange zu leben. Wenn ich z.B. meinem natürlichen menschlichen Bedürfnis, wütend zu sein nachgebe, weil ich nicht gut behandelt wurde, werde ich abgelehnt oder gar vernichtet. Nur wenn der charakterologische Kompromiß wiederholt versagt und sich der

Erfolg nicht mehr einstellt, werde ich fähig, mich der "Illusion der Kontraktion" gegenüberzustellen und das vermutete Trauma in der "Illusion der Befreiung" zu riskieren.

## Das falsche Selbst

Der Begriff "falsches Selbst" des Objekt-Beziehungs-Theoretikers Winnicott (1988) bezeichnet sehr nützlich jene Struktur, die als Antwort auf die Frustration des "wirklichen Selbst" gebildet wird. Dieses Selbst wird der Welt präsentiert. Es soll die Belohnungen verschaffen, die dem natürlichen, spontanen Selbst verwehrt werden. In diesem Sinne repräsentiert das Ich-Ideal das ideale "falsche" Funktionieren.

Im falschen Selbst versammeln sich alle genialen Kniffe und Kompromißlösungen für alle Konflikte, die zwischen den persönlichen Bedürfnissen und den Forderungen der Umwelt entstehen. Es repräsentiert alle Blockaden. Die Anpassungfähigkeit des falschen Selbst beruht auf der Schwere der Blockaden, von denen es gebildet wird und dem Entwicklungsstand des Ich zum Zeitpunkt seiner Formation.

Neben dem "falschen Selbst" gibt es noch eine andere Realität. Hinter der Maske, die der Welt gezeigt wird, wohnt eine andere Wirklichkeit. Viele Menschen wissen darüber nichts oder nur wenig. Wenn wir hinter der Maske nichts spüren, investieren wir natürlich alles in sie. Jede Bedrohung der Maske ist dann eine Bedrohung der eigenen Integrität. Entwickeltere und bewußtere Menschen benutzen das falsche Selbst als Schutz. Sie suchen sich aber Orte und Zeiten aus, wo sie ihr wirkliches Selbst ausdrücken können. Die gesündesten von uns sind aus bewußter Wahl heraus sozial umgänglich. Sie wollen damit den Kontakt erleichtern und Vertrauen aufbauen. Erst dann zeigen sie spontaneres oder "wirkliches" Verhalten.

Soweit der Narzißmus als falsches Selbst verstanden wird, mit dem wir unser wahres Selbst vor Verletzungen schützen, ist er eine mehr oder weniger universale Charakterformation. So breit gefaßt taucht der Narzißmus in allen Charakterformationen auf. Ich finde es trotzdem nützlich, ihn auch als spezifische Erscheinung zu sehen, also als Ergebnis einer besonderen Art von Verletzung in einer besonderen Entwicklungsperiode.

In diesem und den folgenden Bänden sind die detailliert aus charakteranalytischer und Objekt-Beziehungs-theoretischer Sicht präsentierten Charakterstrukturen jene Angelpunkte, um die sich die Darstellung von therapeutischen Techniken dreht. Im Moment möchte ich Ihnen aber die Struktur der ganzen Arbeit skizzieren, damit Sie das unterliegende Schema verstehen. Wir sollten uns beim Studium der einzelnen Charakterformationen immer wieder klar machen, daß es sich um Archetypen handelt.

In jedem einzelnen Menschen ordnen sich diese Themen und Anpassungen spezifisch an. Aber jeder einzelne von uns ist daneben auch noch so viel, viel mehr als nur das.

## Der schizoide Charakter

Der schizoide Charakter entwickelt sich, weil das Recht des Organismus zu existieren von der Umwelt abgelehnt wird. Wir nehmen an, daß dies bereits vor, oder zumindest kurz nach der Geburt geschieht. Daraus folgend gelingt es dem Kind nicht, eine angemessene symbiotische Verbindung aufzubauen. Es wird von der Aktion seiner Umgebung und der darauf antwortenden Reaktion seines Organismus völlig überfahren und paßt sich nun auf der Basis seiner noch extrem primitiven Ich-Fähigkeiten und Ich-Verteidigungsmechanismen an.

Die Selbst-Verneinung findet statt, bevor es auch nur irgendeine Idee der Verschiedenheit zwischen sich selbst und dem anderen gibt. Konsequenterweise bleibt dem Kind nichts anderes übrig, als die Zurückweisung seiner eigenen Lebenskräfte und seines Selbst-Ausdrucks vollständig und unassimiliert zu introjizieren. Der Schizoide fühlt oft einen fremden Dämon in sich, der ihn haßt und kein Recht hat, in dieser Welt zu leben. Er ist von der Selbst-Verneinung mehr als jeder andere Charaktertyp durchdrungen. Sein Initial-Trauma ist buchstäblich lebensbedrohlicher und überwältigender als jedes andere, weil es vor der wirklichen Organisation des Ich eintritt.

*Physisch hat sich der Schizoide mehr oder weniger vom Leben abgeschnitten.* Seine Atmung ist flach. Anspannung, Enge und Steifheit durchziehen den ganzen Körper. Der erscheint hölzern, mechanisch und abgetrennt von seinem kognitiven oder intellektuellen Dasein. Er erscheint tot, farblos und besonders an den Gelenken krampfhaft zusammengehalten. In den Augen wohnt die Angst oder die blanke Abwehr.

Der Schizoide lebt nicht in seinem Körper, sondern im Kopf. Intellektualität wird von ihm hoch bewertet. Er denkt fast ständig und neigt dazu, nur über seine Ideen Kontakt mit der Welt aufzunehmen. Er intellektualisiert den Inhalt seines Lebens und spiritualisiert seine Absichten. Für ihn waren die Menschen keine Quelle von Trost und Wohlbefinden. So zieht er sich eher vor ihnen zurück. Er hat Angst vor sozialen Beziehungen und fürchtet sich im Rampenlicht zu stehen. Er versucht, sich über die Tragik seines Schicksals zu erheben, indem er etwas Besonderes ist, gewöhnlich geistig oder spirituell. Weil seine Thematik schwerwiegend und die Kompensationen ungenügend sind, neigt er zu Borderline-Phasen und sogar schizophrener Anpassung. Obwohl es nicht so aussieht, ist die unterliegende Ich-Struktur primitiv und relativ leicht zu erschüttern.

Mein Mitarbeiter G.Timothy Scott (1976) hat eine Übersicht entworfen, die sich auf die bereits beschriebenen fünf Stufen der Charakterentwicklung stützt. Sie eignet sich, obwohl stark vereinfacht, hervorragend für einen ersten Blick auf diese Charakterposition. Ich werde das von mir durch die Ideen der Objekt-Beziehungs-Theorie ergänzte Schema auch bei den anderen Charakterstrukturen anführen.

---

### SCHIZOID

*Selbst-Bestimmung:* Ich habe das Recht zu sein.

*Negative Reaktion der Umwelt:* Feindseligkeit und Kälte.

*Reaktion des Organismus:* Terror und zerstörerische Wut.
Die weitere chronische Frustration durch die Umwelt zwingt zur Unterdrückung dieser Emotionen.

*Selbst-Verneinung:*
- Retroflektive Haltung: Ich habe kein Recht zu existieren.
- Muskuläres Muster: Zusammenhalten in den Gelenken, in Nacken und Zwerchfell, Verdrehungen der Wirbelsäule, angstvolle oder gespaltene Augen.

*Anpassungsprozeß:*
- Ich-Kompromiß: Ich werde ohne Gefühle in meinem Körper leben und die Welt nur mit meinen Ideen berühren.
- Charakteristisches Verhalten: Intellektualisierung, Spiritualisierung, Rückzug.
- Ich-Ideal: Ich werde etwas Besonderes sein.
- Illusion der Kontraktion: Mein Leben sind mein Geist, meine Gedanken, meine Besonderheit. Ich kann durch sie leben.
- Illusion der Befreiung: Ich werde vernichtet.

---

## Der orale Charakter

Der orale Charakter formt sich, wenn das Bedürfnis nach symbiotischer Anpassung und Versorgung aufgegeben und verleugnet wird, bevor es befriedigt ist. Der Orale wird entweder tatsächlich oder emotional verlassen.

Seine Wünsche bleiben chronisch unerfüllt. Letztendlich gibt er es auf, dagegen zu protestieren. Er tut nun lieber so, als gäbe es sie nicht und hätte sie auch nie gegeben. Er ist schwer traumatisiert und dadurch schwer desorganisiert, verfügt aber dennoch während der symbiotischen Phase und beginnenden Individuation über mehr Resourcen als der Schizoide. Er antizipiert erneuten Verlust.

---

## ORAL

*Selbst-Bestimmung:* Ich habe das Recht, Bedürfnisse zu haben.

*Negative Reaktion der Umwelt:* Deprivation, Beraubung, Entzug.

*Reaktion des Organismus:* Gierige, gefräßige Wut.
Die wiederholte, chronische Frustration der Umwelt zwingt zur Unterdrückung der Reaktion.

*Selbst-Verneinung:*
- Retroflektive Haltung: Ich brauche nichts.
- Muskuläre Haltung: Festhalten im Kiefer, der Kehle und den Armen. In den Augen wohnt die betrogene Sehnsucht.

*Anpassungsprozeß:*
- Ich-Kompromiß: Ich werde leben, ohne etwas zu wollen.
  Ich habe Kontakt mit der Welt durch Geben und Warten.
- Charakteristisches Verhalten: Romantik, Sehnsucht,
  Klammern, Zusammenbruch.
- Ich-Ideal: Ich bin liebevoll und gebend.
- Illusion der Kontraktion: Ich brauche nichts. Ich werde
  gebraucht und ich gebe.
- Illusion der Befreiung: Ich bin hilflos und werde verlassen.

---

Wir können ihn mit einem nicht genügend genährten und erschöpften Baby vergleichen, das nicht mehr schreit, weil die Schreie nichts nützen.
Wir finden im Oralen ein Element gelernter Hilflosigkeit. Seine Aggression und Selbstbehauptungskraft ist schwach. Er ist unfähig, nach etwas zu greifen oder sein Leben so zu arrangieren, daß es funktioniert. Seine Energieladung ist typischerweise gering. Er hat Schwierigkeiten, "auf seinen eigenen zwei Füßen zu stehen." Diese Schwäche spiegelt sich im Körper, der unter-

laden ist und keine längere Anstrengung auszuhalten scheint. Beine und Füße werden nicht als stabile Stützen erlebt, auf denen er fest stehen oder mit denen er vertrauensvoll springen kann. Seine Hemmung, etwas haben zu wollen, zeigt sich in einer starken Verspannung des Schultergürtels und an der Basis des Nackens. Die natürliche Wut darüber, depriviert zu werden, also nicht genug zu bekommen, blockiert in Kiefer, Kehle und Armen. Die Augen verraten die wirkliche, allerdings unbewußt erlebte Sehnsucht.

Weil das Trauma des oralen Charakters später als das des Schizoiden stattfindet, kann er typischerweise mehr tun, als nur seine Bedürfnisse und negativen Reaktionen auf die Deprivation zu verleugnen. Er hat primitive Formen komplizierterer Abwehrmechanismen wie Identifikation und Umkehrung entwickelt, die ihm Ersatzbefriedigungen übers Geben und die Transformation von Sehnsucht in die Versorgung anderer gewähren. Der Orale schließt seine Kompromisse über das Liebevolle und Gebende allerdings meist durch Verhaltensweisen, die dasselbe zurückfordern. Er geht oft Verpflichtungen ein, die er nicht einlösen kann und versagt bei der Realisierung von Träumen, die über seine begrenzten Energien hinausreichen. Wir finden nicht selten eine manisch-depressive oder zyklothyme Qualität in seinem Benehmen. Er hegt in Zeiten bester Stimmung die großartigsten Pläne und geht erfreuliche Verbindungen ein, kollabiert aber in Depression, Krankheit und Klammern, sobald seine kargen Quellen erschöpft sind.

## Der symbiotische Charakter

Bis hierher habe ich mich an die klassische Abfolge der Charakterstrukturen, wie sie von Lowen (1988) aufgestellt wurde, gehalten. Meine klinische Erfahrung fordert nun allerdings von mir, eine charakterologische Anpassungsform einzuführen, die von den bereits genannten fünf Charaktertypen nicht genügend abgedeckt wird.

In meiner Praxis habe ich wiederholt Patienten gesehen, deren Klagen sich mit denen der oralen und masochistischen Strukturen verwischen, aber deren Geschichte und deren Symptome nicht mit diesen klassischen Mustern übereinstimmen. Die Schriften von Masterson über den Borderline-Erwachsenen haben mir sehr dabei geholfen, diese Patienten zu verstehen und sie zu behandeln. Masterson (1980) behauptet, daß das Borderline-Syndrom dann auftritt, wenn die Mutter (oder die Bezugsperson) ihre Aufmerksamkeit, Unterstützung und Zustimmung zurückzieht, sobald das Kind beginnt, von ihr Abstand zu nehmen und es anfängt unabhängig zu werden. Nach Masterson beginnt dieser Rückzug (oder hat seinen größten Einfluß) während der für Verletzungen so anfälligen Wiederannäherungsphase der Individuation. Er ist traumatisch und in dieser sensiblen Periode für das Kind besonders schrecklich. Im Ergebnis entscheidet es sich dazu, seine Autonomie und Selbstwerdung aufzugeben und sich an die symbiotische Verschmelzung zu klammern. Die Regression wird von der Bezugsperson begrüßt und die Individuation abgebrochen.

---

### SYMBIOTISCH

*Selbst-Bestimmung:* Ich habe das Recht, mich zu trennen und ich selbst zu sein.

*Negative Reaktion der Umwelt:* Rückzug, Panik.

*Reaktion des Organismus:* Panik.
Die wiederholte, chronische Reaktion der Umwelt zwingt zur Unterdrückung der Reaktion.

*Selbst-Verneinung:*
- Retroflektive Haltung: Ich möchte mich nicht trennen.
- Muskuläre Haltung: Stillhalten; Festhalten des Atems; Beibehalten eines unentwickelten, unterladenen Körpers.

*Anpassungsprozeß:*
- Ich-Kompromiß: Ich werde durch den anderen leben.
- Charakteristisches Verhalten: Abhängig, anklammernd, jammernd, Angst vor Trennung.
- Ich-Ideal: Ich werde treu sein.
- Illusion der Kontraktion: Ich bin sicher, solange ich bei Dir bleibe.
- Illusion der Befreiung: Ich bin hilflos und werde verlassen.

---

Die symbiotische Verbindung wird aufrecht erhalten, vielleicht fürs ganze Leben, oder auf eine andere primäre Person übertragen. Der symbiotische Charakter hat eine Geschichte voller Schwierigkeiten bezüglich Trennungen. Er mag z.B. nicht von der einen Schule auf die nächsthöhere wechseln und von dort ins Arbeitsleben etc. Eine der häufigsten Klagen ist natürlich die Trennungsangst. Der symbiotische Mensch ist für symbiotische Beziehungen zu anderen Menschen, aber auch zu Objekten, sehr anfällig und leidet jedesmal Qualen, wenn Trennungen drohen. Sein Handel mit der primären

Bezugsperson heißt: "Ich werde mich nicht von dir trennen und dir so Leid zufügen, wenn du dich nicht von mir trennst und mir Leid zufügst." Sobald der Handel wackelt, wie das gewöhnlich in den Wechselspielen des Lebens geschieht, bricht die originale Panik wieder durch bis die Symbiose wiederhergestellt ist oder die Struktur neu organisiert wird. Dieses Schema stützt sich auf das Original von Scott (1976).

## Der narzißtische Charakter

Auch diese Struktur weicht von der klassischen (Lowen, 1988) in zweierlei Hinsicht ab. Erstens habe ich ihr Lowen's psychopathischen Charakter subsumiert (was er bereits 1983 selbst tat). Insofern stimmt die Bezeichnung Narzißmus nun besser mit der übrigen psychiatrischen und analytischen Literatur und dem Verständnis des Laien überein. Dem wirklichen Psychopathen ist die Bildung einer Verbindung vollständig oder fast vollständig mißlungen. Die Hemmung liegt daher wesentlich in der Autismus-Phase während der ersten beiden Lebensmonate. Die von Lowen original als psychopathisch präsentierte Struktur ist nur eine Variation oder ein Typus des narzißtischen Charakters. Seine Ursprünge finden sich in der Übungs- und der Wiederannäherungs-Phase der Selbstwerdung. Die vorliegende Darstellung des narzißtischen Charakters ist eine Integration aus den charakteranalytischen Begriffen Lowen's und anderer Wissenschaftler der bioenergetischen Bewegung sowie den Erkenntnissen von Kernberg (1983), Masterson (1981) u.a. der Ich-psychologischen Schule.Der narzißtische Charakter entwickelt sich aus der Frustration *oder* der Manipulation der normalen, sekundären narzißtischen Großartigkeit der Übungs-Phase. Diese Grandiosität wird gewöhnlich während der Wiederannäherungs-Periode durchgearbeitet und allmählich aufgelöst. Dabei kann es zu zwei Störungen kommen.

1. Die primären Bezugspersonen versagen darin, die tatsächlich bemerkenswerten Errungenschaften des sich schnell entwickelnden autonomen Lebens anzuerkennen, zu unterstützen und an ihnen teilzuhaben. Im schlimmsten Falle fühlt sich die Mutter (oder der Vater) von ihnen bedroht, statt sich an ihnen zu erfreuen. Sie macht sie herunter, sie demütigt das Kind und beutet die tatsächlich vorhandene, sich vorsichtig hervorwagende Schwäche des Kindes sadistisch aus. Statt es sorgsam durch die langsame Wahrnehmung der eigenen Verletzlichkeit zu begleiten, weidet sich der sadistische Elternteil an der Schwäche. Das Kind ist gerade in der Wiederannäherungsphase besonders anfällig für diese Art von Sadismus und Demütigung.

2. Die allgemeinere Form des Mißmanagments der narzißtischen Krise taucht auf, wenn das Kind vor der Konfrontation mit der eigenen Schwäche bewahrt wird. Bei dieser genauer von Lowen und seinen Mitarbeitern beschriebenen Variante, wird es durch die Bezugsperson ständig in seiner narzißtischen Selbst-Preisung bestärkt, weil diese ihn als "Mamas kleinen Mann" oder "Papas kleine Prinzessin" braucht. Kurz, das Kind soll mehr sein als es tatsächlich ist. Es soll sich den übertriebenen und oft narzißtisch projezierten Wunschbildern der Eltern anpassen. In vielen Fällen muß es dazu herhalten, die Bedürfnisse von Mutti oder Vati nach einem Partner zu befriedigen. Klein-Dieter und Susannchen werden eher mißbraucht als tatsächlich und der Wirklichkeit angemessen unterstützt.

---

## NARZIßTISCH

*Selbst-Bestimmung:* Ich habe das Recht selbstständig zu sein.

*Negative Reaktion der Umwelt:* Demütigung, Ausnutzen oder beides.

*Reaktion des Organismus:* Impotente Wut.
Die wiederholte, chronische Frustration der Umwelt zwingt zur Unterdrückung der Reaktion.

*Selbst-Verneinung:*
- Retroflektive Haltung: Ich brauche keine Unterstützung.
- Muskuläre Haltung: Hochhalten mit Schultern und Brust, Einziehen des Bauches und wachsame Augen.

*Anpassung-Prozeß:*
- Ich-Kompromiß: Ich werde leben, ohne mich hilflos zu fühlen und mit der Welt durch kontrollierende Hilfsbereitschaft auskommen.
- Charakteristische Haltung: Manövrieren, Pläne und Ränke schmieden, Leute an der Nase herumführen, schauspielern.
- Ich-Ideal: Ich möchte an der Spitze sein.
- Illusion der Kontraktion: Ich kann alles allein, wenn ich es nur will.
- Illusion der Befreiung: Ich bin hilflos und werde mißbraucht, manipuliert, gedemütigt.

Im ersten Fall heißt die narzißtische Verletzung, daß ich zu früh, abrupt und rauh mit meiner eigenen Schwäche konfrontiert werde und im zweiten, daß mir nicht erlaubt wird, mich ihr zu stellen und sie durchzuarbeiten. Stattdessen soll ich sie wegen eines aufgeblasenen falschen Selbst verleugnen. Eine besonders heimtückische aber nicht ungewöhnliche Form des Narzißmus entsteht, wenn sich beide Verletzungen kombinieren. Mami mißbraucht den Jungen als kleinen Mann und Papi demütigt ihn, weil er das ja noch gar nicht ist. Oder umgekehrt etc.

Als Antwort auf diese Verletzungen pumpt sich der Narzißt auf. Er verleugnet seine Hilflosigkeit und sein Bedürfnis nach Unterstützung. Stattdessen versucht er, sich ein Leben herzustellen, in dem er nie wieder gedemütigt und manipuliert werden kann. Er wird selbst manipulativ. Er verspricht den anderen Unterstützung, aber nur um sie letztendlich zu beherrschen. Die Investitionen in die Präsentation eines falschen Selbst sind enorm. Der Narzißt hat häufig gar keine wirkliche Freude an seinen Erfolgen und bemüht sich doch unter allen Umständen, sein Paket an die anderen zu verkaufen.

Körperlich sehen wir oft Aufgeblasenheit. Kopf und Oberkörper sind verglichen mit dem Unterkörper unverhältnismäßig groß. Die *Wachsamkeit* des Charakters enthüllt sich häufig im Augenausdruck. Auch wenn die Verzerrungen weniger offensichtlich sind, versucht er dennoch, seine Muskeln, seine Haltung, seinen ganzen Körper an das falsche Selbst anzupassen.

Wie bei jeder Charakterstruktur ist auch hier die Effektivität des Kompromisses verschieden. Der gut-kompensierte Narzißt kann extrem erfolgreich und populär sein, während der schwerwiegender verletzte immer noch rebelliert und sich für alle durchsichtig produziert. Er wird niemanden beeinflussen. Das revidierte Schema des narzißtischen Charakters beinhaltet beide ätiologische Formen.

## Der masochistische Charakter

Die masochistische Charakterstruktur entwickelt sich in jener Zeit, in der das Kind sich mit seiner Fähigkeit "Nein" zu sagen identifiziert. Mit dem "Nein" unterscheidet es sich von den Eltern. Mit dem "Nein" baut es eine eigene unabhängige Identität auf. Die Machtkämpfe der "schrecklichen Zwei" bilden den Schmelztiegel, aus dem diese Form geboren wird. Die Bezugsperson des Masochisten gewinnt gewaltsam diesen Kampf. Sie dringt dauerhaft in den er selbst werden wollenden Menschen ein. Sie verbietet ihm die Selbst-Bestimmung. Weil das alles in einer späteren Stufe der Individuation passiert, kann der Masochist schon beträchtlichen Druck aushalten.

43

## MASOCHISTISCH

*Selbst-Bestimmung:* Ich habe das Recht, mich zu behaupten.

*Negative Reaktion der Umwelt:* Zerquetschen, Invasion.

*Reaktion des Organismus:* Trotzige Wut.
Die weitere, chronische Frustration der Umwelt zwingt zur
Unterdrückung der Reaktion.

*Selbst-Verneinung:*
- Retroflektive Haltung: Ich bin dein.
- Muskuläre Haltung: Festhalten von Oberschenkeln, Becken-
  boden, Kehle, Nacken, Gesicht (Lächeln); leidende Augen.

*Anpassungsprozeß:*
- Ich-Kompromiß: Ich werde leben, ohne meine Unabhängigkeit zu behaupten und die Welt durch Überfreundlichkeit
  berühren.
- Charakteristisches Verhalten: Freundlichkeit, Selbst-Aufopfe-
  rung, Selbst-Mißbilligung, Unentschiedenheit, Jammern,
  passive Provokation.
- Ich-Ideal: Ich möchte nett sein.
- Illusion der Kontraktion: Ich werde geliebt, solange ich lieb
  bin.
- Illusion der Befreiung: Ich werde zerdrückt und gedemütigt.

---

Er liefert eine gar nicht so leicht zu gewinnende Schlacht der Willenskräfte.
Aber letztendlich muß er dem größeren Druck des Erwachsenen nachgeben.
Denn er braucht ihn ja noch zum Überleben.

Wie im symbiotischen Fall geht es auch hier um Individuation. Aber
diesmal fühlt sich die Bezugsperson nicht von den Unabhängigkeitsbestrebungen bedroht, sondern sie will die Kontrolle behalten, sie will dominie-
ren. Oberflächlich gibt der Masochist nach und unterwirft sich, aber darunter
hegt er extremen Ärger und enorme Feindseligkeit. Sein Körper ist oft korpu-
lent und besitzt kräftige Muskeln. Sie sollen die direkte Selbstbehauptung
zurückhalten und die mächtige, unterschwellige Negativität blockieren.
Typischerweise ist er überfreundlich und selbstaufopfernd. Gleichzeitig
wird passiv-aggressives Verhalten deutlich. Der Masochist ist ein "guter"

Junge oder ein "liebes" Mädchen. Auf diese Weise versucht er, den Kontakt zu halten und nicht zerquetscht zu werden. Aber innen schwelt der große Ärger.

## Der rigide Charakter

Der rigide Charakter entsteht aus den Frustrationen der ödipalen Periode. Sobald die Objekt-Konstanz etabliert ist, begreift das Kind auf einer tiefen Ebene seine Verschiedenheit. Es geht nun auf liebevoll ausgreifende und kindlich sexuelle Art auf den gegengeschlechtlichen Elternteil zu. Der fühlt sich durch die allmählich wachsende Sexualität des Kindes bedroht, die ja auch noch die eigene anregt. Eine sexuell frustrierte Mutter (Vater) reagiert jetzt vielleicht verführerisch und mißbraucht so das Söhnchen (Töchterchen) für die eigene Lust. Der Vorgang ist typisch für die weitere Entwicklung zum mißbrauchten narzißtischen Kind. Eventuell bedroht irgendwann die Sexualität die Erwachsenen zu sehr und sie lehnen daraufhin das Kind ab. Oder es wird von dem einen Elternteil verführt und von dem anderen deshalb abgelehnt.

Mit Ausnahme der direkten Verführung, die verletzend genug ist, wird bei allen Varianten die liebevolle, sexuelle Reaktion abgelehnt. Das Kind schneidet nun von sich aus seine Sexualität und Liebe ab, oder spaltet beide. Wo immer aber die Sexualität von der Liebe getrennt ist, fehlt der letzteren ein Stück Natürlichkeit. So gesehen, kann der Rigide nicht wirklich lieben.

Selbst-verneinend hälter seine Liebe durch einen Körperpanzer und einen festen Kiefer zurück. Gleichzeitig versucht er vollendet und attraktiv durch die Welt zu gehen, um zukünftige Ablehnungen zu vermeiden. Wegen seiner relativ entwickelten Ich-Struktur kann er attraktiver, leistungsfähiger und selbstgenügsamer sein als alle anderen Charaktere. Er glaubt Liebe durch Leistung kaufen zu können. Aber weil er wahre Liebe gar nicht annehmen kann, muß er sich mit der Aufmerksamkeit begnügen. Seine Liebes- und Sexbeziehungen sind ständige Unruheherde. Von der einen Person fühlt er sich sexuell angezogen, kann sie aber nicht lieben, während er die andere liebt, aber im Bett nicht begehrt. Oder er möchte das Unerreichbare. Hat er es schließlich, verliert er das Interesse. Oder er handelt in den verführerischen Anfangsphasen einer Liebesbeziehung sehr geschickt und befriedigend. Er fühlt sich selbst erfüllt. Sobald der Prozeß allerdings intimer wird, kann er ihn nicht fortsetzen. Typischerweise ist der rigide Kompromiß der wirkungsvollste, der gesellschaftlich anerkannteste und der mit der besten Abwehr. Die reinen rigiden Charaktere suchen kaum die Therapie auf, außer wenn ihre Ehegatten drohen, sie zu verlassen, ihre Kinder

Schwierigkeiten machen oder Herzinfarkte und andere Krankheiten den Kompromiß untergraben. Das geschieht meist erst in späteren Lebensphasen. Wer früher im Beratungszimmer erscheint, zeigt meist nur eine "rigide Außenschicht", die über vorödipalen Charakterthemen liegt.

---

**RIGIDE**

*Selbst-Bestimmung:* Ich habe das Recht, sexuell zu lieben.

*Negative Reaktion der Umwelt:* Zurückweisung oder Verführung und Zurückweisung.

*Reaktion des Organismus:* Tiefe Verletzung.
Die wiederholte, chronische Frustration der Umwelt zwingt zur Unterdrückung der Reaktion.

*Selbst-Verneinung:*
- Retroflektive Haltung: Ich kann nicht lieben.
- Muskuläre Haltung: Zurückhaltung durch den Oberflächenpanzer, das Becken und den Kiefer; traurige Augen.

*Anpassungsprozeß:*
- Ich-Kompromiß: Ich werde ohne Liebe leben und die Welt berühren, indem ich mich attraktiv mache.
- Charakteristisches Verhalten: Leistung, Anreizen, Selbstgenügsamkeit.
- Ich-Ideal: Ich möchte noch vollkommener und attraktiver sein.
- Illusion der Kontraktion: Ich werde geliebt, wenn ich attraktiv und vollkommen bin.
- Illusion der Befreiung: Ich werde zurückgewiesen, wenn ich mein Herz ganz öffne.

---

Das Ödipus-Thema begleitet sozusagen nur die anderen primitiveren Organisationsprobleme. Jedes beeinflußt natürlich das erstere bezüglich Natur und Maß der ödipalen Ladung, der verfügbaren Ich-Struktur und der sich daraus ergebenden Abwehrmechanismen. Wegen der vielen möglichen ätiologisch vorhergehenden Frustrationen und der Dreier-Konstellation haben wir hier den komplexesten Ausdruck charakterologischen Funktionierens vor uns. Aber dennoch, um die Runde abzuschließen, auch hier die grundlegendsten, natürlich sehr vereinfachten Entwicklungslinien des rigiden Prozesses im Schema.

# Die Perspektive der Ich-Psychologie

Wie arbeitet das Ich? Die Ich-Psychologie greift auf jenen ziemlich umfangreichen Teil der psychoanalytischen Literatur zurück, der sich mit dieser Frage beschäftigt. Anna Freud's "Das Ich und die Abwehrmechanismen" (1988) und Hartmann's "Ich-Psychologie Anpassungsproblem" (1975) sind zwei Klassiker dieser Schule. Objekt-Beziehungs-Theorie und Ich-Psychologie haben sich parallel und aufeinander bezogen entwickelt. Ihre Begriffe sind oft austauschbar. Blanck und Blanck's (1988, 1989) zwei Bände über Ich-Psychologie stützen sich vor allem auf Mahler's Arbeit. Ich finde es sehr nützlich, die Objekt-Beziehungs-Theorie innerhalb der Ich-Pschologie anzusiedeln. Ihren Theoretikern geht es mehr um die Entwicklungstheorie und die Beziehungen zwischen dem Selbst und dem Anderen, während die Ich-Psychologen sich mehr um die Darstellung und Einschätzung der Ich-Funktionen an sich kümmern. Dementsprechend sind für mich alle Objekt-Beziehungs-Theoretiker Ich-Psychologen, aber nicht alle Ich-Psychologen Objekt-Beziehungs-Theoretiker.

Im vorliegenden Kontext ergibt sich der Vorteil der Ich-psychologischen Perspektive natürlich aus ihrem Blick auf die Arbeitsweise des Ich. In gewissem Sinne bedeutet das Studium des Ich das Studium von fast allem, was mit menschlichem Funktionieren zu tun hat. Aus psychoanalytischer Sicht ist das "Ich" mit allem betraut außer den Instinkten und den internalisierten Regeln der Kultur, die sich im "Über-Ich" verkörpern. Aber sogar die Prozesse der Verinnerlichung, die das Über-Ich erzeugen, sind Funktionen des Ich. Vereinfacht gesagt: Das Ich ist alles im menschliche Funktionieren, mit Ausnahme von Impuls und Gewissen. Deshalb müssen alle Auflistungen der Ich-Funktionen ziemlich allgemein und das Ergebnis einer willkürlichen Auswahl von Daten bleiben. Eine Synthese von Hartmann (1972), Beres (1956) und Blanck und Blanck (1988) ergibt folgende Skizze:

1. Objekt-Repräsentationen und Objekt-Beziehungen
2. Anpassung an die Realität
3. Abwehr
4. Identitätsbildung (Selbst-Repräsentation)
5. Internalisierungen
6. Regulierung der instinktiven Triebe
7. Gedankenprozesse
8. Synthesen

Die Objekt-Beziehungs-Theorie kümmert sich hauptsächlich um die Objekt-Repräsentationen, die Objekt-Beziehungen und die Identitätsbildung. Es geht ihr um unsere Fähigkeiten, Repräsentationen von uns selbst und dem anderen zu formen und beide aufeinander zu beziehen. Dazu gehören auch jene Prozesse, die dazu führen, das "Ich" vom "Nicht-Ich", sowie das Mutter-Objekt von anderen Objekten zu unterscheiden. Die Realitätsanpassung meint die Wirklichkeitsprüfung, die Urteilsbildung usw. Die Abwehrfunktion betrifft Abwehrmechanismen wie Verleugnung, Verschiebung, Identifikation, Isolierung, Projektion, Repression usf. Durch die Prozesse der Internalisierung nimmt das Individuum charakteristische Eigenschaften und Forderungen der Umwelt auf und macht sie sich zu eigen. Wir finden hier die Mechanismen der Akkulturation, die von der hypothetischen Struktur des "Über-Ich" vertreten werden. Eine weitere Aufgabe des Ich liegt in der Regulierung der instinktiven Triebe. Gedankenprozesse haben natürlich mit Erinnerungen, Verstand, Kombinationsvermögen etc. zu tun. Durch unsere Möglichkeiten zur Synthese können wir Informationen aller Art aufnehmen, neu organisieren und integrieren. Das ist grundlegend wichtig für die Bildung von Repräsentationen, für die Realitätsanpassung und das Denken. Die Punkte der Liste überlappen sich. Sie geben die von der Ich-Psychologie meistuntersuchten Fähigkeiten des Ich wieder.

Horner (1979) meint, daß uns die Erkenntnisse Piaget's zur kognitiven Entwicklung helfen, die menschlichen Anlagen zur Synthese und zur Herstellung sowie Verfeinerung von Repräsentationen besser zu verstehen. Er nennt besonders Piaget's Begriffe der Assimilation und Akkomodation.

Horner definiert *Assimilation* als jenen "Prozeß, durch den neue Erfahrungen aufgenommen und modifiziert werden, damit sie in die bereits bestehende mentale Organisation passen." Indem wir die Realität wahrnehmen, nehmen wir ständig neue Informationen in uns auf, d.h. in unseren Geist, unseren Körper und was es da noch geben mag. Wir passen sie in unsere schon vorhandene Konzeptualisierung der Welt ein. Wir benutzen in uns existierende Klassifikationen, um den neuen Input zu kategorisieren und ihm einen Sinn zu geben. Ist eine Wahrnehmung assimiliert, ist sie zu einem Teil einer bestehenden Struktur, Generalisierung oder Weltsicht geworden. Wie Horner betont, ist dies die Grundlage für projektive Tests. Zweideutig auslegbare Reize werden im eigenen mentalen und körperlichen Bezugsnetz eindeutig interpretiert und enthüllen so dessen Struktur. Bleibt etwas unassimiliert, wurde es nicht in die existierende Struktur des Menschen aufgenommen. Ein Beispiel dafür ist die selbst-hassende und selbstentwertende Kraft im Schizoiden, die er als in ihm wohnendes, ihm völlig fremdes Wesen empfindet. Wir nennen es ein unassimiliertes Introjekt. *Die das Kind stark ablehnende Bezugsperson wurde in ihrer Essenz imitiert. Und das in einer sehr frühen Entwicklungsphase.* Das Kind war noch nicht fähig, sich den Input anzueignen oder sich mit ihm zu identifizieren. *Die zurück-*

*weisende Mutter wurde introjeziert, aber nicht assimiliert.*

*Akkomodation* heißt der Prozeß, durch den wir lernen, unsere Wahrnehmungen und Konstrukte der Realität anzupassen. Wir verändern die Landkarte, wenn sie nicht mehr mit der Landschaft übereinstimmt. Störungen in der Akkomodation stören die Fähigkeit dazu. Zur Akkomodation gehören auch Generalisierung, Differenzierung und Integration. Wenn das Kleinkind beginnt, das menschliche Gesicht von allen anderen Objekten zu unterscheiden, beginnt es, alle Gesichter von anderen Objekten zu unterscheiden. Es generalisiert, denn es macht noch keine Unterschiede zwischen diesen Gesichtern. Tritt dann die "Acht-Monats-Angst" ein, erkennt es das der Mutter unter den anderen. Im Alter in dem "Spaltungen" auftauchen, so schließen wir aus seinem Verhalten, kann es eine "gute Mutter" konstruieren und daneben eine "böse." Es ist jedoch unfähig, die beiden Konstrukte in ein übergeordnetes einziges, nämlich "die Mutter" zu integrieren. Wenn es das schließlich kann, assimiliert es sowohl die guten wie die schlechten "Daten" der Mutter unter diesem Begriff. Diese Konzepte sind für die beschreibende Entwicklungsdiagnose der kognitiven Funktionen sehr nützlich. Besonders in Bezug auf Objekt- und Selbst-Repräsentationen. Wir können uns z.B. fragen, ob die Störung bei der Assimilation oder bei der Akkomodation liegt? Liegt sie bei der Akkomodation, besteht sie dann bei der Differenzierung-Generalisierung oder bei der Integration von Konstrukten niederer Ebenen in ein Konstrukt höherer Ebene usw.?

Nach dieser sehr allgemeinen Skizze der Objekt-Beziehungs-, der charakteranalytischen und der Ich-psychologischen Theorien können wir uns nun mit den Ich-Funktionen innerhalb jeder Charakterstruktur beschäftigen. Wir beziehen uns dabei auf die oben angeführten acht Punkte. Wir prüfen mit ihnen z.B. den generellen schizoiden oder generellen oralen Fall oder den, der uns in der klinischen Praxis gerade unterkommt.


## Der schizoide Charakter

Wir haben beim schizoiden Charakter eine bedeutungsvolle Entwicklungshemmung während der normalen autistischen Periode und der frühen Phase der Symbiose festgestellt. Wir erwarten im allgemeinen, daß er zurückgezogen lebt und sich unter Streß noch mehr abwendet. Wie bei jeder anderen Charakterstruktur gibt es auch hier eine gewisse Anpassung durch das "falsche Selbst". Aber sobald dieses Konstrukt bedroht ist oder versagt, folgt der Zusammenbruch. Er kann sehr schwer sein und in ernstzunehmenden Rückzug oder gar psychotischen Symptomen münden. Durch die unbewußte, emotionale Hemmung auf so früher Stufe, fällt ihm die Trennung des eigenen Selbst von dem des anderen sehr schwer. Er introjeziert, er schluckt sozusagen leicht die Glaubenssysteme und Merkmale von anderen oder er projeziert die eigenen inneren Zustände oder deren Ursachen auf die Umwelt. Die Fähigkeit, das eigene Selbst zu spüren ist gering und die Neigung, es mit denen von anderen zu vermischen groß.

Wie bereits früher erwähnt, sind die negativen Seiten der Bezugsperson zwar introjeziert aber nicht assimiliert worden. Weil sie nicht als Teil des eigenen Selbst erlebt werden, liefern sie nur umso fruchtbareren Boden für paranoide Projektionen. Der Schizoide unterscheidet Menschen, mit denen er gegenwärtig zu tun hat, kaum von den strafenden Eltern seiner Vergangenheit. Das öffnet weite Räume für Introjektion und Projektion.

Das Ich ist auf dieser frühen Entwicklungsstufe kaum fähig zu vermitteln, der relativ undifferenzierte Organismus jedoch äußerst anfällig für direkte Impulsentladungen. Die Sorge des Schizoiden, emotional völlig zusammen- oder voller Wut unkontrolliert auszubrechen, ist deshalb nicht unbegründet. Techniken und Gruppenprozesse, die seine Abwehrmechanismen durchbrechen, sind für ihn schädlich. Die grundlegende Störung einer befriedigenden frühen Verbindung mit der bemutternden Bezugsperson wirkt sich auf seine ganzes Leben aus. Sie formt die Matrix, in der sich die Organisationsprozesse des Ich entwickeln. Aus der Symbiose nimmt das Kleinkind seine uranfängliche Identität und seine "vertrauensvolle Erwartungshaltung". Von ihr ausgehend kann es differenzieren, üben und sich letztendlich von der Mutter trennen. Wird die Symbiose gestört, werden auch die organisierenden Prozesse des Ich gestört.

Wie also den schizoiden Charakter behandeln? Ganz wichtig ist der Aufbau eines symbioseähnlichen, zwischenmenschlichen Bodens, auf dem bis zur Separation weitergearbeitet werden kann. Das Vorgehen bei rigiden oder neurotischen Charakteren ist anders. Vielleicht ist diese Unterscheidung der wertvollste Beitrag jener Kollegen, die sich um den Borderline-Erwachsenen kümmern.


## Der orale Charakter

Die Ich-Entwicklung des oralen Charakters wurde emotional und unbewußt in der späten Symbiose aufgehalten. Eine Verbindung war zwar da, aber die Unterstützung und Ernährung durch die Bezugsperson blieb unbefriedigend oder wurde sogar wieder zurückgezogen. So sah sich das Kind gezwungen, frühreif die Wachstumsleiter hochzuklettern. Seine primäre Angst besteht darin, so nehmen wir an, das Bezugsobjekt zu verlieren (Blanck & Blanck, 1988). Für den oralen Charakter wurde diese Angst wahr.

Die Differenzierung "Ich selbst gegenüber den Anderen" hat gerade erst begonnen. Sie ist deshalb unstabil, weswegen der Orale zu Verschiebungen und Identifizierungen neigt. Er sucht sich z.b. Menschen, die bedürftig sind und für die er sorgen kann. Dann identifiziert er sich mit ihnen und ihrer Dankbarkeit. Oder er verschiebt seine Sehnsucht nach bedeutungsvollen Kontakten auf materielle Dinge. Weil ihm eine solide Empfindung für das eigene Selbst fehlt, läßt er sich gerne von anderen definieren. Sein Widerstand gegen zu große Nähe bleibt jedoch immer wachsam. Intime Nähe schürt seine Angst, erneut verlassen zu werden. Er neigt dazu, seine Selbst-Repräsentation durch Identifikation aufzubauen. Er kann assimilieren, aber nicht akkomodieren. Der Orale betrachtet und idealisiert seinen Nächsten vom Standpunkt der Bedürfnisbefriedigung. Er sieht aber nicht wirklich wie er noch ist. Die Kraft dieser Identifikation kann pathologische Reaktionen hervorrufen, denn jede Bedrohung des Identifikationsobjektes wird als Bedrohung des eigenen Selbst aufgefaßt. Ich habe verschiedentlich miterlebt wie eine oraler Mensch Selbstmordgedanken entwickelte, weil die Integrität seines Kindes oder Ehegatten bedroht war.

Aus Ich-psychologischer Sicht besteht die therapeutische Aufgabe darin, die frühe Beziehung innerhalb der zwischenmenschlichen Matrix der Therapie zu erneuern, die Differenzierung zu vollenden, die Klientin durch die Übungs- und Wiederannäherungsphasen zu begleiten und mit dem Aufbau einer eigenen Identität und Objekt-Konstanz zu beginnen. Das braucht Geduld. Der Orale wurde in ihrer Kindheit vorwärts getrieben und möchte das nicht nochmal erleben. Sobald die Zweieinigkeit der Symbiose etabliert und gesichert ist, wird er wahrscheinlich damit beginnen, sich vom Therapeuten unterscheiden zu wollen. Er fängt an, seine Hilfe, die er tatsächlich braucht, zu suchen. Daneben lernt er, sich selbst zu versorgen. Er wartet nicht mehr darauf, daß es jemand anderem einfällt, das für ihn tun. In Zukunft kommen zuerst seine Bedürfnisse und dann die der anderen. Er weiß nun, wer wer ist. Er muß angehalten werden, seine Autonomie auch außerhalb der Therapie zu üben und dann Gelegenheit haben, über seine Abenteuer zu berichten. Der Therapeut oder eine andere wichtige Bezugsperson kann ihm damit durch die Wiederannäherungsphase seiner Reifezeit helfen.

## Der symbiotische Charakter

Zwischen dem oralen und dem symbiotischen Charakter gibt es einige Überlappungen. Sie sind die beiden Seiten derselben Münze. Der Orale wurde sehr früh zur Trennung gezwungen, während man sie dem Symbiotischen nicht erlaubte, als die Zeit reif war. Beide Male ist die Trennung der Schlüssel, aber die ätiologischen Umstände sind gegensätzlich. Theoretisch gesehen handelt die Mutter des symbiotischen Charakters ganz gut bis das Kind beginnt, sich von ihr zu trennen. Nun fühlt sie sich bedroht. Sie reagiert entweder panisch oder zieht ihre Unterstützung zurück. Beides zielt auf die Unabhängigkeitsbestrebungen des ja immer noch abhängigen Kindes und erweckt natürlicherweise wiederum in diesem panische Gefühle. Es stoppt deshalb seine Selbstwerdung. Es will die Unterstützung nicht verlieren und die durch die Furcht der Bezugsperson heraufbeschworene Angst vermeiden. Die Charakterstruktur bildet sich also während der Übungs- und der Wiederannäherungsphase, wobei die Erfahrung zeigt, daß das Kind in der letzteren besonders anfällig für diese Art von Beeinflussungen ist. (Siehe dazu die äußerst nützlichen Beiträge der Objekt-Beziehungs-Theoretiker im allgemeinen und von Masterson, 1980, im besonderen).

Das Thema "Grenzen zwischen mir und den anderen" steht natürlich dauernd auf der Tagesordnung. Einerseits schwelt die Tendenz, in eine grenzenlose Identifikation mit dem anderen hinein zu kollabieren und sich in die symbiotische Einheit fallen zu lassen, andererseits gibt es oft das Bedürfnis, rigide Grenzen aufzurichten, um die eigene schwache Identität zu stützen. Ein symbiotischer Mensch mag eher zu der einen oder der anderen Seite neigen. Er wird aber im allgemeinen zwischen ihnen hin und her pendeln. Denn die eine erweckt in ihm Befürchtungen, verschlungen und die andere Ängste, verlassen zu werden. Bezüglich der Selbst- und der Objekt-Repräsentation ist der symbiotische Charakter weiter als der schizoide und der orale, aber nichtsdestotrotz ebenso wie sie auf seinem Weg zur Selbstwerdung eingefroren.

Er benutzt typischerweise die während der Annäherungsphase gebildeten Abwehrmechanismen der Isolierung und der Spaltung. Er ist entweder "für" etwas oder "gegen" etwas. Die anderen sind entweder "nur gut" oder "nur schlecht". Dieselbe Person ist bezüglich von irgendwas "wirklich völlig in Ordnung" oder "wirklich völlig daneben". Je nach den bereits entwickelten Fähigkeiten zur Differenzierung erkennt er diese Neigung als seltsam und irrational an oder als Ich-syntonisch. Der Fehler verbirgt sich in jenem Teil der Akkomodation, bei dem es um die Integration und Formulierung von Konstrukten höherer Ebenen geht.

*Eine weitere Fixierung aus dieser Zeit kann der Hang sein, andere zu idealisieren, was notwendigerweise die Voraussetzung dafür ist, enttäuscht zu werden.* Man glaubt, der Idealisierte können einen beschützen, während man ihn gleichzeitig beneidet und fürchtet. Wird der Schutz, wie das im Erwachsenenleben meist der Fall ist, nicht geliefert, ist der symbiotische Charakter schwer desillusioniert und kann sogar die Kontrolle über aggressive und rachsüchtige Impulse verlieren. Wenn dann auch noch Verletzungen aus früheren Strukturen vorliegen, kann die Desillusionierung, gemeinsam mit der Wahrnehmung getrennt und verletzbar zu sein, Panik und Desorganisation hervorrufen und psychoseartige Symptome, wie wir sie bei den klassischen Borderlinern beobachten, auslösen.

Aus Ich-psychologischer Sicht soll der Therapeut dem Klienten helfen, sich zur eigenen Individuation durchzuarbeiten. Er gibt ihm ein unterstützendes Umfeld, ermutigt zur Selbstwerdung und entmutigt wohlwollend alle Versuche, sich in symbiotische Fusionen und Muster der Idealisierung und Desillusionierung zu flüchten. Der symbiotische Charakter ist für sein Bestreben bekannt, den Helfer in eine außertherapeutische Union hineinzuziehen. Unerfahrene oder selbst bedürftige Therapeuten können dazu verführt werden, die Abhängigkeit zu pflegen, indem sie sich auf die symbiotischen "Spielchen" einlassen. Jegliche Strategien welcher Therapierichtungen auch immer, die dem Klienten helfen, unabhängig zu werden und seine Trennungs-Angst zu tolerieren sind nützlich. Im Mittelpunkt der Therapie muß die freundliche und unterstützende Hilfe stehen.

## Der narzißtische Charakter

Die Grandiosität der Übungsphase liefert uns die klarste Entwicklungsanalogie zum narzißtischen Charakter. Sie wird in der Periode der Wiederannäherung gewöhnlich aufgelöst. Die Ich-Psychologie plaziert die mit der Grandiosität zusammenhängenden Pathologien entwicklungsmäßig in die letztere, obwohl einige narzißtische Verhaltensweisen am deutlichsten in der Übungsphase zu beobachten sind. Der Narzißt hat die Entwicklung eines wahren Selbst-Konzeptes abgebrochen, um sich gegen Verletzungen zu schützen. Er investiert nun viel in ein falsches Selbst, besonders dort, wo es um die Selbst-Einschätzung geht. Weit mehr als die anderen Charaktere sieht er es ganz bewußt als Bollwerk seines Selbst-Wertes. Er isoliert sich von jeglichem Input, der seine Großartigkeit bedrohen könnte. Der Narzißt ist typischerweise unfähig zu lernen, wenn dieses Lernen ihn zwingen würde, sein Konzept des falschen Selbst zu verändern. Er sieht die Welt durch die Maschen eines rigide aufrecht erhaltenen Netzwerks. Neue Informationen werden entweder assimiliert oder ignoriert. Diese Tendenz plus seiner unvollständigen Fähigkeit zwischen sich und den anderen zu unterscheiden macht ihn, sobald seine Selbst-Einschätzung bedroht wird, besonders anfällig für Paranoia. Wegen der Störung in der Individuationsphase ist der narzißtische Charakter ebenso wie der symbiotische für alle Arten von Übertragungsreaktionen offen - sei es Idealisierung oder Desillusionierung.

Außerdem neigt er auch zu "Zwillings-Übertragungen". Der gute Andere ist "wie ich". Er wird allerdings eher als Quelle der Unterstützung gesehen, denn als wirklicher Mensch, der ja noch viel mehr ist. Die Menschen werden überhaupt in zwei Gruppen "gespalten": die Guten und die Bösen. Ein typischer Narzißt tut alles, damit man ihn mit den Guten identifiziert. Die Schlechten vermeidet er. Er reagiert besonders sensibel auf die Symbole der ersten. Er will sie besitzen und zeigen. Neben dieser Objekt-Spaltung verfügt er häufig über eine feine Wahrnehmung, wer sozial, intellektuell oder körperlich über oder unter ihm steht.

Der Narzißt möchte seinem aufgeblasenen falschen Selbst gerecht werden. Er tut und arbeitet viel dafür. Wenn er sich in Zeiten der Krise und des Versagens jedoch widerwärtig und unwürdig findet, tendiert er dazu, in katastrophenartige Depressionen zu stürzen. Diese Polaritäten sind für ihn typisch. Je solider seine Abwehrmechanismen allerdings sind, desto weniger wird er zum negativen pendeln. Andere Menschen dienen ihm als Lieferanten der Selbstvergrößerung und Dankbarkeit. Ihm nahestehende oder abhängige Personen sollen seine Wünsche ohne zu fragen erkennen und befriedigen.

Weil die Entwicklung während der Union von grandiosem Selbst und idealisiertem Objekt gestört wurde, kam es zu einer schweren Hemmung im Aufbau eines internalisierten Über-Ichs. Es gibt vielleicht einige innerhalb des falschen Selbst assimilierte Verhaltensregeln, aber das Defizit an Gewissen und sozialem Verantwortungsgefühl ist oft groß.

Der Narzißt hat enorme Angst vor Demütigung und Geringschätzung. Einer meiner Klienten sagte einmal: "Vor allen Dingen will ich nicht für dumm verkauft werden." Das falsche Selbst bläht sich auf und wappnet sich gegen jede Konfrontation seiner Trugbilder der eigenen Großartigkeit. Während sich sein äußeres Verhalten sehr von dem des symbiotischen Charakters unterscheidet, gibt es einige Überlappungen in den Ich-Funktionen. Bei beiden mißlang jeweils eine der beiden Hauptaufgaben der Wiederannäherungsphase. Beim symbiotischen Menschen löste sich die Symbiose nicht in der Selbstwerdung auf und beim narzisstischen die Grandiosität nicht ins wirkliche Selbst.

Obwohl der Narzißt zur Konfrontation einlädt, reagiert er in der Therapie sehr gut auf wohlwollende Unterstützung. Der Therapeut sollte Vertrauen aufbauen und das wirkliche Selbst fördern. Dazu muß gewöhnlich das falsche Selbst frustriert werden. Dabei wiederholt der "gute" Therapeut nicht die Fehler der narzißtischen Verletzung. Er demütigt den Klienten nicht und er benutzt ihn nicht. Mehr als alle anderen versucht der Narzißt, seine Dienste anzubieten, um seinen Status zu bestätigen und eine einzigartige Position zu gewinnen. Das gefährdet die Therapie. Der Therapeut muß diese vom brüchigen falschen Selbst kommenden Dienste ablehnen. Er setzt so ein für die therapeutische Aufgabe zentrales, symbolisches Zeichen. Er tut, was die frühe Bezugsperson nicht tat: er akzeptiert und nährt die wirkliche, die verletztliche Person und erlaubt so dem grandiosen, falschen Selbst sich aufzulösen. Der Therapeut, der "gut genug" ist, braucht seinen Klienten nicht zur eigenen Selbstbestätigung. Er muß ihn nicht demütigen oder wegen der eigenen Befriedigung emporheben. Stattdessen ermutigt er den Ausdruck des wahren Selbst. Dazu muß die Großartigkeit und die Verletzung, wegen der sie nötig wurde, durchgearbeitet werden.

## Der masochistische Charakter

Ähnlich wie beim symbiotischen und narzißtischen Charakter liegt auch beim masochistischen eine Störung während der Individuationsphase vor. Hervortretend ist das Aufeinanderprallen der Willenskräfte von Bezugsperson und Kind. Das Kind fängt gerade an, sich selbst zu behaupten. Es beginnt sich auf sein Recht auf Unabhängigkeit zu berufen. Der Zug der Entwicklung entgleist im allgemeinen etwas später als der der vorgenannten Charaktere. Der Masochist ist deshalb mehr er selbst. Er verfügt über größere Widerstandkräfte.

Obwohl sich der Wille des unterdrückenden Elternteils letztendlich als stärker erweist, brodelt unter der Oberfläche des unterdrückten masochistischen Kindes weiterhin unbarmherziger Ärger darüber, aufgegeben zu haben. Typischerweise zeigt er keine Zwillings- oder Idealisierungs-Übertragung, nur geringe oder überhaupt keine Spaltung und eine bessere Entwicklung des Über-Ich als seine beiden vor ihm aus den Gleisen der Individuation geworfenen Kollegen. Das Ich des Masochisten ist erwachsener als das der anderen.

Einerseits ist er abhängig von dem mütterlichen oder Liebesobjekt, andererseits kämpft er gegen die Abhängigkeit und Identifikation an. Diese Ambivalenz beweist, im Gegensatz zur Spaltung, einige Beweglichkeit auf der Stufe der Objekt-Konstanz und Identitäts-Bildung. Weil die Internalisierung der mütterlichen Funktionen des Liebesobjekts nicht voll gelungen ist, bleibt er jedoch immer noch ziemlich abhängig. Einerseits hat er Angst, das Liebesobjekt zu verlieren und kann darüber sogar depressiv werden, aber andererseits will er sich nicht vollständig hingeben. Aufgabe der Therapie ist es deshalb, die Phasen von Identität und Objekt-Konstanz durchzuarbeiten. Er soll lernen, daß er er selbst sein und dennoch, oder gerade dadurch, erwachsene Liebe haben kann.

# Ödipale Themen

Mit Hilfe der Ich-Psychologie können wir die beim ödipalen Problem benutzten Abwehrmechanismen katalogisieren. Ein Beispiel: Lowen stellte 1988 heraus, daß rigide Charaktere häufig zwischen denen, die sie romantisch oder beschützend lieben und jenen mit denen sie eine sexuelle Beziehung haben unterscheiden. Ein klarer Fall von Objekt-Spaltung. Wenn wir die recht primitive Natur dieser Abwehr erkennen, fällt ihre Auflösung leichter.

Ein weiterer einzigartiger Beitrag der Objekt-Beziehungs-Theorie ist ihre These, daß die ödipalen und sexuellen Themen nicht isoliert dastehen, sondern früheren präödipalen Problemen aufgelagert sind. Während es also viele ätiologische Faktoren geben mag, die direkt mit der Rigidität in Verbindung gebracht werden, liegen vielleicht darunter ungelöste Fragen aus früheren Phasen und fixierte Abwehrmechanismen, die die ödipale Anpassung beeinflussen. Auch hier wird deshalb eine beschreibende Entwicklungsdiagnose notwendig. Wegen der Komplexität der ödipalen Schichtung und der Dreier-Kombination sollten wir Etikettierungen wie "neurotisch", "rigide" und "ödipal" völlig neu erörtern.

Die so bezeichneten Themen und Schwierigkeiten werden in der Praxis nach meiner Erfahrung sowieso kaum pur erlebt. Sehen Sie's doch mal kulturell und historisch. Wir haben es heute nicht mehr mit der weitverbreiteten sexuellen Unterdrückung zu tun, über die Freud, Reich und sogar noch Lowen schrieben. Die Ich-Struktur eines Menschen, der einen einigermaßen guten Kurs durch die See der Selbstwerdung schippern konnte, ist ohne die schwere Sexualunterdrückung vergangener Zeiten elastisch genug, um mit den alltäglichen ödipalen Forderungen unserer gegenwärtigen Kultur auszukommen.

Einerseits schränken sie zwar das volle und spontane Leben ein, andererseits wird jedoch gerade die rigide Anpassung bei uns hochgeschätzt. Rigide kommen deshalb kaum in die Therapie solange ihre Kompromisse funktionieren. Während es unzweifelhaft immer noch Kulturen oder Teile von Kulturen gibt, die den klassischen "Rigiden" produzieren, erzeugt die unsere im allgemeinen heute eher solche Störungen, die mit den hier diskutierten Problemen der Verbindung und Individuation zusammenhängen. (Ich möchte Ed Muller danken, der mir bei der Klärung dieser Beobachtungen sehr geholfen hat).

# Konflikt oder Defizit: Woher kommt die Störung?

Die Ich-Psychologie leistet ihren größen Beitrag zur Psychoanalyse, indem sie dem Konflikt-Modell ein Defizit-Modell zur Seite stellt. Klassisch gesehen entsteht die menschliche Psychopathologie zum einen aus den Konflikten innerpsychischer Strukturen untereinander und zum anderen aus den Konflikten zwischen diesen innerpsychischen Strukturen und der äußeren Welt. Das Modell setzt eine ziemlich einheitliche Ebene der Ich-Entwicklung voraus, auf der die unvermeidlichen Streitigkeiten gelöst werden. Die Ich-Psychologie behauptet dagegen: Die Ich-Fähigkeiten entwickeln sich allmählich und können an verschiedenen Punkten gehemmt werden. Dadurch entsteht ein Defizit in der Arbeitsweise des Ich. Einige Krankheiten können deshalb allein aus diesem Mangel heraus entstehen. Was also als klassische Abwehr eines Konfliktes erscheinen mag, kann in Wirklichkeit die bestmögliche Anpassung des Ich an die Realität oder den Konflikt darstellen. In diesem Fall kann jeder unbarmherzige Angriff auf diese "Abwehr", statt zu einer reiferen Konfliktlösungsebene oder erwachseneren Realitätsanpassung zur Dekompensation der Ich-Funktion führen.

Wo Mängel im Ich vorliegen, müssen sie behoben werden. Das Defizit-Modell stellt deshalb den "Widerstand" in ein völlig neues Licht. Wo Mängel im Ich vorliegen, war der "Widerstand" ein Widerstand gegen den gänzlichen Zusammenbruch der präödipalen Anpassung. Er war für das buchstäbliche Überleben des Organismus oder seiner jeweiligen Anpassungsebene nötig. Eine Diagnose der Ich-Ebene des Klienten ist deshalb absolut gefordert. Wir müssen wissen, in welche Richtung die Behandlung gehen soll. In den allermeisten Fällen sollten wir am besten beide Modelle heranziehen. Nur so können wir die Probleme, denen wir in der außerklinischen Therapie gegenüberstehen, verstehen und den Menschen, die zu uns kommen, helfen. Empfehlenswert ist eine Kombination aus Ich-aufbauenden Techniken und die Widerstände durcharbeitenden Strategien, (wodurch archaische Anpassungsformen verändert werden). Im folgenden, und in den anderen Bücher der Reihe, geht es genau darum: Wann tue ich in der Therapie was mit wem und warum?

# Kapitel 2

## Das gehaßte Kind: Die schizoide Erfahrung

Jeanine: Du möchtest nicht darüber reden?
Conrad: Ich weiß nicht. Ich habe nie wirklich darüber geredet. Zu Ärzten ja,
aber sonst nicht. Du bist die erste, die mich fragt.
Jeanine: Und wie war es?
Conrad: Als ob ich in ein Loch falle. Tiefer und tiefer und tiefer und das
Loch wird größer und größer. Du kommst einfach nicht raus und
plötzlich dreht sich alles nach innen und Du selbst bist das Loch.
Du bist gefangen und alles ist vorbei. So ungefähr. Es ist gar nicht
so schlimm, außer wenn ich darauf zurückschaue. Ich weiß, wie
ich mich gefühlt habe. So seltsam, so neu ...

- Einfache Leute -

## Die Ursachen

Wenn das Kind zwischen der dritten und fünften Woche aus dem Stadium des primären Autismus herauswächst, verschwindet allmählich auch die "sensorische Barriere". Es nimmt nun immer stärker den Menschen wahr, von dem es versorgt wird. Heißt er mich willkommen? Möchte er Kontakt haben? Mag er mich? Oder sind die Eltern kalt, abweisend, rauh und voller Haß? Dazwischen gibt es viele Abstufungen, die sich auch im Laufe der Zeit verändern können. Kinder sind vollkommen abhängige Wesen. Wir wissen, daß viele nicht gewollt sind und jene, die bewußt angenommen werden, können vielleicht unbewußt unerwünscht sein. Aber auch Eltern, die ihre Kinder wirklich haben wollten, kommen oft mit den Realitäten, die ihnen dann aufgebürdet werden, nicht zurecht. Ihre Kräfte, mit der Wirklichkeit eines Kindes umzugehen sind geringer als sie vorher im Überschwang des Wunsches vermuteten.

Noch häufiger machen sich zukünftige Eltern nur vor, ein Kind zu wollen. Tatsächlich möchten sie jedoch nur eine perfekte Reflektion ihres eigenen idealisierten Selbst. Sie brauchen ein "perfektes Baby" und kein lebendiges menschliches Wesen mit all seiner animalischen Natur. Früher oder später wird das Kind sie enttäuschen und von der elterlichen Zurückweisung und Wut erschreckt werden. *Jedesmal ist es das wirkliche, spontane Leben, das von den Erwachsenen bekämpft wird.*

Das gerade "geschlüpfte" Junge kann noch nicht zwischen sich und seinem Versorger unterscheiden. Wenn der nun ausreichend hart zu ihm ist, dreht es sich vielleicht einfach um und flüchtet sich dorthin, wo es herkam - in die abgelöste Welt des Autismus. Es verteidigt sich durch Rückzug. Je schwerer der Angriff, desto weitreichender die Flucht. Je leichter der Angriff, desto wahrscheinlicher die Rückkehr. Etwa wenn es sich "nur" um gelegentliche Ausbrüche oder "nur" zeitweise Kältephasen der Bezugsperson handelt. Winnicott (1953) spricht von der "ausreichenden Bemutterung." Er beschreibt so die Pflegeanforderungen, die ein Neugeborenes einladen, in die Periode der Symbiose hineinzuwachsen und es darin zu halten bis der Prozeß der Differenzierung, der schließlich zur Individuation führt, beginnt. Nicht ausreichende oder gar mißbräuchliche und strafende Bemutterung verursacht Entfernung, Ablösung und Abwendung vom sozialen Kontakt. Weil die kognitiven Prozesse noch sehr primitiv sind, ist es uns kaum möglich zu verstehen, wie die Ereignisse vom Kind mental verarbeitet werden. Wir vermuten aber: Es erschreckt, ängstigt und fürchtet sich zutiefst, zuerst auf einer sehr primitiven Wahrnehmungsschicht und dann auf zunehmend komplexeren Verstehensebenen. Blanck & Blanck (1988), Lowen (1982) u.a. sprachen über die Furcht vor der Vernichtung.

Die natürliche Antwort eines Kindes auf eine kalte, feindliche und bedrohliche Umwelt ist Schrecken und Wut. Wir können aber nicht ständig mit chronischem Schrecken und chronischer Wut leben. Außerdem provoziert die Wut Vergeltungsschläge, die wiederum als lebensbedrohlich und terrorisierend empfunden werden. Das Kind wendet sich deshalb gegen sich selbst. Es unterdrückt seine natürlichen Gefühle. Es benutzt dazu die ihm oder ihr in der symbiotischen Periode zur Verfügung stehenden primitiven Verteidigungsmechanismen des Ich. Mit ihrer Hilfe versucht es, in der ihm feindlich gesonnenen Welt zu überleben. Neben der Flucht in den Autismus, oder als Teil davon, stoppt der Organismus bestimmte Bereiche seiner Lebendigkeit. Es gilt, das Gesamte zu retten. Seine Möglichkeiten dazu sind wegen der geringen Entwicklung des Ich begrenzt. Dennoch ist er während der Symbiosemonate fähig, auf die vorhergehende Stufe zurückzukehren. Auf diese Weise kann er die Realität seiner fortgeschrittenen Existenz verleugnen. Der von der Bezugsperson ausströmende Haß wird introjeziert. Er beginnt nun die Lebenskräfte des Organismus zu unterdrücken. Bewegung und Atmung werden gehemmt und die Muskeln immer mehr unwillkürlich angespannt. Aus der therapeutischen Erfahrung wissen wir, daß Klienten mit einer derartigen Geschichte früher oder später zwei tiefe Gefühle entwickelt haben, die sich in folgenden Sätzen ausdrücken lassen:

1. "Irgendwas ist falsch mit mir."
2. "Ich habe kein Recht zu existieren."

Jeder dieser Menschen hat die abweisenden Reaktionen seiner Umgebung auf einer existenziellen Ebene in sein Selbst-Konzept aufgenommen. Zu jener Zeit kann das Kind noch nicht zwischen sich selbst und der Pflegeperson unterscheiden. Dieser Umstand definiert ja die Symbiose. Die präverbale Assimilation der selbstverdammenden "Merksätze" macht sie so heimtückisch und so schwer veränderbar.

Machen Sie sich ein Bild von dem uranfänglichen Dilemma der Schizoiden. Denken Sie an die allenthalben in Supermärkten, Waschsalons oder wo auch immer zu beobachtenden Wutausbrüche von Eltern gegenüber ihren Kindern und Sie haben es. Manchmal weiß ich als Erwachsener kaum, wie weit die Eltern noch gehen werden und wo ihre Grenzen sind. Kann das Kind sie einschätzen? Manchmal nimmt es selbst die bemutternde Rolle ein und tut alles, um den oder die Wütende zu beruhigen. Bei Eltern mit unstabiler Emotionalität haben die Ausbrüche meist nichts mit den Handlungen des Kindes zu tun. Es wird deshalb ständig wachsam sein. Es wird die Fähigkeit entwickeln, seine Eltern zu versorgen, wenn deren Selbstkontrolle zu wackeln beginnt.

Wie ich später noch näher erläutern werde, beginnt das gehaßte Kind, sich einen Rückzugshafen aus Denken und Spiritualität zu bauen. *Wenn Mama mich nicht liebt, dann liebt mich Gott.* Wenn die Welt um mich her nur feindlich ist, ist dies tatsächlich eine Aussicht. Mein gegenwärtiges Leben ist nur ein schwaches Aufblitzen im ewigen Sein und auf "dieser körperlichen Ebene ziemlich unwichtig." Es wird spiritualisiert statt gelebt. Das gehaßte Kind liebt vielleicht die Menschheit, aber dreht sich fast automatisch weg, wenn es um die Nähe einer Liebesbeziehung geht.

Wenn der Mensch reift, reift auch die Komplexität und Spitzfindigkeit seiner Abwehrmechanismen. Auf tiefer emotionaler Ebene sind sie jedoch primitiv geblieben. Sie reflektieren im wesentlichen die *Verleugnung* dessen, was wirklich in der Beziehung mit der bemutternden Person geschah. Die Verleugnung friert die Situation in der Symbiose ein. Einerseits wünsche ich mir die intime Verbindung, lehne aber andererseits automatisch die Verschmelzung ab.

Daher erstens mein Hang, die Ideen, Merkmale und Gefühle des anderen zu *introjezieren* und zweitens meine Neigung, die guten oder schlechten Gefühle und Motivationen auf andere zu *projezieren*. Ich habe nie die volle symbiotische Verbindung erreichen können. Sie hätte zu meiner gesunden Selbstwerdung und Autonomie geführt. *Die Erfahrung des gehaßten Kindes ist: "Mein Leben bedroht mein Leben."* Die scheinbare Unabhängigkeit und Losgelöstheit dieses grundlegend erschreckten und wütenden Menschen ist rein defensiv.

Wir finden eine Entwicklungshemmung im Prozeß der Menschwerdung. Wir finden eine Hemmung des Lebens bevor das Leben überhaupt wirklich anfing.

# Äußere Umstände und genetische Ausstattung

Viele Patienten, die zur Therapie kommen, zeigen schizoide Elemente. Wenn wir die Vorherrschaft dieser Störungen und der aus ihnen entstehenden Verhaltensweisen verstehen wollen, müssen wir auch die besonderen äußeren, historischen Umstände beachten. Befand sich die bemutternde Person während der symbiotischen Phase unter Streß, schränkte das ihre Fähigkeiten, kontaktvoll und akzeptierend zu sein ein. Eine unter normalen Umständen "ausreichend gute" Mutter verliert z.b. durch Scheidung, Tod oder Militärdienst ihren Ehegatten. Oder sie wird durch Umweltkatastrophen, ökonomische Krisen oder Kriegsfälle außerordentlich belastet. Vielleicht wird das Kind schwer krank. Frühe Krankenhausaufenthalte können die symbiotische Verbindung abrupt unterbrechen. Die Behandlung mag schmerzvoll sein und sogar von der Bezugsperson durchgeführt werden müssen. Es gibt viele Arten kontaktloser, schmerzender und abweisender Umwelteinflüsse, die die Lebensqualität während der Symbiose zu beeinflussen vermögen.

Aber auch die inneren Fähigkeiten von Kindern für zwischenmenschliche Beziehungen variieren beträchtlich. Ihre angeborenen Kräfte, der Mutter non-verbale Signale zu geben, auf die sie reagieren kann, unterscheiden sich. Die einen wollen mehr Nähe als die anderen oder sie antworten viel motorischer auf Kontakt. Diese individuellen Verschiedenheiten sind besonders von Bowlby (1987), sowie Murphy & Moriarty (1976) systematisch beobachtet worden. Ein Teil des schweren, infantilen Autismus muß also nicht unbedingt primär auf äußere Einflüsse zurückgeführt werden. Er kann auch das Ergebnis von inneren Prozessen des Kindes sein (Judd & Mandell, 1968). In der vorliegenden Arbeit beschäftigen wir uns jedoch hauptsächlich mit den Einflüssen des direkten kindlichen Environments. Wir sollten aber nicht vergessen, daß es auch äußere Umstände und genetische Ausstattung gibt. Wir sollten auch sie bei jedem Fall bedenken.

## Gefühl, Verhalten, kognitive Fähigkeiten

### Gefühl

Nach dem psychoanalytischen Konzept der Entwicklungshemmung werden kognitive, verhaltensmäßige und affektive Quellen durch schwere Frustrationen von seiten der Umwelt *eingefroren*. Im klassischen Fall des gehaßten Kindes finden wir eine Hemmung in der symbiotischen Periode, manchmal sogar schon in der autistischen, in die das Kind zurückflüchten kann. Der klassische schizoide Charakter wird bei Gefühl und Affekt durch bedeutende unterschwellige, oft unbewußte Empfindungen von Schrecken und Wut gegenüber lebensbedrohlichen Umwelteinflüssen charakterisiert. Der Schrecken drückt sich in einer Reihe von Symptomen wie Angst- oder Panikanfällen aus, die in als bedrohlich empfundenen Situationen auftreten. Die beängstigenden Reize oder Stimuli müssen nicht unbedingt bewußt erkannt werden. Sie wirken auch unbewußt, also ohne daß der Schizoide nun genau wüßte, warum er eigentlich gerade Angst hat. Sie äußern sich ebenso in Phobien. Bewußtere Personen empfinden sie als allgemeine Angst oder Anspannung in sozialen oder intimen Situationen. Sie fühlen sich irgendwie unwohl. Sie wissen nicht, warum sie auf dieser Welt sind und welche Verbindungen, welche Beziehungen sie denn zu all dem überhaupt haben.

Jene, die ihre schizoide Basis völlig abwehren und verleugnen, zeigen kaum wirklich spontane Affekte. Sie benehmen sich wie Maschinen. Sie sind überrational und neigen dazu, jede Emotionalität als irrational, verrückt und unkontrolliert abzustempeln. Wenn sie Gefühle ausdrücken, sieht es oft aus "als ob" sie Gefühle ausdrückten. Sie handeln wie schlechte Schauspieler, die die erwartete Rolle nicht ausfüllen. Man hört sie manchmal fragen, wie sie sich denn unter bestimmten Umständen überhaupt "fühlen sollten."

In dem vielgelobten Film "Ordinary People" kommt der heranwachsende Conrad in die Psychotherapie, weil er seine heftigen negativen Gefühlsausbrüche nicht mehr kontrollieren kann. Zu Beginn der Behandlung bittet er um mehr emotionale Kontrolle. Er erinnert sich an das Begräbnis seines Bruders, bei dem er einfach nicht wußte, was er sagen oder fühlen sollte. Er fragte sich daraufhin, was wohl Fernsehstar "John-boy" an seiner Stelle getan und wie er sich gefühlt hätte. Timothy Hutton's Porträt des Conrad ist eines der besten über einen Menschen mit schizoider Charakterstruktur und Mary Tyler stellt ein ebenso gekonnt verkörpertes einer Mutter dar, von der sie erzeugt wird.

Zusammengefaßt: *Das Basisgefühl des gehaßten Kindes ist der Schrecken*. Er wird mit Vernichtung assoziiert oder, auf der Erwachsenenebene, mit dem Versagen, sich in dieser Welt zurechtzufinden. *Alle Abwehrmechanismen dienen dazu, erneute Zurückweisung und erneutes Versagen abzuwehren.* Je dichter die Verteidigungslinien, desto extremer das maschinenartige Benehmen und desto totaler die Abwesenheit irgendwelcher offensichtlicher Gefühle.

Noch heftiger werden gewöhnlich die Emotionen Wut und Zorn abgeleugnet und vermieden. In der Kindheit wäre die Zerstörung der Bezugsperson riskiert worden und damit die Auslöschung des Kindes selbst. Oder sie hätten Rache provoziert. Die Unterdrückung der Wut war lebensnotwendig. Der Erwachsene vermeidet typischerweise den Konflikt. Er kann nicht zornig werden und wenn, dann nur durch passiv-aggressiven Rückzug. Das gehaßte Kind hat gelernt, eher zu flüchten als zurückzuschlagen. Durch Zorn erreicht man nichts. Zorn ist nutzlos. Es leugnet ihn völlig und idealisiert und spiritualisiert stattdessen seine eigene liebevolle Natur.

Wird die Wut allmählich bewußt, erzeugt sie oft beträchtliche Angst vor der eigenen destruktiven Kraft. Fantasien, alles und jeden zu vernichten brechen empor. Das Bild vom plötzlich wild um sich schießenden, aber vorher doch so ruhigen, netten, zurückgezogen lebenden und unscheinbaren Jungen aus der Nachbarschaft wurde ja leider tatsächlich schon gelegentlich Wirklichkeit. Im Laufe einer gut geführten Therapie passiert das nicht. Die Kapazität, mehr Gefühl zu tolerieren wird systematisch aufgebaut. Der Klient begreift bewußt seine Abwehrmechanismen. Wir helfen ihm sie erst zu verstärken und dann allmählich aufzulösen. Natürlich wird ab und an der neu entdeckte Ärger auch nach außen ins alltägliche Leben schwappen. Die Erfahrung kann für den Schizoiden sogar sehr nützlich sein. Vor allem dann, wenn die Versöhnung folgt. So erlebt er hautnah: Der Verlust der Kontrolle über die Emotion Wut bedeutet nicht gleichzeitig auch die vollständige Vernichtung des anderen oder seine körperliche Verletzung.

Es sollte in der Therapie möglich sein, die zornigen Affekte buchstäblich auszukippen, ohne das davon die Welt draußen negativ betroffen wird. Dies aber erst, wenn der Klient sie tolerieren, beobachten und einordnen kann. Vorsicht ist geboten.

Wenn jemand stirbt, der uns nahe steht, empfinden wir Trauer. Der Schizoide erlebte den Tod seines Selbst. Die Trauer darüber wohnt in ihm. Es ist die Trauer über ein Selbst, das hätte leben können und über eine Liebesbeziehung die instinktiv erwartet wurde aber nicht stattfand. Kummer, Gram und Depression sind die am geringsten unterdrückten Gefühle, obwohl tiefes Weinen oder Schluchzen oft sehr schwer fallen oder überhaupt nicht zugelassen werden. Wie auch die anderen Affekte erlebt sie der Organismus nicht voll und ganz als tief gefühlte Trauer, sondern als langandauernden, periodisch wiederkehrenden, durch zurückgezogenes und jammerndes Unwohlsein charakterisierten, chronisch depressiven Zustand. Aber um weiterleben zu können, muß das gehaßte Kind die Trauer verneinen und damit die Depression verlängern. Selbstmordgedanken, die Verweigerung sich selbst weiterhin zu versorgen und die Wahrnehmung überhaupt nichts anderes mehr fühlen zu können, sind nicht unübliche Begleiterscheinungen. Genauso wie wir die negativen Affekte vermissen, vermissen wir auch die positiven. Ausnahmen sind die gar nicht so selten erlebten, unbegründeteten, kurzfristigen und künstlichen Euphorien über philosophische oder religiöse Ideen oder die durch Drogeneinnahmen induzierten Hochzustände. Sie gaukeln ein symbiotisches Trugbild vor. Genau *die* Religion, *die* Idee, *der* Freund oder *diese* Droge beantwortet alle Fragen. Allerdings nicht für lange. Alsbald holt den Schizoiden die depressive Realität wieder ein.

## Verhalten

Das Verhalten der ungeliebten Kinder variiert aufgrund ihrer Fähigkeiten, die unterschwelligen, mächtigen Affekte zu kontrollieren. Die Unterdrükkung erlaubt ihnen zu funktionieren, auch wenn sie dafür mit psychosomatischen Krankheiten, (die ich später noch näher erörtern werde), und herabgesetzten Kapazitäten für jede Art enger Beziehung bezahlen müssen. Je weniger sie ihnen gelingt, desto anfälliger sind sie für die Rauheit ihrer Umwelt, desto schwerer fällt ihnen Arbeit oder Freundschaft und desto öfter fliehen sie in mehr oder weniger aufgelöstem Zustand von einer Sache zur anderen. Je stärker die tiefen Gefühle hochdrängen, desto drohender der emotionale Zusammenbruch, die Verwirrung und der Realitätsverlust. Die Verbindung zur Wirklichkeit ist zerbrechlich. Sie reicht vom leichten Ausflippen bis zum psychose-ähnlichen Verhalten.

Leute mit festerer Abwehr ziehen sich in Berufe zurück, die ihnen soziale Anerkennung geben, sie aber nicht in soziale Beziehungen hineindrängen. Das Computergenie, der bekannte Ballett-Tänzer, der mit seiner Arbeit verheiratete Rechtsanwalt. Alle verdächtigerweise ohne intime Beziehungen oder mit einer Geschichte voller Beziehungskatastrophen. Die weniger gestörten mögen zwar mit Ehegatten und Familie zusammenleben, haben aber kaum emotionalen Kontakt mit ihnen. Es gibt sogar welche, die in bestimmten, isolierten Umgebungen (z.B. im Klassenraum oder Gerichtssaal) sich selbst behauptend und dominant auftreten können. In anderen gesellschaftlichen Situationen reagieren sie aber scheu und unangemessen.

Der Schlüssel zum Verständis der schizoiden Struktur ist die Abspaltung vom Lebensprozeß - vom Körper, vom Gefühl, vom nahen Anderen, von der Gemeinschaft und oft sogar vom Essen, der Natur usw. Außer dort, wo der einzelne vielleicht Außerordentliches erreicht haben mag, besteht die allgemeine Tendenz wegzusehen, sich aus der Konfrontation oder Nähe wegzudrehen, sich in kosmische Höhen zu schwingen oder innere Höhlen zu vergraben. Er will das Leben nicht direkt treffen, nicht direkt berühren. Er mag sich dessen nicht bewußt sein, denn es ist seine ganz automatische, unbewußte Antwort auf Bedrohung. Sogar dort, wo er Großes erreicht, lauert immer die schwere, ihn schwächende Leistungsangst. Er identifiziert sich derart mit seinem Werk, daß die geringste Andeutung des Versagens gleichbedeutend der Vernichtung des eigenen Selbst ist. Perfektionismus und die Neigung zu zaudern sind nicht selten. Im Kopf, im Geist, im Denken findet er oft einen sicheren Hafen vor der Unbill des Lebens. Er kann ihn im Körper, in seinem biologischen Kern, nicht entdecken. Deswegen braucht er ihn woanders. Manchmal ist die geistige Leistung der einzige Weg nach draußen, zur Anerkennung durch die anderen und zur Anerkennung durch sich selbst. Dann spürt er, wer er ist und welchen Platz er in der Welt hat. Versagen allerdings brütet überstürzte Depressionen und Selbstmorderwägungen aus.

Das alles wird von dem oft ganz bewußten Bedürfnis etwas besonderes zu sein begleitet. Der Schizoide ersinnt sich als Verteidigung gegen die Realität ungeliebt, ja sogar gehaßt, abgelehnt und mißbraucht worden zu sein das kompensatorische Ideal der Ungewöhnlichkeit. Er verwirklicht es tatsächlich oft in Kunst und Wissenschaft. Oft aber auch nur in der Illusion, wie der von Robert de Niro so hervorragend porträtierte, (mit starken narzißtischen Zügen behaftete), Rupert Pupkin des Films "King of Comedy." Bei Bedrohung wird die Abwehr verstärkt und bricht eventuell schließlich zusammen.

Einer meiner Klienten, ein vierzigjähriger erfolgreicher Arzt, sagte mir: "Ich glaube, ich habe mein ganzes Leben lang so hart gearbeitet, um zu vergessen, daß ich kein Recht habe zu existieren." Das schizoide Thema ist in der Tat die Existenz. Wer damit zu tun hat, muß in seinem Leben irgendetwas finden, was sie rechtfertigt. Sie steht immer auf dem Spiel. Und was passiert, wenn die Rechtfertigung versagt? Die Angst ist groß.


**Kognitive Fähigkeiten**


Jede der adaptiven und kognitiven Ich-Funktionen, die sich während der symbiotischen Phase entwickeln, kann gestört und gehemmt werden. Die Schwere der Störung hängt von Ausmaß und Dauer des Traumas, von der genetischen Stärke des Organismus, der Verfügbarkeit anderer Nahrungs- und Schutzquellen (z.B. Großeltern, Onkel, Tanten, Freunde etc.) und der Natur der Abwehr- oder Ersatzmechanismen ab. Ich liste deshalb lieber die kognitiven Fähigkeiten, die der Therapeut unterstützen sollte auf, als daß ich die vielen Arten ihrer fixierten Ausdrucksformen beschreibe.

Wir können einige interne Glaubenssysteme, Ich-Ideale und "Merksätze" skizzieren. Einer davon ist: "Irgendwas stimmt nicht mit mir." Ein anderer: "Die Welt ist gefährlich, hart und kalt." Je stärker wir uns gegen sie wappnen, desto kräftiger müssen unsere geistigen Strukturen und Glaubenssysteme sein, die uns dabei helfen. Die Verleugnung kann unter Streß zusammenbrechen und die schon genannten Folgen heraufbeschwören. Je häufiger und heftiger der Kollaps, desto schwächer die Ich-Schranken und desto wahrscheinlicher die Diagnose Borderline oder Schizophren. Je größer die Fähigkeit zu intellektualisieren oder sich anders gegen ungewollte Gefühle zu wehren, desto vernünftiger und zuverlässiger die Reaktion, desto toleranter die Antwort auf Streß. Die unterschwellige Dynamik bleibt trotz dieser wichtigen Unterschiede die gleiche. Sie ist das Kernthema und muß früher oder später angesprochen werden, damit die Menschen ihr tatsächliches Potential leben können.

Das Problem der Existenz wird sich auch im täglichen Leben Ausdruck suchen. Etwa in Fragen der Sicherheit allgemein und im besonderen wie: "Habe ich genug Geld? Behalte ich meinen Job?" usw. Andererseits können sie völlig verdrängt werden. Damit flieht der Schizoide vor den mit den Anforderungen des Lebens verbundenen Ängsten. Es gibt sie nicht, denn "ich bin etwas Besonderes." Daneben besteht häufig der philosophische oder religiöse Glaube, daß die Schöpfung wohlwollend ist, einheitlich und im letzten doch bedeutungsvoll. Beide Male sind diese Glaubenssätze nicht besonders gut integriert oder verdaut. Das Besonderssein steigert sich manchmal bis zur Großartigkeit. Die Religion oder Philosophie kann so stark zum Selbst-Konzept gehören, daß andere Meinungen nur bedrohlich sind. Weil die Idee die ursprüngliche Position verdecken soll, wird an ihr hartnäckig festgehalten.

Wie auch immer verschiedene Menschen mit schizoider Charakterstruktur kognitiv funktionieren mögen, eines ist ihnen gemeinsam: die Trennung von Denken und Fühlen. Wir können gerade mit ihnen sehr schnell erfahren wie begrenzt die rein intellektuelle, gefühllose Erkenntnis ist. Aber wahrscheinlich ist gerade die Fähigkeit zur Spaltung der Grund für die Entwicklung hochsophistischer Fertigkeiten, die sich allerdings oft im engen Rahmen bewegen. Es ist als ob die Spaltung den Intellekt vor der Vergiftung schützt, vor den aufrührerischen Gefühlen und Gedanken. Natürlich hat auch diese Verteidigung oder Kompensation wie jede andere ihren Preis. Aber sie hat ebenso ihren Überlebenszweck und Überlebenswert für den Organismus. Und das nicht nur in der Kindheit, sondern während des ganzen Lebens.

Im Dienste der Verleugnung erlittenen Hasses und erlittener Kälte steht ein weiteres Merkmal des schizoiden Charakters: Er gibt anderen das, was er selbst nicht erhielt. Sein Ich-Ideal ist akzeptierend und verständnisvoll. Er möchte die anderen so lassen, wie sie sind. Wenn er dennoch Feindschaft in sich selbst gegen sich selbst oder andere spürt, agiert er sie auf keinen Fall aus. Es sei denn, es gäbe eine mit dem Ich übereinstimmende, also Ich-syntonische Entschuldigung. Das hervorstechende Kennzeichen der Symbiosephase ist die Verschmelzung des eigenen Selbst mit dem des anderen. In den ersten acht Monaten seines Lebens ist das Kleinkind, so vermuten wir, unfähig zwischen sich und der Mutter, und zwischen der Mutter und anderen Menschen zu unterscheiden. Es kann allerdings imitieren und es kann mit primitiven Abwehrformen wie Verleugnung, Introjektion und Projektion arbeiten. Außerdem vermag es sich in den Autismus und primären Narzißmus der ersten Wochen zurückzuziehen. Die Entwicklung läuft aus der Sicht der Objekt-Beziehungs-Theorie von einem

1. undifferenzierten Zustand (Autismus), über einen
2. Status undifferenzierter Symbiose in eine
3. Phase hinein, in der die bemutternde Person zwar von anderen unterschieden wird, aber noch nicht von sich selbst.

In der Symbiose sind die "guten" und "bösen" Objekt-Repräsentationen verschmolzen. Das schizoide Kind muß deshalb die feindselige, kalte und bestrafende Seite der Bezugsperson in einer diffusen gemeinsamen Repräsentation mit der "guten" Seite introjezieren. Später wird es noch andere Wege finden, sich gegen die schizoide Realität zu schützen, jetzt aber hat es nur die direkte Verleugnung dieser Realität und die Mechanismen der Projektion und Identifizierung. Kurz: *Das Kleine kann nur versuchen die Wirklichkeit abzublocken, während es sie gleichzeitig introjeziert und dann Teile von ihr nach außen projeziert. Offensichtlich eine ziemlich starke Spaltung. Offensichtlich eine ziemlich "ver-rückte" innere Realität.*

Als letzte Konsequenz des schizoiden Traumas friert es seinen Körper ein, um die mächtigen negativen Gefühle zu kontrollieren. Danach kann es in relativer Isolierung und gemäß seinem natürlichen Wachstum die kognitiven Fertigkeiten entwickeln. Besonders in sozialen Kontexten gehen ihm oder ihr aber die Unterscheidungsfähigkeiten ab. Und auf tiefster Ebene hat es Schwierigkeiten herauszufinden, welche nun seine oder ihre eigenen Gedanken und Gefühle sind und welche die der anderen.

Das gehaßte Kind hat, im Gegensatz zu den anderen Charakterstrukturen, nur die Wahl zwischen Autismus oder Symbiose. Auf seiner frühen Entwicklungsstufe steht die Individuation noch nicht an. Und da die Symbiose als lebensbedrohlich empfunden wird, muß sie unter allen Umständen vermieden werden. Nun verstehen wir den Rückzug und den Autismus des schizoiden Charakters. Die natürlich gewünschte Verbindung wird im Interesse des Überlebens aufgegeben. Die von einer künstlichen Mutter aufgezogenen Harlow'schen Affen (Harlow & Harlow, 1966, u.a.) waren zwar nicht gerade glücklich, sozial oder gut angepaßt, aber sie überlebten jedenfalls. Bei jeder schizoiden Persönlichkeit, mit der ich bisher gearbeitet habe, war es letztendlich notwendig, die destruktiven, dämonischen Kräfte zu konfrontieren. Sie werden als vollkommen fremdartig und oft außerhalb aller Kontrollmöglichkeiten empfunden. Es sind zum einen nicht-assimilierte Introjekte der mütterlichen Figur und zum anderen natürliche Wutreaktionen über deren Zurückweisung und Kälte. Man darf sie nicht frühreif konfrontieren. Erst muß genügend Verständnis, Erdung und Sicherheit in der Therapie aufgebaut worden sein. Sonst drohen Desintegration und Dekompensation und, wenn die Differenzierungsfähigkeiten sehr schwach sind, Paranoia. Desintegrationszeichen zeigen sich keineswegs am deutlichsten bei chronisch Geisteskranken, sondern bei jenen, die bewußtseinsverändernde Drogen einnehmen, an Encounter-Marathons teilnehmen oder zu früh psychotherapeutischen Techniken ausgesetzt werden, die die Verteidigungsmechanismen überwältigen.

**Zusammenfassung**

Der Verbindungsprozeß wird kurz vor oder während seines Beginns schwerwiegend gestört. Weil die Ich-Kräfte und die kognitiven Kräfte des Organismus erst minimal ausgebildet sind, muß er sich mit einer primitiven Verteidigung aus (hauptsächlich) Verleugnung, Introjektion und Projektion gegen den Angriff zur Wehr setzen. Im folgenden wird er dies im Kampf um Leben oder Tod immer wieder und wieder tun müssen. Während sich im weiteren die autonomen Funktionen, die kognitiven und Ich-Fähigkeiten gut, oft sogar außerordentlich gut entwickeln mögen, bleibt die grundlegende strukturelle Verletzung im Organismus bestehen. Wir sollten das Ausmaß der Verletzung und die Verletzlichkeit dieser Charakterstruktur nicht unterschätzen. Trotz scheinbarer Kraft und Stärke stehen Menschen mit einer im wesentlichen schizoiden Charakterstruktur in ihrem Kern den Themen "Überleben, Schrecken und Wut" gegenüber. Sie ranken sich um die Bedrohung ihrer Existenz. Diese Klienten dürfen nicht mit heftigen therapeutischen Techniken überfahren werden. Stattdessen muß sich ihr Vertrauen in die therapeutische Beziehung festigen, ihre Toleranz für die eigene körperliche Lebendigkeit erhöhen und ein gut-geerdetes Ich aufbauen. Erst dann können sie ihr tiefstes Problem anpacken, das emportauchen wird, wenn ihre Verteidigungsmauern schmelzen und sie ihre Gefühle berühren.

# Energetischer Ausdruck

Jene Therapeuten, die die körperlichen Dynamiken der Charakterstruktur betonen, behaupten, daß der Organismus auf Umweltfrustrationen nicht nur durch Veränderungen seiner Grundeinstellung und seines Verhaltens, sondern auch mit seinen willkürlichen und unwillkürlichen Muskeln reagiert. Wenn der junge Körper sich unaufhörlicher Negativität und Enttäuschung gegenübersieht, wird er sich in seinem Bestreben zu Überleben den eigenen Impulsen, die ja diese Negativität zu erzeugen scheinen, entgegenstellen. Er wird sie zurückhalten und kontrahieren, d.h., er verspannt genau die Muskeln, die den Impuls stoppen können. Er kontrahiert sie chronisch, was auf Dauer zu Veränderungen der Körperhaltung und sogar der inneren Organe führt.

Wir stoppen die verbotenen Impulse durch unsere Muskeln. Die muskuläre Kontraktion ist die konkrete und sichtbare Verkörperung der elterlichen Verbote. Sie ist die körperliche Manifestation der Introjektion. Sie leitet den Verlust von spontaner Bewegung, spontanem Gefühl und spontanem Verhalten ein. Sie wird gewählt, weil sie immer noch besser ist als der Schmerz. Jener Schmerz, der jedesmal entsteht, wenn die natürlichen, spontanen Reaktionen frustriert werden. Besser überleben als sich ausdrücken. Besser überleben als leben. Das abhängige Kind kann nicht ständig gegen seine Umgebung Krieg führen. Es kann nicht ständig mit seiner inneren Wut und Verzweiflung leben. Wut und Verzweiflung darüber, daß seine Spontanität dauernd abgelehnt wird. Der Organismus kämpft deshalb gegen sich selbst. Er verbietet sich die Impulse und verinnerlicht die Schlacht zwischen seinen angeborenen Bedürfnissen und den Verboten der Umgebung.

*Wir gehen von folgender Annahme aus: Das Ich sorgt für das Überleben des Organismus, indem es versucht, zwischen den Forderungen der Umwelt und denen des Organismus zu vermitteln.* Wir verstehen nun, wieso es sich mit den Zurückhaltungsprozessen als Überlebensmechanismen identifiziert. Das Zurückhaltungsmuster wird zum Überlebensmuster und dieses wiederum zu einem Teil des Ich-Ideals. So gesehen bedroht ein spontanes, lebendiges und sich ausdrückendes Selbst das Ich-Ideal. Die Kontrolle der Impulse dagegen stützt es. Kognitive Selbst-Bestätigungen in Form von "Merksätzen" wie: "Ich bin ein verständnisvoller, freigebiger und friedlicher Mensch," verstärken die muskulären Blockaden.

Mit den Trugbildern geht die Illusion einher, daß die Auflösung der Blocks für mich selbst und die Umwelt nur zu Katastrophen führen kann. Sobald ich meine unkontrollierbare Wut herauslasse, vernichte ich nicht nur die anderen, sondern letztendlich auch mich selbst. Daraus folgt für den Schizoiden: "Mein Leben bedroht mein Leben." Er muß also seine Lebenskraft blockieren. Der Organismus friert und versteift. Er klammert sich zusammen und dreht sich von der bedrohlichen Umgebung weg. Alle körperlichen Folgen, über die uns die Bioenergetiker berichten, sind das Ergebnis dieses Prozesses. Die Liste der körperlichen Merkmale des Schizoiden wurde durch die Beobachtungen einer Reihe von bioenergetischen Therapeuten aufgestellt, die mit einer ebenso langen Reihe von Klienten arbeiteten, die vermutlich eine Mixtur aus schizoiden und anderen Charaktermerkmalen zeigten. Sie ist keine erschöpfende oder vollständige Liste, sondern eher eine von Kennzeichen, die uns am häufigsten auffallen. Chronische Muskelkontraktionen führen zu typischen Körperhaltungen. Die können allerdings auch genetisch bedingt sein. Das sollten wir beachten. Ein gut ausgebildeter Bioenergetiker schaut nicht auf den Körper, um die Pathologie zu klassifizieren, sondern um herauszufinden wo und wie der natürliche Fluß des Organismus durch chronische Verspannungen gestört wird.

Die Bewegungen des Schizoiden sind gehemmt, oft mechanisch. Es fehlt ihnen die natürliche Spontanität. Um das zu erreichen, kontrahiert er sein Zwerchfell und atmet nur flach in die Brust. Er zieht seine Schultern hoch und spannt seine Brustmuskeln an. Die geringere Luftzufuhr beeinträchtigt die Stimme. Sie erzeugt gemeinsam mit einer verspannten und engen Kehle eine hohe, oft sehr jung klingende Sprechlage. Wenn wir ihn bitten, tiefer zu atmen, kommt häufig der Erstickungsreiz. Der Nacken ist chronisch verspannt. Er trennt buchstäblich den Kopf vom Rumpf. Wir nehmen an, daß die schizoide Spaltung zwischen Denken und Fühlen sich genau hier verkörpert. Die natürlichen, instinktiven Impulse aus dem Körper werden im Nacken abgeblockt, damit sie nicht in den Kopf und ins Bewußtsein durchbrechen.

Die schwere Verspannung an der Basis des Schädels ist mit dem typischen Block des Augensegments verbunden. Die Augen sind besonders unter Streß wenig kontaktbereit. Sie reagieren kaum. *Der Organismus versucht, die schmerzvolle Wahrheit buchstäblich nicht zu sehen. Die Augen schauen, aber sie sehen nicht.* Vor allem nicht die aktuelle beängstigende Realität. Manchmal können wir in ihnen den gefrorenen, fixierten Schrecken erblicken. Er muß aber nicht mit dem restlichen Gesichtsausdruck oder der gegenwärtigen Situation übereinstimmen.

Die frühe Abwendung von der bedrohlichen Umgebung hat sich manchmal in eine chronische Verdrehung des Körpers, in eine spinale Skoliosis übersetzt. Es gibt natürlich noch viele andere Gründe für die Verdrehung der Wirbelsäule. Aber wir nehmen stark an, daß die schizoide Erfahrung einer davon ist. Das Einfrieren oder Versteifen des Körpers führt zu typischen Gelenkschwierigkeiten. Wissen Sie warum? Machen Sie sich doch mal völlig steif. Spannen Sie besonders ihre Knie, die Ellbogen und den unteren Rücken an. Reißen Sie jetzt den Mund und die Augen voller Schrecken auf. Und nun stellen Sie sich vor so, durchs Leben zu gehen. Stellen Sie sich vor, Sie stemmen sich so gegen die Bedrohungen der Welt. Jetzt wissen Sie's.

Der Körper des Schizoiden präsentiert sich nicht als einheitliches Ganzes.

Einige Teile scheinen nicht hineinzupassen, der Kopf nicht oder die Arme usw. Der Körper ist nicht gut "proportioniert", wie die Bioenergetiker sagen. Seine Hälften sind oft asymmetrisch, die linke kleiner oder größer als die rechte. Schließlich wird über die generelle Taubheit, Farblosikeit und Kälte des schizoiden Körpers, besonders an den Konstriktionspunkten und natürlichen Körperverengungen der Gelenke, des Diaphragmas und des Halses berichtet. Die Statur ist oft dünn und unbeweglich. Allerdings habe ich auch viele schizoide Persönlichkeiten gesehen, deren Körper entwickelter waren als der des gerade beschriebenen klassischen Typus.

Obwohl einige meiner Studenten manchmal über die körperlichen Implikationen der charakterologischen Theorie spotten und sie vernachlässigen, finde ich sie immer wieder extrem nützlich. Manchmal sind die Charakterprobleme des Klienten so gut versteckt und abgewehrt, daß er wenig bis gar nichts über ihre Entstehung sagen kann. Aber oft weisen gerade dann sein charakteristisches Verhalten und die Sprache des Körpers wie Zeigefinger genau auf sein Kernthema. Das gilt besonders für den Schizoiden, dessen primäre Abwehr die Verleugnung ist. Seine Entwicklung wurde so früh und so traumatisch gestört, daß er sich kaum daran erinnern kann.

Weil sich bei ihm extreme körperliche Störungen mit einem Mangel an physischer und emotionaler Bewußtheit kombinieren, ist er sehr anfällig für psychosomatische Krankheiten. Die chronischen Verspannungen in Oberkörper, Nacken und Augen verursachen Kopfschmerzen und Sehschwierigkeiten, die in der Brust Krankheiten des Atemtrakts, die in den Gelenken Verletzungsanfälligkeit. Die zu Verdrehungen und Anspannungen führende chronische, aber gewöhnlich unterdrückte Angst, spiegelt sich in den Organen wieder, besonders denen der Verdauung. Die generelle Schwächung der Lebensenergie schwächt die Abwehrkraft gegen Infektionen. Meine Erfahrung ist: je besser die Abwehrmechanismen arbeiten, desto häufiger sind die Krankheiten.

## Therapeutische Ziele

In jedem Fall geht es darum, die Mängel des Ich zu beheben und den Fluß des instinktiven Selbst-Ausdrucks wiederherzustellen. Damit werden die verhaltensbezogenen und kognitiven Fähigkeiten wieder zu einem lebensunterstützenden System integriert, das sich den äußeren Umständen entweder anpassen oder sie verändern kann. Psychotherapie initiiert einen Prozeß, der vielleicht ein Leben lang dauert. Wenn das Leben ein Wettrennen zwischen Reife und Senilität ist, sollte effektive Psychotherapie die Reife fördern und die Senilität vermindern. Eine vertrauensfördernde und sichere Umgebung ist natürlich für alle Psychotherapien wichtig, aber besonders für den schizoiden Klienten. Er wurde durch Schrecken aus seinem Körper herausgetrieben und kann nicht durch Schrecken oder Konfrontation wieder in ihn hineingejagt werden. Der therapeutische Rahmen muß deshalb sicher, stimmig und menschlich sein. Wir sollten als Therapeuten gerade beim Schizoiden, der mit seiner Geschichte, seiner Sensitivität und seiner außerordentlichen Wahrnehmungsfähigkeit zu uns kommt, an die drei Grundlagen für eine therapeutische Beziehung von Carl Rogers denken: genaue Einfühlung, bedingungslose positive Aufmerksamkeit und Kongruenz. Die Herstellung von Vertrauen ist oberstes Gebot. Vertrauen ins eigene Selbst, Vertrauen in den anderen, der mir etwas bedeutet, Vertrauen in die Gemeinschaft im allgemeinen und Vertrauen in den Lebensprozeß. Wenn das in der Therapie erreicht ist, können wir die nächsten Ziele angehen.

## Affektive Ziele

Wie können wir den Schizoiden wieder mit sich selbst verbinden? Das ist vielleicht das grundlegendste Problem. Wird es nicht gelöst, verändert sich seine Beziehung zur Welt nicht wesentlich. Wir müssen ihm helfen, sein Gefühl für den eigenen Körper wiederzugewinnen. Dabei leisten viele therapeutische Techniken der Bewegung, des internen Fokussierens, des körperlichen Ausdrucks usw. gute Dienste. Neben dem verbesserten Eigengefühl und der steigenden Identifizierung, geht es um körperlichere Beziehungen zu Objekten wie Essen, Wohnung, Arbeit und Natur. Die sollten schließlich auf die menschliche Welt, also den Therapeuten, geliebte Personen, Mitarbeiter und Freunde ausgedehnt werden.

Zentral ist dabei die Stabilität oder *Erdung* in dieser Welt. Stehe ich mit meinen eigenen beiden Füßen fest auf dem Boden? Kann ich meinen Boden verteidigen, wenn er bedroht wird? Um das fühlen zu können, müssen chronische Spannungen und Verkrampfungen aufgelöst werden. Der Therapeut ist gefordert. Die gesteigerte Wahrnehmungsfähigkeit, das langsame Sichgehenlassen, kann von Schmerzen begleitet werden. Es wirkt aber letztendlich schmerzvermindernd und beinflußt positiv psychosomatische Krankheiten, die noch keine dauerhaften körperlichen Schäden verursacht haben. Wie alle Klienten sollte auch der Schizoide allmählich die eigene Abwehr besser wahrnehmen und identifizieren. Es ist immer gut zu wissen, wie ich mich verteidigt habe und wie ich es heute tue. Wir lernen so, die Überlebensqualitäten der Abwehr zu respektieren und verstehen, warum sie die angemessene Wahl angesichts unserer Entwicklungsbedingungen war. Der Schizoide soll sich mit seiner Neigung "wegzugehen" ganz bewußt identifizieren, es bewußt ausprobieren und die Effekte beobachten.

Auf der tiefen emotionalen Ebene treffen wir bei ihm immer wieder auf fundamentale Feindseligkeit und profunden Schrecken. Mit wachsendem Vertrauen in Körper und Gefühl kann er sie sich zunehmend aneignen, sie ausdrücken und schließlich integrieren. Der sicherste Weg, das wahre Selbst zu finden führt durch die rachsüchtige und wiedervergeltende Wut und dann durch den essentiellen Schrecken. Die Stärke und Wirklichkeit der Wut ist die Kraft-Basis für den Selbst-Ausdruck. Denn auch im Zorn gibt es ein Selbst zu erfahren und zu leben. Die Veränderung hier und die Veränderung beim Schrecken fördert das Wachstum des Selbst. Mit seiner Wut erkämpft und gewinnt der Schizoide erneut sein Recht zu leben, sein Recht in dieser Welt zu sein. Ebenso wie das Erlebnis der Wut kann auch das Erlebnis des Schreckens eine sehr kräftigende, sehr stärkende Erfahrung sein. Er lebt in mir und kann rausgelassen werden, ohne das ich mich dabei auflöse. Es ist jemand da, der vorher, währenddessen und nachher nicht weggeht, sondern mir sogar hilft. Das gesteigerte Körpergefühl, die Erdung mit dem Boden, der Kontakt mit meiner Umgebung und anderen Menschen erlauben mir, die ganze Intensität des Gefühls zu durchleben ohne "abzudriften."

*Das zentrale Ziel dieses Prozesses ist immer wieder die größere Toleranz für Gefühl und Ausdruck.* Der Schizoide lernt, daß weder Wut noch Schrecken in Vernichtung oder Desintegration ausbrechen müssen. Fragen Sie ihn z.B., ob Sie berühren möchte während er seine Negativität zeigt und sich mit ihr identifiziert. Das hilft ihm möglicherweise dabei, sich selbst nicht zu verlieren und zu erkennen, daß wir ihm unsere Unterstützung nicht entziehen. Auf körperlicher Ebene heißt das: "Ich bin willkommen. Ich gehöre hierher. Ich kann dem Leben trauen. Ich kann meinen eigenen Gefühlen trauen. Ich bin ein Mitglied der Gemeinschaft. Ich kann lieben und bin liebenswert. Ich kann und will mich selbst versorgen und mich auch lieben. Es ist mir möglich, mich an den Bewegungen meines Körpers zu erfreuen. Ich bin fähig zu rennen, zu springen und mich auszudrücken. Ich bin sicher. Ich werde geliebt. Ich kann mich entspannen."

Es ist nicht völlig möglich, die therapeutischen Ziele in die bisher in diesem Buch benutzte Organisationsstruktur von Affekt, Verhalten und Erkenntnis einzuordnen. Nichtsdestoweniger bleibt diese Struktur heuristisch. Wir können die therapeutischen Ziele sensorischer, kinästhetischer und affektiver Art wie folgt zusammenfassen:

1. Verbessere den Kontakt der Sinnesempfindungen: hören, berühren, sehen, riechen und schmecken mit der Umgebung und mit anderen Menschen.
2. Steigere den Sinn für Stabilität oder *Erdung*, also der Empfindung, daß die eigenen Füße gut auf der Erde stehen und du deinen Boden auch verteidigen kanst.

3. Vergrößere das Gefühl für den eigenen Körper, für Bewegung, Atmung, Spannung-Entspannung, Hunger, Schmerz, Freude, Lachen usw.
4. Verringere die chronischen Verspannungen und Verkrampfungen und den sie begleitenden Schmerz.
5. Öffne die Wut und richte sie auf ein angemessenes Ziel. Integriere sie ins Selbst, bis sie zu einer Quelle der Kraft und Selbstbestimmung wird. Oder bioenergetisch gesprochen: "Spür' sie auf, laß' sie raus, nimm sie dir und zähme sie."
6. Öffne die Tür zum Schrecken und assistiere dabei, seine Ursachen zu finden. Integriere ihn in's Selbst ,bis er zu einer Quelle für die Fähigkeit wird, Angst, Ehrfurcht und Verletzlichkeit zu spüren.
7. Öffne die Trauer über den Verlust der Liebe und den Verlust des Selbst. Integriere sie als einen Teil der Realität des Menschen, einer Realität, die auch Tragik und Ironie beinhaltet. Hebe die Verleugnung über das, was war auf, damit das, was ist erlebt werden kann.
8. Entwickle die physische Beziehung zwischen dem Klienten und der physischen Welt (Essen, Natur, Wohnung, persönliche Gegenstände etc.).
9. Öffne die Gefühle für in der Realität verankerte Liebe und Freude.

**Soziale Verhaltens-Ziele**

Das Hauptproblem des Schizoiden ist Verbindung und Beziehung. Manchmal ist der Therapeut der einzige bedeutsame menschliche Kontakt des Klienten. Vielleicht ist es notwendig ,erst einmal ein symbiotisches Verhältnis aufzubauen, um es dann wieder zu lösen. Wo außertherapeutische Beziehungen bestehen, muß der Therapeut helfen, deren Schwierigkeiten zu überwinden. Das gilt für alle Liebes-, Freundschafts- und Arbeitskontakte. Die Teilnahme an nicht-bedrohlichen Klein-Gruppen kann sehr hilfreich sein. Er muß lernen, daß er wie alle anderen ein Mitglied der Gruppe ist, nicht besser oder schlechter. Er muß lernen, daß er sich nehmen kann, was er braucht und geben, was er kann. Er braucht unsere Hilfe, um zu entdecken, daß wir ihn akzeptieren, ohne daß er perfekt sein oder etwas Besonderes leisten muß. Dadurch werden seine Leistungs-Angst und Zauderhaftigkeit (falls sie zu seinen Problemen gehören) absinken.

Um das soziale Engagement zu fördern, ist es vielleicht nötig, ganz einfache soziale Vorgehensweisen zu lehren, darüber zu sprechen und sie zu üben (oder entsprechende außertherapeutische Angebote zu vermitteln). Dazu gehören auch Selbst-Behauptungs-Programme, die die verbalen und nicht-verbalen sozialen Fertigkeiten verbessern.

Die fast immer verleugneten aggressiven Impulse des Schizoiden suchen sich andere Wege zur Oberfläche. Wir sollten ihm helfen, sie zu entdecken. Meist sind es passiv-aggressive Muster, wie z.B. der Rückzug. Oder er provoziert die Aggression des anderen, um seinen darauf folgenden Vergeltungsschlag zu rechtfertigen oder die Rettung durch einen Dritten herbeizuführen. Diese Spielchen müssen aufgedeckt werden. Sie scheinen im allgemeinen das verständnisvolle, akzeptierende und sich sogar schwach gebende Bild zu bestätigen, kulminieren aber bei näherem Hinsehen in Rückzug, Ablehnung, Haß und die Demütigung anderer Menschen. Wir haben ja das Schema schon früher skizziert: Der Schizoide bietet etwas an, was er früher selbst nicht erhielt, gibt aber letztendlich das, was er bekam.

Wenn sich seine aggressiven Impulse integrieren, wird er sich in der Gesellschaft aggressiver und selbst-bestimmter verhalten. Der Therapeut wird sich bemühen, diese Veränderungen glatt und den äußeren Umständen entsprechend angemessen verlaufen zu lassen. Ähnliches gilt für Trauer, Furcht, Freude, Lachen usw.

Und nun eine Liste der Ziele für die Therapie des sozialen Verhaltens beim Schizoiden:

1. Stelle zu Anfang die Verbindung, eventuell die Symbiose her, festige sie und löse sie schließlich wieder.
2. Stärke das bewußte Benutzen von Verteidigungsmechanismen wie den sozialen Rückzug.
3. Vergrößere das Engagement in kleinen Gruppen und der Gemeinschaft.
4. Vermindere Perfektionismus und Besonderheit und dadurch auch Zauderhaftigkeit und Leistungs-Angst.
5. Hilf dem Klienten, die versteckten Ausgänge seiner abgeleugneten aggressiven Impulse zu entdecken (soziale Beziehungs-"Spielchen", passiv-aggressive Muster, Rückzug, aggressive Fantasien usw.).
6. Lehre soziale Fertigkeiten (Effektivität, Selbst-Behauptung, Augen-Kontakt, das Zeigen von Gefühl in sozialen Situationen, etc.).
7. Verbessere angemessenes aggressives und selbst-behauptendes Verhalten.

## Kognitive Ziele

Wir müssen in zwei grundlegenden Bereichen arbeiten. Der eine betrifft die Grundhaltungen, Glaubenssätze, Meinungen und Selbst-Identifikationen, wie sie sich in "Merksätzen", "Ich-Idealen" und "falschen Selbstbildern" präsentieren, der andere die kognitiven Fähigkeiten oder psychoanalytisch gesprochen, die Arbeitsweise des Ich. Welche geistigen Strategien hat der einzelne entwickelt, um mit der äußeren Welt auszukommen? Welche Abwehrmechanismen benutzt er innerlich? Von welcher Qualität und Robustheit sind seine kognitiven Fertigkeiten (z.B. Assimilation und Akkomodation)? Im ersten Bereich geht es um die Neustrukturierung innerer Glaubenseinstellungen, im zweiten um die Wiederherstellung und Heilung der kognitiven und Ich-Fähigkeiten an sich.

Wie schon gesagt, bestärken Sie den Klienten darin, sich mit seinen Kompromißlösungen zu identifizieren. Auch bei Erkenntnis und Meinung. Die Ansichten des Ich-Ideals sind gewöhnlich vereinfachend und übertrieben. Der Schizoide fordert vielleicht absolut von sich: "Ich muß akzeptierend sein. Ich muß etwas Besonderes sein." Oder er glaubt dogmatisch: "Ich bin meine Ideen. Ich bin meine Leistungen." Sobald wir diese Sätze gemeinsam identifiziert haben und der Klient sie in ihrer wirklichen Stärke spürt, fällt es relativ leicht, die Ursprünge zu erklären. Interpretationen führen uns dann eventuell noch ein Stück weiter. Identifikation und Verständnis verändern das Ich-Ideal und die Bilder des falschen Selbst. Danach können wir auch direktere Methoden anwenden. Entspannen Sie systematisch die Abwehr auf allen Ebenen. Das hilft die verschiedenen "Merksätze" über das Selbst, das Leben und die anderen aufzudecken. Sie reflektieren im allgemeinen den Selbst-Haß und die Paranoia: "Irgendwas stimmt nicht mit mir. Die Welt ist ein bedrohlicher Ort. Ich habe kein Recht zu existieren."

Durch die Identifikation mit den Ich-Idealen und Merksätzen zerbröckelt die Basis des falschen Selbst. Dadurch werden unsere Möglichkeiten der Identifikation mit dem wahren Selbst größer. Wie kann sich das Selbst in seinem Körper und seinen Lebensprozessen wiedererkennen? Der Satz: "Ich bin meine Ideen und Leistungen", wird durch "Ich bin mein Körper und sein Leben" ersetzt.

Wir müssen im Bereich der Ich-Funktionen die kognitiven Schwächen beheben. Wie nimmt der Klient die äußere Realität wahr? Vielleicht braucht er direkte Instruktionen bei den Prozessen der Assimilation, Akkomodation, Unterscheidung, Integration und Verallgemeinerung? Der Therapeut bietet sich nicht nur in der Rolle des Realitätsprüfers an, sondern vermittelt auch Techniken der genauen Wahrnehmung und Wirklichkeitseinschätzung. Wie erkenne ich, ob ich gemocht, abgelehnt oder ganz neutral bewertet werde? Wie finde ich heraus, ob das negative Verhalten von anderen das Ergebnis ihrer eigenen inneren Vorurteile ist oder die ganz spezielle Antwort auf mich persönlich? Wie unterscheide ich meine inneren Gefühlszustände, z.B. Angst von Aufregung oder sexuelle Erregung von Liebe?

Die Schizoiden brauchen bessere und entwickeltere Abwehrmechanismen als die wenigen und primitiven, die sie benutzen. Die meisten können durchaus wirksamere und nicht so kraftraubende erlernen. Wenn die inneren Verteidigungsmethoden ganz bewußt und ganz gezielt eingesetzt werden, sind sie außerordentlich nützlich. Der kognitive Zweig der Psychotherapie (z.B. die Rational-emotive Therapie oder das Neurolinguistische Programmieren) bietet uns etliches an. Teilweise werden wir die bereits bestehenden Muster verstärken, die Identifizierung mit ihnen fördern, die Wertschätzung ihrer Überlebensfunktion erhöhen und sie der willkürlichen, bewußten Kontrolle zu unterwerfen suchen.

Wie lebe ich denn nun am besten in dieser harten und angstauslösenden Welt? Der Schizoide gewinnt viel durch direkte Anleitungen und Verhaltensanweisungen. Wir können ihm auch dabei helfen, kognitive Landkarten zu zeichnen. An ihnen kann er sich bei allen Anforderungen des Erwachsenenlebens orientieren.Wie gehe ich mit meiner Zeit um? Wie mit den Ansprüchen anderer Menschen? Wie halte ich meine Wohnung sauber? Wie bezahle ich die Rechnungen? Wie studiere ich effektiv?

Und schließlich steht ja auch noch die Integration der "gute-Mama-böse-Mama"-Spaltung und der "gutes-Selbst-böses-Selbst"-Repräsentation in ein gesundes und ambivalent erlebtes Selbst-Konzept und Welt-Konzept an. Die "gute Mama" oder "gute Bezugsperson" ist in der schizoiden Struktur gewöhnlich unterrepräsentiert. Sie hat ihre Aufgabe zu nähren und zu versorgen schlecht erfüllt. Der Schizoide tut es ihr nach. Ihm muß oft direkt beigebracht werden, wie er seine selbst-versorgenden und -pflegenden Fähigkeiten, die er ja hat, zum Zuge kommen lassen kann und wie es möglich ist, sich die anderen, die er noch nicht besitzt, anzueignen.

Ein zentrales Thema bleibt während der ganzen Behandlung die Herausarbeitung des nicht-integrierten Introjekts, der "bösen Bezugsperson." Es ist oft sehr stark vom restlichen Selbst abgespalten. *Der Patient fühlt sich buchstäblich besessen. Das fremde Destruktive richtet seine ganze üble Kraft gegen es.* Der Therapeut muß ihn darin begleiten, die Verantwortung für diese negative Macht zu übernehmen, ihre Ursprünge zu verstehen und sie in die nun ambivalent erlebten Repräsentationen von sich selbst und anderen einzuordnen. In jedem Menschen, der so gehaßt wurde, gibt es Haß. Es ist vielleicht die wichtigste therapeutische Aufgabe beim schizoiden Charakter, die Verleugnung des Hasses aufzulösen, seine Existenz zuzugeben, ihn auf ein angemessenes Ziel zu richten, ihn als Teil der eigenen Realität zu akzeptieren und ihn sich ohne Schaden aber umso spannungsverringernder ausdrücken zu lassen. Wenn das erreicht ist, haben wir eine integrierte Repräsentation des Selbst auf kognitiver Ebene.

Wir haben gesehen, daß die Ich-Fähigkeiten gestärkt werden müssen. Das rechtfertigt den Einsatz verschiedener Methoden der direkten Anleitung oder Beeinflussung. Wir dürfen dabei jedoch nicht den extremen Simplifizierungen jener Theorien verfallen, die glauben, dieses komplexe Wesen Mensch sei ausschließlich kognitiv zu verstehen. Mit unserem Wissen können wir ganz einfache und ganz direkte Hilfe im kognitiven Bereich leisten und sie gleichzeitig in das viel breitere Spektrum der menschlichen Probleme einordnen. Wir helfen dem Klienten anders zu denken, aber wir glauben nicht, das allein mache selig.

Hier nun eine Liste der kognitiven therapeutischen Ziele, aufgeteilt in die beiden Kategorien:

## Grundeinstellungen und Glaubenssätze

1. Identifiziere, interpretiere und entwickle die Einsicht in das Ich-Ideal oder falsche Selbst (z.b., "Ich bin akzeptierend, verständnisvoll und etwas Besonderes. Ich bin meine Ideen und Leistungen") und verändere beide.
2. Tue das gleiche bei den Merksätzen (z.b., "Etwas stimmt nicht mit mir. Ich gehöre zu niemandem. Die Welt ist beängstigend. Ich kann den anderen nicht trauen.").
3. Verstärke die Identifikation des Selbst mit dem Körper und seinen natürlichen Lebensprozessen.
4. Verbessere die Identifikation des Selbst mit der persönlichen Geschichte und der aus ihr stammenden Verletzlichkeit. Hebe die Verleugnung dessen, was geschehen ist und welche Folgen es hatte auf.
5. Erhöhe die Identifikation des Selbst mit der natürlichen Aggression und Kraft.

## Kognitive Ich-Fähigkeiten

1. Identifiziere und stärke die bestehende Abwehr des Ich und bringe sie unter die bewußte Kontrolle des Klienten.
2. Lehre bisher nicht bekannte Verteidigungsmechanismen wie Suppression oder Dissoziation.
3. Lehre oder verstärke Strategien mit harten oder Angstprovozierenden Situationen umzugehen.
4. Fördere die Selbst-Versorgung.
5. Stelle eine ambivalente Erfahrung des Selbst, der anderen und der Welt her. Vergrößere die Toleranz für Ambivalenzen. Unterscheide und integriere Selbst- und Objekt-Repräsentationen. Beachte besonders das negative Introjekt der frühen Bezugsperson.
6. Heile, wo es angemessen ist zu heilen. Bei der Assimilation, Akkomodation, Unterscheidungs-, Integrations- und Verallgemeinerungsfähigkeit.

An dieser Stelle sollten wir uns wieder daran erinnern, daß es den reinen schizoiden Charakter nicht gibt. Er ist ein Archetypus in einem Modell, das grundlegende menschliche Problematiken identifizieren soll. Wer schon früh in seinem Leben mit Rohheit und Kälte konfrontiert wurde, wird sich gewöhnlich auch später so schützen und so leben, wie er es als schwaches und verängstigtes Kind tat. An dieser Erkenntnis kann sich der Therapeut orientieren. Auch wenn die Karte dieses unsichtbaren, weiten Landes unvollständig ist, ist es gut sie zu haben.

# Kapitel 3

# Die Heilung des gehaßten Kindes
## Teil 1

Welche Techniken und Strategien verschiedener Schulen können wir für die Behandlung schizoider Elemente heranziehen? Ich möchte die Frage am vermutlichen Verlauf eines allgemeinen Falles beantworten. Stellen Sie sich vor, Sie wollen zu einer Konferenz auf dem Lande. Der Veranstalter, also ich, hat ihnen einen Lageplan des Tagungshauses zugeschickt, damit Sie den Weg nicht verfehlen. Weil die Teilnehmer aus den verschiedensten Himmelsrichtungen kommen, muß die Karte allen Orientierungsansprüchen genügen. Jeder wird dann dort ansetzen, wo es für ihn wichtig wird. Bei näherer Beschäftigung findet er oder sie vielleicht sogar Abkürzungen, an die noch nicht einmal ich dachte, als ich das Schema zeichnete.

Meine Karte für die Therapie des schizoiden Charakters lehnt sich an jene therapeutischen Ziele an, die ich im letzten Kapitel beschrieben habe. Natürlich weicht der Einzelfall fast immer mehr oder weniger von der allgemeinen Diskussion ab. Denn die Schwere des schizoiden Problems und/ oder die Ebene der Abwehr und Kompensation und/oder die Dauer und Art vorheriger Behandlungen und/oder die Kern-Themen und/oder die Ansprechbarkeit des Klienten auf verschiedene Techniken und, und, und sind fast immer anders. Die Karte ist eben nur - eine Karte. Sie kann Ihren Klienten niemals voll erfassen. Also schauen Sie lieber erst ihn an, so wie er vor Ihnen steht.

## Präsenz und Gegenübertragung

Als erstes möchte ich gerne den besten Ratschlag, den ich jemals für die Therapie mit einem schizoiden Patienten erhalten habe, mit Ihnen teilen: Seien Sie da, verfügbar, präsent und kongruent. Das gilt natürlich immer, aber hier ganz besonders. Allein die Präsenz und Gegenwart des Therapeuten heilt schon ein gutes Stück der ursprünglichen Erfahrung ungewollt, gehaßt und Zielscheibe der Wut von Mama oder Papa gewesen zu sein. Außerdem ist sie ein Beispiel dafür, daß es ausreicht, einfach da zu sein. Denn als Therapeut muß ich nichts "Besonderes" leisten, um meine Existenz zu rechtfertigen. Ich bin genug so wie ich bin und kann durch die Ganzheit meiner Gegenwart heilen. Ich gebe dem Schizoiden, was er nicht bekam: Ich bin bereit zum Kontakt und bereit, mein Gegenüber zu akzeptieren. Ich bin bereit, eine nährende, ja sogar mütterliche oder väterliche Rolle einzunehmen, was zu einer Symbiose-artigen Verbindung führen kann. Wir müssen diese Verbindung aufbauen, bevor wir sie lösen können. Ich muß bereit sein, wirklich ich selbst zu sein. Ich muß bereit sein, mit dem Klienten auch Aspekte meines Lebens zu teilen, wenn dies notwendig erscheint. Diese eher humanistische Orientierung am Prozess ist nicht immer leicht aufrechtzuhalten. Sie stimuliert viele Gegenübertragungsthemen im Therapeuten. Sie wird problematisch, wenn er selbst noch Symbiose-bedürftig ist. Wenn er es selbst noch nötig hat, daß man ihm vertraut und ihn braucht. Wenn er sich selbst noch von einer engen Beziehung bedroht fühlt. Ist er z.b. bedürftig, wird er geneigt sein, den Klienten zur Symbiose zu verführen. Er wird Schwierigkeiten haben, sie wieder aufzulösen und ihn gehen zu lassen. Bedroht ihn z.b. die Nähe, wird er vielleicht dazu neigen, den nährenden Therapeuten zu spielen während er heimlich auf Distanz geht. So reißt er die frühe Wunde des Patienten wieder auf. Das heißt nicht, Therapeuten müssen perfekt sein. Natürlich werden irgendwelche Gegenübertragungen da sein. Das heißt nur: Therapeuten müssen sich ihrer Themen bewußt sein, müssen sich für Supervision und professionelle Diskussion öffnen und Bereitschaft zeigen, ihre Probleme zu lösen.

Unsere hier präsentierte Position und Haltung steht der klassisch-analytischen entgegen. Sie widerspricht aber keineswegs den Vorschlägen jener Analytiker, die sich ausgiebig mit Borderline-Patienten beschäftigt haben (z.B. Kernberg, 1983; Horner, 1979; Masterson, 1981). Der Schizoide muß einfach ausprobieren, einfach experimentell lernen dürfen, daß die menschliche Verbindung sicher ist, sich gut anfühlt und zu guten Ergebnissen führt. Das gehaßte Kind im Schizoiden hat diese Hoffnung immer noch in sich, aber ebenso den starken Zweifel, ob sie tatsächlich wahr werden könnte. Es wird deshalb den Therapeuten wiederholt testen und sich auf die eine oder andere Weise gerade dann zurückziehen, wenn die Hoffnung am größten ist. Dabei wird es versuchen, die Wut und Ablehnung seines Gegenüber zu provozieren. Gelingt ihm das, hat die Therapie nicht nur versagt, sondern noch einmal den primären "Merksatz" bestätigt. Die Behandlung steht oder fällt mit diesem Problem.

Unglücklicherweise gibt es in den heilenden Berufen keinen Mangel an Leuten, die aus ihren eigenen kompensatorischen Mustern heraus andere Menschen versorgen und dabei ihren Ärger und ihre Enttäuschung verleugnen. Wie also reagieren, wenn der Patient sich zurückzieht oder provoziert? Mit dieser Situation präsent, verfügbar und kongruent umzugehen, heißt frustriert, enttäuscht und sogar zornig zu sein. Im Idealfall arbeitet der Therapeut seine Gegenübertragungsreaktion in seiner Supervisionszeit durch und behandelt mit dem Klienten jenen Teil, der tatsächlich zur aktuellen Beziehung gehört. Der Schizoide braucht das Erlebnis einer wirklichen Beziehung. Einschließlich der Abschnitte, in denen sein Verhalten Enttäuschung, Frustration und Zorn hervorruft. All dies gehört zu menschlichen Bindungen, ohne allerdings gleich zerstörerische Wut auslösen zu müssen. Wenn wir miteinander Frustrationen und Ärger ausdrücken und durcharbeiten, lassen wir uns auf einen der intimsten, verbindendsten und umsorgendsten Prozesse ein, die Menschen miteinander teilen können. Wegen seiner Geschichte braucht der Schizoide jedoch eine Periode der Positivität und Versorgung, damit er die Lösung von Konflikten durchstehen kann.

Als Therapeut bin ich in den Sitzungen nicht nur Profi, sondern habe natürlich auch meine ganz menschlichen Reaktionen. Ich bin leidenschaftlich, ich liebe, ich sorge mich um den anderen, aber ich bin auch wütend, neidisch und frustriert. Es ist nicht meine Aufgabe, mich von ihnen abzuschneiden, sondern sie zu benutzen. Meine Aufgabe als Profi ist es, sie bewußt zu beobachten und manchmal auch meinen Klienten mitzuteilen. Wenn ich das tue, erkläre ich gleichzeitig das Konzept der Gegenübertragungen. Das war bisher immer sehr nützlich. Sobald meine menschlichen Reaktionen mein professionelles Urteil stören, muß ich das erkennen und sie in meiner regelmäßigen Supervision durcharbeiten. Es ist nicht mein Job perfekt zu sein, aber es ist mein Job meine Arbeit wie ein Profi zu tun.

Diese anscheinend simple, aber grundlegend entscheidende therapeutische Regel, ist manchmal schwer zu befolgen. Die schizoide Klientin braucht einen Therapeuten, der präsent, verfügbar und kongruent ist, kurz: sie braucht ein einfaches, wirkliches, menschliches Wesen. Weil sie mißtrauisch ist, wird sie ihn immer wieder testen, immer wieder fordern und immer wieder an seine eigenen Schwierigkeiten heranbringen. Der Therapeut wird daher ebenso immer wieder präsent sein müssen, egal, was er gerade tut, welche Technik er gerade anwendet oder welcher Richtung er folgt. Er muß der Versuchung widerstehen, vor den Anforderungen einer wirklichen Beziehung zurückzuweichen und sich hinter irgendwelchen Techniken zu verstecken. Es wird für beide erleichternd sein, die wirkliche Beziehung wiederaufzunehmen, so schwierig sie zeitweise auch sein mag. Denn sie hält die ganze Behandlung überhaupt erst zusammen. Wir werden dieses Thema jetzt verlassen, aber immer wieder darauf zurückkommen. Genau das sollte der Therapeut während der Therapie auch immer wieder tun.

## Vom Nutzen der Erklärung

Neben der Herstellung einer therapeutischen Beziehung, geht es in den ersten Stunden der Therapie um die Darstellung der Probleme und ihrer Geschichte. Wie bei allen anderen Fällen auch wird der Therapeut damit beschäftigt sein, die charakterologischen Themen, die Ich-Fähigkeiten und Mängel, die Merksätze, die Ich-Ideale usw. zu identifizieren. Es kann bis zu einem bestimmten Ausmaß für verschiedene Klienten sehr hilfreich sein, gemeinsam mit Ihnen eine kognitive Landkarte des speziellen Problems anzufertigen. Das gelingt umso besser, je häufiger die "Aha's" der Erkenntnis aus eigener Einsicht spontan entstehen und je häufiger sie von emotionaler Katharsis und Befreiung begleitet werden. Aber erwarten und verlangen Sie in der Angfangsphase nicht zuviel. Trotzdem kann der Klient von einfachen Erklärungen zu zentralen Themen profitieren. Ich sage dann, daß ich mein Wissen über die Entwicklung des Kindes dazu benutze, die Probleme des Erwachsenen zu verstehen. Erwachsene gehen mit ihren Erwachsenenproblemen oft kindlich um. Die Metapher von der Entwicklung des Kindes fördert nicht nur das Verständnis, sondern auch das Mitgefühl für unsere eigenen Schwierigkeiten und die anderer Leute.

Im schizoiden Fall erfüllt die Erklärung noch einen anderen Zweck. Der Schizoide neigt dazu, sich im Kopf am wohlsten zu fühlen. Die nicht-bedrohliche, einfühlsame Erklärung paßt also erst einmal in sein Abstraktionsmuster. Sie läßt vielleicht in ihm eine verständnisvolle und mitfühlende Orientierung für das Kind in sich selbst entstehen. Das hilft uns bei den Verhandlungen mit seinem introjezierten, verurteilenden und selbst-hassenden Teil. Jedes alltägliche Problem bietet die Möglichkeit, uns selbst besser zu verstehen. Sprechen Sie dem Klienten Mut zu, es einmal so zu sehen. Diese neue "analytische Haltung", dieses neue "beobachtende Ich", kann zu einer neuen, starken und sehr hilfreichen kognitiven Ich-Fähigkeit werden. Besonders für weniger kompensierte und borderline-nahe Menschen kann sie zu einer mächtigen und nützlichen Abwehrform reifen.

Das Herangehen an ein Problem auf "hoher Ebene" erlaubt ihm oft ein Maß an Selbst-Kontrolle, das ihm vorher nicht zur Verfügung stand. Es verdeutlicht ihm Entwicklungswege und beschreibt sogar die Übungsfelder, in denen sie stattfinden können. Sobald der Klient fähig wird, nicht nur in seinem Kopf zu verstehen, sondern auch wieder in seine Gefühle und Erinnerungen zu gehen, öffnen sich die Türen für kathartische, abreagierende Erfahrungen, die zu tieferer Heilung führen. Dazu nun eine Übung, die das Spektrum der Primärerfahrungen erweitert, ihr Verstehen fördert und die emotionale Heilung fortsetzt.


### Die Dauerproblem-Übung

Diese Übung leitet den Klienten an, sich ausschließlich innerlich zu erforschen. Wir wollen ihm dabei helfen, seine innere Aufmerksamkeit wenigstens etwas zu verschieben. Unterstützend wirken Entspannungstechniken und Hypnose. Besonders letztere bringt Erinnerungen aus Kindheit und Jugend hoch. Wir sollten vorher darauf hinweisen. Das fördert eher als es schadet.

Wir wählen gemeinsam ein affektives, kognitives oder verhaltensmäßiges Dauerproblem des Klienten aus. Entweder quält es ihn sowieso gerade wieder einmal oder wir finden eines durch Fragen. Es handelt sich jedenfalls um ein Problem, das ein Kern-Thema berührt, denn die Reaktion ist übertrieben und der äußeren Situation nicht angemessen. Wir machen es also fest und gehen mit dem Klienten in den Entspannungs- oder Hypnoseähnlichen Zustand. Er soll das Problem nun noch einmal mit all seinen sensorischen Begleiterscheinungen erleben. Das können zuerst einmal Kopfschmerzen, ein flaues Gefühl im Magen oder Schwäche in den Knien sein. Danach bitten wir ihn, auch alle anderen kinästhetischen Empfindungen zu beachten. "Laß' dein Erleben nun auch in alle anderen Sinneskanäle einfließen. Achte auf alle Emotionen oder Gefühle, die noch zu deinem Problem gehören." Dann: "Welche Grundeinstellungen nimmst du wahr, welche Glaubenssätze, welche Selbst-Bestätigungen?" Es ist hilfreich, bei jedem Sinneskanal wiederholt zu fragen. Nun bitten wir ihn, seine Verhaltensweisen, Körperhaltungen und Gesichtsausdrücke zu beobachten, während er sein Problem innerlich wiedererlebt. Weil wir wissen wollen, was er bereits früher einmal über derartige Probleme gehört hat oder was ihm darüber gesagt worden ist, fragen wir ihn auch danach. Die Auflistung und Durcharbeitung der einzelnen Sinnesempfindungen soll die Erfahrung möglichst vollständig werden lassen.

Meist ist es nicht nötig, sie ganz durchzugehen, weil die Klientin von einem Punkt bereits tief berührt wird. Ein routinehaftes Weiterchecken würde sie nur stören. Stattdessen lassen wir sie in der Erfahrung und bitten sie nach einer Weile, ganz passiv ein Bild oder eine Szene aus der Vergangenheit emportauchen zu lassen. Dies ist der Schlüsselschritt der ganzen Übung. "Gib' dem Bild Zeit und Raum auf eigene Art und Weise zu entstehen. Die hochkommende Erinnerung muß nicht unbedingt etwas mit dem Dauerproblem zu tun haben muß. Reden stört manchmal. Es reicht aus, wenn Du durch Kopfnicken oder sonstwie signalisiert, daß sich eine Szene formt. Vielleicht passiert auch gar nichts. Auch das ist gut. Auch wenn nichts passiert, die Möglichkeiten sind eröffnet, die Samen gesät und das Pflänzchen schießt vielleicht nach oben, wenn wir es am wenigsten erwarten." Die Klientin muß nichts "bringen". Sagen Sie ihr das. Es verringert die Leistungsangst.

Wenn das Bild da ist erlauben wir ihm sich auf alle Begleitumstände auszuweiten. "Gib' ihm Zeit. Beachte soviele Einzelheiten wie möglich. Höre, sehe, spüre. Wenn du soweit bist, denke und fühle über folgende

Frage nach: Welche Schlußfolgerungen hast du damals gezogen? Welche Urteile hast du damals über dich selbst, die anderen und die Welt gefällt?" Es geht darum, Merksätze herauszufinden, d.h. verallgemeinerte Aussagen. Diese Merksätze sollte sie mehrmals innerlich wiederholen und schließlich verbalisieren. Meistens bitte ich meine Klienten, sie bei der zweiten oder dritten Wiederholung auszusprechen und dann zwei- bis siebenmal zu repetieren. Wenn die zuerst entdeckte Erfahrung ziemlich trivial ist, frage ich, ob es möglich ist, eine andere zu finden. Ist sie zu frisch, bin ich geneigt nach weiter zurückliegenden zu forschen, weil ich mir von ihnen stärkere Effekte erwarte. Manchmal enthält der verbale Bericht eines ansonsten relativ ungeladenen Vorfalls eine sehr geladene Aussage. Ich bitte dann, sich auf diesen Satz zu konzentrieren und nach der ihn auslösenden Szene in der Vergangenheit zu suchen. Mit diesem Prozeß können wir vielleicht eine oder sogar mehrere zentrale Erinnerungen erhalten, durch die wir die grundlegenden Charakterprobleme besser verstehen. Umso besser, wenn währenddessen unterdrückte Emotionen freiwerden und sich abreagieren. Es ist sinnvoll, die gefühlsbeladenen Aussagen solange zu äußern, bis die Emotion vollständig verschwunden ist.

Wir können dann die Aufmerksamkeit der Klientin auf Einsichten oder Wahrnehmungen lenken, die sie vielleicht während des Prozesses gewonnen hat. Am Ende bitte ich die Person meistens ein Bild von sich selbst zu entwerfen, indem das Problem nicht mehr vorkommt. Die positive Zukunft eines symptomfreien Lebens leuchtet auf. Dieser Prozeß ist einer der wenigen, die ich in meiner Praxis als außerordentlich nützlich ansehe. Ich habe ihn in meinem est-Training (Ehrhart Seminar Training bei Werner Ehrhart) kennengelernt, aber er ist auch in ähnlicher Form von anderen Schulen entwickelt worden. Hier noch einmal eine kurze Skizze.

*Die Dauerproblem-Übung:*

1. Entspannung oder hypnotische Anleitung.
2. Die Erfahrung in allen Sinneskanälen spüren.
   a. Welche Körperempfindungen hast du? Wo spürst du sie genau?
   b. Welche Gefühle und Emotionen hast du?
   c. Entstehen lassen einer Szene, in der der Klient das Problem erlebt. Fragen Sie nach Verhalten, Körperhaltung, Gesichtsausdruck.
   d. Grundeinstellungen, Glaubenssätze, Sichtweisen?
   e. Gründe und Ursachen für das Problem?
   f. Über das Thema Gelesenes oder Gehörtes?
3. Ein Bild aus der Vergangenheit entstehen lassen, das mit dem Problem assoziiert wird.

4. Bitten Sie um Entscheidungen, Folgerungen und Urteile, die zu jener Zeit gemacht wurden.
5. Wiederholen der Schritte 3 und 4.
6. Fragen Sie nach Einsichten und Erkenntnissen infolge des Prozesses.
7. Bitten Sie den Klienten, sich ohne das Problem zu visualisieren.

Obwohl dies eine der wertvollsten Übungen ist, die ich kenne, kann sie für den relativ ungeschützten, unkompensierten Schizoiden und Borderliner zuviel sein. Bedenken Sie das immer.

**Fallbeispiele**

Ralf: "Ist das wirklich alles?"

Ralf war ein 30 Jahre alter Bankkaufmann, der wegen ständiger Unentschlossenheit und einem Mangel an tiefem Gefühl oder tiefer Verbindung zu seiner Freundin, seiner Arbeit oder was auch immer, in die Therapie kam. Die chronische Depression auf niederer Ebene und seine völlige Abwendung von Lust, Freude und Genuß waren offensichtlich. Sein Dauerproblem drückte sich in dem Satz aus: "Ist das wirklich alles?" Er lebte mit seiner Freundin in recht angenehmen häuslichen Umständen. Im hypnoseähnlichen Zustand erinnerte er sich an eine energetisch stark geladene bisher unterdrückte Szene aus seiner Jugend.

Er hatte sich auf der High-school unsterblich in ein Mädchen verliebt und mit ihr eine Beziehung begonnen. Eines Tages schritt sie die Eingangstreppen empor und sagte ihm, daß sie nicht mehr wolle. Ralf war völlig überrascht und schockiert. Bald darauf entschloß er sich: "Ich werde mich nie mehr so einlassen, wie ich es hier getan habe." Seitdem empfand er kaum noch wirklich tiefe Gefühle für Frauen. Das wurde ihm jetzt klar. Er hatte eine schützende Schale um sich gebaut. Das Paradies war verloren. "Ich kann mich nur noch abwenden, nur noch ablösen." So definiert sich das schizoide Thema. Meistens werden zuerst Szenen aus der Jugend und dem frühen Erwachsenenalter erinnert, die die ersten Eltern-Kind Erlebnisse rekapitulieren. Besonders wenn wir bereits in den ersten Stufen der Therapie mit der Übung arbeiten.

Jane: "Männern ist nicht zu trauen."

Jane war 38 Jahre alt und geschieden. Sie setzte immer wieder großes Vertrauen in Männer und wurde immer wieder betrogen. Kürzlich hatte sie einem Freund 40.000 Dollar geliehen. Der Freund verschwand mit dem Geld. In der Dauerproblem-Übung dachte sie an eine Szene in Holland, wo sie ihr erstes Kind zur Welt brachte. Nach vielen Schwierigkeiten kam sie erst in letzter Minute ins Krankenhaus. Ihr Ehemann blieb nicht bei ihr. Er ging hinaus und kaufte sich einen Hamburger, weil er Hunger hatte. Die Geburt war sehr schmerzvoll. Jane ängstigte sich und hyperventilierte. Die Hebammen waren nicht gerade einfühlsam. Eine sagte: "Andere Frauen schreien hier nicht so rum. Die kriegen ihre Babys und fertig. Also seien Sie endlich still." Ihr Mann wollte sie am nächsten Morgen um zehn Uhr abholen. Er kam erst um zwei Uhr nachmittags. Sie fühlte sich "absolut und vollständig abgelehnt." Die Ehe dauerte noch vierzehn Jahre. Ihr Gatte änderte sich in dieser Zeit nach ihrer Aussage nicht.

Im Laufe dieser Erinnerung entstand der Satz: "Ich muß alles selbst machen." Ich verfolgte diese Linie und fragte sie nach noch weiter zurückreichenden Bildern.... Mit fünf Jahren wurden ihr die Mandeln herausgenommen. Mama und Papa hatten ihr gesagt, das würde ganz lustig. Sie könnte soviel Eis essen wie sie wollte und Brauselimonade obendrein. Der Arzt verpfuschte die Operation. Sie durfte tagelang nichts essen und war ein Jahr lang schwer krank. Auf einer Seite des Halses wuchs eine Geschwulst. Ein Doktor nach dem anderen wurde konsultiert. Sie erinnerte sich an mindestens zwölf. Einer schnitt ihr das kropfartige Ding weg, aber es kam wieder. Schmerzen über Schmerzen. Weil die Diagnose nicht sicher, und sie offensichtlich krank war, durfte sie nicht zur Schule gehen und nicht mit anderen Kindern spielen. Während des ganzen Jahres waren die Tiere der Farm, auf der sie lebte, ihre einzigen Kameraden. Seitdem zog sie es vor, sich lieber von Menschen fernzuhalten. Tiere und Bücher waren besser.

Schließlich fand man heraus, daß sich durch die anfängliche, schlecht ausgeführte Operation, ihr Lymphsystem auf bestimmte Art und Weise infiziert hatte. Sobald die entsprechenden Lymphknoten entfernt waren, wurde sie gesund. Ihre Entscheidung aber war schon längst, so erinnerte sie sich jetzt: "Männern ist nicht zu trauen." Sie bezog diesen Satz nun auf ihr gegenwärtiges Problem und erkannte, daß sie sich immer wieder von "unzuverlässigen Männern" angezogen fühlte. Sie hoffte unentwegt, sie könne sie ändern. Stattdessen bestätigte sie sich damit wieder und wieder ihre Merksätze: "Männern ist nicht zu trauen", und "Ich muß alles selber machen."

Manchmal haben diese Erinnerungen direkte, weitreichende Konsequenzen. Meistens aber stehen sie am Anfang eines Prozesses, der zu den tiefen Ursachen des Problems führt. Außerdem kann die Klientin nun im Alltag frühzeitig jene Umstände ausmachen, die eine Wiederholung des ursprünglichen Traumas einleiten. Jane und ich fanden schließlich heraus,

welche Rolle sie dabei spielte, wie sie die unzuverlässigen Männer heraus-
pickte und an ihrem eigenen Verrat mitstrickte. Sie war eine außerordentlich
kluge und kompetente Frau, die sehr gut allein zurecht kam, aber chronisch
unfähig blieb, einen Mann zu finden, dem sie wirklich vertrauen und ihr Herz
öffnen konnte.

## Die Dauerkompensations-Übung

In dieser Übung fragt der Therapeut diesmal nicht nach den negativen,
sondern nach den positiven Erfahrungen. "Wann warst du besonders mit dir
zufrieden? Wann hast Du dich sehr energetisch und optimistisch gefühlt?"
Von hier aus dann weiter wie bei der Dauerproblem-Übung. Wenn das Bild
aus der Vergangenheit voll da ist, wird nach den Entscheidungen, Folgerungen oder Urteilen über die Welt gebeten, denn wir wollen die direkten
Aussagen des Ich-Ideals wissen. Wie muß ich mit der Welt umgehen? Wie
muß ich das drehen? Wie muß ich die Zurückweisungen meines wirklichen
Selbst vermeiden?

Bob: "Ich bin etwas Besonderes."

Bob war 35 Jahre alt und ein ziemlich erfolgreicher Wissenschaftler. Das
bewahrte ihn allerdings nicht davor, sich ständig depressiv zu fühlen. Er
hatte schwere psychosomatische Beschwerden. Er erinnerte sich an einen
wissenschaftlichen Vortrag auf einer Konferenz, der sehr gut angenommen
worden war. Am Abend feierte er. Er fühlte sich wertvoll und anerkannt. Er
hatte etwas erreicht. Ich bat ihn, zeitlich noch etwas weiter in seiner Lebens-
geschichte zurückzuwandern. Er war das einzige Kind ziemlich alter und
strenger Eltern. In der Kirche diente er als Ministrant für die anderen Kinder.
Einmal sang er ein Solo im Kirchenchor. Er bekam Anerkennung und wurde
gelobt. Besonders seine Eltern waren stolz auf ihn. Er sagte sich damals: "Ich
bin etwas Besonderes. Ich werde beachtet." Denn hier war er endlich einmal
sicher vor den lächerlichen Ängsten seiner Eltern, die von fast allem anderen
was er spontan tat, stimuliert wurden.
Wir können mit beiden Übungen auch bei den anderen Charakterstrukturen
arbeiten. Meine Beispiele kommen jedoch aus dem schizoiden Umfeld. Die
erste Übung liefert uns Szenen von Zurückweisung und Verrat und die
daraus folgenden Aussagen und Merksätze bezüglich Vertrauen, Eigenwert
und Beteiligung am Leben. Die zweite liefert uns die typischen Entscheidungen darüber, wie nun mit der Realität umzugehen ist, welche kompensatorischen Anpassungen und Konstruktionen eines Ich-Ideals dazu benutzt
werden und wie sie anschließend idealisiert werden können. Es ist oft

hilfreich, bereits zu Anfang der Therapie mehr darüber zu wissen, besonders wenn mit den Erinnerungen Gefühle verbunden sind. Inwieweit dieses Vorgehen ratsam ist, muß bei jedem Klienten gesondert abgeklärt werden. Wir müssen uns fragen, ob er mit der Informationsmenge umgehen kann. Schizoide neigen dazu, irgendwann etwas nicht mehr verstehen zu wollen, obwohl sie das letztendlich nicht befriedigt. Gerade dann wird die solide und sichere therapeutische Beziehung wichtig. Sie muß die notwendige Erdung garantieren, mit der wir uns auf rauheres Territorium vorwagen können.

## Körperarbeit und Gefühl

Pendeln Sie während der Therapie immer wieder einmal zwischen verschiedenen Strategien hin und her. Ich werde die Nützlichkeit dieser These in diesem Buch noch öfter vertreten. Pendeln Sie zwischen solchen, die (1.) hauptsächlich auf die Kognition abzielen und solchen, die (2.) das Verhalten verändern und jenen die (3.) den Kontakt und den Ausdruck von Gefühlen fördern. Genau das tue ich jetzt auch hier. Obwohl es noch einiges über Merksätze, Ich-Ideale, Ich-Fähigkeiten und die Wahrnehmungen der eigenen Abwehrmechanismen zu sagen gibt, möchte ich mich nun den kinästhetischen Aspekten zuwenden. Mit ihnen wollen wir den schizoiden Klienten erden und in Kontakt mit sich selbst bringen.

Wir haben uns bisher um die Entwicklung des falschen Selbst und seiner sich ständig wiederholenden Muster gekümmert. Es wird nun Zeit, uns auch mit dem wahren Selbst zu beschäftigen, bevor wir uns zu sehr auf der anderen Seite verlieren.

Wenn wir unsere Erdung, unsere Körperempfindung und unseren Sinn für die Umwelt verbessern, fangen wir an unser wirkliches Selbst zu begreifen. Erdung meint, bioenergetisch gesprochen, den Kontakt zwischen meinen Beinen und der Erde. Wie ist der Kontakt meiner Füße mit dem Boden? Wie werden sie unterstützt? Wie stehe ich in der Welt? Der gut geerdete Mensch weiß, wo er gut steht und wo schlecht. Er spürt, wann er seinen Stand verändern muß und wann nicht. Er hat ein gutes Verhältnis mit der Wirklichkeit. Er läßt sich nicht so einfach wegdrängen.

Der schizoide Charakter ist nicht gut geerdet. Sich selbst und seine Geschichte zu verstehen, trägt zwar zu seiner Erdung bei, braucht aber noch die konkrete Ergänzung durch den konkreten Kontakt mit dem Boden. Das vergrößert seine Kapazität, Gefühle erleben und tolerieren zu können und gibt ihm "von Grund auf" eine bessere Empfindung für sich selbst. Wenn ich die inneren und äußeren Bewegungen meines Körpers vollständiger wahrnehme, spüre ich auch meine Gefühle und meinen Kontakt zur

Umwelt vollständiger. Ich fühle bewußter, höre bewußter, sehe bewußter. Wenn ich schreibe, bin ich "in meinem Kopf." Meine Aufmerksamkeit, meine Bewußtheit, meine Energie, richtet sich auf meine Ideen. Es kann sein, daß ich kaum das registriere, was um mich herum und in meinem Körper vorgeht. Nach zwanzig Liegestützen wird es mir schwerfallen, ihn und besonders meine Oberarme nicht zu spüren. Ich kenne viele Übungen aus den unterschiedlichsten Quellen, die dem Schizoiden helfen, aus seinem Kopf in die Wahrnehmung seines Körpers und seiner Sinne zu kommen. Die Bioenergetik bietet da einiges an, aber auch Yoga, Tai Chi und ebenso die gewöhnliche Gymnastik, das Skifahrertraining usw., usf. Ich sehe nichts Geheiligtes oder Geheimnisvolles an körperlichen Übungen, die die Lebensqualität verbessern. Die hier im Buch verwendeten sind lediglich illustrierende Beispiele einer ganzen Palette. Man lernt sie am besten direkt bei einem Lehrer oder kundigen Freund, aber es gibt auch einige gute Bücher darüber, u.a. Lowen's "Der Verrat am Körper" (1982) und Lowen & Lowen's "Bioenergetik für jeden" (1979).

## Passive Wahrnehmungs-Übungen

Es gibt einige Gründe, die wirklich aktive Arbeit mit dem Körper nicht gleich zu beginnen. Körperarbeit als Teil einer Psychotherapie ist immer noch ungewöhnlich. Viele Therapeuten und Klienten haben ihre Widerstände dagegen. Außerdem kann schon die geringste Bewegung oder affektive Befreiung bei einigen borderline-nahen Schizoiden zu Überflutungen führen. Wir brauchen also einige Übungen, die die Sinnesempfindungen verbessern und den Patienten nicht zu großen Aktivitäten zwingen.

Eine von ihnen gefällt mir besonders. Sie heißt die "Ich-bin-Übung." Bitten Sie die Klientin ihre Augen zu schließen und die Aufmerksamkeit nach innen zu richten. Nun soll sie immer wieder wie ein Mantra sagen: "Ich bin ..." und die drei Pünktchen mit irgendetwas ausfüllen, was sie gerade in ihrem Körper spürt. Verändert sich ihr Gefühl, soll sie auch das Füllwort ändern. Wenn nicht, ist es auch gut. Sagen Sie ihr, es könne sein, daß sie sich etwas anders als sonst fühlt und geben Sie diesem anderen Zustand den Titel: "Mit mir selber sein." Fragen Sie sie, wie er sich anfühlt, ob er bleibt oder wechselt. Nach einigen Minuten können Sie sie bitten wieder Kontakt mit Ihnen aufzunehmen. Oder Sie gehen mit folgenden Schritten weiter:
1. "Wenn du in dem neuen Zustand bist, öffne deine Augen. Schau' dich im Zimmer um und versuche den Zustand zu behalten."
2. "Wenn du den Kontakt mit dir selbst verlierst, schließe die Augen. Wiederhole das Mantra bis du wieder bei dir bist."

3. "Wenn du wieder bei dir bist, öffne langsam die Augen und schau' mich an. Sobald du anfängst dich wieder zu verlieren, schließe sie und wiederhole das Mantra. Dann komm wieder zurück und schau' mich an." Am Ende sollte die Klientin ihre Erfahrungen mitteilen.

Mit diesem meditativen Prozeß können sich viele Leute auch selbst helfen. Überhaupt sind die Ergebnisse von Meditations- und Selbst-Entspannungs-Programmen beeindruckend (z.B. Benson, 1975; Orme-Johnson & Farrow, 1977). Nach meiner Information sollen die positiven Effekte der Transzendentalen Meditation größer sein als die von Psychotherapie. Allerdings glaube ich nicht, daß TM nun unbedingt besser sein müsse als andere Methoden. Man hat nur sehr viel mehr über sie geforscht. Ich glaube jedoch an die im allgemeinen gute Wirkung von Meditationen und Entspannungsübungen. Deshalb empfehle ich sie fast jedem meiner Klienten. Und wie gesagt, die "Ich-bin-Übung" gefällt mir besonders.

Eine andere Sinnesempfindungsübung ohne Bewegung ist die "Augenreinigung": "Atme ruhig und tief. Schau' dir nun alles Grüne im Zimmer an." Nach 30 Sekunden sagen Sie: "Schau' dir nun alles Runde an." Wieder nach 30 Sekunden: "Und nun alles Rechteckige." Und so weiter. Zum Abschluß: "Entspanne dich nun und sieh' auf nichts Spezielles. Nimm einfach wahr, wie weit und tief deine Perspektive ist. Wie weit kannst du gleichzeitig nach rechts, links, oben, unten, tief und nah sehen. Atme und laß' dir Zeit." Und am Ende: "Schließe nun deine Augen, atme und spüre, wie es für dich war." Die Übung verbessert die Wahrnehmung und entspannt besonders während der letzten Phase die Augen. Sie so weit zu öffnen mag bei einigen Klienten Angst hervorrufen. Wir sollten ihn damit nicht alleine lassen. Hilfreich ist oft folgender Rat: "Halte nun deine Hände vor die geschlossenen Augen, aber berühre sie nicht. Fühle die Wärme, sieh' die Dunkelheit und atme."

Auf diese Übung kann die "Gehörreinigung" und/oder die äußere "Bewegungsreinigung" folgen. "Schließe die Augen und achte auf jeden Ton um dich herum. Einige sind dir nah, die anderen fern. Einige verschwimmen, die anderen sind klar. Höre alle." Oder für die "Bewegungsreinigung": "Schließe die Augen und spüre alle Dinge um dich herum. Spüre deine Kleider, spüre die Sessellehne, die Pflanze neben dir usw. Wenn du fühlst, achte auf das Gewebe, auf die Wärme, auf die Art wie du alles berührst. Vielleicht tust du das intensiver, als du es jemals getan hast. Atme ganz einfach. Fühle und beobachte deine Reaktionen." Danach ist es immer gut, noch einmal die Ziele zusammenzufassen, Wiederholungen zu empfehlen und einige generelle Vorschläge zum bewußten Umgang mit der eigenen Aufmerksamkeit zu machen. Etwa so: "Deine Aufmerksamkeit bewegt und verändert sich ständig. Sie kann nach innen und nach außen gerichtet werden. Du kannst Empfindungen in deinem Körper spüren, Gedanken in deinem Kopf denken oder Bilder vor deinem geistigen Auge entstehen lassen. Genauso kannst du äußere Dinge anschauen, nach Tönen lauschen und die Welt mit all ihren Äußerungen fühlen. Es ist gut, wenn du über alle Dimensionen deiner Wahrnehmungsfähigkeit Bescheid weißt. Es ist gut, wenn du von innen nach außen wechseln kannst, vom Fühlen zum Sehen, vom Einzelnen zum Ganzen. Deine Aufmerksamkeit kann fließen. Deine Kontrolle über sie vergrößert sich. Vielleicht willst du sie ganz bewußt verändern. Wenn du dich ängstigst erinnere dich daran zu atmen. Vielleicht möchtest du jetzt lieber die Außenwelt sehen, hören und fühlen. Verschiebe also deine Wahrnehmung nach außen. Wenn du von der Außenwelt genug hast, schließe einfach die Augen, geh' in dich, entspanne, atme, meditiere und freue dich über die Ruhe in dir. Stell' dir jetzt einige Situationen vor, wo du deine Bewußtheit von innen nach außen, vom Fühlen zum Sehen oder vom Denken zum Fühlen verschieben könntest. Stell' dir vor, wie schön es sein kann, deine Aufmerksamkeit zu kontrollieren."

Die dritte Methode wurde 1978 von Gendlin vorgestellt und heißt "Fokussieren". Weil sie jedoch über das, was wir hier diskutieren hinausgeht, erörtere ich sie später. Im allgemeinen lädt sie jedoch den Klienten ein, Details seines Körpers zu spüren. Dadurch gewinnt er mehr Klarheit. Wenn er z.B. ein Problem oder eine Emotion andeutet, bitten wir ihn: "Schließe nun deine Augen und richte deine ganze Aufmerksamkeit nach innen. Wo spürst du die Emotion körperlich? Wo kannst du das Problem durch eine körperliche Empfindung lokalisieren? Wenn du den Ort gefunden hast, fokussiere ihn. Schau' ihn dir genau an." Der Klient soll sich Zeit nehmen, seine Körperwahrnehmungen zu lesen. Das ist das Lernziel. Die meisten von uns können viel schneller denken als fühlen. Wir brauchen Hilfe, um das Geschnatter der Gedanken zu dämpfen, damit wir die Weisheit der Botschaften unseres Körpers registrieren und klar verstehen können. Fokussieren ist dafür sehr nützlich. Es braucht keine äußere Bewegung.

## Aktive Techniken

Wir nehmen unsere Bewegung und Erdung durch aktivere Techniken noch stärker wahr. Ich schlage in diesem Kapitel allerdings immer noch die "sanfteren", am wenigsten in den Körper eindringenden vor. Lassen Sie uns immer wieder daran denken, daß borderline-nahe Menschen mit einer grundlegend schizoiden Struktur leicht von Gefühlen überflutet werden. Aktive Körperarbeit kann völlig invasiv sein, wenn nicht beträchtliche Vorarbeiten "sanfterer" Natur geleistet wurden. Die meisten Körperübungen lassen sich in drei Kategorien einordnen:
1. Die einen sollen chronische Verspannungen entspannen helfen und die

Sinneswahrnehmungen verbessern. Dazu gehören Streck-, Dehn- und Atemtechnicken. Wir nennen sie die Wahrnehmungs-Entspannungs-Übungen.

2. Bei den anderen steht die Aufladung mit Energie im Vordergrund. Sie verbessern die Atmung, Blutzirkulation und Bewegung.

3. Bei den dritten geht es vorwiegend um die Entladung von Energie.

In diesem Kapitel will ich hauptsächlich die Wahrnehmungs-Entspannungs-Übungen vorstellen.der Klient sollte lockere und leichte Kleidung tragen und die Schuhe ausziehen. Bioenergetische Arbeit wird oft in Unterhosen oder Badezeug getan. Das unterstützt freiere Bewegungen. Außerdem kann der Therapeut den Körper besser beobachten. Der Klient sollte sich dabei nicht von vornherein unwohl fühlen. Das Ablegen der Kleider ist für viele zu invasiv. Einigen wird das gar nicht bewußt auffallen. Wir haben die Aufgabe, unsere Klienten auch in dieser Hinsicht zu schützen. Die Vorsorge ist besonders dann berechtigt, wenn sie Probleme mit ihren persönlichen Grenzen und Selbst-Einschätzungen haben.

Meistens mache ich die Übungen selbst mit. Das lockert die Atmosphäre. Der Klient fühlt sich nicht so beobachtet und ich mich besser geerdet. Ich bin in größerem Kontakt mit mir selbst, präsenter und sensitiver. Nun also einige typische Körperübungen, die die Erdung und Sinneswahrnehmung verstärken. Sie können auch als Warmlauf-Übungen für Aufladungs- oder Entladungstechniken benutzt werden. Wo immer möglich, gebe ich die Anweisungen in direkter Rede wie in der Praxis wieder.

**Fokussieren und Körperhaltung**

Anfangs bitte ich die Klientin, sich einfach hinzustellen, die Aufmerksamkeit nach innen zu lenken und ihre Körperempfindungen wahrzunehmen: Wohlsein - Unwohlsein, Anspannung - Entspannung, Gleichgewicht - Ungleichgewicht, etc. Währenddessen schaue ich nach den Dynamiken ihres Körpers, nach der Haltung, der Symmetrie, dem Zusammenhalt und Punkten der Über- oder Unterentwicklung. Genauere Ausführungen über das Körperlesen finden Sie in "Körperausdruck und Persönlichkeit" von Alexander Lowen.

Nach dem Fokussieren auf die Sinneswahrnehmungen, frage ich die Klientin, wie es ihr geht. Wenn ihre Knie verkrampft ausschauen, bitte ich sie, sie zu lockern, etwas zu biegen und mir etwas über den Unterschied zu sagen. Verkrampfte Knie und weit auseinander gespreizte Füße verspannen das Kreuz. Der Kontakt mit dem Boden geht verloren. Sollte dies ihre normale Stellung sein, schlage ich ihr vor, zwischen dieser und der mit lockeren Knien und nach vorne gerichteten Fußspitzen (etwa in Schulter-breite) hin und her zu pendeln. Letztere fühlt sich vielleicht anfangs etwas linkisch und taubenfüßig an. Sie ist aber tatsächlich die geerdetere, solidere Position und leichter für den unteren Rücken. Außerdem fördert sie die volle und tiefe Atmung. Ich zeige der Klientin, wie leicht ich sie aus ihrer angespannten Haltung nach hinten umstoßen kann und wieviel schwieriger das ist, wenn sie anders steht.

Danach bitte ich sie, ihr Gewicht gleichmäßig auf die ganze Fußsohle zu verteilen und leicht zu hüpfen, damit sie den Boden und die Festigkeit dieser Art des Stehens spürt. Wer Ski fährt, wird die Vorteile schneller anerkennen, denn bei diesem Sport ist genau diese Körperhaltung nötig. Nun soll sie leicht vor- und zurückschwingen. Ich sage: "Entspanne deinen Bauch und atme. Lege deine Hände auf den Unterbauch und erlaube deinen Muskeln sich so viel wie möglich zu entspannen. Fühle die Wärme und das Gehenlassen. Laß deine Arme locker herunterhängen und erlaube deinem Kiefer, sich zu entspannen. Öffne deinen Mund ein wenig und spüre wie der Kiefer losläßt .Gestatte deinen Augen sich zu entspannen. Sie brauchen sich auf nichts zu konzentrieren. Schwinge ein wenig nach links. Nun ein wenig nach rechts und komm' wieder ins Zentrum zurück."

### Die Vorbeuge-Übung

Und nun führe ich die Klientin in die grundlegendste bioenergetische Position. "Laß' deinen Kopf auf die Brust sinken. Erlaube deinem Oberkörper langsam nach vorne zu fallen bis die Fingerspitzen den Boden berühren. Beuge die Knie und atme. Beuge die Knie ein wenig mehr beim Einatmen. Strecke sie ein bißchen beim Ausatmen. Aber nicht bis zu dem Punkt wo sie steif werden. Laß' dich ruhig und leicht atmen. Laß' dich mit dem Rhythmus deiner Atmung ruhig und leicht auf und ab bewegen. Verschiebe dein Gewicht ein wenig nach vorne. Gerade so, bis du merkst, das du deinen Körper nach oben drückst, wenn Du ausatmest. Deine Füße und Beine tun die Arbeit. Fühle deine Füße und Beine und laß den Oberkörper einfach herunterhängen. Die Fingerspitzen bleiben auf dem Boden. Nur dein Unterkörper bewegt sich, während dein Oberkörper einfach herabhängt und atmet." Wie lange das gehen kann, hängt von der Toleranz und den Bedürfnissen der Klientin ab. Danach frage ich immer nach den Gefühlen und Erfahrungen. Diese Übung erdet den Körper sehr gut.

### Die Fuß-Übung mit dem Stock

Wir brauchen einen 50-60 cm langen und etwa 2-3 cm dicken Stock. Ich lege ihn auf den Boden und sage: "Rolle nun bitte deine Füße über diesen Stock. Erst den einen, dann den anderen. Erlaube den Muskeln der Sohle, sich zu entspannen und beobachte, wann es anfängt weh zu tun. Wenn du glaubst, daß beide locker genug sind, geh' über den Stock. Fang unter den Zehen an und arbeite dich langsam bis zur Ferse vor.

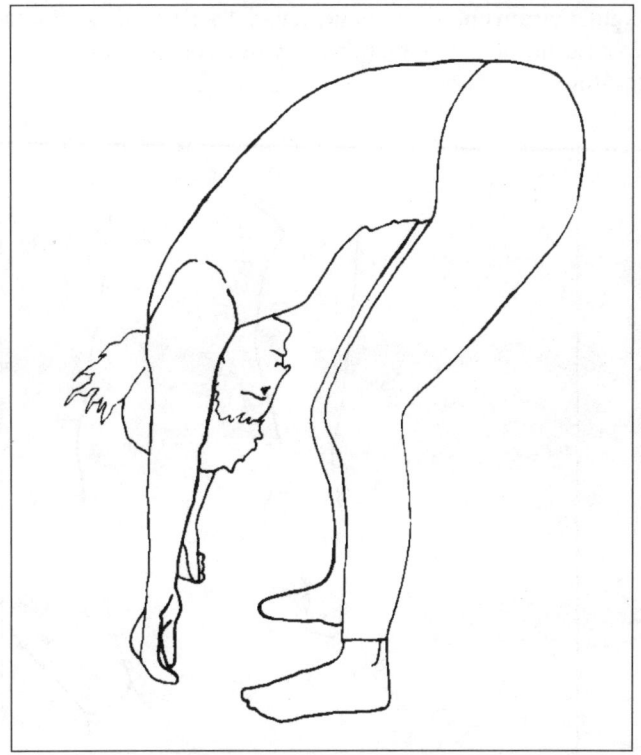

Abb. 1 Die Vorbeugeübung

Das kann manchmal weh tun. Aber solange du dich nicht zwingst und einen Muskel quetschst, ist es gut. Passe dich mit deinem Gewicht an, damit du deine Füße spürst. Spüre auch den Schmerz, aber sei nicht zu hart mit dir. Atme. Mach' das ein bis fünf mal. Stell' dich danach neben den Stock, lockere deine Knie, atme und fühle die verstärkte Empfindung in den Füßen."

### Die Zehen lockern
"Stell' dich bitte hin, bring den linken Fuß einen halben Schritt nach vorn und biege ihn ein wenig nach links außen. Roll' die Zehen ein. Der Nagel des großen Zehs soll auf dem Boden stehen. Schwinge nun leicht vor und zurück,

so daß du die Zehen dehnst. Atme voll und dehne die Zehen. Wenn du genug hast, stell' die Zehen flach auf und rolle auf ihnen vor und zurück. Mach' dasselbe mit dem rechten Fuß. Diese Übung kommt aus dem Tai Chi. Sie wirkt am besten, wenn das Zentrum des Schwingens aus dem Chi kommt, also dem Schwerkraftzentrum unter dem Bauchnabel. Es geht um das langsame, rhythmische vom Zentrum ausstrahlende Schwingen um die Zehen bei vollem und leichtem Atem zu dehnen.

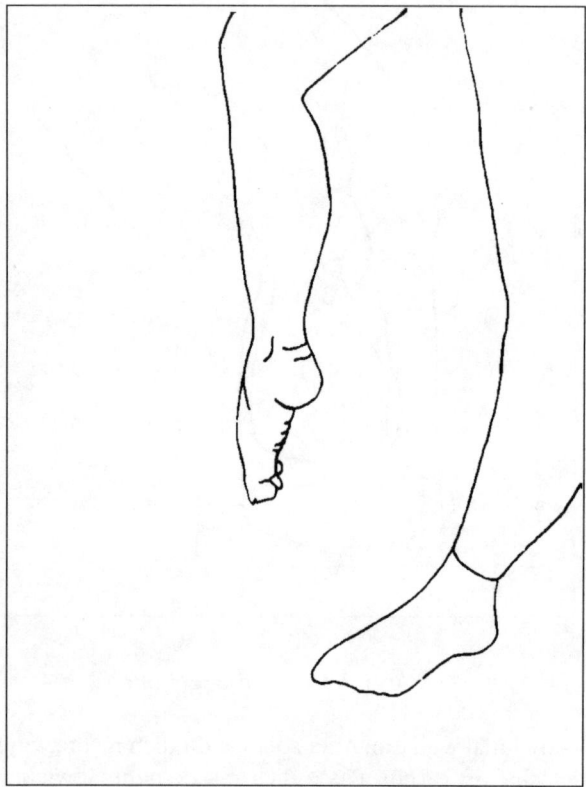

Abb. 2 Die Zehen lockern

### Die Fußgelenke dehnen

"Bringe im Stehen dein Gewicht auf den Außenrist des linken Fußes. Wenn du nun leicht nach vorne schwingst fühl' den Druck des Bodens auf den Außenrist und den Zug der Muskeln auf der Außenseite deines Beines. Schwinge vor und zurück, atme langsam und voll. Dehne die Muskeln in diesen Bereichen. Wiederhole das zweimal auf beiden Beinen. Dann steh' wieder normal und spüre deine Füße, deine Zehen und deine Fußgelenke. Verschiebe nun das Gewicht auf die Außenseiten beider Füße. Nun dreh' deine Knie nach innen, bis dein Gewicht auf den Innenseiten der Füße steht. Und jetzt dreh' sie wieder nach außen. Und darauf wieder nach innen." Die Rotationsgeschwindigkeit der Knie kann auch erhöht werden.

### Zurück zur Vorbeuge-Übung

Es ist nie ein Fehler, immer wieder zur Vorbeuge-Übung zurückzukehren. Sie verbessert die Erdung, vertieft die Atmung und erhöht die Ladung. Im schizoiden Fall soll sie den Klienten vor allem stärker erden. Sie soll ihm helfen, seine Beinmuskeln und Fußgelenke zu dehnen, zu lockern und auf sie aufmerksam zu werden. Bei Verspannungen im unteren Rücken sind leichte Schläge während des Vorbeugens ganz nützlich. Öffnen Sie dabei ihre Hand und schlagen Sie mit der Handkante. Leichte Karateschläge mit beiden Händen massieren so den unteren Rücken.

### Leichte Massageschläge auf Oberrücken, Schultern und Nacken.

Bitten Sie den Klienten sich halb aufzurichten. Trommeln Sie leicht bis fest erst auf eine Seite von Nacken, Schultern und Oberrücken und dann auf die andere. Treffen Sie nicht die Wirbelsäule und auch nicht die Nieren. Fragen Sie, wie stark Ihre Schläge sein sollen. Vielleicht klingt das jetzt etwas brutal, aber viele Klienten mögen diese Art Massage und diese Art von Kontakt. Seien Sie vor allem am Nacken vorsichtiger. Gehen Sie bis zum Schädelansatz hoch. Die Vertiefungen dort beiderseits des Rückgrats sind beim Schizoiden oft sehr verspannt und empfindlich. Dieser Bereich gehört zum "Augen-Block." Mit ihm müssen wir auch ansonsten viel arbeiten. Bitten Sie den Klienten um einen tiefen "Ah"-Ton. Er soll ihn im Körper widerhallen lassen, während Sie schlagen. Am Ende ist es gut, wenn er sich ganz bewußt aufrichtet. Achten Sie immer darauf, wie der Klient auf den Prozeß reagiert.

### Den Nacken dehnen und rollen

Hier geht es um das einfache Nackenrollen. Lassen Sie den Kopf nach vorne sinken und rollen Sie ihn langsam nach links, dann locker wieder zurück und locker nachgebend nach rechts usw. Wiederholen Sie.

### Zusammenfassung

Diese Sequenz genügt für den Anfänger. Mit einigen Patienten sollten Sie während der ersten Zeit auch gar nicht aktiver arbeiten. Die genaue Einschätzung muß der Therapeut für jeden Einzelfall gesondert vornehmen. Besonders, was einzelne Verspannungsbereiche betrifft, kann die Sequenz verlängert, verkürzt oder verändert werden. Sie ist nur eine allgemeine und leichte Abfolge von Übungen aus mehreren Quellen. Sie ist kaum bedrohlich und wird meistens positiv aufgenommen. Das ist gerade anfangs sehr wichtig. Es ist gut, die Körperarbeit erst einmal rundum positiv zu erleben, bevor härterer Stoff kommt, der auch wehtun kann.

Der Klient kann die Sequenz zu Hause üben. Das gilt natürlich nicht für das Rückentrommeln. Stattdessen lehnt er sich gegen einen Türrahmen und massiert mit der Kante die langen Muskeln neben der Wirbelsäule. Noch besser ist die Tennisball-Methode. Legen Sie sich auf den Rücken und plazieren Sie den Ball oberhalb der Nieren neben dem Rückgrat. Rollen Sie sich nach unten, so daß der Tennisball nach oben wandert. Atmen Sie, wo es weh tut, "in den Schmerz hinein." Erlauben Sie ihren Muskeln, sich zu entspannen.

Danach dasselbe auf der anderen Seite. Beim Nacken können Sie den Stock benutzen. Legen Sie sich auf den Boden und den Stock in ihren Nacken. Umfassen Sie ihn mit beiden Armen. Er liegt jetzt unter ihrem Nacken und auf der Innenseite ihrer Ellbogen. Rollen Sie ihren Kopf leicht von links nach rechts nach links usw. Halten Sie an wo immer es weh tut und atmen Sie in den Schmerz. Diese Übungen helfen uns, in den Kontakt mit dem eigenen Körper zurück. Wir spüren den Atem, spüren die Erde und spüren die Bewegung.

**Übungen für das Augen-Segment - Die Augen öffnen**

Auch die Übungen zum Augen-Segment können einfach und sanft sein, wenn wir nur die Entspannung und Seh-Empfindung verbessern wollen.

*Atmen und Sehen*
Bitten Sie nach der anfänglichen Steh- und Wahrnehmungsphase Ihre Klientin: "Beuge und strecke deine Knie nun abwechselnd. Wenn du ausatmest, schau' weit in die Ferne. Wenn du einatmest, verlagere das scharfe Sehen wieder zu dir. Laß' deine Augenlider sich auch weiterhin öffnen und schließen. Spüre deine Beine und Füße während du atmest und siehst."

*Den Nacken dehnen*
Bitten Sie den Klienten: "Laß' deinen Kopf ganz nach rechts sinken. Bring' nun das Kinn nach oben bis du den Zug an den Muskeln des linken Schädelansatzes spürst, dort, wo sich die Vertiefungen, die rückwärtigen

"Augenhöhlen" befinden.  Zieh' den Kopf nun noch etwas nach rechts, bis sich der Zug hinunter in deine linke Schulter und hinauf in deine linke Schädelseite ausbreitet. Atme und bleibe dabei bis du genug hast. Wiederhole das Ganze auf der anderen Seite. Den Kopf nach links fallen lassen, das Kinn nach vorne ziehen und dann noch ein Stückchen usw." Zwei Durchgänge sind meist genug. Danach tut die Vorbeuge-Übung ganz gut. Und zum Schluß wieder ein wenig die Knie beugen und strecken, während der Augenfokus von nah auf fern auf nah etc. wechselt.

### Das Tor

"Nun suche dir in der Entfernung ein vertikales Objekt aus - einen Pfahl, einen Baum, eine Ecke - und schaue es an. Bringe deinen Zeigefinger genau vor die entfernte aufrechte Linie. Wenn du dich auf sie konzentrierst wirst du ein Doppelbild deines Fingers sehen. Das Objekt befindet sich in der Mitte, sozusagen im Tor zwischen deinen Fingern. Atme und laß' dich beide Objekte zur gleichen Zeit sehen. Nun konzentriere dich auf den Finger und sieh' die beiden Bilder des entfernten Objekts." Alle zehn bis zwanzig Sekunden kann nun mehrmals gewechselt werden, bis wir zum normalen Sehen zurückkehren. Einige Klienten mögen bei dieser oder anderen Übungen Angst bekommen, denn sie verändert die Art und Weise, wie wir die Dinge sehen. Es hilft oft, die Augen mit den Händen zu bedecken, tief zu atmen, die Dunkelheit und Wärme zu spüren. Das geht auch, wenn die Augen ermüdet sind.

### Der Schwung

Diese sanfte Übung bezieht den ganzen Körper ein. "Entspanne deine Arme und schwinge sie so weit du kannst mit deinem ganzen Körper von links nach rechts nach links usw. Vielleicht macht dir die rhythmische Bewegung Freude. Spüre die Freude und atme leicht. Laß' dir Zeit. Schwinge langsam hin und her. Damit du noch weiter nach rechts oder links kommst kannst du das gegensätzliche Bein anheben bis nur noch die Zehenspitzen den Boden berühren.

Dir wird bewußt, daß du so deine Wirbelsäule massierst. Schwinge weiter und entspanne deine Augen. Der Raum verschwimmt. Versuche nicht, dich auf irgendwas zu konzentrieren." Diese leichte Übung führt den Klienten kaum an seine Grenzen und kann deshalb ziemlich lange weitergehen. Manchmal wird der Verlust des Fokus als Verlust der Kontrolle erlebt und erweckt Angst. In diesen Fällen können die Augen wieder bedeckt und leichter, versichernder Kontakt mit dem Therapeuten aufgenommen werden.

### Das Tor und der Schwung

Das Tor und der Schwung zusammen: "Strecke deinen Finger vor dich und fokussiere auf ein entferntes, senkrechtes Objekt. Nun schwinge mit deinem Körper ohne das Objekt und das Tor zu verlieren." Wie auch die anderen Übungen hilft diese dabei, fixierte Perspektiven loszulassen. Wir halten die Objekte nicht mehr mit den Augen fest. Das kann sehr belebend wirken, aber auch Angst hervorrufen.

### Der unendliche Schwung

"Steh' gut geerdet und sieh' den ganzen Raum vor dir bis zum Horizont. Schau' nach links und rechts, bis du ihn vollkommen in die Übung einbeziehen kannst. Nun wächst dir ein federleichter Pinsel aus der Nase mit dem du auf die Szenerie vor dir das Unendlichkeitszeichen, die liegende acht, malst. Tu' das nun und schwinge mit deinem ganzen Kopf mit. Erlaube deiner Aufmerksamkeit zu entspannen und nimm wahr wie du mit dieser Bewegung deine Nackenmuskeln massierst. Atme und sehe dabei."

### Die Nackenpresse

Wir müssen dabei beträchtlichen direkten Druck auf die empfindlichen "Augenhöhlen" des Nackens (Vertiefungen am Schädelansatz beidseits der Wirbelsäule) ausüben. Wir sollten deshalb warten bis die therapeutische Beziehung gefestigt ist und wir sicher sein können, daß die Übung nicht invasiv aufgenommen wird. Sie soll entspannen und den Energiefluß verbessern. Legen Sie eine Hand auf die Stirn des Klienten und greifen Sie mit Daumen und Zeigefinger der anderen hart in die Vertiefungen. Der Druck kann durch den "Vollen Nelson"-Griff aus dem Ringen verstärkt werden. Stellen Sie sich hinter den Klienten, der seine Arme hebt. Greifen Sie unter ihnen hindurch und legen Sie Ihre Daumen in die Vertiefungen. Nun kann der Klient seine Arme nach vorne ziehen und den Druck bestimmen.

Die Effekte können ziemlich grundlegend sein. Sie bringen mehr Licht ins Augensegment und setzen Energie frei. Auch hier kann wieder Angst entstehen, wenn der Augenfokus verloren geht. Auch hier wieder als Hilfe die Abdeckübung mit den Händen. Wenn der Klient genügend stabil ist, können Sie auch mit dem eventuell hochkommendem Schrecken und beängstigenden Erinnerungsbildern arbeiten.

## Die energetische Abwehr

Die oben beschriebene Körperarbeit wird die Verteidigungsmechanismen auf den Plan rufen. Wir können sie erkennen und eventuell auflösen.

Bewegung fördert Gefühle, und Gefühle lösen die gegen sie gerichteten Abwehrstrukturen aus. Wenn wir mehr atmen, spüren wir mehr. Wenn der Schizoide seinen Körper wiederentdeckt, entdeckt er auch den Schmerz, die Angst und die Wut wieder. Eine Klientin sagte mir mal: "Ich begreife nun, warum ich soviel denke. Denn wenn ich meinen Körper spüre, spüre ich diesen ganzen Schmerz."

Häufig möchte sie atmen, aber ihr Körper will nicht. Oder sie entspannt sich im Unterkörper, sie atmet mehr und bemerkt plötzlich, daß die Spannung im Oberkörper größer wird. Es kann hilfreich sein, sie zu verstärken, um herauszufinden, wozu sie dient. Die Klientin kann sich mit dem Widerstand oder der Abwehr identifizieren. Vielleicht sagt sie: "Ich möchte die Angst nicht spüren. Ich will die Traurigkeit nicht fühlen. Wenn ich meine Gefühle zurückhalte, kann ich weiterarbeiten und mein Leben fortsetzen."

Es bringt einige Vorteile, der Abwehr eine Stimme zu geben und ihren Wert anzuerkennen. Sie wird mir bewußt und ich kann sie wenn nötig ganz willkürlich benutzen. Das entspannt gleichzeitig ihren allgemeinen Griff auf mich. Wenn dieser Teil von mir weiß, daß ich seine positiven Absichten und das, was er an Gutem für mich getan hat, schätze, wird er viel leichter die Kontrolle aufgeben und viel besser unterscheiden, wann ich ihn brauche und wann nicht. Ist die Abwehr mir nicht bewußt arbeitet sie fast immer bis immer. Ich merke nicht, wie sie arbeitet und worauf sie reagiert. Kenne ich sie aber und weiß ich Bescheid über ihre Inhalte, kann sie anfangen, auf meine Vernunft "zu hören." Sie begreift nun allmählich, daß die Welt nicht immer bedrohlich ist und daß negative Gefühle nicht immer schlecht sind.

Unsere Verteidigungsmuster sind wie erschreckte kleine Kinder. Sie brauchen viel Sicherheit, Liebe und Aufmerksamkeit. Sie wollen erzählen, wovor sie Angst haben und lernen, wie man mit den Ängsten erwachsen umgeht. Das, und intelligente Erklärungen ihrer Ursprünge, entspannt sie mit der Zeit. Kurz: Es gibt kaum etwas Besseres, um die Abwehr aufzulockern als ihre Anerkennung und Unterstützung.

Lassen Sie uns aber immer auch den Preis klarmachen, der für eine rigide Abwehr gezahlt werden muß. Besonders, wenn sie sich in egozentrischem Verhalten oder Denken äußert. Die hier beschriebene Therapie vergrößert schon bald die Aufmerksamkeit für den Konflikt zwischen dem falschen und dem wirklichen Selbst. Der Schizoide wird verstehen, daß er sich zusammenhält und seinen Körper schädigt, um seiner Illusion, etwas Besonderes und akzeptierend zu sein, gerecht zu werden. Das ist schmerzhaft, aber nötig. Sehr nützlich ist folgende Übung: Der Klient schaut die Therapeutin oder das Image eines für ihn bedeutsamen Menschen an. Dann spricht er den Kompromiß aus, der sein wirkliches Selbst im Dienste der Illusion negiert. Der Schizoide wird oft sagen: "Ich will lieber nichts fühlen als diesen Schmerz spüren. Ich bin lieber etwas Besonderes als mich gut zu fühlen. Ich werde lieber mich verletzen als dich."

Es mag grausam erscheinen, diese Wahrheiten an den Tag zu bringen. Aber manchmal können Sie nichts Besseres für einen anderen Menschen tun als seine Verleugnung der Realität zu untergraben. Allerdings muß er schon so weit sein, mit der Realität umgehen zu können. Bedenken Sie das immer. Nach meiner Erfahrung kann die Stunde der Wahrheit nicht dramatisch genug sein. Ist sie das, wechseln Sie das Thema oder beenden Sie die Sitzung. So bewahren Sie sich und den Klienten davor, aus dem Problem ein schönes Päckchen zu schnüren bevor es wirklich gelöst ist. Sie fördern damit die wirkliche Durcharbeitung eines wirklich ernsten Dilemmas. Aber verhelfen Sie dem Klienten am Ende auch zu der Einsicht, daß die Abwehr ursprünglich vernünftig und gerechtfertigt war. Mit ihr konnte er weiterleben und überleben. Das ist anerkennenswert. Verständnis und Anerkennung bewirken ebenso wie bei den körperlichen Blockaden auch hier Entspannung und Veränderung.

Der Klient braucht keine Angst zu haben, daß er seine Verteidigung für immer verliert, wenn er seinen wahren Körper und sein wahres Selbst entdeckt und wachsen läßt. Sie gehört, obwohl aus der Kompensation heraus entwickelt, zu seinen Besitztümern. Der Blick auf die Welt durch die Schwarz-Weiß-Entweder-Oder-Brille ist infantil. Er verändert sich mit ein bißchen mehr Selbst-Liebe. Der Schauspieler, der sich selbst verleugnete, um ein Star zu werden, weiß immer noch wie man spielt, auch wenn er sich mehr fühlt und besser atmet. Allerdings ist die Befürchtung, nicht mehr auf der Bühne stehen zu wollen, weil die ursprüngliche Motivation zerbröckelt, nicht unbegründet. Gewöhnlich ist dies nur vorübergehend. Er wird lernen, das können wir ihm versichern, seine Fähigkeiten aus gesünderen, ihm größere Freude bereitenden Gründen einzusetzen.

**Der neue Entwurf (Reframing)**

Bandler und Grinder (1981, 1985) haben (als sie das Neurolinguistische Programmieren auf die klinische Situation anwandten) einige der gerade besprochenen Gedanken in einem Therapieplan, den sie "Neuentwurf" oder "Umdeutung" ("reframing") nennen, zusammengefaßt. Er unterstützt den Klienten darin, die Funktion seiner Abwehr und seiner Symptome anzuerkennen und neue Wege zu finden sie, auszufüllen. Wie die Gestalt-Therapie und Transaktions-Analyse zerlegt auch er die Ich- oder Seins-Zustände in einzelne Teile. Die können dann miteinander kommunizieren. Wir versuchen dabei, die unterliegende Intention oder Absicht der uns ärgernden "Teile" zu verstehen. Nun wollen wir neue, weniger ärgerliche Verhaltensweisen und Einstellungen entwickeln, die die Intention abdecken. Im folgenden ein kurzer Überblick und eine genaue Gebrauchsanweisung.

Wir können die "Umdeutungs-Übung" bei jedem problematischen Verhalten oder Gefühl anwenden. Erst einmal machen wir das Ziel des Prozesses aus. Dann schaffen wir die körperlichen Voraussetzungen in Form leichter Entspannung bis tiefer hypnotischer Trance. So ändert sich auch der Bewußtseinszustand. Nun bitten wir die Klientin, mit dem Problemmuster in Kontakt zu treten. Frage: "Was ist die gute Absicht dieses Teils von dir?"

Haben wir das herausgefunden, fragen wir sie, ob sie die Verbindung zu einem weiteren Teil von sich, nämlich ihrer Kreativität, ihrem Einfallsreichtum und Problemlösungsvermögen aufnehmen kann. Frage: "Wie kannst du die gute Absicht besser erreichen? Wie kannst Du dein problematisches Verhalten durch ein gesundes ersetzen, das dir denselben Nutzen bringt?"

Nachdem wir ein anderes Verhalten gefunden haben, bitten wir den problematischen Teil, es zu prüfen und zu korrigieren. Wir bitten ihn, den neuen, kreativen Teil zu vervollkommnen, bis er ihn rundum akzeptieren kann. Schließlich fragen wir ihn, ob er die volle Verantwortung für die neue Lösung übernehmen will. Am Ende soll der Klient nachforschen, ob er noch irgendwo Zweifel oder Vorbehalte in sich entdeckt, die ihn davon abhalten könnten, die neue Lösung anzunehmen.

Das liest sich leichter, als es in der Praxis gewöhnlich ist. Nicht immer stellt sich die sofortige, grundlegende Veränderung ein. Dennoch gefällt mir die Übung sehr. Sie hat mir selbst und vielen Menschen geholfen, neue Problemorientierungen zu finden, besonders bei den Widerstandsmechanismen. Jeder Widerstand ist ein Selbst-Schutz. Wenn wir das anerkennen, Therapeut und Klient, haben wir schon viel gewonnen. Der Widerstand soll mein Selbst schützen. Wie können wir diese gute Absicht besser erreichen? Im folgenden ein "Mustertext" zum "neuen Entwurf" oder der Umdeutungs-Übung. Wie gesagt, der Prozeß kann ganz anders verlaufen. Die Skizze ist bewußt einfach gehalten. Sie können oder müssen sie wahrscheinlich sogar erweitern, verkürzen, verändern usw. Das kommt auf den speziellen Fall an. Dennoch, diese Übung von Bandler und Grinder ist, wie vieles was von den beiden kommt, ein Meisterstück der Integration einer Reihe von therapeutischen Prinzipien. Sie kann Leitschnur für eine ganze Therapie sein, besonders, wenn Widerstandsthemen auf der Tagesordnung stehen.

### Die Umdeutungs-Übung

1. Um welches Muster oder problematische Verhalten geht es?
2. Wir brauchen einen entspannten Bewußtseinszustand.
   Durch Entspannung oder hypnotische Anleitung richtet der Klient seine Aufmerksamkeit nach innen und gewinnt größeres Vertrauen.

3. Wir treten mit dem Teil, der das problematische Muster oder die problematische Situation erzeugt in Kontakt.

"Deine ganze Aufmerksamkeit richtet sich nach innen. Du nimmst dich nun ganz und vollständig wahr. Erinnere dich, wann das Problem zum ersten Mal erschien. Sei ganz aufmerksam für die Situation. Komm immer mehr und mehr mit dem Teil in Kontakt, der sie auslöste. Ich möchte dir nun eine Frage stellen. Wenn ich das tue, nimm' bitte ganz genau wahr, was sich in dir verändert oder ob irgendetwas in dir entsteht. Das kann ein Gefühl sein oder ein Bild. Vielleicht hörst du ein Wort oder einen Ton. Nimm das bitte sehr genau wahr. Ich stelle dir nun die Frage: "Ist jener Teil von dir, der die Situation erzeugt, bereit, mit uns bewußt zu reden?"'

Warten Sie ein wenig und bitten Sie dann den Klienten, Ihnen ein nonverbales Zeichen zu geben, wenn Veränderungen stattgefunden haben. Wenn Sie es sehen, sprechen Sie weiter:

"Gut. Wenn die Veränderungen ein 'Ja' bedeuten, bitte ich jenen Teil, die Veränderungen zu verstärken, um so das 'Ja' zu wiederholen. Wenn sie ein 'Nein' repräsentieren, bitte ich jenen Teil, die Veränderungen abzuschwächen, um das 'Nein' zu wiederholen."

Nehmen wir an, die Antwort war 'Ja' und das Signal intensiviert sich. Fahren Sie fort:

"Gut. Schwäche nun das Signal oder die Veränderung ab, damit du weißt, wie sich ein 'Nein' anfühlt, wie es aussieht oder sich anhört. Ich habe noch eine andere Frage an jenen Teil von dir. Ich frage ihn: "Bist Du dir deiner guten, wohlwollenden Absicht bewußt, wenn Du diese Situation erzeugst?"

Wir nehmen wieder ein 'Ja' an und gehen zum nächsten Schritt weiter.

4. Wir finden die positive Intention des Musters heraus. "Willst Du uns diese gute Absicht mitteilen? Wenn du dazu bereit bist, tue es."

5. Wir suchen neue Lösungen, um die Intention zu erfüllen.

"Es gibt einen Teil in dir, der kreativ und einfallsreich ist. Du hast ihn schon öfter benutzt, wenn es galt, neue Lösungen zu finden. Er entdeckt für dich andere Wege und hilft dir in fremden Situationen. Laß' diesen Teil nun erscheinen und dir beistehen, neue Lösungen zu finden, die den guten Absichten, die wir gerade herausgefunden haben, entsprechen und gerecht werden. Laß' ihn wenigsten drei Alternativen herausfinden. Gib mir ein Signal, wenn er das getan hat. Vielleicht werden dir heute nicht alle Lösungen, die du jetzt erzeugst, bewußt. Aber mit der Zeit werden sie dir alle klar."

Wenn die Lösungen da sind und mitgeteilt wurden, können Sie den nächsten Schritt tun.

6. Integrieren der neuen Lösungen.

"Ich möchte, daß du nun wieder jenen Teil, der das Problemmuster erzeugt, um Aufmerksamkeit bittest. Er soll eine weitere Frage beantworten: "Wirst du die neuen Lösungen akzeptieren? Übernimmst du die Verantwortung dafür, sie zu produzieren, wann immer deine Absichten erfüllt werden müssen?""

Falls es Widerstände gegen die gefundenen Lösungen gibt, decken wir sie vielleicht mit dieser Erkundigung auf. Der Problemmuster-Teil und der kreative Teil sprechen miteinander. Haben wir das erreicht, kommen wir zum letzten Schritt.

7. Überprüfen des ökologischen Gleichgewichts.

"Schau nun tief in dich hinein und suche nach irgendwelchen Teilen, die noch irgendetwas gegen die neuen Lösungen und Vereinbarungen haben."

Auch das verhilft zu weiteren Ergänzungen. Denn die frischen Übereinkünfte sollten keine anderen Bereiche und Intentionen des Klienten verletzen. Falls uns auch dies gelungen ist, können wir den Prozeß abschließen.

Diese Übung kann eine halbe Stunde dauern. Sie kann sich aber genauso über viele Sitzungen intensivster Arbeit erstrecken. Es ist auch möglich, sie unter Hypnose anzuwenden  und so die bewußte Wahrnehmung auszuschalten. Vor allem wenn der Klient sich der Intention des Teils nicht bewußt ist oder der Teil nicht bereit ist, ihn mitzuteilen. Natürlich muß man mit den hypnotischen Techniken vertraut sein. Es wird sowieso Therapeuten geben, die sich mit der Vorstellung nicht anfreunden können, daß zwei fiktive Teile durch innere, sinnliche Erfahrungen miteinander sprechen. Sie werden es wahrscheinlich leichter haben, wenn sie die Basisabsicht des Prozesses bedenken:

Wir wollen jedem dauerhaften Problemmuster unsere Anerkennung und unseren Respekt für seine guten Intentionen zollen. Wir wollen bessere und entwickeltere Methoden finden, diese Intentionen zu erfüllen. Weitere Hinweise, wie Sie mit der Kommunikation zwischen "Teilen" oder dem Unbewußten arbeiten können, finden Sie in Kapitel 4, wo ich über Eugene Gendlin's (1981) "Fokussieren" schreibe.

Neben diesen tiefergehenden Übungen nützt schon das einfache Reden über Abwehr und Widerstand sehr viel. Was bringt mir der soziale Rückzug? Welchen Vorteil habe ich, wenn ich unangenehme Gefühle verleugne? Kann ich es mir erlauben, mich bewußt zurückzuziehen und sogar noch Freude daran zu haben? Ermutigen Sie Ihren Klienten dazu. Es wird ihm helfen, diese manchmal durchaus passende Strategie schätzen zu lernen. Oder wie steht es mit meinen Techniken, in Streß-Situationen Angst zu unterdrücken? Unterstützen Sie Ihre Klientin darin, ihre automatischen, oft überstrapazierten Abwehrmechanismen aufzudecken und bewußt einzusetzen. Es hilft ihr herauszufinden, wo sie angebracht sind und wo nicht. Wenn wir das noch mit einer empfindungsreichen Diskussion über ihre Ursprünge und Notwendigkeiten in der Kindheit kombinieren, wird es vielleicht möglich, sie zu integrieren, womit ein weiterer wichtiger Beitrag zur gesunden Einschätzung des eigenen Selbst geleistet wäre.

Allerdings: Der Schizoide ist ein Experte in Sachen Selbsthaß. Möglicherweise wird er die ihm nun bewußt gewordenen Verteidigungstechniken sofort in sein Waffenarsenal einordnen, mit dem er ständig Attacken auf sich selbst reitet. Mit der "Umdeutung", mit dem "neuen Entwurf", können wir dieser weitverbreiteten Komplikation in der Psychotherapie des schizoiden Klienten entgehen. Denn wir ordnen die defensiven Strukturen in ein weites Spektrum von Abwehrmanövern ein und beachten die Umstände ihrer Entstehung. Ich sage oft: "Du hast sie auf sehr ehrliche und ehrenhafte Weise entwickelt." Die im therapeutischen Prozeß ans Tageslicht tretenden Grundeinstellungen, Verhaltensweisen und Gefühle des Klienten sind legitim. Das soll er auch wissen. Alles was hilft, die negative Selbst-Verurteilung von Abwehr und Widerstand zu verringern, fördert die Therapie.

## Neue Abwehr-Techniken

Das gehaßte Kind mußte viel verteidigen. Es hatte dazu nur wenige, primitive Verteidigungswaffen. Die Gefühle überfluteten es und die Forderungen der Umwelt waren größer als es in der frühen symbiotischen Phase ertragen konnte. Bevor ein Mensch mit schizoiden Problemen entspannen und den fürchterlichen Empfindungen gegenübertreten kann, muß er sich nicht nur mit dem Therapeuten, sondern auch mit sich selbst sicher fühlen. Er muß fühlen: "Ich kann mich selbst wieder zusammensetzen, wenn ich mir erlaube auseinanderzufallen." Er muß fühlen: "Ich kann meine Gefühle stoppen, bevor ich desintegriere oder sie zerstörerisch werden." Die einfachen Abwehrmechanismen der Verleugnung und Projektion reichen im allgemeinen dazu nicht aus. Er braucht andere, effektivere, um sich gegen die inneren Emotionen wehren und mit der äußeren Welt umgehen zu können. Erst dann dürfen wir tiefer in die Affekte eintauchen.

Im allgemeinen tun viele der Programme zum kognitiven Verhalten wie die Rational-emotive Therapie, das Neurolinguistische Programmieren und die Verhaltenstherapie nichts anderes. Im allgemeinen ist das zu wenig. Ihre Arbeit ist unvollständig. Im speziellen jedoch bieten sie uns einige hervorragende Ich-aufbauende Techniken. In der analytischen Schule dagegen wird über den Ich-Aufbau viel geredet, aber wenig geschrieben und wenig Praktisches gelehrt. Hier gäbe es zwischen beiden Schulen eine äußerst vielversprechende Brücke zu schlagen. Ich glaube, daß die kognitiven Verhaltens-Schulen wesentlich mehr leisten könnten als den Leuten bessere Abwehrmechanismen beizubringen. Aber gut, dies ist bisher ihr anerkennenswerter Beitrag. Wer dagegen nur darauf aus ist, die unterschwelligen Gefühle in der schizoiden Struktur freizusetzen, ohne sich auch für den Ich-Aufbau zu interessieren, führt seinen Klienten nicht zu geistiger Gesundheit, sondern in die Nervenklinik. Aber die Möglichkeiten für kreative, therapeutische Arbeit sind groß, vor allem für Leute, die sich in den genannten Therapieformen auskennen. Wir müssen die kognitiven und verhaltensabhängigen Komponenten des Problems unbedingt beachten und mit ausgewählten Methoden bearbeiten.

Ein Problem des schizoiden Patienten ist immer wieder die Angst, die er besonders in sozialen Situationen und unter Leistungsstress spürt. Ich möchte Ihnen dazu zwei nützliche Techniken aus dem Neurolinguistischen Programmieren vorstellen.


**Die Quellen der Kraft öffnen**


"Über welche persönlichen Quellen der Kraft verfügst du, um mit einer schwierigen Situation fertig zu werden? Erinnere dich an Zeiten und Orte wo Sie da waren und dir geholfen haben. Male aus allen Erinnerungen ein einziges Bild." Wir wollen dem Klienten helfen aus seinen hilfreichen und kraftvollen Ich-Zuständen eine einzige Repräsentation zu formen.

"Stelle dir zukünftige Situationen vor, in denen du diese Kräfte brauchst... Stell' dir jetzt vor, wie du sie tatsächlich benutzt." Dem latent vorhandenen Ich-Potential wird nun ein Auslöser oder "Anker" zugefügt. Das kann ein Wort sein, eine Vorstellung, eine besondere Berührung des eigenen Körpers oder eine Bewegung. Wenn der Auslöser z.B. am linken Handgelenk "verankert" wurde, braucht es der Klient nur anzufassen, um die Kraftquelle anzuzapfen. Bemerkenswert einfach. Und meistens funktioniert's! Anwendbar besonders bei Problemen mit sozialen Beziehungen und unter Leistungsstreß. Dazu ein Beispiel aus meiner eigenen Praxis:

Matt war 34 Jahre alt und Rechtsanwalt. Immer wenn er vor Gericht in Erscheinung treten mußte, konnte er nächtelang nicht schlafen. Er arbeitete dann unnötig viel und zwanghaft. Außerdem überfiel ihn jedesmal eine ziemlich schwächende Angst. Je wichtiger der Prozeß, desto störender die Symptome. Er argumentierte und verhandelte als ginge es um Leben und

Tod. Wir konnten die Dynamik in der Therapie analysieren, aber ich fühlte, daß ich ihm gerne noch etwas anderes mitgeben wollte, um mit seiner Angst fertig zu werden. Das würde sein tägliches Leben angenehmer gestalten und ihm zeigen, daß er mit der Furcht umgehen konnte.

Aus jeder schizoiden Persönlichkeit taucht während der Behandlung der unterschwellige Schrecken empor. Der Klient kann ihn eher zulassen, wenn ihm klar ist, daß er dadurch nicht vollkommen aus der Bahn geworfen wird. Hilfsmittel wie der "Anker" beschleunigen und glätten daher die Befreiung von Gefühlen.

Matt und ich fanden zwei stark energiegeladene Ich-Zustände, die ihm helfen konnten. Der erste hieß: "Ich vertraue meinen Fähigkeiten," und der zweite: "Ich akzeptiere, was immer auch geschehen mag." Ich bat ihn: "Erinnere dich an eine Situation, in der du großes Vertrauen zu dir hattest."

"Das war einmal vor Gericht. Ich fühlte mich während des Prozesses richtig solide, geerdet und wachsam. Ich war wirklich gut. Damals trug ich einen sehr angenehmen blauen Anzug. Das war ziemlich wichtig für mich, denn ich mochte den Stoff. Ich berührte das Gewebe sehr gern. Außerdem sah ich darin ziemlich gut aus. Ich kann mich jetzt auch an meine Stimme erinnern, an ihren Ton und ihre Geschwindigkeit."

Matt konnte also umfassend auf einer Seh-, Hör-, und Bewegungsebene an sein Vertrauen-zu-mir-selbst-Ereignis zurückdenken und -fühlen. War dasselbe auch für eine Ich-akzeptiere-was-kommt-Szene möglich?

"Ja, das war während eines anderen Prozesses. Damals haben wir auf die Jury und ihren Urteilsspruch gewartet. Der Fall war sehr wichtig und das Ergebnis unsicher. Aber ich hatte getan was ich konnte. Die Vorarbeiten und die Verhandlung selbst waren zufriedenstellend verlaufen. Mehr war wirklich nicht zu machen. Ich konnte nur noch warten und mich dem Schicksal unterwerfen. Es war wirklich ein seltsames Gefühl. Fast transzendent. Ich kann mich noch genau an die kinästhetischen Empfindungen der Entspannung erinnern."

"Ok, Matt. Entspann' dich nun und richte deine Aufmerksamkeit nach innen. Erinnere dich so lebhaft wie möglich an das Vertrauens-Bild. Erinnere dich mit all deinen Sinneskanälen. Wenn das Bild vollständig da ist, lege deine linke Hand auf dein linkes Knie."

Während er das tat, wiederholte ich mehrmals das Wort "Vertrauen". Danach bat ich ihn, die Ich-akzeptiere-Erinnerung mit jedem seiner Sinne zu spüren. Wieder sollte er seine linke Hand auf's linke Knie legen, während ich das Wort "Akzeptanz" mehrmals sagte. Die Neurolinguistischen Programmierer nennen diese klassische Konditionierung "verankern". Je stärker und zahlreicher die Verankerungen sind, desto besser funktionieren sie tatsächlich.

"Matt, stell' dir nun zukünftige Situationen vor, in denen du diese beiden Kraftquellen brauchen könntest. Stell' dir vor, daß du deine Anker auswirfst und mit ihnen das Problem bewältigst."

Mit Matt klappte das alles gut. Er benutzte die Programmierung noch zwei Jahre später, um im Gerichtssaal besser zu arbeiten. Zu jener Zeit hatten wir die meisten seiner Angst-Symptome durch bioenergetische, interpretative und Gestalt-Psychotherapie beseitigt. Ich glaube, das Öffnen der Kraftquellen hat viel dabei geholfen. Matt wendete es kaum noch als Stoppschild für seine Angst an, sondern zur Erhöhung seiner Arbeitseffektivität.

Vielleicht wird sich der Klient aber auch nicht an seine Quellen erinnern, oder es gibt sie einfach nicht. Schlagen Sie ihm dann vor, sich welche zu leihen. Er kennt sicher jemanden aus seiner Umgebung oder auch aus der Öffentlichkeit (Kino, Politik, Sport etc.), der das hat, was er sich wünscht. Bitten Sie ihn, sich an ein Beispiel zu erinnern. Er soll sich dann bei Schritt 5 (s.u.) in den anderen "hineinversetzen" und die Kraftquelle so erleben, wie die Originalperson. Wir verankern das Gefühl genauso als ob die Erfahrung aus der eigenen Geschichte des Klienten stammte.

Hier noch einmal ein Skizze der ganzen Übung:

1. Was ist das Problem?
2. Welche Kraftquellen brauchst du, um es zu lösen?
3. Erinnere dich an Zeiten, wo du sie hattest?, oder: Erinnere dich an Menschen, bei denen du sie erlebt hast.
4. Entspanne dich nun (oder Hypnose etc.).
5. Laß' die Erfahrung jeder Kraftquelle, die du gefunden hast durch jeden deiner Sinneskanäle fließen (Der Therapeut verankert nun jede Kraftquelle). Oder: Erinnere dich, wie ein anderer Mensch die Kraftquelle, die du dir wünschst, erlebte und "versetze" dich in ihn. Erlebe die Kraftquelle nun selbst (Der Therapeut verankert sie wieder).
6. Stell dir nun eine Situation vor, in der du den Anker benutzt und deine Kraftquellen sprudeln läßt. (Im NLP heißt dieser Schritt "In die Zukunft gehen").

## Die visuell-kinästhetische Trennung

Bei der zweiten Übung gegen die Angst, besonders die phobische, lehren wir die Dissoziation. Die NLP-Leute nennen sie die visuell-kinästhetische, die V-K-Dissoziation. Wir trennen die visuelle Erinnerung eines frühen Traumas von den dabei entstandenen Gefühlen. Dadurch können wir über sie reden, ohne gleich in die traumatischen Empfindungen hineinzufallen. Bill, ein Vietnam-Veteran mit post-traumatischen Streß-Störungen, hatte viele schreckliche Erinnerungen, die leicht ausgelöst werden konnten. Das reichte von Diskussionen oder auch nur Andeutungen über den Krieg bis zu Heucheleien, Ungerechtigkeiten, Enttäuschungen und allem, was den Verlust von Menschen betraf. Wenn es geschah, blitzen die Erinnerungen in ihm auf und lösten unkontrollierbare Wut aus. Bevor wir irgendetwas anderes erreichen konnten, mußten wir dieses Muster unter Kontrolle bringen.

Zuerst geht es darum, einen Ich-Zustand der Sicherheit und des Wohlbefindens zu schaffen, d.h., wir müssen eine vertrauensvolle, therapeutische Beziehung aufbauen. Das braucht schon einige Sitzungen. Dazu gehört das offene und ehrliche Gespräch über das Mißtrauen des Klienten gegenüber dem Therapeuten, über frühere Enttäuschungen mit anderen Beratern, Behörden, Autoritäten etc. Fragen Sie auch, was ihm bisher an der gegenwärtigen Therapie und Ihnen selbst nicht gefällt.

In dieser ersten Zeit war es für mich viel wichtiger, einfach "da zu sein", als irgendetwas Besonderes zu leisten. Erst nachdem sich zwischen uns eine gewisse Kameradschaft entwickelt hatte, konnten wir daran denken, mit dem Dissoziations-Prozeß zu beginnen.

Ich leitete Bill in eine tiefe muskuläre Entspannung. "Erinnere dich nun an eine Situation, in der du dich rundherum sicher gefühlt hast." Ich verankerte diesen Zustand mit dem Wort "sicher", während er eine Hand auf sein Herz legte und ihre Wärme spürte.

"Bill, erinnere dich daran, was vor dem ersten schrecklichen Ereignis los war... Projeziere jetzt dieses Bild von dir auf eine Kinoleinwand... Und nun trenne dich von ihm. Das heißt, komm aus diesem Körper, den du siehst, heraus. Stell' dir vor, du sitzt mit deinem Zwillingsbruder im Kino. Er sitzt in der Reihe vor dir. Du siehst, wie er auf die Leinwand schaut. Du bist nicht er." Ich verankerte diese Dissoziation mit den Worten "bleib draußen." "Bleibe bei den Szenen, die jetzt folgen, außerhalb von dir."

Nachdem wir so einen Zustand der Sicherheit und den Blickwinkel "von außen" eingerichtet hatten, bat ich: "Bill, beobachte nun, wie dein Zwillingsbruder beobachtet, was dein jüngeres Selbst in Vietnam erlebt. Sieh zu, wie er sich das ganze schreckliche Ereignis im Film vom Anfang bis zum Ende anschaut." Währenddessen wiederholte ich immer wieder die Worte "sicher" und "bleib draußen", um die Trennung und den Sicherheits-Zustand aufrecht zu erhalten.

Beim ersten Mal schaffte er es nicht. Er kollabierte wie immer und brach in Angst und Tränen aus. Das kann ich zwar in bioenergetischen Sitzungen gut gebrauchen, aber hier überhaupt nicht. Weil wir den Ich-Zustand der Sicherheit und dissoziierten Perspektive nicht wiedergewinnen konnten, stoppte ich den Prozeß. Nach einer Weile beruhigte sich Bill und wir fingen erst einmal wieder damit an, Schutz und Vertrauen zu entwickeln. Das setzten wir bei unserem nächsten Treffen fort. Im darauffolgenden bat mich Bill sehr stabil und erwachsen, es noch einmal zu versuchen.

Diesmal behielt er seine Sicherheit und die abgetrennte Sichtweise. Er sah sich drei selbsterlebte, fürchterliche Erlebnisse in Vietnam an. Am Ende jeder Erinnerung sagte ich zu ihm, er solle seine dissoziierte Haltung verlassen und in seinen eigenen Körper zurückkehren.

"Geh nun wie du heute bist zu deinem jüngeren Selbst in Vietnam. Sag' ihm, daß du aus der Zukunft kommst. Sag' ihm, daß er überleben wird. Der junge Mann, der du damals warst, weiß nicht, welche Sicherheit er braucht. Du weißt es heute, Bill. Gib sie ihm jetzt. Hilf ihm. Tu' alles was du möchtest, um ihm zu helfen. Sag' ihm, daß er das beste getan hat, was er damals mit seinem Wissen und unter jenen schrecklichen Umständen tun konnte. Bill, sei wie du heute bist, aber bleibe solange bei ihm, bist er sich sicher und gut fühlt."

Nachdem wir so mit allen drei Erlebnissen verfahren waren, bat ich ihn sein jüngeres Selbst wieder in sein gegenwärtiges zu integrieren. "Und nun komm in den Therapieraum zurück, schau dich um und sei wieder hier."

Der Dissoziations-Prozeß funktioniert nicht immer. Oft müssen wir bei Klienten, die solche Probleme mitbringen, anders arbeiten. Bill sprach jedoch außerordentlich gut darauf an. Er fiel in den kommenden Monaten nur noch wenige Male in sein altes Muster des emotionalen Zusammenbruchs zurück. Und wenn, dann nicht mehr so stark. Bill kam nun besser mit der Welt aus. Sein Drogenproblem milderte sich. Er konnte sich einer Berufsausbildung zu widmen, die er wegen seiner Zusammenbrüche schon lange verschoben hatte.

Nun, das war meine aufregendste Erfahrung mit diesem speziellen Prozeß. Ich benutze ihn auch häufig, wenn sich Leute mit Leistungsangst und zwischenmenschlichen Konflikten herumschlagen. Er ist wirklich sehr nützlich. Wir üben die aktuelle Trennung und beobachten uns selbst in der problematischen Situation, als ob wir ein anderer wären. Durch die Position des Beobachters trennen wir uns von den schwächenden Gefühlen, die durch das Ereignis erzeugt wurden. Wir können uns nun erneut und besser reagieren lassen.

Hier nun in der Skizze der V-K-Dissoziations-Prozeß:

1. Erzeugen und verankern Sie einen Ich-Zustand des Wohlbefindens und der Sicherheit.
2. Der Klient soll ein Bild seines jüngeren Selbst, wie es  kurz vor dem traumatischen Ereignis war, vor sein inneres Auge rufen.

3. Leiten Sie die Dissoziation an, so daß der Klient sich selbst dabei beobachten kann, wie er sein jüngeres Selbst beobachtet.
4. Wenn Dissoziation und Sicherheit gut eingerichtet sind, soll der Klient sich selbst dabei beobachten wie er sich während des Traumas beobachtet.
5. Unterbrechen Sie die Dissoziation, wenn die Erinnerung vollständig ist. Bitten Sie das gegenwärtige Selbst des Klienten, in das traumatische Ereignis zu gehen und dem jüngeren Selbst zu helfen.
6. Unterstützen Sie den Klienten darin, sein jüngeres Selbst in sein jetziges zu integrieren.

Wo es um die Angst in sozialen Situationen oder bei Leistung geht, proben wir die Dissoziation in der Sitzung. So verankern wir den dissoziierten Zustand, damit der Klient ihn hervorholen kann, wenn's drauf ankommt.

**Die Selbst-Versorgung**

Dem gehaßten Kind muß gewöhnlich die Selbst-Versorgung umfassender beigebracht werden. Weil dieses Thema beim oralen Charakter noch zentraler ist, handele ich es dort ab.

## Zusammenfassung

Die in diesem Kapitel beschriebenen Ziele und Techniken gelten sowohl für den gut kompensierten schizoiden Charakter, als auch für den mit schlechteren Abwehrmechanismen versehenen und borderline-näheren Typus. Von hier aus trennen sich allerdings die Wege. Der gut kompensierte geht weiter. Mit dem Borderline-Charakter müssen wir jedoch noch länger an den Ich-Fähigkeiten arbeiten. (Weil die Borderline-Themen und Ich-aufbauenden Techniken für den schizoiden wie oralen Charakter gleich sind, habe ich ihnen am Ende dieses Buches ein gemeinsames Kapitel gewidmet.) Sobald sich seine Ich-Fähigkeiten verbessert haben, können wir auch hier zu tieferer Einsicht und größerer affektiver Befreiung voranschreiten. Um Techniken, die uns dabei helfen, aber eine relativ hohe Ebene der Ich-Entwicklung voraussetzen, geht es im nächsten Kapitel.

# Kapitel 4

# Die Heilung des gehaßten Kindes
## Teil 2

In den Kapitel 3 und 8 (über Ich-aufbauende Techniken) geht es hauptsächlich um die Grundlagen. Sie sind die Voraussetzungen für die dramatischeren Abschnitte der Transformation des schizoiden Charakters. Sie bereiten die Transformation vor, aber sie sind nicht die Transformation selbst. Die beginnt, wenn der Klient in sich eintaucht, durch seine tiefen Gefühle wandert, sie ausdrückt und sie in sein wirkliches in dieser wirklichen Welt lebendes Selbst integriert. Dazu muß er in den konkreten und bewußten Kontakt mit seinem Schrecken und seiner Wut treten. Er muß die Verantwortung für das, was er seit Jahrzehnten in sich unterdrückt, übernehmen. Er muß aufhören, sein eigenes Leiden nach außen zu projizieren. Das Herausarbeiten und Verstehen der Kern-Gefühle ist notwendig. Aber das allein heilt nicht tatsächlich. Der Schizoide beherbergt die Gefühle in sich. Er muß dazu stehen. Er beginnt damit, wenn er sich zu seinen schizoiden "Spielchen" bekennt: dem Verleugnen und Projizieren von Gefühlen und dem Abschieben der Verantwortung auf die anderen.

## Eine Fallstudie

David war 35 Jahre alt und chronisch depressiv. Immer wieder gingen seine Beziehungen schief. Jedesmal fühlte er sich extrem einsam und seine depressiven Symptome verstärkten sich. Nachdem wir viele der erwähnten psychotherapeutischen Schritte durchgearbeitet hatten, begann er das Muster seiner Beziehungskatastrophen zu entdecken: "Ich glaube, ich bin ziemlich gut darin, eine Beziehung anzufangen. Während der ersten Phase macht sie mir ziemlich viel Spaß. Naja, und nach außen bin ich ja auch der offene, gefühlvolle und liberale Mann." Zudem sah er gut aus, war klug und ein Geschäftsmann. Aber sobald sich das Paar öfter traf oder sogar in eine Wohnung zog, verlor er das Interesse. Ganz allmählich trollte sich der Reiz. Seine romantischen und ganz speziellen Anstrengungen, dem anderen Liebe zu zeigen verflüchtigten sich. Die Sexualität sank auf den Nullpunkt und plötzlich hatte die Frau Fehler. Ihre Figur war ja doch nicht so ganz..., im Bett... naja, und ihre geistigen Fähigkeiten... Es konnte so gut wie alles sein. David vermied es immer mehr, mit ihr zu schlafen. Er mußte noch irgendetwas Wichtiges erledigen, hatte irgendwelche kleineren Schmerzen oder sonstwas. Das alles schlich sich ein. Die Schwierigkeiten waren nicht offensichtlich. Es wurde nicht offen argumentiert. Nach einigen Versuchen, sich gegenseitig zu verstehen ging das Paar schließlich auseinander. Mal trennte sich die Frau zuerst, mal war es David. Jedesmal überwältigte ihn der große Schmerz. Er konnte weder weinen noch wütend werden. Stattdessen versank er in Depression und Untätigkeit. In diesen Zeiten war er nicht fähig zu arbeiten.

"Glücklicherweise" begann gerade während der Therapie wieder einmal ein solcher Prozeß. Weil die Schwierigkeiten ganz frisch waren, konnten wir sie leicht aufdecken. Gleichzeitig half uns Davids Abstand zu den alten Affären bei der Durcharbeitung. Immer wieder wuchsen in ihm während seiner Freundschaften langsam Enttäuschung und Wut. Manchmal projizierte er ziemlich handfest, aber manchmal waren die Gründe tatsächlich real. Aber nie konnte er seine Gefühle anerkennen oder gar ausdrücken. Er zog sich vor den Frauen automatisch und unbewußt zurück. Das war seine aggressivste Waffe gegen Menschen, die er hätte umbringen können. Das war ihm natürlich nicht klar. Er hatte Angst davor, zornig zu werden, aber war ungeheuer rachsüchtig in seinem Rückzug. Wenn die Frau deswegen wütend wurde, erklärte er ihr alles wunderbar einsichtig. Außerdem solle sie doch nicht so "feindlich", so "verrückt" und so "übermäßig" reagieren. Zwei Frauen waren es leid gewesen und hatten ihn verlassen, bevor er bereit war, sie zu verabschieden. Das hatte ihn besonders getroffen. Das war extrem ungerecht. Er war ein Opfer.

Wir redeten viel über jede Beziehung, analysierten sie und fanden so sein Muster heraus. Die Verantwortlichkeits-Übung spielte dabei eine zentrale Rolle. Ich bat David sich ein Ereignis auszusuchen in dem er von einer Frau verlassen worden war. "Erinnere dich an jedes Gefühle und erlebe es. Sag' mir wie du dich betrogen, verletzt und als Opfer empfindest." Es ging mir speziell um David als Opfer. Als wir die Geschichte und die sie begleitenden Gefühle so weit wie möglich ausgebreitet hatten, sagte ich ihm, er solle sich nun darauf vorbereiten, seine Perspektive zu verändern. "Höre jetzt für eine Zeitlang auf zu urteilen. Betrachte dich jetzt einmal nicht als Opfer, sondern als Architekten all dieser Ereignisse. Ich schlage das vor, weil ich glaube, daß es uns weitere Erkenntnisse bringt. Also, stell' dir vor, du erzeugtest die ganze Situation, du wolltest, daß alles so ablief, wie es tatsächlich abgelaufen war und du hattest viele Vorteile davon."

Gleichzeitig bot ich ihm einige Werkzeuge an, die ihm die Veränderungen seines Blickwinkels erleichtern würden. Ich fragte ihn: "Erinnere dich, ob die Frau damals irgendwelche Andeutungen gemacht hat, dich zu verlassen." David schreckte fast auf und erzählte bald von einer Reihe kleinerer Begebenheiten, in denen sie ihn auf ganz kleine Art und Weise verlassen hatte. Seine direkten Gefühle waren gewesen: "Ich kenne sie nicht wirklich. Ich kann mit ihr über wichtige, tiefe Sachen nicht reden. Mit ihr ist als emotionalem Partner nicht zu rechnen."- "Wie hast du diese Andeutungen verleugnet?" Ich stellte die Frage explizit. Er erinnerte sich an seinen Unwillen, sich mit der Möglichkeit zu beschäftigen, daß sie beide gar nicht zusammenpaßten. Er berichtete von seiner Angst, wieder durch eine Trennung zu gehen. Danach fragte ich: "Was hat es dir gebracht, die Beziehung zu beenden und sie so zubeenden, wie du es getan hast?"

Zwischen damals und heute war viel Zeit vergangen. Das und die erweiterte Perspektive erlaubten ihm anzuerkennen, wie unzufrieden er gewesen war. Die Frau war sogar noch mehr als er vor einer Diskussion oder gar einem offenen Konflikt zurückgeschreckt. Sie sei ziemlich unrealistisch gewesen. Er hätte nicht die geringste stützende emotionale Beziehung mit ihr eingehen können. Aber anstatt sie damit zu konfrontieren oder die Freundschaft aufzugeben und sich mit dem Verlust auseinanderzusetzen, zog er sich auf seine übliche Art zurück. So bestrafte er sie für ihre Unfähigkeit zu kommunizieren. Er hatte das Vertrauen verloren, aber nicht den Mut gehabt, irgendetwas zu tun. Er überließ alle aktiven Schritte ihr. Ich bat David, sich mit folgenden Fragen zu befassen. "Wie erlaubte die Situation dir:

| | |
|---|---|
| recht zu haben | andere ins Unrecht zu setzen |
| selbstgerecht zu sein | andere schachmatt zu setzen |
| zu dominieren | nicht dominiert zu werden |
| zu gewinnen | andere verlieren zu lassen?" |

Und schließlich: "Was konntest du durch das Ergebnis tun, sagen und fühlen, was du ansonsten nicht gesagt, getan oder gefühlt hättest?" Ich wollte gemeinsam mit David herausfinden, was er aus der ganzen Situation gewann. Er hatte eine Beziehung beendet, die für ihn nicht mehr funktionierte. Er ließ sie einfach "erfrieren". Dadurch drückte er seinen Ärger und seine Enttäuschung aus. Er zwang die Frau in die Rolle der "Bösen". Für die Bekannten des Paares war sie es, die ihre Liebe zerstörte. Er fühlte sich ungerecht behandelt und schritt reinen Gewissens auf eine neue Verbindung zu. Sein Ich-Ideal war intakt.

Durch diesen und andere Prozesse wurde David die Macht und Grausamkeit seines Rückzug klar. In seiner aktuellen Beziehung kam er langsam mit seiner tiefen Wut über die Enttäuschung in Kontakt. Außerdem dämmerte ihm seine Angst vor Nähe und der Möglichkeit, von einer Frau beherrscht zu werden. Er lernte die Kraft seines Rückzugsmusters schätzen und tastete die unter ihm lauernden wirklich tiefen Gefühle an. Die weitere Analyse enthüllte die Ursprünge des Musters. Sie lagen in einer Familie, in der er abgelehnt und kontrolliert worden war. Aber niemand konnte die Gefühle für seine Eltern kontrollieren. Besonders nicht die für seine Mutter. Er zog seine Liebe zurück und ließ sie es auf subtile Weise wissen. Das war seine Waffe, auf die er immer wieder mit all seiner Rachsüchtigkeit bei den Frauen zurückgriff. Das war seine Art, in der Familie zu gewinnen und pervers genug, gewann er auch später damit. Aber eigentlich bestahl er nur sich selbst. In der Therapie konnte er seine Rache offen ausdrücken und die Erfahrung bewußt abrunden.

Wenn es um das schizoide Thema geht, geht es immer auch um Rache. Und es geht um eine dämonische Macht, in der sich die Rache unter dem Deckmäntelchen von Sanftheit, Gewährenlassen und Vernunft versteckt. Helfen Sie Ihrer Klientin, sich ihrer schizoiden Spiele bewußt zu werden. Helfen Sie ihr, sich mit ihnen zu identifizieren und sich sogar an ihnen zu freuen! Erst so wird ihre Spitzfindigkeit und Niedertracht klar. Die meisten Menschen sperren sich dagegen. Aber wenn wir den Widerstand auflösen können, können wir mit diesen Menschen einen langen, langen Weg gehen.

Der Teufel suhlt sich am liebsten im düsteren Untergrund und der Hitze von Täuschung und Betrug. Im Sonnenlicht zerschmilzt er. David entdeckte die Kraft seines Dämon und sie machte ihm Spaß. Wenn ich mir meiner teuflischen Spiele bewußt bin und die Verantwortung für sie übernehme, habe ich den ersten Schritt getan, sie zu zähmen. Der Schizoide ist ein Wolf im Schafspelz. Der Wolf beißt sich selbst und andere und tut so, als wisse er von nichts. Eine Beziehung mit ihm frustriert immer, weil er unehrlich ist. Können wir den Wolf jedoch packen und die Verkleidung herunterreißen, gibt es Hoffnung.

Es gibt viele Wege, die schizoiden Spiele aufzudecken. Sie wiederholen sich ständig. Es gibt einen offensichtlichen Gewinner und einen offensicht-lichen Verlierer. Die Folgerungen, die aus ihnen gezogen werden, sind typi-scherweise Versionen der unterschwelligen "Merksätze". Die Vorteile kön-nen auf verschiedenen Ebenen von unterschiedlichster Art sein. Nach Berne (1974) sind sie äußerlich oder innerlich, von psychologischer, sozialer oder biologischer Natur. Davids Spiel, also sein Rückzug, gestattete ihm:

1. seine Aggressionen auszudrücken, während er sie zugleich verleugnete,
2. wirkliche Nähe zu vermeiden, die in ihm Angst auslöste,
3. seine Schlußfolgerung, daß eine enge Beziehung mit einer Frau nicht möglich ist, zu rechtfertigen und
4. sich immer wieder zu bestätigen, daß man Frauen nicht trauen kann. Außerdem holte er sich so
5. die äußere soziale Unterstützung für die Entscheidung von seinen Freun-den und seiner Familie, behielt

6. sein Ich-Ideal als sanfter, nicht-aggressiver Mensch und
7. seine Illusion, daß er doch noch eines Tages die ihn allumfassend liebende Mutter finden würde.

Natürlich barg jede mißglückte Beziehung die Möglichkeit zu wirklicher Heilung in sich. Er hätte sich den ursprünglichen, tiefen Gefühlen öffnen können, die die traumatisch fehlgeschlagene Beziehung zu seiner Mutter begleitet hatten. Aber er konnte es nicht. Die meisten von uns sind ohne eine gewisse Führung und Hilfe dazu nicht fähig. Stattdessen wiederholen wir unsere Muster, um unsere Ur-Merksätze immer wieder zu bestärken. Bei David war die Psychotherapie der Schlüssel zum Tor der Transformation.

## Die Analyse der Spiele

Wenn mir ein Klient von eigentlich unangenehmen Ereignissen erzählt und dabei lächelt oder ich subtile Anzeichen einer unterschwelligen, irgendwie teuflischen Freude bemerke, vermute ich dahinter immer den Dämon und eines der Spielchen. In der Analyse der Spiele suche ich vorwiegend nach Wiederholungen, Merksätzen und beelzebübischer Lust. Jedesmal wenn ein Problem lange Zeit allen Behandlungsversuchen hartnäckig widersteht, bin ich mir ziemlich sicher, daß die satanischen Kräfte am Werke sind. Der Weg ist dann klar: wir kommen nur weiter, wenn sich der Klient mit dem Fratzen schneidenden Mephisto identifiziert und wir gleichzeitig das Wiederholungsmuster aufdecken.

Typische schizoide Spielchen. In Berne's unterhaltsamer Sprache heißen sie z.B.: "Schau', wozu du mich gebracht hast!", "Wenn es nicht wegen dir wäre...", und "das Holzbein". Bei jedem wird die Eigenverantwortung negiert und auf den anderen oder die äußeren Umstände projiziert. Beim "Tadel", beim "Warum hast du denn nicht... Ja, aber," und "Ihr müßt das jetzt auskämpfen", verschafft sich die schizoide Charakterstruktur Möglichkeiten die eigene Aggression auszudrücken, sie jedoch gleichzeitig zu verleugnen oder harmlos erscheinen zu lassen.

Meine Diskussion des Themas "Verantwortlichkeit und Spiel" stellt eine Synthese der Meinungen verschiedenster Schulen dar. Genau darum geht es mir ja in meiner Theorie und Praxis. Die "Verantwortlichkeits-Übung" ist Teil des Bewußtseins-Trainings "Wahrnehmungs-Verantwortlichkeit und Kommunikation" (Awareness Responsibility, Communication; ARC) von John Enright. Das Schema über die Vorteile und Gewinne von Spielen kommt aus Werner Erhardt's est-Training. Eric Berne's Analyse erlaubte uns herauszufinden, was ich ohne das Spiel nicht gesagt, getan oder gefühlt hätte. Die Idee vom Dämon als Architekten der Spielchen stammt aus Alexander Lowen's "Der Verrat am Körper". Und was nun tun mit dem Satan? Die Antwort gab mir mein Lehrer Edward Muller: "Erkenne ihn an und freu' dich dran. Das vertreibt seine Dunkelheit und stellt ihn in's helle Sonnenlicht."

Das sich entwickelnde Kind lernt seine Spiele auf mehr oder weniger bewußte Art und Weise in der Familie (Berne, 1974). Diese Quelle wird mit der Zeit vergessen und das Bewußtsein über das Spiel unterdrückt. Ansonsten würde man sich ziemlich blöde oder teuflisch vorkommen, sobald man es spielt. Wir können das Bewußtsein jedoch wiedergewinnen. Wir können die böse Freude am Sieg wiedererleben und sie durch etwas Besseres ersetzen. Ich gehe mit Menschen, die den Rückzug und das Versteck-Spiel als Vergeltungswaffe benutzen, häufig auch durch einen Prozeß, der im Psychodrama angewendet wird. Ich sage zu meiner Klientin: "Es gibt da eine kleine Übung, die ich gerne mit dir machen würde. Sie hilft dir vielleicht, einige wichtige Dinge zu entdecken. Würdest du bitte aufstehen und dich hinter mich stellen. Ich werde jetzt im ganzen Raum nach dir suchen. Langsam und gründlich. Ich möchte, daß du immer genau hinter mir bleibst, so daß ich dich nicht finde. Möchtest du das machen? Guck' mal, ob du daran Spaß haben kannst."

Dann wandere ich ziemlich langsam und gewissenhaft durchs ganze Zimmer und sage: "Ich frage mich wirklich wo Janet ist? Ich habe sie doch gerade eben noch gesehen." Wenn Janet oder wer immer es sein mag jetzt wenigstens ein wenig von ihrem dämonischen Lachen in sich spürt, hat's funktioniert. So gut hat sie sich versteckt und ist doch so nah... Aber nimmt sie nicht auch eine tragische Position ein?! Festgehalten hinter mir und in sich selbst? Sie versteckt sich vor mir und versteckt sich vor sich. Vielleicht spürt Janet auch das. Das wäre ein Erfolg.

Ich ermutige meine Klienten auch manchmal, das Spiel ganz bewußt in ihrem täglichen Leben zu spielen. Vorausgesetzt natürlich, es ist nicht allzu zerstörerisch. In der Paar-Therapie gelingt es mir zuweilen, die Wiederholungsspielchen beider Seiten auszumachen. Ich beschreibe ihnen dann den Beginn und die schrittweise Abfolge und bitte sie, sie zu spielen. Danach soll der eine oder der andere zu mir sagen: "War das jetzt echt? Haben wir das gemacht, weil wir es wirklich meinten oder nur weil Stephen gesagt hat, was wir tun sollen?" Ich nenne es das "Bewußtseins-Spiel". Wer es unter meiner Anleitung bewußt mitspielt, ist der Gewinner. Wer automatisch folgt, verliert. Wenn beide Parteien bewußt handeln, gewinnen beide. Wenn einer versucht, den anderen in das Spiel hineinzutricksen, ohne sich an die Instruktionen zu erinnern, hat er oder sie verloren. Die Übung wirkt sehr gut bei der Arbeit an den Wiederholungsmustern von Paaren. Aber auch für sich selbst wird aus ihr oft ein heilsame Kur.

Ein guter Sinn für Humor und eine wohlwollende, anerkennende Einschätzung der Klugheit und Kraft, die in den Spielen ausgedrückt wird, wäre von Seiten des Therapeuten ganz gut. Sein Mitgefühl beim Umdeuten und Verstehen der ursprünglichen Absicht des Spiels hilft dem Klienten, sein Teufelchen in Besitz zu nehmen und negative Verdammungen zu vermeiden. Wer mit seiner eigenen satanischen Macht in Verbindung steht, kann besseren Beistand leisten als derjenige, der viel in sein Ich investiert, um sie zu verleugnen. Schlägt Ihr Dämon dem Dämon ihres Klienten brüderlich oder schwesterlich auf die Schulter? Kann er mit ihm über dessen gerissene Schlauheit und hintertriebene Macht lachen? Dann laufen Sie auf der richtigen Straße der Veränderung. Falls Sie aber irgendwelche Tüpfelchen falscher Heiligkeit an sich entdecken..., arbeiten Sie sie durch. Der Mephisto Ihrer Klientin ist zehnmal abgefeimter und wird Sie genüßlich zerfetzen. Und seine verborgene Natur verstärkt sich nur noch. Sie müssen Ihre eigene Niedertracht kennen und besitzen, um mit der Niedertracht der anderen umgehen zu können.

Besonders bei klugen, einsichtigen und motivierten Klienten locken gewisse pointierte Fragen Beelzebub schnellstens hervor. James, 39 Jahre alt, suchte mich wegen Überarbeitung und chronisch frauenlosem Junggesellenleben auf. In den ersten sechs Monaten kamen wir bezüglich seiner Arbeitssituation gut voran. Auf dem anderen Gebiet weniger, obwohl wir auch dem immer wieder Aufmerksamkeit widmeten. Einmal sagte James: "Egal was ich auch tun werde, ich kann dieses Problem nicht lösen." Darauf ich: "Möglicherweise bringt dir das einige Vorteile. Ich bitte dich mich anzuschauen und zu sagen: "Ich will dieses Problem nicht lösen!" Und versuche dich mit dem Teil von dir, der das ausspricht zu identifizieren. Identifiziere dich mit dem Teil von dir, der es ablehnt, das Problem zu lösen. Und erkenne ihn an. Vielleicht ist dir das möglich." Ich wollte ihn nicht anklagen, tadeln oder allzusehr konfrontieren. Ich wollte ihm beistehen. Folgende Fragen haben mir dabei oft geholfen: "Hat schon mal jemand versucht, dir bei der Lösung des Problems zu helfen? Wer war es? Hatte er oder sie Erfolg? Oder waren sie bald verwirrt, frustriert oder gelangweilt? Wen hast Du noch damit verwirrt, indem du dich weigertest, dein Problem zu lösen?"

James schaute in sich und entdeckte einige wirkliche Vorteile seiner Weigerung. Wegen seiner Geschichte neigte er, dazu fordernde Frauen herauszupicken. Solange er sich weigerte, sein Problem zu lösen war er frei von "fordernden Frauen". Außerdem brauchte er sich nicht um seine Attraktivität und Fragen wie: "Bin ich auch charmant genug?" usw. kümmern. Ließe er sich jedoch auf Rendevouz ein, müßte er das. Hielte er sich das aber vom Hals, könnte er einfach er selbst sein.

Die ertragreichste Frage war: "Wen hast du noch damit verwirrt, indem du dich weigertest dein Problem zu lösen?" Antwort: "Meine Eltern, Onkel und

Tanten." Sie alle wollten, er solle endlich ein Familie gründen und sich niederlassen. Er hatte sie alle frustriert und, das entdeckte er jetzt auf seiner Forschungsreise nach innen, mit Freude. Mit diebischer Freude hatte er auch seine engsten Freundinnen, die keine wirklich romantischen Liebhaberinnen waren, verwirrt und beschämt. Er war mit ihnen aus und gelegentlich auch ins Bett gegangen. "Krankenschwestern," sagte er. "Und natürlich," fuhr er im Lachen der Erkenntnis fort, während er zu mir hin blickte, "habe ich den Herrn Doktor verwirrt." Mit einiger Lebhaftigkeit stellte er fest: "Ich will nicht gezähmt werden! Ich will kein Hausväterchen sein! Ich will nicht der gute Junge sein und tun, was man von mir erwartet!"

"James, ich glaube, das ist dein bester Teil. Halsstarrig, aggressiv, lebhaft, unabhängig. Ziemlich attraktiv für Frauen großenteils. Die Frau, die du haben willst, wird dich nicht zähmen wollen... Hm, ich denke, du solltest deinen bösen Buben ruhig auf die Mädchen loslassen. Und in Bezug auf mich selbst: Ich möchte kein Teil der Rolle sein, in die du mich hineingeworfen hast - der zähmende Elternteil, die fordernde autoritäre Figur... Ich schlage dir also vor, die Vorteile und Gewinne dieser Seite weiter zu erkunden. Die Integration kommt später." Es ist oft wichtig, die widerstrebenden Teile erst einmal anzuerkennen und zu stärken, bevor man schnell zu irgendeiner Wiederannäherung übergeht. Es ist im Buch kaum möglich den Spaß und die Qualität des Lachens zu verdeutlichen, die Sitzungen dieser Art begleiten. Ich mag diese Stunden sehr. Nicht nur weil ich fühle, daß es wirklich weitergeht, sondern auch weil mein Rumpelstilzchen mit dem des anderen tanzen kann und erlebt, wie dessen Durchtriebenheit und essentiell gute Absicht gewürdigt wird. Und wenn ich denn dieses Ausmaß an teuflischem Gelächter rechtfertigen soll, bitteschön: Wenn ich den Teufel in mir leben lasse, anerkenne und offen ausdrücke, gehe ich auf jener Straße, die zur Befreiung und Heilung von seinen zerstörerischen Kräften führt.

Mit dieser Methode bin ich auch bei Zauderern, Zögerern und saumseligen Menschen gut gefahren. Neben anderem ist das immer ein passiv-aggressives Manöver. Es verwirrt die Autorität, oft die eigene innere, und fordert sie heraus. Die bereits genannten Fragen: Seit wann besteht das Problem?, Wer hat schon versucht zu helfen?, Wer wurde dadurch verwirrt?, bringen die dämonische Komponente wahrscheinlich ans Tageslicht. Ist der Widerstand zu groß, greife ich auf meine hypnotische Ausbildung zurück. Ich erzähle Geschichten über Freunde, die die lustvollen, diabolischen Aspekte ihrer eigenen Abwehr aufdeckten. Ich lasse die Absicht dieser Geschichten desto eher im Dunkeln, je rigider der Klient ist. Einige brauchen viel Zeit, um ihre rigiden Selbst-Konzepte zu entspannen. Sie werden sich nur langsam an ihren Luzifer herantasten. Die Analyse der Spiele wächst am fruchtbarsten innerhalb der therapeutischen Beziehung. Die Klientin wird in der Therapie

das tun, was sie auch draußen macht. Das wohl "beliebteste" Ordinations-
zimmer-Spielchen des schizoiden Charakters ist "Tu' mir was." Der Klient ist
in jeder Hinsicht, außer der wichtigsten, oberflächlich kooperativ. Er wird
jedesmal pünktlich erscheinen, gewissenhaft seine Rechnung bezahlen, sich
an jedem Dialog und jeder vorgeschlagenen Übung eifrig beteiligen. Er ist
anwesend, aber eigentlich nicht richtig da. Er läßt sich nicht wirklich auf den
therapeutischen Prozeß ein. Das ist sein Geheimnis. Und so bleibt es oft eine
ganze Zeitlang. Solange sich die Therapeutin zum Narren halten läßt, wird sie
mit immer neuen Behandlungsarten, -weisen und -techniken anrücken, bei
denen die Klientin weiterhin brav aber in der Tiefe unbeteiligt mitmacht. Die
Therapeutin übernimmt nun immer größere Verantwortung für den Fortschritt der Therapie, aber innerlich staut sich ihr Ärger. Wenn sie sich darüber
nicht klar ist und Supervision nimmt, konfrontiert sie letztendlich doch ihre
Patientin wütend "zu deren eigenem besten", oder sie wird sie allmählich
hinauskomplimentieren. Was natürlich dem klassischen schizoiden Merksatz: "Ich bin nicht o.k., Du bist nicht o.k.," neue Nahrung gibt. Die Helferin
oder der Helfer ist unbewußt froh, diesen Menschen los zu sein: Hab' ich
mich in letzter Zeit nicht ungeeignet und linkisch gefühlt? Der Klient war
doch irgendwie unangenehm. Ach, lieber "vergessen" und schnell ver-
drängen.

Meistens gehe ich mit der Situation in der oben beschriebenen Dialog-
form um. Wenn der Satyr springt und seine Aggressionen ausspuckt, versuche ich mit dem Klienten herauszufinden, wie er sich in unserer Beziehung
benimmt, wie er sie beeinflußt. Dann teile ich ihm meine eigenen Gegen-
übertragungs-Reaktionen mit und hoffe, daß er seinen Spaß daran hat, wie
er mich albern, dumm und linkisch aussehen läßt. Das fördert meiner
Meinung nach die therapeutische Allianz und schafft einen Präzendenzfall
für den zukünftigen nicht-bedrohlichen Umgang mit diesem Spielchen. Die
Allianz besteht zwischen dem Erwachsenen-Ich des Klienten und dem
professionellen Erwachsenen-Ich des Therapeuten. Beide übernehmen
gemeinsam die Verantwortung für den Prozeß.

Die meisten Therapeuten vergiften sich ziemlich ihre Zeit, wenn sie
entdecken, daß der Klient sie in ihre Spiele verstrickt hat. Ich erlaube mir,
Ihnen ein Gegengift anzubieten: Ihr Klient ist Experte. Sie können ihn bei
seinem Spiel nie einholen. Sich darin zu verfangen, bietet uns die Gelegenheit zu entdecken, wie es in der Alltagswelt funktioniert. Vielleicht müssen
wir uns mehrmals verstricken, bevor wir es wirklich verstehen und einschätzen können. Perfektionistische Arroganz ist unser größtes Hindernis. Wenn
wir die nicht vermeiden, werden wir nicht einsehen, daß wir gefangen sind.
Es ist nicht unser Job, perfekt zu sein. Es ist nicht unser Job, uns nicht fangen
zu lassen. Aber wir müssen die professionellen Fähigkeiten haben zu

begreifen, daß wir festsitzen und wir müssen das Muster auflösen können. Die "Dämon-Methode" ist deshalb so fruchtbar, weil sie den verleugneten aggressiven Teil des wirklichen Selbst hervorholt und die Identifikation mit ihm fördert. Die dämonischen Schlußfolgerungen wurden ursprünglich bewußt gezogen. Wir können sie deshalb relativ leicht wieder ins Bewußtsein bringen. In dieser Hinsicht ist der Dämon das unverschlossene Fenster in der schwerbewachten Festung. Wenn wir aus ihm ein wirkliches Gefühl locken können, öffnet sich der Weg auch für andere. Im Kern richtet sich die Wut des schizoiden Charakters gegen die Bestrafung und Vertreibung aus dem eigenen natürlichen Selbst. Die Wut löst Furcht vor Bestrafung aus. Diese Furcht wiederum führt zu den Kern-Befürchtungen des Menschen zurück, zur Angst vor der Mutter, dem Vater, der Bezugsperson, kurz: zur Angst vor den Wächtern der Kindheit. Zorn und Schrecken rufen auch irgendwann die Trauer über den Verlust des Selbst und den Verlust der nährenden Beziehung, die hätte sein können, an den Tag. Denn alle Affekte verschränken sich ineinander und jedes offene Fenster wird schnell bekannt und befreit letztendlich alle verbundenen Gefühle.

Die Ausnahme von der Regel heißt "Affekt-Abwehr" und "Ablenkungs-Gefühl". Die Klientin scheint ziemlich einfach eine der Basis-Emotionen fühlen und ausdrücken zu können. Sie wird entweder leicht wütend oder bricht schnell in Tränen aus oder zerfließt in Angst. Der Affekt scheint sich allerdings niemals abzurunden oder irgendwohin zu führen. Sicherlich gibt es nach jedem Ausbruch eine Art Befreiung und Lösung, aber alles hat eine gewisse lärmende, sich wiederholende Qualität. Und auch wenn sich etwas zu bewegen scheint und gelegentlich einige Einsichten durchkommen, sieht man nach einer Weile, daß nichts wirklich Substantielles abläuft. In diesen Fällen ist die verfügbare Emotion kein offenes Fenster, sondern eine stahl-verriegelte Tür, die die wirklichen inneren Gefühle abschirmt. Das Schein-Gefühl signalisiert dem Helfer, sich nach anderen Zugangswegen umzusehen. Wir können die Affekt-Abwehr analysieren und interpretieren und mit dem Klienten übereinkommen, hinter sie zu schauen.

Die Transaktions-Analyse hat sich eingehend mit diesem Problem beschäftigt und einige Merkmale der Affekt-Abwehr oder der Ablenkungs-Gefühle herausgestellt. Mit den Schein-Gefechten verbirgt der Klient seine wahren Gefühle. Allerdings braucht er eine Rechtfertigung oder Entschuldigung. Er produziert also Situationen, in denen er sie auskämpfen und seine Merksätze bestätigen kann. Wenn wir das Dämon-Spiel spielen und analysieren, haben wir die Möglichkeit uns mit dem Ablenkungs-Gefühl zu beschäftigen. Vielleicht gelingt es, miteinander zu erkennen und anzuerkennen, daß die Spiele teilweise nur Rechtfertigungen für Schein-Gefechte liefern. Wie Berne (1974) sagt, wartet die Klientin wachsam auf den Fehler des anderen, damit sie ihr Spiel spielen und das Ablenkungs-Gefühl erleben kann: "Hab'ich dich nun doch, Elender!" Oder sie produziert eine Zurückweisung, damit die "Oh,-ich-Arme-Szene" mit Ablenkungs-Trauer und Ablenkungs-Tränen auf die Bühne kommt. Die Sympathie des Publikums ist garantiert. Jedesmals gehen die Schein-Gefechte mit der Wiederholung von Merksätzen über sie selbst, die anderen und die Welt einher. Wir können die Affekt-Abwehr auch mit dem in Kapitel III beschriebenen Umdeutungsprozeß bearbeiten. Auch das ist eine Möglichkeit für den Klienten, die unterschwellige Absicht seines Wiederholungsmusters zu entdecken.

Auch die Analyse von Dämon und Spiel führt uns ein Stückchen weiter auf dem Weg zum wirklichen Selbst. Ob nun eine Affekt- Abwehr vorliegt oder nicht, die Existenz des Dämons hängt von seinen betrügerischen und versteckten Qualitäten ab, aber die unterliegenden Gefühle sind real genug. Aktive Techniken helfen uns, sie weiter zu fördern. Aggressivitäts-Arbeit braucht Übungen, die die chronischen Verspannungen entspannen und den Körper energetisch aufladen.

## Körper-Arbeit

Die typische bioenergetische Affekt-Lösungs-Sitzung hat vier Teile:

1. Die chronische Verspannung mindern.
2. Energetische Ladung im Körper aufbauen.
3. Affekt-Befreiung oder Entladung.
4. Entspannung.

### Entspannungs- und Energie-Ladungs-Übungen

Einige der allgemeinen Aufwärm-Übungen aus Kapitel III verringern auch chronische Verspannungen. Wir atmen voller, sind fester geerdet und haben besseren Kontakt mit der Umwelt. Hier nun einige weitere Übungen, die besonders den oberen Rumpf, Schultern, Nacken und Kiefer lockern. Danach fällt uns und natürlich hauptsächlich dem Klienten die Arbeit mit der Aggression leichter.

### *Der Bogen*
Der Bogen ist ein Klassiker unter den bioenergetischen Übungen. Er dehnt die Brust und beeinflußt den ganzen Oberkörper. "Steh' mit leicht gebeugten Knien. Die Füße sind in Schulterbreite nach vorn gerichtet. Mach' nun

Fäuste und stemme sie in dein Kreuz. Laß die Hüften langsam nach vorne fallen. Zieh' die Schultern und Ellbogen nach hinten. Du wirst zu einem Bogen. Atme und dehne deine Schultern und Ellbogen zurück. Halte deinen Kopf aufrecht."

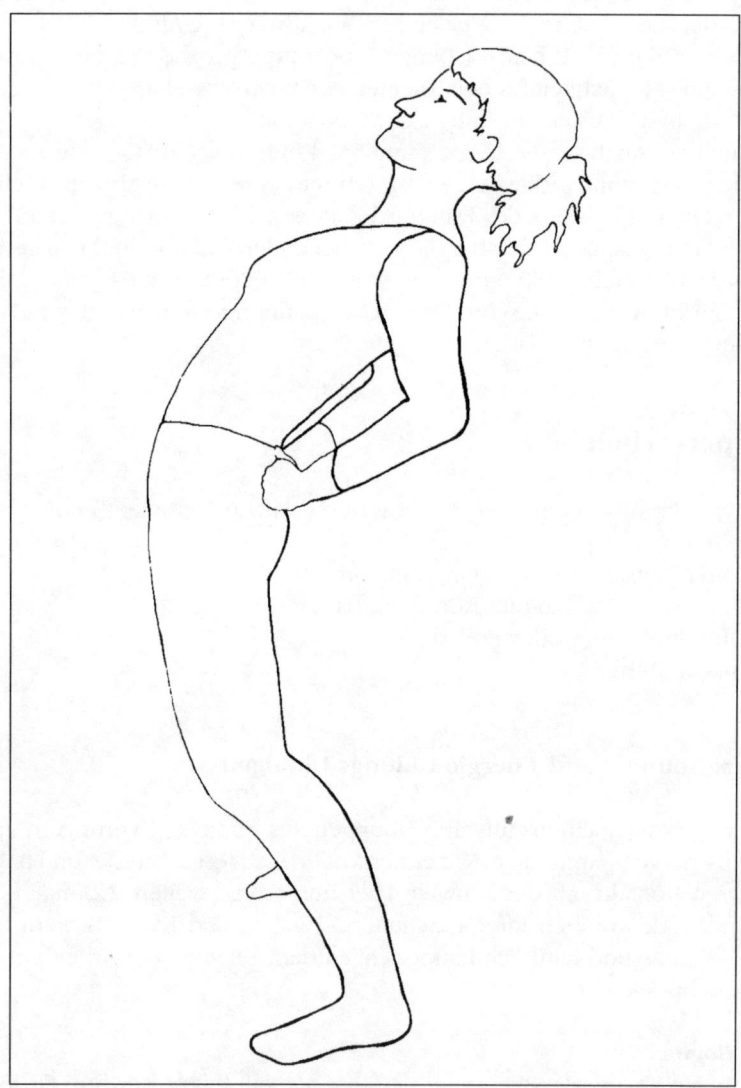

Abb. 3 Der Bogen

Diese Übung dehnt den Rumpf und baut, wenn sie eine Zeitlang ausgehalten wird, Ladung auf. Danach kann der Klient in die Vorbeuge-Übung gehen. Damit strecken wir den Rücken, besonders den unteren Teil, der doch sehr beansprucht wird. Deshalb sollten Leute mit speziellen Rückenproblemen diese Übung vermeiden.

### Der Atembock

Der bioenergetische Atembock ist etwa einen Meter hoch und ähnelt einem Turngerät, dem Pferd. Der Bock ist jedoch kleiner. Der Klient kann sich in verschiedenen Stellungen darüberlegen und zum Beispiel seine Brust dehnen. Ich lege mich mit dem Rücken oben auf, etwa dort wo die unteren Spitzen der Schulterblätter enden. Ich strecke meine Arme nach hinten. Wenn ich nun ausatme, lasse ich meine Hüften und Schultern soweit wie möglich nach unten sinken. Das gleiche geht auch über der gepolsterten Lehne eines Sofas oder eines Sessels. Obwohl die vielleicht etwas zu niedrig sind, behelfen Sie sich damit zu Hause ganz gut. Die Streckung öffnet die Brust, belebt die Brust-Atmung und dehnt Schultern, Kreuz und Unterleib.

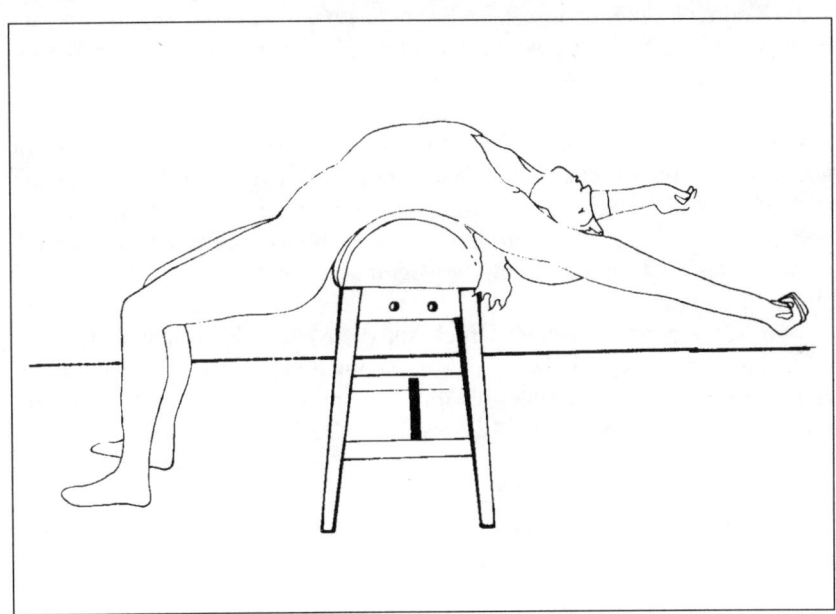

Abb. 4 Der Atembock

Während der Stellung über dem Atembock kann der Therapeut sehr gut Körper-Blockaden diagnostizieren und der Klient sie selbst spüren. Der schizoide Patient ist oft im oberen Brustbereich und Nacken bleich, kalt und unbeweglich. Jegliche Rigiditäten werden sofort offensichtlich. Ich schlage meinen Klienten immer vor, sich so schnell wie möglich mit dem Bock anzufreunden. Er ist auf alle Fälle rigider und unnachgiebiger als sie. Die meisten mögen ihn anfangs gar nicht, finden ihn aber dann zunehmend entspannend und befreiend. Nach jeder Dehnung auf dem Bock empfehle die ich Vorbeuge-Übung, um den Rücken in der anderen Richtung zu strecken.

Der Atembock lockert außerdem Verkrampfungen im Nacken, besonders vorn und an den Seiten. Zur Unterstützung kann die Therapeutin den Bereich zwischen Adamsapfel und den Sternocleidomastoideus-Muskeln (die selbst können fester gegriffen werden) an den Halsseiten leicht massieren. Dadurch wird die Stimme freier.

## Kiefer-Übungen

Der festgehaltene Kiefer steht ja schon klassisch für festgehaltene Aggression. Wenn wir die Kiefermuskeln lösen, lösen wir auch die Aggression. Am einfachsten funktioniert's, wenn der Klient über dem Stuhl oder am Boden auf dem Rücken liegt. Wir kennen verschiedene Methoden. Bitten Sie ihn z.B., den Unterkiefer soweit wie möglich vorzustrecken. Die Unterzähne schieben sich vor die Oberzähne. Wir erhöhen den Effekt, wenn wir leicht gegen das Kinn drücken, also Widerstand erzeugen. Im Falle, daß Sie wirklich mit der Aggression arbeiten wollen, sollte die Klientin jedesmal beim Ausatmen ein wenig grollen. Nach 15 bis 60 Sekunden den Druck nachlassen. Das Kinn ein wenig bewegen, den Mund weit öffnen und die Muskeln lockern.

Wir können auch direkten Druck auf die Kiefergelenke ausüben. Aber seien Sie vorsichtig. Sie können schnell invasiv werden und jemandem ziemlich weh tun. Warten Sie, bis ihre therapeutische Beziehung mit dem Klienten solide ist. Der kann aber auch (als weitere Möglichkeit) selbst an seinem Kiefer arbeiten. Danach entspannen, Mund öffnen, atmen. Lassen Sie bei jeder Ausatmung den Kiefer ein wenig fallen. So fördern wir unsere natürliche Pulsation. Zu einem entspannten Körper gehört ein entspannter Kiefer.

## Pulsatorische und gegenpulsatorische Bewegungen

Wenn Sie an der Befreiung von Affekten arbeiten, ist es immer gut, auf die pulsatorischen und gegenpulsatorischen Bewegungen zu achten. Die ersten fließen frei und natürlich durch den entspannten Körper. Über dem Stuhl, auf dem Boden oder der Matte sehen wir, wie sich beim Ausatmen der Kiefer leicht öffnet. Schultern und Hüften dehnen sich und sinken herab. Beim Einatmen schließt sich der Kiefer geringfügig und der Körper reckt sich. Zuerst dehnt sich der Bauch und dann die Brust.

Nehmen Sie von jedem das Gegenteil und Sie haben die Gegenpulsationen. Im allgemeinen weisen sie auf die Mobilisierung der Abwehr hin. Wir sollten den Klienten darauf aufmerksam machen und ihn bitten, sich mit ihnen zu identifizieren und sie zu verstärken. Oder therapieren Sie sie gemeinsam auf andere Art. Nach meiner Erfahrung ist es überhaupt nicht förderlich, die Arbeit an Affekten und Körper fortzusetzen, ohne sich mit dem Widerstand zu beschäftigen. Die gegenpulsatorischen Bewegungen der schizoiden Persönlichkeit werden meistens vom sogenannten "weggehen" begleitet. Der Blick wird leer. Überprüfen Sie das wiederholt durch Fragen wie: "Was spürst du jetzt?", "Bist du hier?"

### Ladungs- und Entladungs-Übungen

Die besprochenen Übungen reduzieren nicht nur Verspannungen. Wenn wir gut atmen und sie lange genug ausüben, laden sie den Körper gleichzeitig auf. Auch die folgenden tun das. Wir können sie als Vorbereitung für die Befreiung von aggressiver Energie benutzen.

#### *Schlagen mit den Fäusten*

Bei dieser Übung soll auf eine gepolsterte Fläche in etwa Beckenhöhe geschlagen werden. Das kann eine Matte sein, eine Couch oder ein Kissenturm.

"Stell' dich vor den Kissenturm. Beuge deine Knie leicht und steh' fest auf dem Boden. Ball' deine Fäuste, heb' sie über deinen Kopf und schlag so fest du kannst mehrmals hintereinander auf die Kissen. Mach' mit jedem Schlag einen Ton."

Während meine Klientin schlägt, versuche ich herauszufinden, ob sie ihre Arme nur wie Dreschflegel benutzt oder tatsächlich mit der ganzen Kraft aus Beinen, Rücken und Schultern arbeitet. Wenn das nicht so ist, bitte ich sie, sich aufzurichten und sich auf den Schlag vorzubereiten.

"Spür' deine Kraft in deinen Beinen, in deinem Rücken, in deinen Schultern, in deinen Fäusten. Spür' deine Kraft in deinem ganzen Körper und dann schlage."

Ich demonstriere ihr, wie ich das meine. Wenn ich sehe, daß die Übung für sie nicht zu bedrohlich oder das Festhalten zu stark ist, bitte ich sie, solange zu prügeln, bis sie nicht mehr kann. Meistens möchte ich gerne auch begleitende Schreie wie "Nein!", "Ich will nicht!" oder "Ich hasse Dich!" hören.

Wie bei all diesen Übungen kommt entweder die Befreiung oder der Widerstand. Erstere ist offensichtlicher. Der Klient ist danach gelöst, entspannt und einsichtig. Folgt der Widerstand, müssen wir weiterarbeiten. Aber wir können nur gewinnen. Widerstand ist ja kein Fehler. Er weist viel mehr auf jenen Teil des Patienten hin, der Ausdruck, Anerkennung und Integration braucht. Seine Natur und Absicht sollte im Mittelpunkt der frühen affektiven Therapie stehen. Bitten Sie Ihren Klienten, den Widerstand zu verstärken, mit seinen positiven Intentionen zu kommunizieren und ihn zu fragen, welche Dienste er anbietet. Versuchen Sie jedenfalls, ihn ans Tageslicht zu holen. Vielleicht schreit der Widerstand Ihnen dann entgegen: "Ich will nicht zornig werden! Ich werde dir diese Genugtuung nicht geben!"

Eventuell geschieht aber auch beides. Er erlebt für eine Weile die Befreiung, die Lockerung. Dann steigern sich seine Emotionen, die Angst kommt und er blockt. Dreifach gewonnen! Der Klient konnte die Entspannung mit den begleitenden Veränderungen beobachten, spürte dann die wachsende Wachsamkeit seiner Abwehrstrukturen und hatte schließlich die Möglichkeit, den Wechsel von der Befreiung zum Widerstand zu registrieren.

Defensive Spannungen rufen nach der Hilfe des Therapeuten. Sie kann aus direktem Körperkontakt, direkter körperlicher Unterstützung bestehen. Manchmal stelle ich mich hinter den Klienten und lege meine Hände auf seine Schulterblätter. Er kann sich ein wenig zurücklehnen und mich um jeglichen Beistand bitten, der ihm einfällt. Die körperliche Versicherung entspannt oft die Abwehr und läßt Erfahrungen und Einsichten neu fließen. In diesem Stadium weisen wir vielleicht auch auf andere verspannte Bereiche hin, mit denen wir uns schon in früheren Sitzungen beschäftigt haben: "Schließ' deine Augen und lockere deinen Kiefer. Laß' ihn ein wenig fallen und atme in deine Brust. Dehne deinen Nacken," usw. Oder ich massiere selbst leicht oder fest Nacken und Schultern. Die Vorbeuge-Übung erdet immer wieder und gibt Sicherheit. Und auch wenn auf all dies hin nichts passiert, haben wir ein wichtiges Feedback erhalten. Denn wir werden uns mit dieser "Nicht-loslassen-Haltung" bei jeder aktiven Technik wieder befassen müssen.

### Schlagen mit dem Handtuch

Diese Übung kann ziemlich aufladen. Die ersten beiden Abfolgen sollen lediglich verhalten lockern. Die dritte jedoch voll entladen. Wir wollen die Wut haben, aber natürlich kann wie immer auch anderes entstehen. Die Übung ist angebracht, wenn die übrigen Methoden fehlgeschlagen sind.

"Nimm bitte dieses Badehandtuch und rolle es ein. Pack' das eine Ende mit beiden Fäusten. Knie dich jetzt hin und streck' deine Arme vor. Dein Po sollte wenn möglich auf den Fersen ruhen und deine Stirn auf dem Boden. Atme jetzt gut ein. Für die erste Sequenz atme bitte zehnmal. Richte dich dann auf, schwing' das Handtuch über deinen Kopf und schlage auf den Boden. Nur einmal. Wenn Du dich dann aufrichtest, schau' mich an."

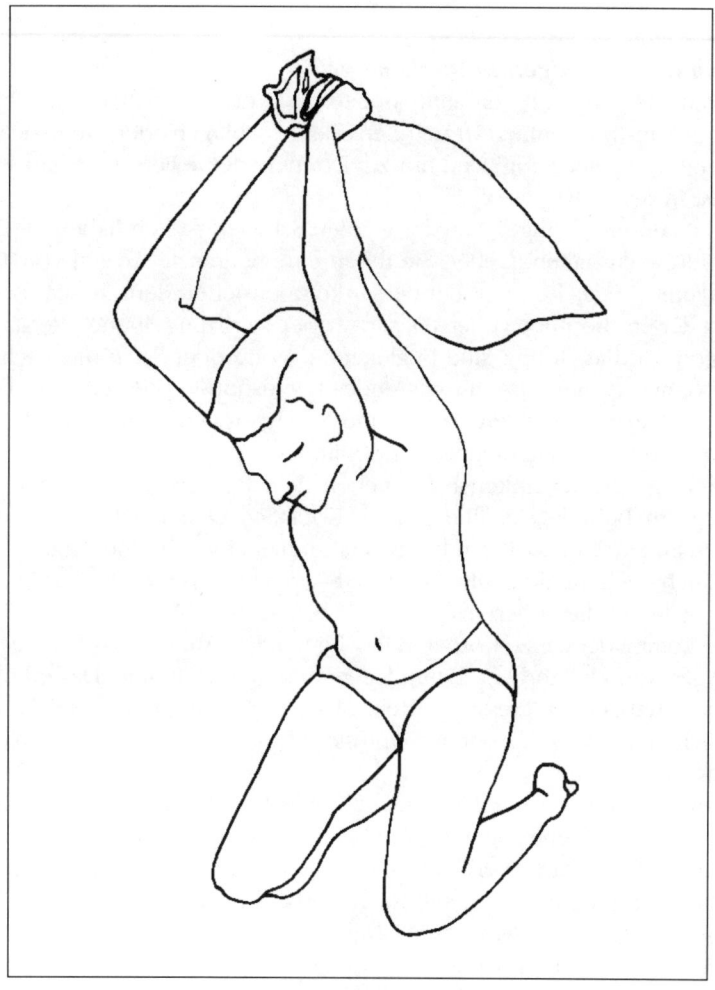

Abb. 5 Schlagen mit dem Handtuch

Wir wiederholen diesen Teil einmal. "Für die zweite Sequenz atme wieder zehnmal und schlag' dreimal. Richte dich dann auf und sieh mich an."

"Für die dritte Sequenz atme zehnmal und prügle auf den Boden ein, bis Du nicht mehr kannst."

Die Kombination von Ladung aufbauen, eine Weile halten und dann völlig loslassen zerbricht oft rigide Abwehrstrukturen, die bei anderen Techniken unbeeindruckt blieben. Es ist nie schlecht, um die Beteiligung der Stimme zu bitten.

### Treten oder Schlagen in Rückenlage

"Ich möchte gerne auf der Matte arbeiten. Würdest du dich auf den Rücken legen... Fang' nun einfach an zu treten oder zu schlagen oder, wenn du willst, auch beides gleichzeitig. Und nur zu. Donnere deine Fersen so hart wie du kannst in den Schaumstoff."

Klienten mit geringer Abwehr werden Schwierigkeiten haben, die Energie-Ladung zu halten. Geben Sie ihnen eine begrenzte Anzahl von Tritten vor, damit sie das können. Ein besser kompensierter Mensch wird bis zum Punkt der Erschöpfung gehen. Das mag nötig sein, um seinen Widerstand zu brechen. Und auch hier sind begleitende Worte oder Sätze nicht schlecht. Wir können gemeinsam ein passendes herausfinden oder einfach das Paspartout "Nein!" benutzen. Treten und Schlagen werden noch effektvoller, wenn sie dem Wutanfall eines Kindes ähneln:

"Schlag' mit der linken Faust neben dein Becken auf die Matte. Dein rechter Arm befindet sich über deinem Kopf. Schlag' nun mit rechts und heb' deinen linken Arm hoch. Und so weiter. Immer abwechselnd. Und wenn du jetzt auch noch mit den Füßen trittst, laß' auch deinen Kopf frei. Laß ihn von einer Seite auf die andere rollen."

So kommt der ganze Körper in Bewegung. Die Atmung wird heftiger und die Aggression lebendiger. Bitten Sie immer um die Stimme. Das erhöht die Chance, daß der aggressive Affekt sich "verbindet" und der Klient ihn wirklich fühlt. Sie helfen dabei, wenn sie jedesmal "Ja!" schreien, sobald der Klient "Nein!" brüllt.

Bevor Sie diese Techniken anwenden, sollte Ihre therapeutische Beziehung mit dem Klienten gut etabliert sein. Außerdem muß dieser über eine zuverlässige Ich-Stärke verfügen. Wir wollen mit ihm normalerweise Ladung aufbauen und Aggression hervorlocken. Aber häufig erscheinen auch Hemmungen, Angst und Schrecken. Nehmen Sie diese Emotionen an und arbeiten Sie mit ihnen, wenn Sie glauben, daß der Klient schon soweit ist. Beobachten Sie ihn genau. Wir hoffen, daß der Klient nicht vor der schwierigen Emotion wegläuft. Hoffentlich laufen Sie aber auch nicht vor dem schwierigen Klienten weg.

Wir befinden uns auf einer sicheren Straße, wenn Emotionen klar und deutlich erlebt und ausgedrückt werden. Das ist nicht wirklich gefährlich. Der Klient kann nicht ewig brüllend wütend oder verzweifelt erschrocken sein. Nach dem Gipfel geht es natürlicherweise wieder bergab. Dann stellt sich die Entspannung ein, dann kommen Erinnerungen und präzisere Einsichten in das Geschehene. Durch den plötzlich verstärkten Energiefluß können während der ganzen Sequenz von Ladungsauf- und -abbau krampfartige, muskuläre Abwehrerscheinungen entstehen. Helfen Sie dem Körper durch direkte Eingriffe, sie wieder aufzulösen. Lassen Sie sich diese Techniken, die ich noch beschreiben werde, am besten praktisch zeigen. Ich würde mir wünschen, daß dieses Buch ein therapeutisches Training begleiten könnte, wo Sie diese Interventionen lernen.

### Ruhe und Integration

Die Phase der Ruhe und Entspannung nach dem Höhepunkt gibt uns Gelegenheit zur Integration. Stellen Sie sich während dieser Zeit keinesfalls irgendwie dem natürlichen Heilungsprozeß in den Weg. Fragen Sie sanft vielleicht: "Was spürst Du jetzt?" Es muß kein schlechtes Zeichen sein, wenn die Klientin Ihnen nicht antworten kann. Die innere, unbewußte Versunkenheit mag für sie nötig sein. In ihr entwickeln sich eventuell neue Einsichten, alte Erinnerungen oder Schlußfolgerungen darüber, was gerade geschehen ist. Der veränderte Bewußtseinszustand mag spontan unschätzbares Material ausbrüten. Ich neige dazu, in dieser Periode eher weniger als mehr zu sagen.

Aber was auch immer dabei herauskommen mag, es gibt gerade an diesem Punkt etwas sehr, sehr Wichtiges zu lernen. Denn wir befinden uns im letzten Abschnitt eines grundlegenden, natürlichen Lebensprozesses, der aus Ladung, Entladung und Entspannung besteht. Viele Klienten werden fast automatisch versuchen, diese abschließende, so unendlich wertvolle Ruhephase zu überspringen. Ladung und Entladung mögen zufriedenstellend verlaufen, aber dann...: "Ok, gut, was kommt jetzt dran?" Diskutieren Sie diese Unterbrechung des natürlichen Ablaufs, auch hinsichtlich der Vergangenheit und Gegenwart des Klienten.

Ich arbeite oft mit meinen hypnotischen Fähigkeiten, um die gewünschte Entspannung zu erreichen: "Es ist schön zu ruhen, wenn man müde und erschöpft ist. Es ist gut zu wissen, wann die Zeit da ist, nichts zu tun. Wir haben hart gearbeitet. Es ist so erlösend aufzuhören, auszuspannen, unseren Geist loszulassen. Laß ihn wandern, wohin er will. Es gibt nichts zu tun. Du mußt nirgendwo hingehen. Laß dich ins Nichts fallen. Denke nichts, tu' nichts, dein Verstand geht in Urlaub. Dein Körper entspannt sich. Dein Körper schmilzt. Vielleicht hast du ihm mal erlaubt, sich völlig sinken zu lassen. Vielleicht in der Wärme der Sonne oder vor einem Kaminfeuer. Gestatte deinem Körper, einfach zu sein. Gestatte ihm einfach, Frieden zu empfinden. Wo immer Anstrengung ist, darf Entspannung sein. Wie die Nacht dem Tag folgt und die Sonne dem Mond. Ruhe gehört zu unserem natürlichen Leben. Ruhe ist Teil unseres natürlichen Zyklus. Im Auf und Nieder der Zeiten ist sie das Niedergehende. Ohne das eine gibt es das andere nicht. Es gibt keine Aktivität ohne die Ruhe. Ruhe dich aus, freue dich daran, sei leicht und entspannt."

Obwohl ich in dieser Phase eher dazu neige, schweigsam als redselig zu sein, bietet sie mit ihrer veränderten Bewußtseinslage hervorragende Anknüpfungspunkte für hypnotische Prozesse. Auch Neurolinguistisches Programmieren fördert Wachstum und Integration. Nehmen wir an, die Klientin erzählt von einer traumatischen Kindheitserfahrung, in der sie fürchterlich erschreckt oder brutal behandelt wurde. Manchmal verwende ich dann den letzten Schritt des NLP-Dissoziations-Prozesses. Ich bitte ihr gegenwärtiges Selbst, in die traumatische Szene zurückzukehren und ihr jüngeres Selbst zu versorgen. "Versichere dem Kind, daß es überleben wird und das Beste getan hat, was es damals tun konnte. Tu' und sage alles, was dein jüngeres Selbst von dir braucht." Oder der Klient entdeckt einen Ich-Zustand, den er gerne in sein alltägliches Leben integrieren würde. Dann möchte ich der Zukunft den Weg weisen. Ich schlage vor, den Ich-Zustand in möglichen zukünftigen Situationen erst einmal imaginativ leben zu lassen. Das spontane Material aus dieser so wichtigen Ruhephase wird oft das bis dahin Gewonnene festigen und ausweiten.

## Aggression, Selbst-Behauptung und therapeutische Technik

Wenn sich aufgestaute Wut und Aggression lösen, folgt ihnen gerne die Selbst-Behauptung nach. Der Schizoide hält sie typischerweise zurück, weil er auf einer bestimmten Ebene Angst hat, sie könne in ihm versteckten Zorn auslösen, wenn sie lebt. Falls er sie gerade in einer aktuellen Lebenssituation gut brauchen könnte, locke ich gewöhnlich die Wut hervor, um die Selbst-Behauptung zu unterstützen. Verspannungen zu lockern ist dabei sehr hilfreich. Nach der letzten Phase der Aggressions-Arbeit bitte ich den Klienten, das gewünschte Durchsetzungs-Verhalten praktisch zu proben oder es sich bildhaft vorzustellen. Die Widerstände werden jetzt nicht mehr so groß sein. Die übertriebene Wut ist draußen. Die ruhige Selbst-Behauptung kann sich an ihren Platz stellen und angemessene Aufmerksamkeit fordern. Rollenspiel, Probe und die Projektion des Selbst-Bestimmungs-Vermögens in eine Zielsituation runden den Prozeß ab. Er besteht aus einer Kombination von bioenergetischen Affekt-Befreiungs-Techniken und Strategien der kognitiven und Verhaltens-Modifikation.

Neben den aktiveren Techniken gibt es viele Interview-orientierte Methoden, die auf die aggressiven Impulse zielen. Die alltäglichen Ereignisse im Leben des Klienten und seine Beziehung zum Therapeuten liefern eine Unzahl an Möglichkeiten, sie auszudrücken und zu analysieren. Immer wieder wird der Schizoide seine Aggression verleugnen und unbewußt versuchen, sie irgendwie "auszutröpfeln". Bringen Sie dieses Benehmen an den Tag. Geben Sie ihm Gelegenheit, Aggression zu erleben, auszudrücken und dennoch in der Beziehung zu bleiben. Ich arbeite damit systematisch und frage ihn in regelmäßigen Abständen nach Widerständen oder Resentiments gegen die Therapie oder mich. Der Klient soll ganz einfach und ohne irgendwelche Zensur seine Anmerkungen zu allem was unser Verhältnis betrifft auflisten. Meist reihen sich hinter der ersten vollbewußt vorgebrachten Verärgerung schnell die härteren Vorwürfe ein. Bitten Sie um bewußte Kritik und warten sie dann ruhig darauf, was noch kommt. Ich benutze hier das Frustrations-Prinzip der Gestalt-Therapie.

Kümmern Sie sich bei Gelegenheit auch um die negativen Meinungen z.B. des Mannes über seine Frau, seine Mutter oder das weibliche Geschlecht im allgemeinen. Wie bei den meisten Übungen dieser Art sind die Reaktionen des Klienten fast noch wichtiger als der Inhalt seiner Antworten. Vielleicht entdeckt er während der einfachen Auflistung seiner Kritikpunkte nun erstmals die riesigen Verbotsschilder in sich selbst: "Du darfst deine Negativität nicht bewußt wahrnehmen! Du darfst deine Negativität nicht ausdrücken!" Gelegenheit genug, die Verbote umfassender zu erforschen.

Was ist ihr Überlebenswert? Wo sind ihre historischen Ursachen?, usw. Das führt eventuell noch tiefer in den verärgerten, wütenden, bösartigen Teil des Klienten, oder aber auch in einen Dialog, eine Erklärung, eine Interpretation und Integration des negativen Pols und seiner Hemmung.

In meiner Art von Therapie fließen verschiedene Techniken, Strategien und Prozesse auf natürliche Weise ineinander. Sie integrieren sich und verlieren mit der Zeit und in ihrem gemeinsamen Bestreben ihre übliche Getrenntheit. Allerdings präsentiere ich sie Ihnen getrennt und Stückweise. Das hilft beim Lernen. Am Ende, so hoffe ich jedoch, sind die Stücke im Ganzen nicht mehr zu sehen.

Die Befreiung aggressiver und wütender Impulse mag die kognitive Selbst-Repräsentation verändern und neue Verhaltensweisen im täglichen Leben des Klienten erzeugen. Die Entdeckung der eigenen primitiven Rachsüchtigkeit fordert das falsche Selbst-Bild vom gewährenden und sanften

Menschen geradezu heraus. Sie erlaubt tiefe Einsichten in unsere destruktiven sozialen Spiele. Das wiederum bahnt den Weg für direkteres, selbst-behauptendes Dasein in der Gesellschaft. Affekt-Befreiungs-Techniken sind während bestimmter Phasen der Therapie völlig unverzichtbar, während anderer jedoch völlig überflüssig. Das gleiche gilt für Soziale-Verhaltens-Techniken. Sie können peinlich oberflächlich wirken, wenn die affektiven und kognitiven Komponenten fehlen, aber angebrachter denn je sein, wenn es gerade um die Therapie dieser Elemente geht.

Kennen Sie nicht auch einen der folgenden traurigen Fälle: Der Klient analysiert brilliant seine familiären Umstände, die ihn gesellschaftlich scheu werden ließen. Aber nach fünfjähriger analytischer Behandlung ist er immer noch unfähig, eine Frau anzusprechen oder sich auf einer Party wohlzufühlen. Oder: Die Klientin hat ihre Verhaltens-Show wirklich gut gelernt, fühlt sich sich aber nichtsdestoweniger sozial abgekapselt, depressiv und verängstigt. Die Qualität des Benehmens mag jetzt akzeptabel sein, die Qualität der Erfahrung blieb jedoch die gleiche. Und schließlich: Der Mensch kann jetzt wirklich Dampf ablassen, wenn er unter Druck steht. Er fühlt sich danach auch immer gut. Er nimmt lieber eine Ur-Schrei- oder Bioenergetik-Stunde als Valium. Aber dennoch ist er so unreif, unverantwortlich und unklar über sich selbst wie eh und jeh.

Das heißt: Wenn der Schizoide endlich seine unterdrückte Aggression und Wut erlebt, müssen wir sie mit den bereits erwähnten kognitiven und Verhaltens-Zielen verbinden. Über Strategien angemessener Selbst-Behauptung und Aggressivität habe ich ja schon gesprochen. Zornausbrüche werden oft von Erinnerungen begleitet, die wir interpretieren können. Das zwingt den Klienten, seine Repräsentation des eigenen Selbst zu überprüfen und realistischer zu gestalten. Er begreift, daß er das natürliche Produkt seiner Entwicklungsgeschichte ist. Das hilft ihm, seine Persönlichkeit mit all ihren Schwächen und Stärken zu akzeptieren. Er identifiziert sich mit den Gefühlen in seinem Körper, den positiven und negativen gleichermaßen. Die wiederum kräftigen ihn zugunsten seines wahren Selbst. Und das macht den Kontakt zu anderen Menschen realistischer. Die ineinandergreifenden Veränderungen lassen ihn erwachsener durch die Welt gehen. Seine Erwartungen sind wirklichkeitsnäher. Der Umgang mit seinen Gefühlen ist angemessener. Vieles davon entsteht ganz natürlich ohne das Zutun der Therapeutin. Manchmal fällt es ihr auch gar nicht auf. Es wäre allerdings gut, wenn wir die Zusammenhänge verstehen würden. Denn dann können wir die Veränderungen auf vielerlei Art fördern, vorhersagen und programmieren.

Persönlich stütze ich mich auf meine durch das hypnotische Training beeinflußten Sprachfähigkeiten, um dem Klienten bei der Choreographie dieser Veränderungen zu helfen. Wenn sich ein Bereich des Lebens verändert, verändern sich durch natürliche Ausdehnung auch andere. Sogar im gewöhnlichen Gespräch ermutige ich die Klientin, realistische Bilder von den Auswirkungen der ineinander verschränkten Vorgänge zu entwerfen. In guter hypnotischer Tradition benutze ich nur die allgemeinsten Ausdrücke und Beschreibungen. Ich spreche darüber, wie die in der Therapie ausgelebte Wut ganz natürlicherweise zur kreativen Selbst-Behauptung in der Alltags-Welt führt. Oder wie das Bewußtsein über die historischen Vorläufer dieser Wut dem Klienten hilft zu unterscheiden, wann sie angebracht ist und wann nicht. Oder wie die Auflösung des idealisierten Selbst den Perfektionismus, die Leistungsangst und die Zauderhaftigkeit vermindert. Die "hypnotischen Gespräche" geben ihm eine innere Probe und Repräsentation der Ergebnisse. Diese verbalen Interventionen unterstütze ich immer gerne durch Geschichten über andere Klienten, über Freunde, meine Familie und mich selbst. Bei dieser Diskussion über Affekt-Befreiungs-Techniken sollten wir zwei Dinge besonders beachten:

1. Es ist unmöglich, den typischen Verlauf einer Affekt-Sitzung vorherzubestimmen. Noch nicht einmal allgemein. Und auch nicht, ob sie sich wiederholen wird oder uns in einen Zyklus hineinführt. Weil die aggressiven Impulse zumindest auf einer oberflächlichen Ebene ein wenig leichter verfügbar sind, habe ich sie zuerst diskutiert. Genausogut mögen aber auch als erstes Trauer, Furcht oder irgendeine Euphorie ins Rampenlicht springen. Jedenfalls müssen wir sie alle wieder und wieder durcharbeiten. Typischerweise stößt die affektive Behandlung eines Bereichs andere Bereiche an usf. Vielleicht innerhalb einer einzigen Sitzung, vielleicht aber auch auf mehrere verteilt. Besonders Wut und Schrecken lösen bevorzugt einander ab- und das ab und an sehr schnell.

2. Wir benutzen während der manchmal langen affektiven Behandlung ein weites Spektrum aller therapeutischen Techniken. Es können sich also plötzlich Sitzungen einschieben, die ausschließlich dem Interview, der Erklärung, der Interpretation oder der speziellen Problem-Lösung vorbehalten sind. Nach meiner Erfahrung braucht der Klient besonders nach intensiven Stunden des Gefühlsausdrucks eine oder mehrere Treffen ruhigerer Interaktion, integrativer hypnotischer, oder anderer nach innen gerichteter Arbeit.

## Angst, Furcht und Schrecken

Der Körper wehrt sich fast automatisch gegen den tiefen Schrecken. Er muß aber freigesetzt werden, damit die Transformation weitergehen kann. Oftmals kennt der Schizoide seine Ängste, die er in bestimmten Situationen hat.

Manchmal fühlt er sie auch allgemein. Wir können die Emotion relativ leicht erforschen, wenn wir den Klienten bitten, sich auf sie zu konzentrieren und frei über sie zu assoziieren. "Schließe deine Augen, richte deine Aufmerksamkeit nach innen und sei dir aller Körperempfindungen bewußt, die Angst und Furcht betreffen. Nimm alle Emotionen, Gefühle, Verhaltensweisen, Gesichtsausdrücke, Grundeinstellungen, Glaubenssätze und Standpunkt wahr, die damit zusammenhängen. Assoziiere frei über deine Furcht. Sage einfach immer wieder: Ich habe Angst vor... und setze ein, was dir einfällt."

Nach dieser auf die Angst bezogene Aufwärmphase mag die Klientin auf klassische Art und Weise über alles frei assoziieren, was sie möchte. Am Ende sollten wir uns die daraus entstandenen Einsichten, Erkenntnisse, Erinnerungen und Gefühle noch einmal gemeinsam betrachten.

## Aktive Techniken

Der Klient sitzt z.B. in einem Stuhl und atmet tiefer. Er öffnet seinen Mund und seine Augen und erlaubt der Furcht einfach ein wenig da zu sein, ohne etwas gegen sie zu tun.

Grundlegend: Wenn wir Angst, Furcht und Schrecken haben wollen, sollten diejenigen Körperhaltungen eingenommen werden, die normalerweise mit diesen Emotionen erscheinen oder vom Klienten assoziiert werden. Große, "schreckgeweitete" Augen und vorgestreckte, abwehrende Hände, bringen uns wahrscheinlich ein wenig Angst. Wenn wir dann auch noch intensiver atmen und den Mund aufreißen wird sie größer.

Wenn wir noch weitergehen wollen, sollten wir den Körper vorher solide erden und energetisch aufladen. Die folgende Übung kann im Stehen geschehen, aber auf dem Rücken liegend wirkt sie nach meiner Erfahrung besser. Bitten Sie den Klienten, die Füße aufzustellen, fest anzudrücken und für eine Weile tief zu atmen. Falls Sie bemerken, daß sich irgendetwas in ihm wehrt, tiefer zu atmen, ermutigen Sie ihn, auf paradoxe Art Luft zu holen. Dabei wird zuerst die Brust gefüllt und dann erst der Bauch. Danach atmet er alles auf einmal aus und wiederholt etwa eine Minute lang. Wenn das die Atmung verstärkt hat, kann wieder zur normalen und dennoch vollen und tiefen Respiration zurückgekehrt werden. Jetzt streckt er seine Hände vor's Gesicht, reißt die Augen auf und schreit so laut wie möglich während Sie über ihm stehen und er sie anblickt. Ermutigen Sie ihn, dabei zu bleiben und lauter oder in einer höheren Tonlage zu schreien.

Sie können ihm auch direkt körperlich helfen die typischen Kontraktionen aufzulösen, die seinen Schrecken hemmen. Drücken Sie leicht auf die Backenknochen beidseits der Nase. Die dort befindlichen Gesichtsmuskeln werden häufig dazu benutzt, den Schrecken oder andere unangenehme Gefühle wegzulächeln. Das gleiche gilt für die Sternocleidomastoideus-Muskeln links und rechts vom Hals. Der Druck lockert die Verspannungen und ähnelt gleichzeitig einer Strangulierung, was natürlicherweise noch mehr Schrecken herauszieht. Offensichtlich brauchen wir eine sehr gute Klient-Therapeut-Beziehung, bevor wir uns auf ein solch äußerst invasives, eindringendes Manöver einlassen können.

## Hypnotische Techniken

Wie die Wut, müssen wir auch den Schrecken mehrmals erleben und durcharbeiten. Gerade bei diesem Gefühl führen wir die Klientin durch einen Desensibilisierungs-Prozeß. Sie kann es immer besser erleben, ohne ihren Körper abzuschneiden. Die meisten von uns haben große Angst davor, Angst zu haben. Fortgesetzte Suggestionen, die Angst vor der Angst loszulassen können sehr nützlich sein. Meine erfolgreichste Erfahrung mit Hypnose hatte ich mit einem zwölfjährigen Jungen, der den ziemlich gewaltsamen Selbstmord seines Onkels miterleben mußte. Der Junge konnte danach nur noch schlecht schlafen. Er litt an sich wiederholenden Alpträumen, konnte nachts nicht allein ins Bad gehen und bekam Panikanfälle, wenn er Sirenen hörte oder irgendetwas ihn an das grausige Ereignis erinnerte.

Vor der Hypnose sagte ich zu ihm: "Ich glaube nicht, daß die Angst dein Problem ist. Ich glaube eher, es ist die Angst vor der Angst." Dann leitete ich ihn in die Hypnose und erzählte ihm lauter Geschichten von Leuten, die sich unbedingt und ganz bewußt fürchten wollen. Sie fahren auf Achterbahnen, auf Geisterbahnen, lesen Spukromane, gehen in Horrorfilme, springen mit Fallschirmen aus zweitausend Metern Höhe in die Tiefe, usw. usf. Danach sagte ich ihm: "Wenn du mit deiner Angst vor der Angst umgehen kannst, bist du den meisten Erwachsenen in dieser Welt voraus. Und du wirst etwas sehr, sehr Wertvolles lernen können." Nach 45 Minuten versicherte ich ihm, daß diese Sitzung sein Problem wahrscheinlich mildern würde. Er könne aber jederzeit wiederkommen. Nach drei und nach sechs Monaten sah ich ihn wieder. Seine Symptome waren bereits nach unserem ersten Treffen verschwunden und nicht mehr erschienen. Er war in jeder Hinsicht wieder das normale Kind wie vor dem Trauma.

Wir können ähnliche Suggestionen bei allen Klienten anwenden. Besonders nach äußerst erschreckenden Gefühlen. Die Beziehung zur Gegenwart wird häufig durch den körperlichen Kontakt mit der Therapeutin, vor allem über die Augen, noch verbessert. Ich halte oft Nacken und Kopf der Klientin in meinen Händen. Das gibt Sicherheit und dringt nicht ein. Bleiben Sie während des ganzen Prozesses wirklich bei dem Menschen, mit dem Sie arbeiten. Seien Sie präsent und bleiben Sie empfänglich. Das ist ganz wesentlich.

## Trauer, Sorge und Kummer

Aggressions-Techniken lösen auch leicht die Emotionen Trauer, Sorge und Kummer aus. Es reicht dazu oft schon, die chronischen Verspannungen ein wenig zu mildern und eine geringe Ladung aufzubauen. Wieviel mehr bewirken da Schrecken und Wut. Schizoide Klienten scheuen sich vor tiefer Trauer. Sie fürchten sich davor, sie über Weinen oder Schreien auszudrücken. Wichtig ist: Trauer hat gewöhnlich nichts mit Depression zu tun. Allgemein gesprochen: In der Depression halte ich alle Gefühle zurück. Wo immer jedoch wirkliche Gefühle sind, ändern sich Atmung und Sprache. Die Gefühle verstärken sich, erreichen einen Höhepunkt und nehmen wieder ab. Im Ausdruck wirklicher Gefühle ist Bewegung und Wechsel, in der Depression nur gefrorene Unbeweglichkeit.

### Fokussieren

Es ist für den schizoiden Klienten nichts Ungewöhnliches sich irgendwie vage traurig zu fühlen, ohne genau zu wissen warum. Wenn jemand damit, oder einem nicht vollständig verstandenen Gefühl zu mir kommt, fällt mir immer gleich Gendlin's (1981) Fokussieren ein. Es ähnelt einer Reihe anderer Methoden, die ich bereits beschrieben habe und noch beschreiben werde. Aber es verfügt auch über einige einzigartige, unschätzbare Vorteile. Fokussieren ist ein körper-orientierter Ansatz, der jedoch kaum in den Körper eindringt. Klient und Therapeut brauchen sich nicht zu bewegen. Das Anwendungsfeld ist weit. Ich präsentiere ihn aber speziell als nicht-aktive Technik bei Schwierigkeiten mit Trauer und Sorge. Hier also Gendlin's Fokussieren in sechs Schritten:

### Schritt 1: Den Raum schaffen

Wir wollen erstmal die Voraussetzungen für ungestörte innere Aufmerksamkeit schaffen. Listen Sie also einfach alle Dinge auf, die Sie im Moment beschäftigen und stören. Einfach nur auflisten. Bleiben Sie nirgendwo hängen. Stürzen Sie sich nicht auf irgendein besonderes Problem. Die Sachen kommen hoch, fallen Ihnen sozusagen in die Hände und Sie stellen sie ins Regal. Nichts weiter. Es ist ein meditatives kommen und gehen Lassen. Wenn

Sie damit fertig sind, schlägt Gendlin folgenden Satz vor: "Von all dem abgesehen, geht's mir gut." Manchmal rührt er an irgendwelche Probleme, die noch nicht auf dem Brett stehen. Das können wir jetzt nachholen. Danach sinken Sie vielleicht ein wenig zufrieden in Ihren Stuhl und sagen: "So, von all dem abgesehen, geht's mir gut."

Immer wenn wir Widerstände oder Resentiments auflisten, führt das zu einer Art Ablösung oder Loslösung von der Liste selbst. Wir haben uns von ihr getrennt und das befreit. Denn wie mit anderen Gestalt-Prozessen wollen wir auch mit diesem hinter das uns schon bewußt Gewordene schauen. Mit der Auflistung reinigen wir uns sozusagen bevor wir mit dem Fokussieren beginnen.

### Schritt 2: Das Problem fühlen

Fühlen Sie nach der Essenz, dem Herzen oder dem Kern des Problems. Bitten Sie ihren Körper, Ihnen Botschaften kinästhetischer Art über die Sinne zu schicken. Vermeiden Sie es, verstehen, analysieren oder etikettieren zu wollen. Geben Sie sich stattdessen Zeit, die Botschaft in der Sprache Ihres Körpers zu lesen und nicht in der Sprache Ihres Verstands. Besonders unser schizoider Teil wird automatisch versuchen, diesen zweiten Schritt geistig auseinanderzurupfen und viel Geschwätz zu veranstalten. Gefühle brauchen jedoch Zeit und Geduld, um sich zu zeigen. Unser Körper spricht im allgemeinen langsam, gerade, wenn es um unangenehme Emotionen geht. Um sie abzuwehren, haben wir oft ausgetüftelte geistige Methoden entwickelt. Aus diesem Grund ist das Fokussieren so wertvoll für Schizoide.

Obwohl es uns hier eigentlich um Sorge und Trauer geht, sollten wir für alles andere ebenfalls offen sein. Wir können nie wissen, was kommt. Gendlin schlägt vor, beim zweiten Schritt alle Details zu vernachlässigen und einfach das Problem als Ganzes zu spüren. Wir könnten z.B. fragen: "Wie fühlt sich das ganze Problem an?", "Welches ist heute als Ganzes gesehen das Schlimmste?", "Wie fühlt sich das alles an?". Sie versuchen also zu jenem umfassenden Gefühl vorzustoßen, daß am Grunde oder in der Mitte der Traurigkeit steht. Intellektualisieren Sie es nicht, analysieren Sie es nicht und versuchen Sie auch nicht, es zu ändern. Halten Sie es stattdessen und vertiefen Sie es.

Es ist als ob Sie nach dem zentralen Gefühl rufen, das Sie für einen anderen Menschen hegen. Die Einzelheiten, das Bild, das Verständnis für ihn mögen da sein. Aber das alles ist nicht wichtig, wenn Sie Ihre Empfindung für ihn in sich entstehen lassen.

Wir wandern bereits zum schwierigsten Teil des ganzen Prozesses. Das gilt besonders für den schizoiden Klienten, denn wir lehren ihn eine neue Sprache: die Kommunikation der Sinne. Sie wird ihm ziemlich fremd sein. Er wird wahrscheinlich Schwierigkeiten haben, die Sprache und Botschaften seiner Sinne zu übersetzen.

## Schritt 3: Den Knackpunkt finden

Fokussieren trainiert im wesentlichen die Kommunikation mit den Gefühlen, dem Körper und dem Unbewußten. Das Geheimnis dieser Arbeit liegt unter anderem im Stellen offener Fragen und im Warten auf Antworten, wobei wir die rational und bewußt gegebenen vermeiden wollen. Der dritte Schritt ist vielleicht am schwierigsten zu erklären. Er unterscheidet sich von den vorherigen und folgt ihnen dennoch. Wir stellen weiterhin verbale Fragen und bleiben weiterhin für alle non-verbalen, kinästhetischen, bildlichen oder sonstigen Antworten offen. Die Schlüsselfrage heißt: "Was ist der Knackpunkt des Problems?", "Was ist das Schlimmste an ihm?", "Wegen was an ihm geht es mir hauptsächlich so schlecht?" Warten Sie nun einfach wie bei der Umdeutungs-Methode. Warten Sie auf ein Signal von jenem Teil, der die Schwierigkeit erzeugt.

Gendlin deutet an, daß sich in dieser Phase des Prozesses das Problem auf der Gefühlsebene verändert. Wenn sich Ihr Körpergefühl merkbar verschiebt, wissen Sie, daß Sie Fortschritte machen. Sie sind auf der richtigen Spur und Ihr Körper sagt ihnen: "Das ist es, genau das!" Das Gefühl ähnelt dem, das wir haben, wenn uns plötzlich etwas einfällt, was wir schon lange vergessen glaubten. Wir wußten einfach nicht mehr, wo wir diesen oder jenen Ausschnitt einer Szene hintun sollten. Und dann, ganz einfach, wissen wir es. Oder es blitzt uns plötzlich auf, wo wir den seit drei Wochen vermißten Schlüssel gelassen haben: "Meine Güte, ja natürlich!"

Nun können Sie anfangen, dem Knackpunkt einen Titel zu geben oder ein Bild von ihm zu malen, das zum Verständnis beiträgt. Aber das muß nicht unbedingt sein. Wandern Sie lieber langsam als zu schnell. Wir brauchen ziemlich lange, um die neue Sprache korrekt zu sprechen und werden immer wieder versucht sein, kurzerhand in die alte uns geläufigere überzuwechseln. Gehen Sie den Prozeß des Fokussierens gemächlich. Desto erfolgreicher werden Sie sein. Stellen Sie offene Fragen und warten Sie auf die Antwort, die Ihnen Ihr Körper, "der Teil", das Unbewußte oder wie auch immer Sie es nennen wollen, geben wird.

## Schritt 4: Benennen

Fragen Sie nach Bildern oder Worten, die aus dem Gefühl kommen und es etikettieren. Aber nochmal: Der Prozeß fließt nicht von oben herab, sondern von unten hoch. Das Etikett sollte aus dem Gefühl strömen. Es sollte ihm nicht umgekehrt aufgezwungen werden. Sie suchen außerdem nach nichts, was Sie bereits kennen. Altes Etikettieren und Verstehen verhilft Ihnen nicht zu der körperlich spürbaren Veränderung, die ein Maß für erfolgreiches Fokussieren ist. Bei diesem vierten Schritt können Sie sich z.B. fragen: "Was ist dieses Gefühl?" Warten Sie auf Wörter oder Bilder, die aus Ihrem vagen, undeutlichen Gefühl aufsteigen. Vielleicht ist das ja auch schon bei Schritt drei passiert. Das macht nichts, solange sie aus dem Gefühl kommen und Sie die begleitende Verschiebung in Ihrem Körper spüren. Wenn wir sie fühlen sind wir auf dem richtigen Weg zur Vervollständigung, Lösung und Veränderung. Sie ist dieser "Aha!"-Effekt oder dieses Fingerschnippen: "Das ist es!". Wir haben nun nicht mehr nur das Alte wiederholt, sondern sind bei etwas Neuem angekommen.

### Schritt 5: Mit dem Gefühl abstimmen

Vergleichen Sie nun Ihr Bild oder Ihren Satz (Überschrift, Schlagzeile, Titel, Etikett) mit dem Gefühl, das Sie zu Ihrem Problem hatten. Überprüfen Sie, ob beides zusammenpaßt. Fragen Sie: "Paßt das wirklich zusammen?" Versuchen Sie die Frage eher zu fühlen als zu denken. Wenn Ihre Empfindungen die Antwort bestätigen, geht's weiter zu Schritt 6. Wenn nicht, dann sollten Sie auf adäquatere Überschriften warten, die Ihnen Ihr Gefühl schon senden wird. Einfach warten. Wie immer die Antworten heißen mögen: bleiben Sie mit Ihrem und bei Ihrem Gefühl. Hören Sie bitte nicht auf zu fühlen, sobald Sie die Schlagzeile dafür haben. Sie brauchen beide zum Vergleich. Es kann sein, daß sich Ihre Gefühle währenddessen verändern. Lassen Sie es zu. Lassen Sie sowohl Wörter wie Gefühle fließen, bis beide zusammenpassen. Und dann spüren Sie, erleben Sie, erfahren Sie beide für ein oder zwei Minuten.

Es ist wirklich wichtig, das Gefühl einfach da sein zu lassen. Versuchen Sie nicht, es zu verändern. Es strömt von selbst, es löst, es wechselt und bewegt sich. Besonders Schizoide neigen dazu, schnell weiterzuflüchten. Steuern Sie dem entgegen. Halten Sie den Klienten eine Weile bei Gefühl und Wort.

### Schritt 6: Auf tieferen Ebenen wiederholen

Je weiter wir gehen, desto tiefere Ebenen von Gefühl, Erfahrung und begleitenden Wortassoziationen suchen wir zu erreichen. Vielleicht befinden wir uns jetzt ja erst in den obersten Schichten unseres Gefühlszustandes. Kehren Sie zu Schritt 2 zurück und fragen Sie: "Wie ist mein Gesamtgefühl zu diesem Problem?" Wieder erlauben wir unserem Körper, unserem Empfinden und Unbewußten die Antwort langsam zu entwickeln. Wiederholen Sie Schritt 3 und fragen Sie nochmals nach dem Kernpunkt. Gehen Sie weiter zu Schritt 4 und bitten Sie um den Titel oder die Bezeichnung dafür. Im fünften Schritt möchten Sie wieder die Verbindung zwischen Gefühl und Wort wissen. Dieser Prozeß kann unendlich weiterlaufen und tiefer und tiefer führen. Seine Ende wird entweder von der Uhr bestimmt, die die Stunde abschließt, oder viel besser natürlich, wenn wir einen guten, inneren Ort erreichen.

Beim Fokussieren lernen wir eine neue Sprache. Wir brauchen Zeit, Praxis und zunehmendes Vertrauen in unsere Fähigkeiten, um mit dem eigenen Körper und dem Unbewußten kommunizieren zu können. Gerade dem schizoiden Klienten mag diese Sprache sehr fremd erscheinen. Viele Wiederholungen und vor allem Geduld werden nötig sein, ihn daran zu gewöhnen. In den Anfangsphasen des Prozesses finde ich die hypnotische Anleitung sehr nützlich. Sie hilft, die bewußt-urteilende, gewöhnliche Sprache aufzugeben und die neue, oft bedrohliche, anzunehmen.

Ich habe Gendlin's Fokussieren natürlich nur kurz skizziert. Das reicht vielleicht aus, um es zu verstehen, aber nicht um es zu praktizieren. Gendlin beschäftigt sich in seinem Buch mit den vielen Schwierigkeiten, die Menschen dabei haben, diese neue Sprache zu lernen. Wenn Sie es einige Male durchgelesen und den Prozeß mehrmals selbst erlebt haben, werden Sie fähig sein, auch andere darin zu unterweisen. Gendlin wiederholt sich oft. Aber gerade das finde ich notwendig, weil die neue Sprache für die meisten Therapeuten und Klienten tatsächlich völlig neu sein wird.

## Aktive Techniken

Damit unsere schizoiden Klienten ihre tiefsten Schichten der Trauer erreichen, müssen wir mit ihnen oft noch stärker körperlich arbeiten. Viele können nicht mehr weinen. Sie haben ihren Schmerz eingekerkert. Wir brauchen also ein Programm, um das Weinen zu befreien. Wir wollen vor allem die chronischen Verspannungen im Nacken, im Kiefer und im Augensegment lösen, die den Atemfluß unterbrechen. Benutzen Sie dazu alle bereits besprochenen Aufwärm- und Augen-Übungen, aber auch die folgende.

### Dem Licht folgen
Sie brauchen ein Kugelschreiber-Licht und am besten einen abgedunkelten Raum. Zuerst wieder die üblichen Basis-Aufwärm-Übungen, die eine leichte Ladung aufbauen. Der Klient sollte auf dem Boden oder auf der Matte liegen und seine Füße aufstellen. Stellen Sie sich hinter ihn und bewegen Sie das Licht unregelmäßig über seinen Augen. Bitten Sie ihn, dem Licht mit seinem ganzen Kopf zu folgen. "Entspanne deinen Blick. Nimm das Licht in dich auf, wenn du einatmest und deinen Kopf bewegst." Machen Sie ein paar Minuten

so weiter, bis der Klient tief und entspannt atmet und sich für das Licht geöffnet hat. Dann: "Sage nun immer wieder das Wort: Warum?"

Wenn die Trauer nicht tief liegt, werden Tränen und Schluchzen leicht kommen. Ermutigen Sie ihn, dabei zu bleiben und unterstützen Sie ihn eventuell durch körperlichen Kontakt. In der folgenden Entspannungsphase ist meist Raum für neue Einsichten, Erinnerungen und Bilder. Wie bei den anderen Affekt-Befreiungs-Sequenzen können wir auch hier mit einem kreativen hypnotischen Prozeß arbeiten. Ihr schizoider Klient braucht vielleicht die wiederholte Erlaubnis weinen zu dürfen. Und er braucht höchstwahrscheinlich die wiederholte Versicherung, daß seine Verletzlichkeit nicht wieder gegen ihn gewendet wird. Sein Satz ist häufig: "Diese Genugtuung gebe ich Ihnen nicht!" Ermutigen Sie ihn, sich selbst die Genugtuung, die Befriedigung zu geben. Bei den meisten Menschen, die ihm heutzutage nahestehen, braucht er seine Abwehr nicht mehr.

Ich benutze gerne die hypnotische, metaphorische Kommunikation, um das Weinen zu fördern. Wenn die Emotion nur leicht unter der Oberfläche versteckt ist, arbeite ich mit Suggestionen. Da ich im Nordwesten der USA lebe, liegt die Verwendung von Metaphern aus der uns so herrlich umgebenden Natur nur nahe. Ich erzähle immer wieder in allen Einzelheiten wie das "Wasser nachgibt, sich entspannt und über den Wasserfall zur Erde hinabrauscht. Das Wasser fließt und fällt, aber es ist nicht allein dabei. Anderes Wasser ist mit ihm, in ihm, außerhalb, innerhalb. Es fließt über die Kante und fällt, fällt, fällt, aber es verletzt sich nicht. Das Wasser unten im Becken erwartet es, empfängt es, nimmt es in sich auf, nimmt es an. Das Wasser gibt nach, es läßt sich los, es erlaubt sich zu fallen, es erlaubt sich zu strömen."

Während ich zugebe, daß diese Bilder für den bewußten Geist etwas seltsam aussehen und klingen mögen, gewährt die Aufhebung der normalen Urteilsfähigkeit in der Trance vielleicht den ersten Tränenfluß nach Jahrzehnten aus einem ansonsten schwer gepanzerten Menschen.

Wenn Trauer-Arbeit ansteht, gebe ich gerne Hausaufgaben auf. Sie besteht aus den erwähnten Übungen, die die chronischen Verspannungen lockern und eine leichte Ladung aufbauen, aus Augen-Übungen und dem Ausdrücken eines Schlüsselwortes oder -satzes. Ich verordne eventuell auch spezielle Poesie oder Prosa oder bestimmte Filme. Der Video-Markt wird immer größer und die entsprechenden Werke immer leichter verfügbar. Der Klient soll sich zu Hause in aller Ruhe hinsetzen, den Fernseher einschalten und sich heulen lassen. Was hilft, das hilft.

## Die "verrückte" Phase der Psychotherapie

Wenn sich die Klientin allmählich für alle möglichen Emotionen öffnet, geht sie durch Zeiten, in denen sie sich selbst als "außer Kontrolle" oder irgendwie "verrückt" erlebt. Zuweilen kann sie nicht mehr aufhören zu weinen, hat Ausbrüche beängstigenden Zorns oder wird von Angst überwältigt. Die üblichen Abwehrmechanismen zerbröckeln. Die Gefangenen drücken sich durch Risse und Spalten in die Freiheit.

Das wirkliche Selbst ist jedoch noch lange nicht so solide wie es sein kann, sein wird. Der Therapeut sollte sich nun besonders verständnisvoll, erklärend und rückversichernd benehmen. Ich versichere meinen Klienten, daß dies alles Zeichen der neuen Beweglichkeit sind. So unangenehm sie im Moment auch sein mögen, "der einzige Weg, den wir gehen können, führt durch sie hindurch." Ich erzähle Geschichten über mich selbst und andere Menschen, denen es ebenso erging und immer wieder ergeht. Diese Geschichten beruhigen, weil sie von außerhalb der notwendigen Krise kommen und über die zukünftigen Gewinne berichten. Erinnern Sie die Klientin auch an ihre Kraftquellen und Ich-Fähigkeiten. Erinnern Sie sie ebenso an ihre Verteidigungsmechanismen, die sie ganz bewußt ins Feld führen kann, wenn äußerste Not hereinbricht. Gerade in Krisenzeiten können wir neue Abwehrmöglichkeiten lehren oder bereits gelehrte neu proben. Gewöhnlich arbeiten wir uns durch eine gewisse Schicht der Angst, der Furcht und der Trauer hindurch. Dann folgt eine Periode der Konsolidierung. Danach tauchen wir wieder auf eine nun tiefere Ebene der Emotionen hinab. Während einer Therapie wiederholt sich dieser Vorgang mehrmals. Durcharbeiten, konsolidieren, ruhen, durcharbeiten, konsolidieren, ruhen usw. Das Wunder der Transformation des Charakters ist möglich. Aber irgend jemand hat die harte Arbeit davorgesetzt.

Die Gewinne für den Alltag des Klienten offenbaren sich meist in den Konsolidierungs- und Ruhephasen. Er nimmt stärker am sozialen Leben teil, benützt mehr Möglichkeiten, um sich selbst zu behaupten und gesund aggressiv zu sein, er öffnet sich zunehmend für die Gefühle der Liebe. Die Zeiten der Ruhe zwischen den Stürmen sind für ihn Beweise dafür, daß die Therapie wirkt. Das Ende der Therapie rückt umso näher, je länger und produktiver sie werden. Genehmigen Sie während dieser Perioden durchaus Therapiepausen. Fördern Sie die Unabhängigkeit und Selbstwerdung des Klienten vom therapeutischen Prozeß. Vielleicht veringern Sie die Stundenzahl. Oder der Klient bittet nur dann um einen Termin, wenn er Sie braucht. So machen Sie ihm auch klar, daß der Therapeut und die Therapie für den Klienten da sind und nicht umgekehrt. Die Schwierigkeiten bei der Beendigung einer Therapie liegen genauso oft bei den theoretischen Vorurteilen des Therapeuten, seinen eigenen Bedürfnissen, gebraucht zu werden oder sogar seiner Sucht, perfekt zu sein, wie bei den legitimen Problemen des Klienten, sich zu trennen.

## Die Heilung des Schizoiden

Jeder Heilungsprozeß und jede Evolution, die auf die Reife zusteuert, hat ihre allgemeine Seite. Bei jedem der grundlegenden Charakter-Themen treten jedoch ganz spezielle Entdeckungen, Errungenschaften und Freuden ins Rampenlicht je näher wir der Gesundheit kommen. Bei den Schizoiden ist es die Entdeckung des Lebens selbst- in sich, an sich und um sich herum. Im Frühling sprossen die Bäume. Was tot schien, blüht plötzlich. Wir können die Freude darüber überall sehen, überall hören, riechen, schmecken und tasten. Wir können die Freude direkt spüren, direkt fühlen, direkt wahrnehmen und empfinden. So ähnlich fühlen sich Schizoide, wenn sie zu entdecken beginnen, daß sie leben.

Es fällt ihnen oft schwer, diese Freude zu verbalisieren, weil sie so kinästhetisch ist und so sehr aus der Tiefe sprudelt. Ihr klarster und einfachster Ausdruck ist die langsame, entspannte, volle und tiefe Atmung, die nicht bewußt herbeigeführt wurde, sondern spontan erscheint. Der Körper atmet sich selbst. Die Lungen nehmen ganz natürlich jene Luft auf, die sie brauchen. Nach einem Leben des Widerstands, der Hemmung und Zurückhaltung, löst dieser einfache Vorgang, wenn wir ihn unbelastet aber bewußt beobachten, in uns Ehrfurcht aus.

Sobald der Schizoide so das Leben in sich selbst und um sich herum erlebt, so außerordentlich und doch so simpel, verliert er sein Bedürfnis, etwas Besonderes sein zu wollen. Sein Bewußtsein wandert aus dem Kopf und aus den Ideen hinab in die Empfindungen, speziell der kinästhetischen Empfindungen der Bewegung. Bewegung macht ihm nun zunehmend Spaß. Gleichzeitig kann er sich immer mehr körperlich entspannen. Wenn sich die chronische, muskuläre gegen die Schrecken des Lebens gerichtete Umklammerung gelockert hat, spürt er die freudigen Empfindungen eines entspannten Körpers. Er hat nun ein anderes Bewußtsein, das ihm tiefere Ruhe sowohl im Wachen wie im Schlafen zugesteht.

Nun zahlt sich die intensive und wiederholte Arbeit an den dunklen Seiten des Gefühls aus. Nun winkt uns Lebendigkeit, wo früher nur Wut, Schrecken und Trauer war. Was die Lebendigkeit früher so sehr schwächte, ist jetzt selbst schwach. Denn gerade im Schizoiden wühlt das Leben als solches einen Zorn von dämonischen Ausmaßen auf. Massenmörder sind hauptsächlich schizoid. Jeder schizoide Charakter trägt eine mehr oder minder große wirklich mörderische Wut in sich, die durch das Erlebnis des Lebens selbst ausgelöst wird. Wenn wir sie beleben und durcharbeiten können, bedrängt ihn die eigene, reine, ursprüngliche Lebenskraft nicht mehr. Stattdessen kann er sie einfach und klar leben. Das gleiche gilt für den in seinem steifgefrorenen Körper eingesargten Schrecken und für seine gleichermaßen zugeschüttete Trauer. Sind diese düsteren, drohenden Türme schließlich zerbröckelt, werden die Schizoiden lebendig. Sie fühlen endlich ihr Leben und freuen sich an ihm. Ihre geerdete Lebenskraft erlaubt ihnen nun alle Formen des Selbst-Ausdrucks. Tanz, Schauspiel, Musik usw, usf.. Alle Formen des Selbst-Ausdrucks, die zwar gelernt und gut entwickelt, aber nie mit dieser geerdeten Lebenskraft verbunden wurden, mausern sich zu Quellen einer ganz neuen Freude. Der Körper ist nicht mehr die zur Leistung gezwungene, getriebene und getretene Maschine. Der Körper drückt nun das Selbst aus. Er ist der Vermittler des Selbst-Ausdrucks. Und dieser Ausdruck ist in die natürlichen Forderungen und Strömungen der Körperenergie eingebettet und integriert.

Der Schizoide wird immer mehr seinen Impulsen, Bedürfnissen, Intuitionen und seiner eigenen Urteilskraft vertrauen. Durch die Rückverbindung zu sich selbst und seinem Körper, weiß er immer besser was gut und was schlecht für ihn ist. Er muß sich nicht mehr auf angelesene Philosophie oder unassimilierte Introjekte stützen, sondern kann sich auf seine eigenen Gefühle und geerdeten Urteile stellen. Er weiß selbst, was er empfindet. Keine Wissenschaft oder Religion muß ihm diese Gefühle vorschreiben. Mit seinem eigenen gesunden Sinn für sich selbst entwickelt er seinen eigenen gesunden Menschenverstand.

Je mehr sich dieser realistische und konkrete Selbst-Sinn entwickelt, desto stärker befreit der Schizoide sich von seinem introjezierten Selbst-Haß. Das mysteriöse Gefühl "Irgendwas stimmt nicht mit mir" verschwindet. Er spürt sein Recht zu leben, auch wenn er vom Leben verletzt wurde. Wenn sich seine sozialen Beziehungen verbessern, kann er allmählich das liebevolle Interesse von anderen an sich selbst annehmen und aufnehmen. Der Haß und die Kälte, die er ursprünglich erleben mußte, wird durch die wirkliche Liebe ersetzt. Selbst-Liebe und Selbst-Respekt dürfen wachsen, knospen und blühen.

Der Schizoide sieht nun die anderen Menschen eher als Quellen des Wohlbefindens und der Freude, denn als Schlammlöcher der Bedrohung. Er wird den sozialen Kontakt jetzt eher suchen als vermeiden. Er wird seine Freude daran haben, auch wenn das Zusammensein etwas oberflächlich sein mag. Der Kontakt mit anderen Menschen kann sehr viel Spaß machen, auch wenn er nicht intellektuell und hoch-bedeutsam ist. Vielleicht ist der Klient nun Mitglied einer Gruppe, ohne seine Gegenwart durch eine Besonderheit rechtfertigen zu müssen. Er gibt sich die Erlaubnis nichts Besonderes zu sein. Er gibt sich die Erlaubnis, einfache Freude am menschlichen Kontakt zu haben.

Sondra Ray sagt: "Die Liebe ruft alles herbei was für Heilung und Befreiung nötig ist. Außer sich selbst." (Dieser Satz ist Teil des LRT - Loving Relationships Training). Je mehr der Schizoide lieben kann, desto mehr werden alle dunklen Emotionen herausgerufen und der Heilung zugeführt. Vielleicht dauert das ein ganzes Leben lang. Vielleicht braucht ein Mensch mit hauptsächlich schizoidem Charakter länger als alle anderen, um seine Themen durchzuarbeiten. Je weniger er schließlich die Liebe vermeidet, desto klarer wird er sie spüren können. Wenn die Liebe unbelastet ist, wird auch sie zu einem geerdeten Bewußtseinszustand. Wie der neue Kontakt zum eigenen Selbst, flößt uns nun auch der neue Liebes-Kontakt zu einem anderen Menschen Ehrfurcht ein. Mit diesen beiden grundlegenden, gesunden Lebenserfahrungen in sich wird Ihnen Ihr Klient oder Ihre Klienten vielleicht eines Tages sagen: "Ich habe nie geglaubt, daß es so sein könnte."

# Kapitel 5

# Das verlassene Kind
### Der symbiotische Rückzug

> Es gibt keine Erfahrung für das Kind, die größeren und gewaltsameren
> Haß auf die Mutter auslösen kann, als die Trennung.
> *John Bowlby (1976)*

> Manchmal fühle ich mich wie ein Kind ohne Mutter... weit, weit weg von
> Zuhaus'.
> *Odetta, A Motherless Child*

## Die Ursachen

Zugleich mit dem Recht des Kindes auf seine Existenz tritt sein Recht auf Nahrung, Unterstützung und Berührung ins Leben. Wird diesem Recht unbefriedigend entsprochen, entwickeln sich Kern-Themen, die zu einer charakterologischen Anpassung mit dem schon klassischen Namen "oral" führen.

Nicht alle Babys, die bewußt gewollt sind, werden auch angemessen versorgt. Und auch wenn es so aussieht, fehlt es dann doch manchmal an der dauerhaften Pflege durch einen einzigen, emotional verfügbaren Menschen, der fähig ist, eine solide und gesunde Verbindung herzustellen und aufrechtzuerhalten. Oralität entsteht, wenn das Kind zwar im wesentlichen gewollt ist, aber die Verbindung entweder nur anfangs eingegangen oder nicht weiter gepflegt wurde. Die Ernährung befriedigt nicht und erzeugt wiederholt emotionale Verlassenheit. Vielleicht verlor das Kind die ursprüngliche Bezugsperson tatsächlich und bekam nie wieder einen adäquaten Ersatz. Die Symbiose wurde begonnen, aber nicht vollendet und deshalb nie wirklich aufgelöst. Der mütterliche Anker ist nicht zuverlässig, deshalb wird die "vertrauensvolle Erwartungshaltung" nicht entwickelt. Kern-Thema der schizoiden Charakterstruktur ist die Existenz. Kern-Thema der oralen Charakterstruktur ist das Bedürfnis. In seinen Verhaltensweisen, Grundeinstellungen und Gefühlswahrnehmungen schwingt der Orale ständig wie ein Pendel um es herum. Mal klammert er sich verzweifelt an, fürchtet sich vor dem Alleinsein und der Verlassenheit, versorgt sich kaum, sagt nicht was er braucht, bittet nicht um Hilfe und kümmert sich stattdessen viel zu viel um andere. Dann wiederum, in hochgestimmten, manischen Phasen, schwelgt er in unabhängiger Grandiosität.

Aus den Fallgeschichten über Menschen mit schwerer Oralität entnehmen wir immer wieder, daß sie entweder von der Bezugsperson verlassen wurden oder diese an einer ernsthaften Krankheit litt. Am grundlegendsten, so wird berichtet, wirkt sich der Verlust einer guten Mutterfigur nach sieben Monaten, also dem Beginn der Trennungsphase aus. Im allgemeinen liegt jedoch eine bereits schwache und mangelhafte Symbiose zugrunde, die von einer chronisch unterversorgenden Mutter verursacht wird. Im Gegensatz zum Schizoiden erlebt der Orale einen teilweise angemessenen Kontakt. Er beginnt, sich mit der Pflegeperson zu verbinden. Die verschwindet nun durch Tod oder sonstwelchen Gründen plötzlich aus dem Leben des Kindes. Oder sie ist ab einem bestimmten Punkt nicht mehr fähig, die Verbindung kontinuierlich aufrechtzuerhalten. Das Paradies ist verloren. Chronisch kranke, depressive und alkoholabhängige Eltern, (die relativ wenig Unterstützung von außen haben), sind die hauptsächlichen Verursacher des oralen Charakters. Stellen Sie sich vor, Sie sind eine alleinerziehende Mutter oder ein alleinerziehender Vater mit einem oder mehreren Kindern. Sie werden krank, aber nicht so schwer, um in die Klinik zu müssen. Sie lieben Ihre Kinder und wollen ihnen wirklich alles geben. Aber Sie haben kaum genug Kraft für Ihre eigenen Krankheit. Sie können die Anforderungen einfach nicht mehr erfüllen.

Entkräftet durch chronische Depression, Alkoholismus oder Krankheit sind die Eltern von oralen Charakteren oft selbst oral. Als Menschen mit ständig niedrigem Energielevel versagen sie immer wieder darin, die Bedürfnisse ihrer Kinder angemessen zu befriedigen.

Wie bei der Ätiologie des schizoiden Themas müssen wir auch beim oralen die äußeren Umstände der Bezugsperson beachten. Eine Frau, die mit der Unterstützung ihres Mannes und/oder anderer Familienmitglieder, Freunde, usw. eine "hinreichend gute" Mutter für ihre zwei oder drei Kleinen sein kann, mag alleinstehend und nur auf sich selbst angewiesen ihre Aufgaben nicht mehr ausfüllen können. Ich glaube in der Tat: Die Verletzlichkeit der Kernfamilie in unserer hochmobilen Industriegesellschaft ist weitreichend verantwortlich für die Vorherrschaft von schizoiden und oralen Themen in den psychotherapeutischen Klienten.

Das Kleinkind weiß natürlich nichts von diesen soziologischen Erkenntnissen. Es weiß nur, daß es wehtut, körperlich und emotional, und daß der Schmerz nicht aufhört. Bowlby (1973, S.23) schreibt: "Wir können die Unsicherheits-, Angst- und Streß-Zustände von Kindern und Erwachsenen großenteils auf die Verfügbarkeit und Empfindsamkeit ihrer hauptsächlichen Bezugspersonen zurückführen." Bowlby erkannte drei Reaktionsstufen von Kindern auf die Trennung von ihren Müttern. Zuerst protestieren sie direkt, dann fallen sie in tiefe Verzweiflung und geben ,schließlich auf, um sich oberflächlich anzupassen, aber ansonsten tief abgeschnitten zu sein. In der dritten Phase des Prozesses beachtet das Kind die zurückkehrende Mutter entweder nicht oder weicht vor ihr zurück. Danach folgt eine Periode auffälliger Ambivalenz.

Von diesen Beobachtungen ausgehend stellen wir die Hypothese auf, daß der wiederholt verlassene und enttäuschte junge Mensch schließlich alles tut, um sich der Enttäuschung und Einsamkeit anzupassen. Denn es schmerzt viel zu sehr, dauernd mit chronischer Aufregung, ständigem Protest und immerwährender Verzweiflung zu leben. Das Kleinkind (oder sein Ich, wenn Sie so wollen), sucht nach einer Kompromißlösung für seinen Umgang mit Schmerz, aus Verlassenheit und chronisch unbefriedigten Bedürfnissen. Wie bei jeder Charakterstruktur beginnt die Selbst-Verneinung dort, wo die natürliche Reaktion auf andauernde Frustrationen einfach nicht mehr zu tragen, also unerträglich, ist. Das Kind forscht nun nach Möglichkeiten, seinen eigenen natürlichen organismischen Selbst-Ausdruck abzuschneiden, damit der Schmerz aufhört. Im oralen Fall heißt das ganz logisch: "Wenn ich nichts brauche, wenn ich keine Bedürfnisse habe, kann ich auch nicht frustriert werden!" Diese stoische Haltung vermindert zwar den direkten Schmerz, ist aber für ein total abhängiges Wesen kaum realistisch. Der Kompromiß muß durch andere Manöver abgesichert werden.

Die Anthropologen der Kindheit weisen uns auf die verschiedenen Abwehrfähigkeiten des Ich auf den verschiedenen Entwicklungsstufen hin. Blanck und Blanck (1988) haben die dem 6 - 9 Monate alten Kind zur Verfügung stehenden zusammenfassend skizziert. In dieser Zeit wirkt sich die Trennung von der Mutter am heftigsten aus. Es hat nun nicht mehr primär Angst vor der Vernichtung/Auslöschung, sondern davor, die Bezugsperson zu verlieren. Zu den bereits verfügbaren Abwehrmechanismen der Projektion, Introjektion und Verleugnung gesellen sich die der Identifikation, Verschiebung, Verkehrung und Wendung gegen die eigene Person. Mit diesem erst in primitiver Ausfertigung vorhandenen Handwerkszeug baut das orale Kind seine Verteidigungslinien gegen den Schmerz.

Um es noch einmal zu wiederholen: Der erste Schritt besteht aus der Verleugnung des Bedürfnisses. Er ist das zentrale Element im Selbst-Verneinungs-Prozeß der oralen Charakterentwicklung. Der Mensch kontrahiert sich gegen seine Wünsche. "Wenn meine Bedürfnisse mir nur Schmerzen machen, will ich sie nicht haben." Er atmet weniger, tut weniger, gibt kaum Energie ab. Er hat geringeren Output und braucht dadurch tatsächlich nicht soviel Input. Diese Lösung stellt die Depression über die Expression. Sie führt zu chronischer Depression auf niedriger Ebene. Aber auch das reicht nicht ganz, denn die Bedürfnisse existieren weiter. Später öffnen ihm die entwickelteren Verteidigungsmechanismen Seitenwege, auf denen seine Wünsche doch noch befriedigt werden. Und das, ohne daß er sie zugeben oder die Kontrolle über seine natürliche Wut auf die ihm zugefügte Frustration aufgeben muß.

Lassen Sie uns die Abwehrfunktionen kurz definieren:

Identifikation ist der Prozeß, durch den wir die Unterscheidung zwischen dem eigenen Selbst und dem des anderen verwischen oder aufheben. Wir dehnen unsere Identität auf den anderen und in den anderen aus. Wir leihen uns seine Identität oder verschmelzen mit ihr.

Verschiebung ist der Prozeß, durch den wir die Richtung von Gefühlen von einem Objekt auf ein anderes verschieben. Wir ersetzen also ein Objekt, auf das wir unsere Gefühle gerichtet haben, durch ein anderes.

Verkehrung ist der Prozeß, durch den sich (gemäß der klassischen analytischen Theorie) das Ziel eines Triebes in sein Gegenteil verkehrt. Der energetische Ausdruck verkehrt sich. Durch diesen Mechanismus wird aus Haß Liebe, aus Sadismus Masochismus, aus Sehnsucht nach einem Objekt die Zurückweisung dieses Objekts usw. Die Reaktionsbildung ist ein Abwehrvorgang, der sich auf diesen Prozeß stützt.

Wendung gegen die eigene Person ist der Prozeß, durch den der Trieb ein unabhängiges Objekt durch die eigene Person ersetzt (Freud, 1982). Sie dient oft zur Erklärung des Phänomens der Besessenheits-Neurose, wo die Person ihren Haß gegen sich selbst richtet. Der Wunsch nach Rache wird zur Neigung, sich selbst zu peinigen.

Sie werden bemerkt haben, daß sich alle vier Abwehr-Funktionen auf die Fähigkeiten des einzelnen stützen, das eine Objekt durch das andere auszutauschen (Identifikation, Verschiebung und Wendung gegen die eigene Person) oder ein Gefühl durch ein anderes zu ersetzen (Verkehrung). Diese Fähigkeit, das Objekt zu wechseln oder den Trieb zu verkehren erklärt viele Abwehrmanöver des oralen Ich, die von den Charakter-Theoretikern (besonders Lowen, 1988) beobachtet wurden. Wenn Sie diese Abwehrmanöver verstehen, verstehen Sie bereits viel vom oralen Erwachsenen.

Weil die symbiotische Verbindung unbefriedigend ist, schreitet das Kind (ungeachtet der zur Lösung des Konflikts gewählten kognitiven Abwehr) frühreif auf die Individuation zu. Das orale Kind läuft früh, spricht früh, widmet sich Tätigkeiten, die ihm Aufmerksamkeit bringen und seine Unabhängigkeit von demjenigen Menschen fördern, der ihm nicht geben kann, was es wirklich braucht. In der zweiten Unterphase der Selbst-werdung, der Übungs-Phase, gibt es einige hochgestimmte, gute Zeiten, in denen man viele wundervolle Entdeckungen machen kann. Das Kleinkind tut viel Neues und erforscht seine weite Welt mit den Augen des Entdeckers. Es ist eine manische, vielbeschäftigte Zeit. Es ist eine Zeit für natürliche Grandiosität und natürlichen Narzißmus. "Mama ist nicht da. Aber schaut doch, was ich alles alleine machen kann. Ich brauche sie nicht. Hey, sind das Zeiten!" Die Verzweiflung verflüchtigt sich in der Hochstimmung der Individuation und Entdeckung der Welt. Hier beginnt die manische Abwehr, beginnt die Großartigkeit und der Narzißmus, durch die sich viele orale Charaktere auszeichnen.

In einem bisher nicht publizierten Aufsatz beschreibt Dr. Alan Levy äußerst aufschlußreich deren Entwicklung. Er hält sich dabei an das in Kapitel 1 vorgestellte klassische, charakteranalytische Schema von Selbst-Bestimmungs-Prozeß, Negativer Umwelt-Reaktion, Reaktion des Organismus, Selbst-Verneinung und Anpassung. Außerdem greift er auf Liedertexte der Popmusik zurück. Mit seiner Erlaubnis drucke ich den Aufsatz hier ab. Ich glaube, er wird einiges zu Ihrem Verständnis und Gefühl für das orale Dilemma beitragen. Vielleicht hilft es Ihnen, wenn Sie besonders darauf achten, wieviele der Abwehrfunktionen Sie in dem von Dr.Levy aufgezeichneten Anpassungs-Prozeß wiederfinden.

## Das Liebeslied des Oralen *

> Where do I begin... to tell the story that is older than the sea?... the simple truth about the love she brings to me...
>
> - Love Story -

> (Wo beginne ich jene Geschichte, die älter ist als das Meer? ... und mir die einfache Wahrheit über die Liebe bringt.)

### Die Selbst-Affirmation

Die Geschichte beginnt bei der Geburt. Was hat der neugeborene Organismus, um die verlorengegangene symbiotische Verbindung zu erset-zen? Es hat nur den warmen, gebenden Körper der Mutter. Das ist alles, was das Kind hat. Aus seinem tiefsten Inneren heraus sagte es zu Dir: "Ich brauche Dich." Es nimmt alle emotionale und körperliche Nahrung auf, die es aufnehmen kann. Es braucht den Körperkontakt, um zu überleben. Viele Forschungen haben das inzwischen genügend bewiesen.

(Anm.: * Eine musikalisch illustrierte Geschichte der oralen Charakter-Entwicklung. Am 15.Sept. 1975 von Alan W.Levy der Ausbildungs-Gruppe der Südkalifornischen Gesellschaft für Bioenergetik vorgetragen. Das Original-Papier enthielt weitere Beispiele. Anm. des Übersetzers: Da ich mich nicht berufen fühle zu dichten, übersetze ich in banaler Prosa und stell's in die Klammer)

I'll get by, as long as I have you...
Tho there be rain and darkness too, I'll see it thru.

- I'll Get By -

(Solang' ich dich habe, geht es mir gut,
In Regen und Dunkelheit bleibt mir der Mut.)

Ohne die lebenswichtige Nähe der Mutter würde der neue Mensch sterben. Aber der Kontakt ist noch mehr als lebenswichtig. Er ist voller Lust und Freude. Der Kontakt mit der Mutter ist der Prototyp für die Entwicklung von Gemütszuständen und Neigungen, von Liebe und Sexualität. Wir können die Beziehung zwischen der Lust an der Brust und der Erfahrung geliebt zu werden auf viele Arten ausdrücken. Hier ist eine davon:

Warm... touching warm, reaching out, touching me, touching you...

- Sweet Caroline -

(Wärme..., Wärme fühlen, Wärme suchen, mich berühren,
dich berühren... )

Die Mutter ist die ganze Welt. Sie ist alles, was das Baby hat. Wenn die Mutter wirklich da ist, verschmilzt der Kontakt zum wunderbarsten Erlebnis auf dieser Erde, einem Erlebnis, das dem Paradies vielleicht am nächsten kommt!

I have seen so many wonders... But I haven't seen anything to match the wonder of a mother's love.

- A Mother's Love -

(Ich habe viele Wunder geschaut... Aber nichts so Wunderbares wie die Liebe einer Mutter)

## Die negative Reaktion der Umwelt

Aber allzuoft geht das Paradies verloren. Die Umwelt versagt dem Kind den lebenswichtigen Kontakt. Mama ist nicht da, wenn sie gebraucht wird. Oder sie ist da, aber unsensibel. Oder sie verschwindet ganz plötzlich und das Baby bleibt verlassen und hilflos zurück.

Close to my heart she came, only to fly away...
Now, I'm alone, still dreaming of paradise,
Still saying that paradise once nearly was mine.

- This Nearly Was Mine -

(Meinem Herzen ganz nah, flatterte sie wieder fort. Nun bin ich allein und träume vom Paradies, das einmal fast mein war.)

## Die Reaktion des Organismus

Das Kind erinnert sich an Freude und Lust, doch es spürt nur den Schmerz der Verlorenheit. Es ruft nach der Mutter.

> When I remember every little thing you used to do, I'm so lonely... and while I'm waiting here, this heart of mine is singing: Lover come back to me.
>
> - Lover Come Back to Me -

> (Oh ja, die vielen Kleinigkeiten, die zu dir gehören. Ich weiß sie noch alle. Ich erinnere mich und dann bin ich so allein... Ich warte hier und mein Herz singt: Oh Liebling, komm' zurück zu mir.)

Mama kommt zwar zurück..., aber kann man ihr noch trauen? Bleibt sie diesmal wirklich so lange wie ich sie brauche? Es ist schwer, sich wieder darauf einzulassen. Die Trennungs-Angst ist stark geworden. Baby klammert nun, Baby mißtraut und fürchtet sich vor dem nächsten Abschied.

> If you go away, as I know you must,
> There'll be nothing left in the world to trust,
> Just an empty room, full of empty space... and I tell you now as you turn to go, I'll be dying slowly 'til your next hello...
>
> - If You Go Away -

> (Ich weiß, du wirst gehen und nichts wird bleiben, dem ich vertrauen kann... Nur ein weiter Raum voller Leere... Und wenn du mich jetzt verläßt, sterbe ich langsam bis zu deinem nächsten Hallo.)

Wenn Mama jetzt wieder verschwindet, reagiert der verängstigte, hungrige Organismus mit Wut.

> Blast your hide, hear me call! Must I fight City Hall? Here and now, damn it all, come back to me!
>
> - A Clear Day, Come Back to Me -

> (Ich schrei' dich aus deinem verdammten Versteck! Hier und jetzt, komm' sofort zurück!)

## Die wiederholte negative Reaktion der Umwelt

Wenn die hungrige Wut akzeptiert wird und die Nahrung kommt, ist die Verzweiflung über den Verlust nur zeitweilig. Das Wachstum kann weitergehen. Aber oft bleibt alles wie es ist. Das Kind hört schließlich erschöpft auf zu schreien. Die Verzweiflung wird chronisch. Der Organismus lebt nun wie in einem Dauerzustand der Trauer.

## Die Selbst-Verneinung

Das Baby steckt im Dilemma. Der Schmerz der Verzweiflung ist zu groß. Jedesmal, wenn das Bedürfnis nach Kontakt kommt, kommt auch das Unwohlsein. Und es gibt einfach noch keinen Ersatz für die Bemutterung. Weil das Neugeborene nicht zwischen dem, was es in seinem Körper spürt und dem was von außen kommt unterscheiden kann, nimmt es seinen Hunger als den Feind wahr. Um zu überleben, verneint es die eigenen bedürftigen Gefühle retroflektiv. Es tut so: "Ich brauche nichts."

> What a fool I was... to think you were the earth and sky... No, you are not the beginning and the end... I shall not feel alone without you. I can stand on my own without you... I can do bloody well without you.
>
> > - Without You -

> (Was war ich doch für ein Narr. Ich glaubte, du seist Himmel und Erde. Oh nein, du bist nicht der Anfang und das Ende. Ich bin nicht allein ohne dich. Ich stehe auf meinen eigenen Füßen. Verdammt noch mal, es geht mir gut ohne dich.)

Der sich entwickelnde Mensch lernt, sich gegen sein Bedürfnis zu kontrahieren statt nach ihm zu greifen. Er wird jetzt nur noch begrenzt von außen kommende Nahrung akzeptieren und aufnehmen. Er bleibt im Zustand chronischen Hungers und chronischer Einsamkeit. Gefangen ist er. Gefangen zwischen der Verzweiflung unerfüllter Leere und der Angst, sie zu zeigen. Er möchte nicht mehr verlassen werden, weil er "zu bedürftig" ist. Er setzt der Energie-Aufnahme und -Abgabe Grenzen. Das ist ein Teil seiner Lösung. Und im Schlepptau schwimmt nur allzu häufig die Depression.

> Broken windows and empty hallways, a pale dead moon in a sky streaked with gray. Human kindness overflowing, and I think it's going to rain today...
>
> > - I Think It's Going to Rain Today -

> (Zerbrochene Fenster und verlassene Zimmer. Der bleiche Mond da oben ist tot. Der Himmel trägt grau. Menschliche Nähe..., ich glaube, es wird heute regnen.)

## Der Anpassungs-Prozeß

Der depressive Absturz ist da. Wie aber passe ich ihn den Forderungen der Außenwelt an? Wenn das kindliche Ich schon reden könnte, würde es wahrscheinlich zu dem kollabierten, unterladenen Körper sagen: "Also so können wir jedenfalls nicht leben." Kompensationsmanöver sind gefragt. Allgemein beliebt ist die Fantasie vom Paradies. Konsum, Konsum, das gute Leben durch Konsum. Essen, Trinken, Drogen usw. usf. Infantile Versuche, die Süßigkeiten der frühen Tagen wiederzuholen.

> Who can take tomorrow, dip it in a dream, separate the sorrow and collect up all the cream? The candy man can... 'cuz he mixes it with love and makes the world taste good...
>
> - The Candy Man -

> (Wer nimmt sich das Morgen, taucht es in einen Traum, trennt es von den Sorgen, gibt nur dem Schönsten Raum, der Zuckermann, der kann's... weil er die Welt mit Liebe mischt ...und alles schmeckt sooo gut.)

Meine Ich-Illusion verspricht mir die Erfüllung durch materielle Sicherheit. Die Fantasie vom ewigen guten Leben.

> All I want is a room somewhere... with one enormous chair... lots of chocolates for me to eat, lots of coal making lots of heat... oh, wouldn't it be loverly.
>
> - Wouldn't It Be Loverly, aus My Fair Lady -

> (Alles was ich will, ist ein Zimmer irgendwo... mit einem riesigen Sessel... mit viel Schokolade... und Kohlen zum Heizen... oh, wär' das nicht wunderwunderschön.

Doch das Licht der Realität dämmert nur allzubald und die Träume von oralen Zuckersteinchen und materieller Sicherheit sind doch nicht so befriedigend.

> I have almost everything a human could desire,
> Cars and houses, bearskin rugs to lie before my fire,
> But there's something missing,
> It seems I'm never kissing the one whom I could care for.
>
> - Something to Live For -

> (Ich habe fast alles, was ein Mensch sich wünschen kann. Autos und Häuser und ein Bärenfell vor'm Kamin. Aber irgendwas fehlt mir... Ich glaube, ich küsse nie jemanden, den ich wirklich mag.

Die Grundhaltung ist Abhängigkeit. Der orale Charakter weiß wie man wartet, weiß wie man sich nach jemandem sehnt, der einem die Liebe bringt, weiß wie man sich an jemanden anklammert, um die Einsamkeit nicht zu fühlen. Das Ergebnis des Klammerns wird als Freude angepriesen. Doch die passive Abhängigkeit schimmert während der extremen Launenhaftigkeit immer wieder durch.

Sometimes I'm happy, sometimes I'm blue.
My disposition depends on you.
I never mind the rain from the skies if I can find the sun in your eyes.

- Sometimes I'm happy -

(Manchmal geht's mir so gut... und manchmal geht's mir so dreckig... es
hängt einfach alles von dir ab. Der Regen ist mir ganz egal... wenn ich
nur die Sonne in deinen Augen finde.)

Die verzweifelte Sehnsucht nach dem "einen besonderen Menschen", der
doch irgendwann mal kommen muß... ach, ich kann's auch alleine. Aus der
Selbst-Verleugnung wird ein starkes, tolles Ich.

Easy to be a man alone,
Just make the whole wide world your home.
Don't talk to strangers, someone might be kind
And muddle up your mind.

- A Man Alone -

(Ganz leicht ein Mann und allein zu sein. Ich mach' aus der weiten Welt
mein Heim. Ich red' nicht mit Fremden, es könnte jemand freundlich
sein... und meinen Kopf verwirren.

Ja, was dann, wenn jemand kommt und freundlich ist? Was, wenn er oder sie
einen Kontakt anbietet, der die tapfere Entscheidung ins Wanken bringt? Das
Ich muß einen kreativen Kompromiß finden, der sowohl die Verleugnung
des Bedürfnisses, geliebt zu werden trägt und gleichzeitig die Erfüllung
dieses Bedürfnisses zuläßt. Wie gelingt ihm das? Indem es die Beziehung auf
die Beine von "geben und versorgen" stellt. Ich erhalte die Ersatz-Bemutte-
rung, indem ich andere bediene. Und die Zielperson hat gefälligst ordentlich
zu reagieren, sonst werd' ich wieder depressiv!

Come to me, my melancholy baby.
Cuddle up and don't be blue.
Every cloud must have a silver lining,
wait until the sun shines trough.
Smile, my honey dear,
while I kiss away each tear
Or else I shall be melancholy too.

-Melancholy Baby -

(Komm zu mir, mein melancholisches Kleines. Knuddel dich ein und sei
nicht traurig. Jede graue Wolke hat einen Silberstreifen. Warte nur bis
die Sonne wieder scheint. Lächle nur, mein Honigmund, während ich
deine Träne wegküsse... oder ich werde auch melancholisch.)

Die Sicherheit, nicht mehr allein zu sein ist für diesen "bemutternden" Charakter gleichbedeutend mit Glück. Glück ist die Vermeidung erneuter Einsamkeit. Der Orale sucht deshalb bevorzugt Menschen, von denen er wirklich gebraucht wird. So bekommt er seinen sehnlichst gewünschten Kontakt. Gleichzeitig ist er davor sicher, verlassen zu werden. Das Trugbild ist stark. Aber irgendwann entwächst das "melancholy baby" der Abhängigkeit oder ist zumindest nicht mehr so dankbar. Dann kann der stellvertretende Fütterungsprozeß die Erfüllung nicht länger versprechen. Die Desillusionierung ist real. Traurigkeit und Sehnsucht des inneren Kindes schreien:

> Sometimes I feel like a motherless child...
> A long way from home.
>
> - Odetta, A Motherless Child -
>
> (Manchmal fühl' ich mich wie ein Kind ohne Mutter...
> weit, weit weg von Zuhaus'.)

Kein Happy-End also. Damit die Liebesgeschichte des oralen Charakters eine befriedigende Abschlußszene bekommt, muß sich der Kreis vollenden. Das heißt:
- Rückkehr zum Trauer-Prozeß.
- Wiedererleben des Kontaktverlustes mit der Mutter und der sich daraus ergebenden Angst, Sehnsucht und Wut.
- Harte Arbeit an der Verbesserung der Kapazitäten des Körpers, nach Energie zu greifen, sie aufzunehmen und wieder abzugeben, damit die eigene Liebe des Menschen blühen kann.

## Verhalten, Grundeinstellung und Gefühl

Der orale Charakter entwickelt sich im wesentlichen, wenn die Sehnsucht nach der Mutter verneint wird, bevor die oralen Bedürfnisse befriedigt sind. Der unbewußte Konflikt besteht zwischen dem Bedürfnis auf der einen Seite und der Angst vor einer Wiederholung der schrecklichen Enttäuschung auf der anderen. Die charakteristischen Verhaltensweisen, Grundeinstellungen und Gefühle, die Sie als Therapeut jeweils zu verschiedenen Zeitpunkten beobachten können, hängen von der grundlegenden Schwere des oralen Themas und der aktuellen Effektivität der Abwehrstruktur ab. Weil die meisten Menschen einen Therapeuten aufsuchen, wenn ihre Verteidigungsmechanismen überflutet werden, bekommen wir wahrscheinlich zuerst einmal das symptomatische Verhalten und die Geschichte des verlassenen Kindes zu sehen.

Depression gibt es auch bei anderen Charakterstrukturen. Sie ist nicht definitiv für Oralität. Wenn die orale Komponente jedoch signifikant ist, finden wir immer auch depressive Phasen. Zur Geschichte gehören dann üblicherweise depressive oder dysthyme oder zyklothyme und sogar manisch-depressive Störungen. Die Depressionen der oralen Charaktere unterscheiden sich von denen anderer Charaktertypen, weil sie gewöhnlich härter zuschlagen und von größerer Erschöpfung, Verzweiflung und Sehnsucht begleitet werden. Einige Orale zeigen eine chronisch unipolare Depression. Die Fluktuation ist bei den meisten jedoch größer als bei den anderen Charakterstrukturen. Sie sind oft normal bis übernormal aktiv, was sich allerdings bis ins Manische steigern kann. Früher oder später erschöpft sich aber ihre künstliche Antriebskraft. Sie brechen zusammen. Manchmal für längere Zeit. Der orale Charakter ist in seinem Wesen ein unterernährter Organismus mit einer erschöpften Lebenskraft. Mit der Manie versucht er dies zu verleugnen. Er will sich seiner unterliegenden Verzweiflung und Sehnsucht nicht gegenüberstellen. Verlassene Kinder neigen aus verschiedenen Gründen zur Krankheit:

1. Sie haben die Selbst-Versorgung nicht gut internalisiert.
2. Die ungeerdeten Phasen von Hochstimmung und Manie entleeren ihre Quellen.
3. Krankheit ist ein gesellschaftlich akzeptierter und Ich-syntonischer Anlaß. Ich bekomme Aufmerksamkeit und Nahrung.

Der orale Charakter behält nur schwer eine erwachsene Verbindung mit Arbeit, Familie und persönlichen Angelegenheiten. Er wuchs einfach zu schnell auf. Er ärgert sich unterschwellig darüber, aufwachsen und erwachsene Verantwortung übernehmen zu müssen. Unbewußt will das verlassene Kind versorgt werden. Die Welt schuldet ihm das. So sehr der Orale sein System auch überdreht (und letztendlich festfährt), um sich erwachsen anzupassen, will er doch insgeheim im Bett bleiben. Er will, daß man ihn füttert. Die Forderungen aus Beruf, Ehe, Kindererziehung, Haus, Finanzen usw. sind einfach zu viel. Er macht Überstunden und tut was er kann. Gerade weil er sich so sehr anstrengt, weigert er sich oft, die Verantwortung für seine Fehler zu übernehmen. Jedenfalls ist dies einer der Gründe. Er fühlt sich dann mißverstanden, verfolgt und überhaupt nicht anerkannt.

Der Orale hat sich essentiell aufgegeben. Deshalb ist seine Selbst-Behauptungskraft und Aggressivität schwach. Er arrangiert sein Leben nicht in angemessener Weise. Er greift nicht an, damit es funktioniert und er greift nicht nach dem aus, was er braucht. Es fällt ihm schwer, um etwas zu bitten. Andererseits kann er eine an ihn gerichtete Bitte kaum abweisen. Er kann warten und sich danach sehnen, daß das Leben zu ihm kommt, aber er kann nicht danach greifen und es packen. Wenn es nicht kommt, kann er sich darüber ärgern, aber nicht die Wut ausdrücken, die in ihm ist. Deswegen ist er oft überreizt. Lowen (1988) hat diesen Zustand mit einer unreifen Frucht verglichen. Weil er viel zu früh vom Baum getrennt wurde, ist er sauer, hart und bitter. Ihm fehlt die fruchtige Süße der Reife.

Ich beobachte diese Merkmale fast immer an Leuten, deren Verletzungen nach (oft berufsbedingten) Unfällen nicht heilen oder sich nicht wie erwartet verbessern. Sie werden dann wegen einer vermuteten "psychologischen Überlappung" zu mir geschickt. Meine Untersuchungen ergeben häufig den wiederholten Verlust der ursprünglichen Bezugsperson oder einen chronischen Mangel an Zuwendung während der Kindheit. Ein Roman des Verlassenwerdens begann, zu dem sich meist schon in der Jugend Kapitel der Überarbeitung und der exzessiven Verantwortlichkeit hinzugesellten. Ganz aktuell hegen diese Menschen einen oft völlig ungerechtfertigten, brodelnden Groll gegen den Arbeitgeber oder auch den überweisenden Arzt, der ihn nicht heilen konnten. Die eigene Haltung zur Verletzung ist passiv und unbestimmt. Die Verantwortung wird vollkommen dem Doktor überlassen. Es gibt keine oder nur wenige Versuche der Selbst-Heilung.

Diese Leute verletzen sich ziemlich häufig und schwer. Genauso schwer ist ihnen aber auch zu helfen. Sie sind passiv-aggressiv und sie jammern ohne Ende. Die meisten Ärzte mögen sie nicht und leihen ihnen kaum ein mitfühlendes Ohr. Die Überweisung an mich durch einen frustrierten medizinischen Kollegen ist gar nicht so selten nur ein Ausweg, den ärgerlichen und verärgerten Patienten loszuwerden. Der wirklich schwierige Kontakt mit ihm braucht aber eben gerade das mitfühlende, offene und anerkennende Ohr für seine Schmerzen, Enttäuschungen und Realitäten.

Alle oralen Charaktere verletzen sich, denn sie wollen in ihrem Schmerz und ihrer Verzweiflung gehört werden. Dieser Ausdruck der Oralität ist besonders symptomatisch. Sie arbeiten übermäßig, bis sie zusammenbrechen. Meist an ihrem schwächsten Punkt im unteren Rücken. Der Zusammenbruch erlaubt ihnen die ehrenvolle Entspannung. Die Verletzung gestattet ihnen die Abwendung von den verhaßten Forderungen des Erwachsenenlebens, die in der Tat einfach zu groß waren. Weil sie krank sind oder Schmerzen haben, werden sie nun ohne fragen zu müssen, versorgt. Die Wohlfahrt, die soziale Sicherheit, die Krankenkasse etc. gibt ihnen endlich das, was ihnen sowieso zusteht. Das spüren sie unbewußt. Sie haben eine Kompromißlösung gefunden, die viele sich widersprechende Forderungen in Übereinstimmung bringt. Um die Lösung aufrechtzuerhalten, müssen sie die Gesundung hinauszögern. Aber damit der Selbst-Respekt keinen Schaden nimmt, ist es nötig sich wirklich schwer zu verletzen.

Seine Liebesbeziehungen sind voller Probleme. Wenn er nicht gut kompensiert ist oder die Abwehrstrukturen nicht arbeiten, verliert er sich in der Liebe. Wird die Hoffnung auf das verlorene Paradies wieder angefacht, zerschmilzt er in die Symbiose. Der Partner fühlt sich erstickt und ärgert sich über das anklammernde Verhalten. Der Orale beklagt vielleicht den Verlust seiner Identität in der Beziehung, gibt aber dennoch immer mehr von jenen Aktivitäten auf, die er nicht mit dem Freund teilen kann. Auch wenn er oberflächlich viel gibt, fühlt man sich von den unausgesprochenen Forderungen nach Aufmerksamkeit bald ausgetrocknet und ausgesaugt.

Sexuelle Probleme sind üblich. Der Sexualtrieb ist schwach. Das Bedürfnis zu berühren, zu kuscheln und zu knuddeln ist viel größer als das für den genitalen Kontakt. Die symbiotische Natur der Beziehung, nach der sich der Orale sehnt und die er erzeugt, dämpft die sexuelle Leidenschaft. In der Symbiose verschwimmen die Unterschiede zwischen Mann und Frau. Aggression und Selbst-Behauptung stumpfen ab.

Die Folge: Leidenschaften aller Art gehen unter und der Sex verschwindet. Eine symbiotische Beziehung ist eine Beziehung ohne Unterscheidungen. Die Sexualität wirbelt dagegen zuviele Unterscheidungen auf. Sie ist deshalb für die Symbiose viel zu bedrohlich. Orale Frauen sind häufig präorgastisch. Orale Männer haben oft abgeschwächte sexuelle Bedürfnisse oder solche, die verschwinden, sobald die frühen, verführerischen Phasen einer Beziehung vorbei sind. Für den Oralen ist Beziehung gleich Symbiose und Symbiose erschlägt den Sex. (Ich danke Ed Muller für diese äußerst hilfreiche Einsicht.)

Das verlassene Kind bringt in jede Liebesbeziehung die Angst vor dem möglichen Verlassenwerden mit ein. Der Orale fürchtet sich vor der Einsamkeit und stürzt sich frühzeitig und frühreif in unpassende Beziehungen. Seine Angst vor dem Verlust schüttet Öl ins Feuer der Eifersucht. Jedes Anzeichen löst Panik aus. Ob der Partner nun seine Augen harmlos umherstreifen läßt, ob er mal zu spät kommt oder nicht gerade häufig anruft oder nicht dann, wenn es erwartet wurde: er ist jedenfalls schuldig. Er projiziert seinen Hang, bei Konflikten die Beziehung zu verlassen auf den Freund. Er wittert drohende Trennung und Einsamkeit, während der Partner überhaupt nicht daran denkt. Wir neigen dazu, anderen anzutun, was uns ursprünglich angetan wurde.

Das gilt für jede Charakterstruktur. Der Orale verläßt deshalb "gerne" jene Menschen, denen er nahe gekommen ist. Weil er Aggression und Selbst-Behauptung unterdrückt, sich in der Beziehung verliert, mehr gibt, als er wirklich will und ihm die Forderungen einer erwachsenen Beziehung wirklich "zuviel" sind, wächst in ihm der Groll. Er wird gereizt. Dann gibt er gewöhnlich auf und zieht sich zurück. Jackson Browne sagt dazu:

When you see through love`s illusion there lies the danger
And your perfect lover just looks like a perfect fool
So you go running off in search of a perfect stranger
While the loneliness seems to spring from your heart like a fountain from
a pool
Fountain of sorrow, fountain of light
You've known the hollow sound of your own steps in flight.

- Jackson Browne, Fountain of Sorrow -

(Wenn du hinter dem Trugbild der Liebe die Gefahr siehst und dein
Liebling einfach nur noch ein perfekter Narr ist, rennst du weg und
suchst den perfekten Fremden, während aus deinem Herzen die Einsamkeit wie eine Fontäne spritzt. Strahl der Trauer, Strahl des Lichts.
Hast du den hohlen Klang deiner flüchtenden Füße nicht schon öfter
gehört?)

Gerade der nicht so gut kompensierte Orale hat große Schwierigkeiten mit
der Einsamkeit. Sobald die Trennung droht, gerät er in Panik. In solchen
Zeiten greift er vielleicht zu Drogen usw. Seine frühe Kindheitsentwicklung
gibt uns weitere Aufschlüsse. Im fünften oder sechsten Monat hat das
Kleinkind eine personenspezifische Verbindung aufgebaut. Es erkennt die
Unterschiede zwischen seiner primären Bezugsperson und anderen Menschen. Die sogenannte "Acht-Monats-Angst" läßt sich auf diese Unterscheidungsfähigkeit zurückführen. Das Kind zeigt Angst oder auch Neugier und
Verwunderung, wenn es von Mama mal an Papa oder jemand anderen
übergeben wird. In diesem Zeitraum hat es größere TrennungsAngst denn je.

Es sucht sich nun "Übertragungs-Objekte" (Winnicott, 1953). In unserer
Kultur meist Teddybären oder flauschige Tücher. Sie mildern die Trennungs-
Angst und ersetzen die bemutternde Person während der Abwesenheit. Die
Objekte werden meist wieder aufgegeben, wenn sich die Kinder ihrer
Repräsentation der Beständigkeit der primären Bezugsperson sicherer geworden
sind. Ist die "Objekt-Konstanz" also mehr oder weniger erreicht, brauchen sie
das Übertragungs-Objekt nicht mehr.

Der orale Charakter hat die Objekt-Konstanz nie wirklich erreicht. Wir
kommen deshalb in der Behandlung ein gutes Stück weiter, wenn wir die
Natur und Rolle seiner Übertragungs-Objekte, mit denen er sich stark
verbinden kann, verstehen. Ich glaube, daß Drogensucht eine Art Bindung
zu einem Übertragungs-Objekt ist. Viele Drogen machen sowohl körperlich
als auch psychologisch abhängig. Das erhöht den Effekt nur noch. Diese Art
Bindung oder Anhänglichkeit gilt nicht nur für offensichtlich erheiternde
Drogen wie Alkohol, Tabak, Marihuana und Kokain, sondern auch für
weniger offensichtliche und gesellschaftlich gebilligte wie Koffein und
Zucker. Gerade der Orale ist dafür anfällig. Es kann die Therapie sehr fördern, wenn wir ihm zu besseren Übertragungs-Objekten verhelfen.

Der gut kompensierte orale Mensch lebt und arbeitet oberflächlich gesehen recht effektiv. Er verleugnet jedoch seine Grundbedürfnisse und projiziert sie auf andere. Er neigt dazu, sich mit den anderen "melancholy babies" dieser Welt zu identifizieren und für sie zu sorgen. Man nimmt ihn als gebend, großzügig und sanft wahr. Er verschiebt noch vielleicht dazu seine Bedürfnisse und ersetzt sie durch den übermäßigen Konsum von Essen, Trinken oder Drogen. Damit versucht er das innere Gefühl von Verlust, Leere und Verzweiflung zu überdecken. Ebenso verschiebt er seinen Wunsch nach Liebe von den Menschen auf die Dinge. Er umgibt sich mit den materiellen Objekten, die in unserer Kultur die Erfüllung versprechen.

Oder er verschiebt sein Bedürfnis nach Liebe und Genährtwerden auf das Bedürfnis nach Aufmerksamkeit. Orale sind oft beredt, gesprächig und verbal sehr geschickt. Sie benutzen diese Fähigkeit, um Anerkennung und Beachtung zu gewinnen. Aber jeder Star kann ein Lied davon singen, daß die Befriedigung daraus letztendlich gar nicht gut schmeckt.

> A legend's only a lonely boy when he goes home alone.
> - Carly Simon, Legend in Your Own Time -
>
> (Die Legende wird zum einsamen Jungen,
> wenn er allein nach Hause geht.)

Die verschwenderische Aufmerksamkeit für die Berühmtheiten unserer Gesellschaft wird zur ärgerlichen Last. Die Hymne vom Ruhm verbreitet die Mär, er könne die Leere füllen. Durch die Verkehrung verpackt der Orale sein im Wesen infantiles, egoistisch narzißtisches, unzuverlässiges und bitteres reales Selbst in ein viel leichter zu verkaufendes Päckchen. Für sein übertriebenes, aber unbewußt forderndes Geben und Füttern und sein übertriebenes, aber unbewußt grollendes Verantwortungsbewußtsein wird er oft belohnt.

Wenn das falsche Selbst gut funktioniert und unterstützt wird, braucht es schon eine schwere Krankheit oder Verletzung, um das abgewiesene und unterdrückte wirkliche Selbst zu enthüllen. Er hat sich gegen seine eigenen Bedürfnisse kontrahiert und damit gegen sich selbst gestellt. Er verachtet die natürliche Bedürftigkeit, die sein reales Selbst ist. Er verneint seine Wut, die er eigentlich auf die Bezugsperson richten müßte, von der er verlassen und mangelhaft versorgt wurde, und dreht sie gegen sich selbst um. So stützt er den Kompromiß. Der Kompromiß ist das falsche Selbst. Die Fähigkeiten des oralen Charakters zu verkehren, zu verschieben und ein Objekt oder einen Trieb durch einen anderen zu ersetzen, liefern uns einen der Schlüssel zum Verständnis seiner Abwehrstruktur. Wir brauchen ihn, um sein wahres Selbst und seine wahren Gefühle aufzuschließen. Seine Probleme neigen zu

Zyklen. Während der Behandlung wird er gewöhnlich zwischen der Kompensation und dem Zusammenbruch hin- und herpendeln. Es gilt, die Natur der Zyklen zu verstehen. Wir müssen den Oralen in der Therapie halten, wenn die Kompensation wieder arbeitet. Wir müssen ihn halten, wenn er in der manischen Phase einer neuen oder erneut angefachten Liebe steckt und die Symbiose ihm wieder einmal vorgaukelt alle Probleme zu lösen.

Ich habe in der folgenden, natürlich vereinfachenden Tabelle die beiden Zustände schematisch gegenübergestellt. Es gibt einige Klienten mit chronischem Zusammenbruchsmuster und einige, deren orale Thematik wenig ausgeprägt ist (und deshalb nur geringer Kompensation bedarf, die auch noch recht zuverlässig arbeitet). Üblich ist jedoch die Fluktuation zwischen beiden. Wir finden sie am offensichtlichsten in den manisch-depressiven Patienten und jenen mit einer zyklothymen Störung. Wie wir alle, hängt auch der orale Charakter an seiner Ich-Abwehr. Besonders in den hochgestimmten Phasen des schwingenden Pendels der Launen. Dann ist ihm nur schwer zu helfen. Aber auch hier bringt die Analyse der Grandiosität und des Schwingungsmusters immer etwas. Ebenso auf der anderen Seite. Man kommt nur mühsam an ihn heran, wenn er alle Gefühle abgeschnitten und sich selbst absorbiert hat, wenn er depressiv, zurückgezogen und hilflos ist, wenn er das Opfer darstellt und wir in der Tabelle auf den "Oralen Kollaps" tippen. Erst die wirkliche Verzweiflung und Sehnsucht motiviert ihn, seine Hände nach Hilfe auszustrecken und die Verantwortung für Veränderung zu übernehmen. Es ist eines der zentralen Ziele der Therapie, diesen unangenehmen aber so hoffnungsvollen Ort zu erreichen.

Mit der Zeit werden auch die Geheimnisse des Oralen ans Tageslicht geschwemmt. Sobald seine eigene Bedürftigkeit, seine Schwäche und Selbst-Zentriertheit aufgedeckt sind, öffnen sich ihm die Abgründe seines Selbst-Hasses. Der Schizoide erlebt diesen Haß als fremde Kraft, die ihn überwältigt. Der Orale spürt ihn als bewußte Verachtung des schwachen und abhängigen Menschleins in sich selbst. Der Haß ist nicht so sehr ein unassimiliertes Introjekt, sondern eher die Umlenkung des Hasses gegen die Mutter auf sich selbst. Vielleicht gibt er jetzt zu, daß er schon lange Angst hat, "zuviel zu brauchen". Oder er erkennt seinen Merksatz: "Wenn ich zuviel brauche werde ich verachtet und verlassen." Er ist im symbiotischen Rückzug eingefroren. Er ist wütend, verzweifelt und fürchtet sich vor noch größerem Verlust. Der "intensive und gewaltsame Haß gegen die Mutter" (Bowlby, 1960, S. 24) wird verneint und gegen das eigene Selbst gerichtet. Der orale Charakter steckt im klassisch depressiven Zustand fest: Haß und Liebe richten sich auf dasselbe Objekt, die Mutter. Der Haß blockiert die Liebe und die Liebe blockiert den Haß. Die Affekte werden unterdrückt und das bewirkt die Depression. Wenn der Orale die brodelnde Wut in sich entdeckt, läuten die Alarmglocken. Denn sein Ich-Ideal hat alles in seine liebevolle, versorgende und sanfte Natur investiert. Wie beim schizoiden Charakter führt auch bei ihm die Aufdeckung seiner unbewußten Glaubenssätze und Gefühle und die Freisetzung der körperlichen und kognitiven Blockaden auf die Straße nach Hause.

Tabelle: Ausdrucksformen der Oralität

|  | Oral kollabiert | Oral kompensiert |
| --- | --- | --- |
| Affekt (Gefühl) | depressiv oder *einsam, verzweifelt, voller Sehnsucht | bewußt: gut bis hochgestimmt bis manische Euphorie unbewußt: grollend, wütend, verzweifelt, Verlustangst |
| Verhalten | zurückgezogen, selbstabsorbiert, jammernd, schlaff oder * sucht nach Hilfe | Überversorgung anderer. Überverantwortlichkeit.Tut verantwortungslos, unabhängiger als er ist. Macht optimistische bis grandiose bis unrealistische Pläne. Lädt sich mit ungeerdeter Energie auf. Schlechte Selbst-Versorgung. Wenig Schlaf, schlechtes Essen, Überarbeitung, Drogen. |
| Kognition (Grund-einstel-lungen | Hilflos und das Opfer oder * motiviert sich zu verändern | bewußt: optimistisch bis grandios vorbewußt: "Ich bin sanft, nett und gebe alles. Ich werde gebraucht." unbewußt: Selbstmißbilligend; "Wenn ich etwas brauche, werde ich verachtet oder verlassen." |

* Von hier aus können wir am besten auf Veränderungen zuarbeiten.

Zwischen den Themen der schizoiden und oralen Charaktere gibt es viele Ähnlichkeiten. Manche werden auch gegenseitig übernommen. Vom charakteranalytischen Ansatz herkommende Therapeuten nennen sie oft ihre "oral-schiz" Fälle. Es leuchtet leicht ein, daß ein ungewolltes oder verachtetes Kind meist auch schlecht ernährt wird. Oder umgekehrt: Wenn das Kind für die Bezugsperson einfach "zuviel" ist, wie im oralen Beispiel, konfrontiert schon dessen pure Existenz den Elternteil mit seinen eigenen Grenzen. Die Wut über diese verabscheute Konfrontation richtet sich nun wieder gegen das Kind. Die hauptsächlichen Schwierigkeiten sowohl des schizoiden wie auch des oralen Charakters liegen im Verbindungs-Prozeß. Mit ihnen haben sie immer wieder zu tun. Beide sind meist schwächer, verletzlicher und unterernährter als jene Charakterstrukturen, die später im Entwicklungsprozeß entstehen.

Wegen der Ähnlichkeiten und Überlappungen möchte ich nun die Unterschiede in der Ätiologie, dem Verhalten, den Grundeinstellungen und dem Gefühl herausstellen. Das schizoide Thema dreht sich um Existenz und Überleben. Das orale um das Bedürfnis. D.h., dem oralen Charakter geht es weniger um das Recht zu existieren. Er sorgt sich relativ wenig ums Überleben. Für ihn steht das Recht, Bedürfnisse zu haben auf dem Spiel. Sein Roman heißt: das Finden und Verlieren der Bezugsperson. Denn gemäß der Objekt-Beziehungs-Theorie verschiebt sich die Primär-Angst im Laufe der Entwicklung von der Furcht, vernichtet zu werden auf die Furcht, das Liebesobjekt zu verlieren. Weil der Orale bereits ein gewisses Maß an Verbindung erlebt hat, ist er kontaktbereiter und offener. Er ist weniger distanziert und weniger abgelöst. Die Verneinung der Aggression ist typisch für beide Charaktere. Der orale hat jedoch größeren Zugang zu seinen Gefühlen. Sogar zu den aggressiven Impulsen, denn die Bitterkeit und Verärgerung ist ihm oft bewußt.

Der Orale konnte vor dem charakter-formenden Trauma eine höhere Ich-Ebene erreichen. Seine Abwehrmechanismen sind deshalb ausgefeilter. Er benutzt mehr die Verkehrung, Verschiebung und Identifikation. Sein Leben wird von größerer Schärfe und Dramatik durchzogen. Es ist, ausgenommen in der kollabierten Depression, lebendiger als bei der Schizoiden. Der Orale ist launenhafter. Auf kognitiver Ebene heißt sein Merksatz: "Ich darf nicht zuviel brauchen. Ich muß es allein schaffen." Der Schizoide sagt stattdessen: "Irgendwas stimmt nicht mit mir. Ich habe kein Recht zu existieren."

## Der energetische Ausdruck

Und nun zu den körperlichen Konsequenzen einer oralen Ätiologie. Ich referiere für Sie die Beobachtungen einer Anzahl von bioenergetischen Therapeuten. Im Prozeß der Selbst-Verneinung kontrahiert die Person jene Muskeln, die den natürlichen, spontanen und ursprünglichen Selbst-Aus-

166

druck und die angeborene emotionale Reaktion auf die Negativität der Umwelt behindern können. Größtenteils sind die körperlichen Folgen der Charakterentwicklung die Folgen des Selbst-Verneinungs-Prozesses. Nur im geringen Ausmaß reflektieren sie die Anpassung. (In diesem Fall verändert sich das Individuum, um der Welt das Bild seines Ich-Ideals in Form einer Anpassungs-Maske zu präsentieren. Das tun besonders die entwickelteren Charakterstrukturen.)

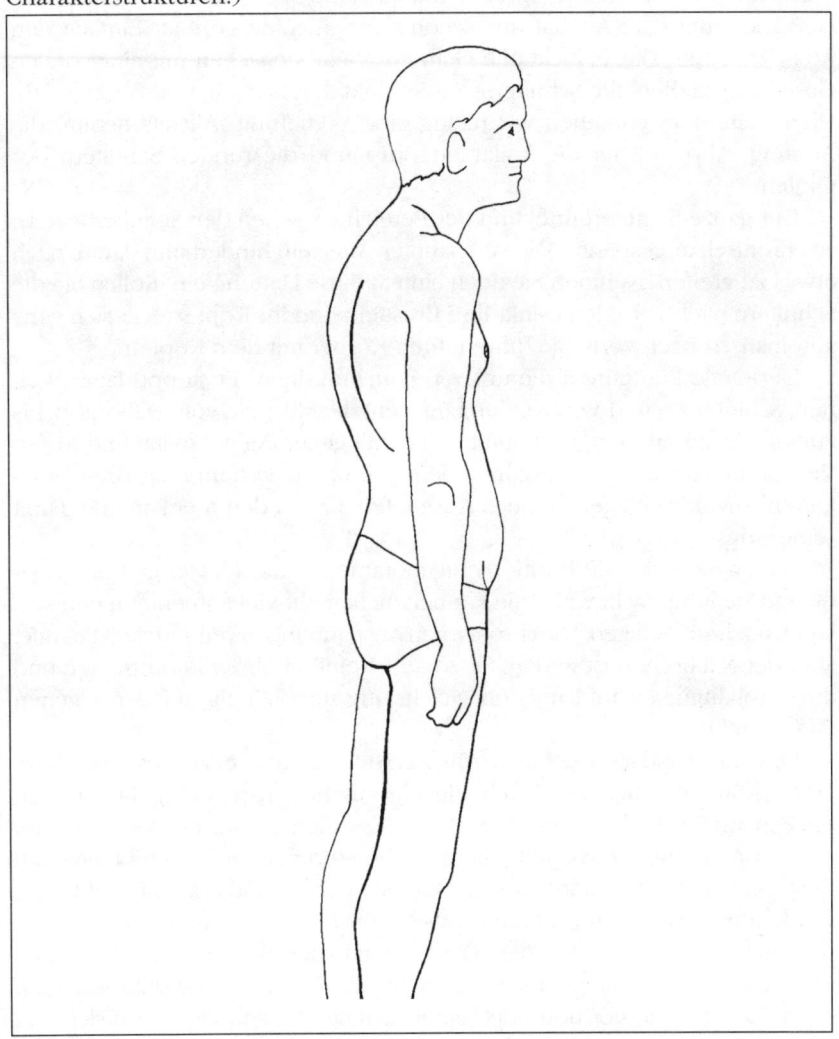

Abb. 6 Die orale Haltung

Sie werden sich erinnern, daß der Orale als Teil seines Selbst-Verneinungs-Prozesses die Wahrnehmung und den Ausdruck seiner Bedürfnisse verhindern muß. Außerdem muß er alle natürlichen und spontanen Reaktionen unterdrücken, die auf das Nein der Außenwelt antworten wollen. Denn er will ja weiterleben. Er fühlt sich verlassen und mangelhaft ernährt, er ist verzweifelt und hat vor jedem erneuten Verlust Angst, sei der nun emotional oder vollständig. Er ist wütend. Aber er drängt seine Wut zurück. Wie macht er das? Die einfachste Art hat uns schon der Schizoide gezeigt. Einfach den Atem anhalten. Das erstickt alle Gefühle. Viele Menschen mit einer oralen Geschichte ziehen ihre Schultern vor. So sinkt die Brust ein und verengt sich. Über dem Sternum sehen wir häufig eine Vertiefung. All das hemmt die Atmung. Abb. 6 zeigt die kollabiert Brust und die runden Schultern des Oralen.

Der ganze Schultergürtel und der Bereich zwischen den Schulterblättern ist chronisch angespannt. Die verspannten Muskeln hindern ihn daran, nach etwas zu greifen. Nehmen Sie doch einmal diese Haltung ein. Rollen Sie die Schultern nach vorn. Jetzt sinkt ihre Brust ein und ihr Kopf streckt sich ganz automatisch nach vorn. Sie führen ihren Körper mit dem Kopf an.

Der Orale kontrahiert die unteren Bauchmuskeln. Er stoppt damit Weinen, Schluchzen und Verzweiflung. Er zieht die Muskeln vom Halsansatz bis zum Kiefer zusammen. Er stemmt sich damit gegen Aggressivität und Angst. Verspannungen im Schultergürtel, dem oberen Rücken und der Brust blokkieren sowohl Schlagen als auch Ausgreifen. Er hält den Atem an und damit seine Angst.

Haben Sie die orale Position eingenommen? Eine schwierige und unbequeme Stellung, nicht wahr? Sie können nicht mehr viel aufnehmen und sich kaum noch ausdrücken. Die chronischen Anspannungen verbrauchen Energie, aber der Nachschub ist gering. Sie sagen "Nein!" zu ihren Bedürfnissen und ihrer Abhängigkeit und müssen gleichzeitig unabhängig auf den eigenen Füßen stehen.

Das orale Kind läuft ziemlich früh. Als Hilfestellung versteift es seine Knie. Das erhöht natürlich nur noch die chronische Anspannung im unteren Rücken und läßt das Becken nach vorne rollen. Seine Muskeln sind im allgemeinen unterentwickelt, die Knochen normal oder verlängert. Die Beine stehen nicht gerade fest. Sie schauen nicht gesund oder muskulös aus, sondern eher schwach und dünn. Wie der Schizoide spürt der Orale kaum soliden Kontakt mit dem Boden. Das sieht man den Beinen oft an. Der Orale ist ja tatsächlich jemand, den man leicht umstoßen und beiseite schieben kann. Falls Sie die Position noch eingenommen haben, lassen Sie sich mal von ihrem Kollegen vor die Brust stoßen. Er wird es leicht haben, denn Sie werden schnell nach hinten fallen.

Die Augen sind die Fenster der Seele. Sie verraten die wahre Natur des oralen Charakters. Die schizoiden Augen haben sich zurückgezogen, sie sind tot. Die oralen Augen sind bedürftig, mitleidend, seelenvoll oder auch bettelnd. Die stützende Körperhaltung, der offensichtliche Mangel an Kraft und der sehnsuchtsvolle Blick weisen auf den Oralen hin, so unabhängig er sich auch zu machen und so viel er auch zu geben versucht. Er ist wirklich ein leicht zu beeinflußender Mensch, schwach, bedürftig und ichbezogen. Er haßt sich deswegen. Dennoch sucht er nach irgendjemandem, der sein wirkliches Selbst anerkennt und liebt. Ist das nicht ein bißchen viel verlangt?!

Wir können einiges lernen, wenn wir den schizoiden und den oralen Körper vergleichen. Sie sind sich ähnlich, aber auch wieder verschieden. Beide Male haben wir Menschen vor uns, die in ihrer frühen Entwicklung ungenügend angenommen und genährt wurden. Deshalb sind sie schwach und verletzlich. Beide haben Angst vor der Welt und verstecken starke negative Gefühle über das, was ihnen angetan wurde. Beide hemmen ihre Lebenskraft und ihre Atmung. Sie sind nicht gut geerdet, sondern schwach und steif in Beinen und Füßen. Sie neigen zu psychosomatischen und anderen Krankheiten.

Andererseits gibt es die klassischen Unterschiede. Die orale Muskulatur ist schlaffer und unbestimmter als die schizoide, welche kontrahiert, kompakt, steif und tot ausschauen kann. Die Augen verraten beim Oralen Bedürftigkeit, Sehnsucht und Verzweiflung, aber auch größere Kontaktbereitschaft und bessere Fähigkeit, eine Bindung einzugehen und zu halten. Der Orale ist, kurz gesagt, mehr "da" als der Schizoide. Deren Augen enthüllen den Rückzug, den Schock und den gefrorenen Schrecken des gehaten Kindes. Die Störung in der Körperhaltung der Oralen ist durch den Vorwärts-Schub von Kopf und Becken offensichtlicher als bei den Schizoiden. Allerdings, das sei hier noch einmal deutlich gesagt, sind diese Unterschiede häufig eher akademischer Art, weil die Themen der beiden oft in derselben Person koexistieren.

Wie bereits erwähnt neigen beide Charaktere zu Krankheiten. Der Orale ist allgemein schwach. Er versorgt sich schlecht und tendiert zu Manien, die seine ohnehin zerbrechlichen, körperlichen Abwehrmechanismen überwältigen. Neben seiner allgemeinen Anfälligkeit leidet er wegen des verspannten Nackenansatzes und Kiefers an Kopfschmerzen. Seine Atemhemmung führt zu Infektionen und Störungen im Brustbereich. Die chronischen Anspannungen im unteren Rücken und Unterbauch verursachen Schmerzen, Verletzungen und Abdominalkrankheiten wie den Reizdarm, das nervöse Darm-Syndrom, die spastische Kolitis usw. Wegen seiner verkrampften Schulter- und oberen Rückenpartie kommt es zu Subluxationen. Die schwachen Beine und steifen Knie sind immer wieder verletzungsanfällig. Das alles und sein sekundärer Gewinn aus der Krankheit, machen ihn häufig zum kranken, hypochondrischen Psychosomatiker.

## Therapeutische Ziele

### Affekt und Empfindung

Die Bedürfnisse des Kindes wurden chronisch frustriert. Deshalb lehnte es sie letztendlich ab und unterdrückte seine Emotionen. Sowohl die Emotionen als auch die Bedürfnisse müssen wieder freigesetzt werden. Um dies zu erreichen muß sich die Körpererfahrung verändern, damit der Orale z.B. seine Beine und Füße als solide, seinen Rumpf als voll atmend, entspannt und ohne chronische Verspannung spürt, etc.

Er wird beim Auftauchen seiner eigenen Bedürftigkeit erschrecken und vielleicht sagen: "Oh Gott, ich hasse dieses Gefühl. Es ist degradierend. Es ist demütigend. Kein Mensch will ein Baby!" Seine ganze kompensatorische Anpassung inklusive aller Selbst-Konzepte, Philosophien und Verhaltensweisen ist bedroht. Wir müssen uns auf allen Ebenen durch die Abwehr hindurch zu den wirklichen unterliegenden Bedürfnissen vorarbeiten. Das ist entscheidend für die Therapie des oralen Charakters. Allerdings nicht immer gleich zu Anfang. Denn der Widerstand ist verständlicherweise massiv. Tatsächlich kommen wir oft erst im Laufe der Arbeit an anderen Gefühlen zum unterschwelligen Thema des alles durchdringenden Mangels. Wir erreichen das verlassene Kind am einfachsten, wenn wir seinen Klagen zuhören. Lassen Sie uns seinem Schmerz und seiner Trauer mitfühlend begegnen. Es wird sein Jammern häufig unterdrücken. Entweder weil es die Schwäche nicht öffentlich zur Schau stellen will oder die anderen Menschen des Gewimmers überdrüssig sind. Daher begrüßt es das annehmende und mitspürende Ohr. Der Prozeß des affektiven Ausdrucks kann beginnen. Er führt uns zum wirklichen Selbst.

Die Tür zur tiefen Wut ist verbarrikadiert. Die Verärgerung und Gereiztheit im oralen Charakter ist dagegen leichter zu öffnen. Klug gefächelt und angefacht wachsen die Funken zu Flammen des Zorns, die gut gestochert zum rasenden Brand der Feindseligkeit auflodern. Natürlich schlägt uns heftiger Widerstand entgegen, denn die Verleugnung ist groß und die Investition ins eigene Bild vom gutmütigen, liebevollen und gebenden Menschen enorm.

Begegnet der Orale diesen Gefühlen, trifft er immer auch auf die Angst. Das Eingeständnis der eigenen Bedürftigkeit, der eigenen Wut und der eigenen Verzweiflung provoziert seine Furcht vor Ablehnung und Verlassenwerden. Denn nicht ohne Grund befürchtet er: "Niemand will jemanden, der gleichzeitig bedürftig, feindselig und verzweifelt unglücklich ist."

Seine Folgerung, daß er "erwachsen werden muß", ist durchaus korrekt. Allerdings darf er bestimmte Reifungs-Stufen nicht überspringen. Genau das hat er ja früher getan. Er darf nicht zu sprinten versuchen, bevor er gehen kann. Er braucht

- erstens Nahrung,
- zweitens die Fähigkeit, sie sich auf direkte Weise von anderenMenschen zu holen und
- drittens Lektionen darin, wie er sich selbst nähren kann.

Wie der Schizoide muß auch auch der Orale Verständnis entwickeln - sowohl im Kopf als auch im Körper. Auf der Sinnesebene übersetzt sich dieses Verständnis in eine Reduzierung der chronischen Festhalte-Spannung in Armen und Beinen und viel einfacher Erdungs- und Kräftigungs-Arbeit (s. Übungen für den Schizoiden). Wenn wir uns gemeinsam mit dem Klienten darum bemühen, die Muskulatur zu stärken, stärken wir die Solidität, Kraft und Zuverlässigkeit des Körpers und damit auch das Zutrauen zu ihm. So gewinnen wir Aktivposten für den Wachstums-Prozeß, für die natürliche Feindseligkeit, die gesunde Aggression und die gesunde Selbst-Bestimmungs-Kraft. Wenn wir diese Kräftigung erreicht haben, können wir uns um die Verkrampfungen im unteren Rücken und Unterbauch, im Schultergürtel, am Nackenansatz, im Kiefer, in der Brust, der Atmung und dem Energiefluß durch Hals und Kehle kümmern.

Schon das allgemeine Lösen und Öffnen fördert ohne weitere inhaltliche Arbeit unterdrückte Emotionen zutage. Schon einfaches Entspannen und Atmen befreit sie aus der chronischen Umklammerung. Die wahre Liebe des oralen Menschen erwacht und erwächst zu erwachsenen Formen, wenn sich sein Körper nährt, stärkt und in der Realität erdet, wenn er frei atmet, die Energie ganz natürlich in ihm fließt und die eingezwängten Affekte aus ihren Gefängnissen ausbrechen. Der Orale war ja eine Bindung eingegangen. Sobald wir diese Bindung durchgearbeitet und vollendet haben, wird der Orale sein Vertrauen wiedergewinnen. Er wird aufwachsen und er selbst werden. Er wird aus seinem von anderen Menschen verschiedenen Selbst auf die anderen von ihm unterschiedenen Menschen liebevoll zugehen können. Erst dann können seine legitimen erwachsenen Bedürfnisse erfüllt werden. Er kann sich nun wirklich versorgen lassen und kann selbst wahrhaft andere versorgen. Der Orale erlaubt sich nun, abhängig zu sein, weil er wirklich unabhängig ist. Er darf sich entspannen und tatsächlich wahrhaft vom Leben schwärmen.

Hier nun eine Liste der affektiven und körpertherapeutischen Ziele für den oralen Charakter:

1. Öffnen der sehnsüchtigen und bedürftigen Gefühle. Helfen Sie Ihrem Klienten sich damit zu identifizieren.
2. Über die Trauer zum Schmerz und dann zur tiefen Verzweiflung (über den Verlust oder die chronische Frustration).
3. Ihr Klient wurde verlassen. Er ist innerlich wütend. Arbeiten Sie mit ihm diese Wut durch.
4. Wenn Gefühle freikommen, entstehen Ängste: die Angst vor Ablehnung, dem Verlassenwerden und weiteren Frustrationen. Helfen Sie Ihrer Klientin, damit umzugehen.
5. Assistieren Sie bei der Entwicklung eines besseren Gefühls für die Erdung, die Kraft und den klaren Energiefluß in Beinen, Knien, Gelenken und Füßen.
6. Stärkung des ganzen Körpers und aller Muskeln.
7. Stärkung des selbst-bestimmenden und aggressiven Ausdrucks.
8. Öffnen von Atmung, Brust und Energiefluß durch Hals und Kehle.
9. Lockern Sie die Verkrampfungen im unteren Rücken und Unterbauch, im Schultergürtel, Nackenansatz und Kiefer.
10. Öffnen der wirklichen Liebesgefühle, besonders zur zentralen Bezugsperson (und ihr Ausdruck).

## Kognitive Grundeinstellungen und Glaubenssätze

Die bewußten Grundeinstellungen und Glaubenssätze des Oralen widersprechen seinen unbewußten. Stehen Sie ihm auf kognitiver Ebene zur Seite, wenn er diese Polarität aufdeckt. Auch das gehört zu Ihrem Beruf. Es handelt sich um das mentale Verstehen, Erkennen und Anerkennen des Selbst. Der Orale muß letztendlich begreifen, daß er sich frühreif gegen seine infantile Natur kontrahierte und ein kompensatorisches, falsches Selbst entwickelte, das anderen anbietet, was er selbst nicht erhielt. Obwohl ziemlich ausgewachsen und nach außen hin sehr effektiv, ist sein nährendes Verhalten psychisch der Versuch, selbst direkt oder indirekt genährt zu werden. In engen Beziehungen wird sein Nähren oft als Fordern empfunden.

Der Orale macht sich (zum Teil und auf bestimmte Art und Weise) selbst einsam und verlassen im Zusammensein mit einem anderen Menschen. Es wäre schön, wenn wir ihm helfen könnten, dies anzuerkennen und mit ihm herauszufinden, wie er dies tut. Vielleicht entdeckt er daraufhin seine Merksätze: "Ich brauche nichts. Ich muß alles alleine machen. Wenn ich bedürftig bin, werde ich verachtet und verlassen." Diese Merksätze füttern seine "Spiele" und die Spiele bestätigen wiederum seine Merksätze. Obwohl er ganz typisch Liebe und Nahrung anbietet und für eine Weile tatsächlich geben kann, was er selbst nicht bekam, bricht er irgendwann doch zusammen, denn an seiner unterladenen, grundlegend infantilen Natur kommt er nicht vorbei. Sein Kollaps, seine Abhängigkeit, seine Klammern und sein selbstsüchtiges Verhalten ermüdet schließlich auch die Geduld und das Mitgefühl des Partners, der Freunde, der Kollegen, bis er endlich abgelehnt, verlassen und erneut frustriert wird. Seine gewöhnlich unbewußten Forderungen nach bedingungsloser, totaler Akzeptanz und Liebe passen nicht zum Verhältnis zweier erwachsener Menschen. Und genau wie er es immer befürchtet hat, wird er wegen seinen Bedürfnissen und seinem Zusammenbruch verlassen. Seine essentiellen Merksätze und Lebensskripte, sowie seine kompensatorischen Entwicklungsanstrengungen bestätigen sich wieder einmal. Die Flucht in die Kompensation flieht auf den nächsten Kollaps zu, usw., usw.

Die Einsicht in diesen Zyklus gibt dem oralen Charakter ein sehr nützliches Werkzeug in die Hand. Mit dem können wir anfangen, jene Abwehrstrukturen abzubauen, die die Kompensation stützen: Verneinung, Projektion, Introjektion, Verkehrung, Identifikation, Wendung gegen das eigene Selbst und Verschiebung. Wenn wir immer das Bedürfnis des Oralen nach ständiger Akzeptanz und Unterstützung im Gedächtnis behalten, können wir erklären, herausfordern, konfrontieren und interpretieren. Wir können die Verteidigungssysteme, die diese Muster füttern, auf verschiedenste Arten und Weisen unterminieren. Die kognitiven Strategien wirken besonders gut, wenn sie in den erregten, manischen Phasen angewandt und mit körperlichen Erdungs-Übungen kombiniert werden.

Wenn diese Einsichten schließlich durch affektive und verhaltensmäßige Veränderungen abgerundet wurden, beginnt der orale Mensch sich so zu sehen, wie er wirklich ist. Der Orale steht dann zu seiner kindlichen und bedürftigen Natur. Er weiß, daß er nicht aus Bösartigkeit so ist und er gibt zu, daß er weiterwachsen muß.Er identifiziert sich mit seiner Geschichte, einer Geschichte des Verlassenwordenseins und der ständig unbefriedigten Bedürfnisse. Er erkennt: wenn die Wunden heilen, werde ich mich viel realistischer meinem Wachstumsprozeß hingeben können. Er wird nicht mehr versuchen, seine Verletztlichkeit zu überspringen, sondern wirklichkeitsnah mit seinen Begrenzungen umgehen. Gerade dadurch stärkt er sich und seine Fähigkeiten. Er kommt den Tatsachen näher.

Während dieses ganzen Prozesses sollten wir wiederholt sein Recht auf Bedürfnisse bestätigen und immer wieder die Identifikation des Selbst mit ihnen fördern. Einfache Affirmationen sind dabei sehr dienlich: "Ich habe das Recht, etwas zu brauchen. Ich habe das Recht, um die Befriedigung meiner Bedürfnisse zu bitten. Ich darf ausgreifen und mir nehmen, was ich brauche. Ich werde dabei die Rechte der anderen akzeptieren. Ich kann mich selbst versorgen. Ich kann allein sein. Ich habe das Recht, über die Verluste zu trauern, die ich erlitten habe. Ich kann stark sein. Ich bin ein Ganzes in mir selbst. Ich habe ein Recht darauf, mir Liebe zu wünschen und andere zu lieben."

Jeder, der aus seinem wahren Boden kommt, kommt mit fundamentaler Kraft und Stärke. Auch wenn der Boden wie beim klassischen Oralen kindlich und verzweifelt ist. Wenn wir wissen, worum es geht, steigt eine ganz spezielle Aura des Friedens auf und verbreitet sich um uns und unser Handeln. Wir verschwenden keine Energie mehr an Lug- und Trugbilder, falsche Ideale und Hoffnungen oder schlecht integrierte Verhaltensweisen. Wir müssen unsere Affekte nicht mehr einsperren. Vielleicht braucht es Jahre, vielleicht sogar ein ganzes Leben, um den Schaden wiedergutzumachen. Vielleicht dauert es sehr lange, um jenes Potential zu erkennen, das wir fürs wirkliche Leben brauchen. Schließlich endet die ewige Verzweiflung unaufhörlicher falscher Hoffnungenund macht einer stetigen, vernünftigen Reife Platz.

Wenn wir unsere frühen Enttäuschungen durcharbeiten und akzeptieren, lösen sie sich auf und wiederholen sich nicht mehr. Dann können wir von der Realität nehmen, was immer wir wollen und was immer sie uns anbietet und zu geben bereit ist. Dann leben wir unser Leben auf unserem wirklichen Boden, auf unserem tatsächlichen Grund, auf unserer realen Erde. Das heißt nicht Resignation, sondern Wiederannäherung. Von hier aus können wir wirklich leben und des Lebens zärtliche Geschenke annehmen.

Wie der Schizoide leidet auch der Orale an der Gut-gegen-Böse-Spaltung. Er lebt in ihr in Bezug auf sich selbst, aber auch in Bezug auf die anderen Menschen. Das gute Selbst ist unabhängig, gebend, aktiv oder anderweitig kompensierend. Das böse oder schlechte Selbst ist bedürftig, voller Sehnsucht, verzweifelt, ohne Energie, feindselig und ängstlich. Der gute Andere ist akzeptierend, nährend, lobend und Aufmerksamkeit schenkend. Der böse Andere lehnt mich ab, verläßt mich und stochert gierig nach meinen Schwächen.

Wie beim schizoiden Charakter gilt es auch hier, die Ambivalenzen des eigenen Selbst und die der Mitmenschen zu erleben, zu akzeptieren und zu integrieren. So werden ihm die eigenen Schwierigkeiten, aber auch die eigenen Schätze und Möglichkeiten bewußt. So werden ihm weiterhin die verschiedenen Befindlichkeiten des menschlichen Wesens neben ihm klar, das er nun erst wirklich lieben kann, ohne es als pures Warenlager für seine narzißtischen Neigungen zu mißbrauchen.

Hier nun eine Liste der kognitiven therapeutischen Ziele für den oralen Charakter:

1. Identifizieren, interpretieren und fördern Sie die Einsicht in das Ich-Ideal oder falsche Selbst ("Ich bin nett, sanft und gebend. Ich werde gebraucht."). Ändern Sie es.
2. Identifizieren, interpretieren und fördern Sie die Einsicht in die Merksätze und Lebensskripte ("Ich brauche nichts. Ich muß alles alleine machen. Wenn ich etwas brauche, werde ich verachtet und verlassen."). Ändern Sie sie.
3. Fordern Sie die Abwehrstrukturen heraus. Interpretieren und erklären Sie sie (Verneinung, Projektion, Introjektion, Verkehrung, Identifikation, Wendung gegen das eigene Selbst, Verschiebung). Das unterstützt die Beweglichkeit.
4. Verhelfen Sie zur Einsicht in das Muster von Kompensation und Kollaps. Assistieren Sie dem Klienten dabei, es zu akzeptieren, sich zu identifizieren und die Verantwortung dafür zu übernehmen. Das bricht den Teufelskreis auf.
5. Kräftigen Sie die Identifikation des Selbst mit den eigenen Bedürfnissen. Bestätigen Sie das Recht auf Bedürfnisse und das Recht auf die Erfüllung dieser Bedürfnisse.
6. Stärken Sie die Identifikation mit der eigenen Geschichte aus Verlust, unbefriedigten Bedürfnissen und daraus resultierender Verletzlichkeit. Bestätigen Sie das Recht des Klienten auf seine natürlichen Reaktionen. Wenn wir verlassen werden, sind das Wut, Verzweiflung und Angst.
7. Stärken Sie die Identifikation des Selbst mit der natürlichen Aggression und Selbst-Behauptungs-Kraft.

Während die therapeutischen Ziele für die Geisteshaltungen und Glaubenssätze des schizoiden und oralen Charakters ziemlich verschieden sind, gleichen sich diejenigen für die kognitiven Ich-Fähigkeiten im wesentlichen dort, wo beide in der frühen Periode der Verbindungs-Phase gestört wurden.
Hier nun eine Liste der therapeutischen Ziele für die Grundeinstellungen und Glaubenssätze:

1. Fördern und lehren Sie die Selbst-Versorgung.
2. Fördern Sie die ambivalente Erfahrung von sich selbst und den anderen. Unterstützen Sie die Unterscheidungsfähigkeit zwischen dem Selbst des Klienten und dem Selbst des anderen Menschen.
3. Verbessern Sie die Assimilation, Akkomodation, Unterscheidung, Integration und Verallgemeinerung.

4. Kräftigen Sie den bewußten, produktiven und nützlichen Gebrauch von bereits bestehender Abwehr.
5. Lehren Sie noch nicht bekannte Verteidigungsmöglichkeiten.
6. Verstärken, heilen und lehren Sie Strategien, die bei rauhen, Angst-provozierenden Umständen, helfen können.

## Soziale Verhaltens-Ziele

Die sozialen Verhaltensziele für den oralen Charakter leiten sich direkt aus den affektiven und kognitiven ab und wiederholen teilweise das bereits gesagte. Wenn Sie an ihnen arbeiten, geht es um die Veränderung des Verhaltens sowohl innerhalb als auch außerhalb der Therapie. Klassisch gesehen heißt das u.a. durch Suggestion und Verordnung, hypnotisch gesehen auch durch indirekte Suggestion.

Einige direkte Ziele können wir aus dem einfachen Wissen ableiten, daß der Orale eigentlich alles tun möchte, was er kann, um seine Bedürfnisse zu befriedigen. Weil er aber seine Selbst-Versorgung kaum internalisiert hat, müssen wir ihm gewöhnlich selbst-versorgende Verhaltensweisen beibringen und sogar verordnen. Es geht voran, wenn er erleben kann, daß sein "erwachsener Teil" durchaus fähig ist das "Kind" zu pflegen, zu ernähren, zu versorgen. Daneben gibt es etliche Techniken, die sein Bestreben nach draußen zu gehen und in allen wichtigen sozialen Beziehungen um Hilfe zu bitten stärken. Er braucht außerdem viel ermutigenden Zuspruch, damit er seine Aggressivität und Selbst-Behauptungs-Kraft entwickeln und sich sein Leben so einrichten kann, wie es ihm gefällt.

Dazu gehört auch das direkte Erlernen verschiedener Taktiken, durch die er das bekommt, was er haben will. Es reicht nicht aus, wenn er anerkennt, bedürftig zu sein. Es reicht nicht aus, wenn er nur auf sein Recht pocht, zu bedürfen und seine Wünsche erfüllt zu bekommen. Es gibt viele Bereiche, in denen er schon lange wartet, um endlich das zu erhalten, was er sich sehnlichst wünscht. Sobald er bereit ist, seine eigenen Probleme selbstbe-stimmt anzugehen, muß er die notwendigen Fertigkeiten dazu aktiv lernen. Sobald er wirkliche Verantwortung für sich selbst, seine Arbeit, seine Familie und seine persönlichen Angelegenheiten übernimmt, braucht er auch das entsprechende Handwerkszeug. Kann er z.B. seiner Einsamkeit wirklich ins Gesicht sehen? Sie wird natürlicherweise kommen und ihn umhüllen. Aber er kann sich durch Verhaltens-Strategien darauf vorbereiten und seine Toleranz, einfach mal alleine und sich selbst genug zu sein vergrößern.

Ein grundlegender Bestandteil all dessen sind verbesserte Verbindlich-keiten gegenüber Arbeit, Beziehungen, Kindererziehung, persönlichen Plänen

176

usw. Oft dreht es sich einfach ums "Dabeibleiben." und um die Herstellung von zweiseitigen gleichberechtigten Formen der Beziehung zwischen Erwachsenen. Es geht um zwei Individuen und nicht um Symbiose. Es geht um Geben *und* Nehmen und nicht um Geben *oder* Nehmen.

Wir müssen dem oralen Charakter dabei helfen, sein zyklisches manisch-depressives Muster abzuglätten. Während guter Zeiten sollten Sie ihn ermutigen, sich nicht zu überarbeiten, nicht exzessiv irgendwelchen Drogen zu frönen, sich keine übersteigerte Verantwortung aufzuladen oder andere Menschen extrem zu versorgen. Alle manischen Verhaltensweisen, die ihn erschöpfen und in den Zusammenbruch wirbeln, sollten vermieden werden. Fragen wie: Wie kann ich mit mir selbst in Kontakt bleiben?, wie erkenne ich die Zeichen von Ermüdung und Verletzlichkeit?, wann muß ich mich ausruhen?, brauchen Antworten. Gute Hilfsmittel sind zu Hause anwendbare Körper- und Entspannungstechniken. Sie schwächen den Teufelskreis, mildern die Aktivitäten in Jubelphasen und verbessern das friedvolle Loslassen bei Überanstrengung. Daneben nützen Übungen, mit denen er seine wirklichen Gefühle herausfindet, statt in Krankheit oder Depression abzustürzen. Der Therapeut gibt ihm also etwas, damit er sich erstens fühlt und zweitens schließlich sogar besser fühlt. Ein Körper-Übungs-Programm dient dem Oralen zur Selbst-Versorgung und Kräftigung,. die Übungen entmutigen sein Getriebensein in den manischen Perioden und beleben ihn in den depressiven.

Hier nun eine Liste der therapeutischen Ziele für das soziale Verhalten des oralen Charakters:

1. Stärken und lehren Sie selbst-versorgende und -pflegende Strategien.
2. Helfen Sie Ihrem Klienten, in sozialen Beziehungen um Hilfe zu bitten und etwas haben zu wollen.
3. Kräftigen Sie aggressives und selbst-behauptendes Benehmen.
4. Verbessern Sie die Beziehung zur Wirklichkeit und den Anforderungen des Erwachsenenlebens (Arbeit, Familie, Projekte etc.)
5. Stärken Sie den zweiseitigen Erwachsenen-Erwachsenen-Kontakt, besonders in Liebesbeziehungen. (Zwei Individuen statt einer Symbiose).
6. Vergrößern Sie die Toleranz allein zu sein.
7. Entmutigen Sie Überarbeitung, exzessiven Drogenmißbrauch, Überverantwortlichkeit und Überversorgung anderer, sowie weiterer manischer, selbst-zerstörerischer Verhaltensweisen im kompensatorischen Teil des Zyklus.

Wie jede andere Charakterstruktur dient auch die orale der Vorbeugung dessen, was dem Menschen einst wiederfuhr. Die orale Person wurde verlassen. Die gleichen Manöver jedoch, die diesen Vorgang in Zukunft verhindern sollen, reproduzieren ihn stattdessen sehr oft. Gleichzeitig stärken sie die charakterologische Abwehr, die entwickelt wurde, um mit dem Verlust umzugehen. Der Orale muß lernen, sich selbst nicht mehr zu verlassen. Er muß lernen, seine Bedürfnisse und seine Reaktionen, die er hat, wenn die Bedürfnisse unbefriedigt bleiben, nicht mehr zu verneinen. Denn nur wenn er das verlassene Kind in sich anerkennt und es nun selbst versorgt, kann er weiterwachsen. Er übernimmt die Verantwortung und hört auf, nach der Mutter zu suchen. Er wird fähig, erwachsene Liebe anzunehmen.

# Kapitel 6

# Die Heilung des verlassenen Kindes
## Teil 1

## Was braucht der orale Patient?

Während der schizoide Klient besonders die Präsenz und Verfügbarkeit des Therapeuten benötigt, braucht der orale Klient vor allem dessen Aufmerksamkeit und Sympathie. Er ist charakteristischerweise sehr sensibel und gedeiht am besten in einer unterstützenden, mitfühlenden und angenehmen Atmosphäre. Sie kommen mit ihm am weitesten, wenn Sie das Berechtigte in seinen Jammereien und die Realität seiner Schmerzen erkennen. Seine Therapie muß eine "haltende, stützende Umgebung" (Langs, 1976) liefern. Er muß wissen, daß Sie auf seiner Seite stehen. Er muß wissen, daß Sie ihn nicht verlassen, bevor er nicht seine eigene Sehnsucht, Feindseligkeit und infantile narzißtische Natur in die eigenen Hände nehmen und besitzen kann. Sein Jammern kann er erstmal nicht entbehren. Er wird sich gleich besser fühlen, wenn Sie ihm einfach zuhören und klar machen, daß Sie ihn tatsächlich hören und verstehen. Jeder frühzeitige Versuch seine eigene Verantwortlichkeit für die Probleme oder Mängel hervorzuheben, trifft auf taube Ohren, erzeugt Verärgerung und unterbricht die notwendige Start-, Anfangs- oder Initial-Bindung. Später und letztlich ist die Konfrontation natürlich unerläßlich und die Reaktionen werden haargenau dieselben sein. Doch dann zerstören sie nicht mehr die Bindung oder therapeutische Allianz.

Ermutigen Sie die Klientin während des ersten gemeinsamen Blicks in ihre Vergangenheit dazu, ihre Frustrationen und Enttäuschungen auszudrücken. Versichern Sie ihr, daß sie ein Recht auf diese sehr natürlichen Gefühle hat. Im Falle einer schweren oralen Störung haben Sie einen Menschen vor sich, der ein erwachsenes Leben mit der emotionalen Reife eines 12 - 18 Monate alten Kindes zu führen versucht. Ein in der Tat schwieriger Kampf. Ihr Mitgefühl ist also durchaus berechtigt.

Falls Sie allerdings Ihre eigene Bedürftigkeit verneinen, werden Sie damit Schwierigkeiten haben. Je mehr, desto mehr. Je weniger, desto weniger. Ihre eigene Abscheu und Ablehnung angesichts der Schwächen Ihrer Patientin bezeugen nur Ihre eigene Gegenübertragung. Wenn Sie mit Ihren eigenen verneinten Bedürfnissen nicht zu Rande kommen, haben Sie es absolut nicht leicht Ihre Klientin in jene Richtung zu lenken, die für sie gut ist. Kompensierte orale Charaktere fühlen sich von Therapie-, Helfer-, und Beraterberufen natürlicherweise angezogen, weil hier die Gelegenheit für Nähe, Nahrung und Nährung groß ist. Wenn Oralität für Sie persönlich ein Thema ist, sollten Sie auf die Ausdrucksformen der Gegenübertragung in Ihren Beziehungen mit oralen Klienten achten und sich Hilfe in einer Supervision suchen. Die orale Therapeutin dürfte in ihrer kompensierten Phase Schwierigkeiten haben, Ihrem Patienten bei der Anerkennung und Unterstützung seiner eigenen Bedürftigkeit und Verletzlichkeit zu helfen. In der kollabierten Phase neigt sie höchstwahrscheinlich dazu, den Ratsuchenden für den eigenen Mangel zu mißbrauchen. Sie füttert dadurch dessen Abhängigkeit und verzögert so Wachstum und Individuation. Um ein "hinreichend guter" Therapeut zu sein, müssen Sie in Ihrer eigenen Therapie und Supervision an allen oralen Themen arbeiten.

Sie können große Anfangsgewinne verbuchen, wenn Sie das Recht des Oralen auf Enttäuschung und Trauer bestätigen. Sie können den Prozeß noch ein Stück weiter voranbringen, wenn Sie gleichermaßen seine Verärgerung und Frustration befürworten. Es ist nie leicht einzuschätzen, inwieweit er wirklich ein Opfer der Fehler anderer Menschen ist. Tatsache ist aber, daß er sich als Opfer fühlt. Diese Tatsache gilt es anzuerkennen. Der Mensch in Ihrem Beratungszimmer hat ein Recht auf seine Gefühle. Auf diese Weise bereiten Sie den Boden für die Zusammenarbeit. Sie geben Ihr Mitgefühl, aber sie schütten kein Öl ins Feuer der Unverantwortlichkeit, das natürlich auch da ist. Durch Ihr Mitgehen wird der Orale wahrscheinlich ganz spontan auch seine eigene Verantwortung betrachten. Aber auch wenn er das nicht tut: die frühe und feste Allianz mit Ihnen, inklusive seinem Recht zu fühlen, was immer er fühlt, brütet Einsichten aus, die im Laufe der Zeit ausschlüpfen werden.

## Frühe Arbeit mit den Gefühlen

Beim ersten verbalen Kontakt mit der Oralen benütze ich gerne den von mir so genannten "Gestalt-Therapie-Rahmen". Während der Besprechung von historischen, allgemein gegenwärtigen und ganz aktuellen Ereignissen ermuntere ich gerne auch zum Ausdruck von Gefühlen. Ich versuche, mich dabei auf jene Emotionen einzustimmen, die direkt unter der bewußten Oberfläche fließen. Ich lenke den Strom der Interaktion in eine Richtung, die den Affekt sozusagen herauszieht. Natürlich muß dabei die unterstützende Natur des therapeutischen Umfelds erhalten bleiben. Zum Beispiel: Das Gefühl bewegt sich und beginnt seinen Weg zur Oberfläche. Dann wird es gestoppt. Diesen Augenblick versuche ich abzupassen. Vielleicht beißt die Klientin ihre Zähne ein wenig zusammen oder verkrampft die Muskeln am

Halsansatz. Mag sein, daß sich ihr Atemmuster plötzlich verändert oder sie unvermutet wegschaut. All dies kann auf ein aufsteigendes Gefühl hinweisen. Ich bemühe mich nun sanft, ihre Aufmerksamkeit auf diesen Moment zu konzentrieren, ihn bildlich oder tatsächlich zu "berühren", damit sie Mut findet, den Fluß der Emotion wieder freizugeben. Oder ich bitte sie einfach zu atmen, sich zu entspannen und ihren Gefühlen freien Lauf zu lassen. Helfen diese sehr milden Interventionen nichts, gibt es zwei grundlegende Alternativen:

1. Erhöhen Sie den Einsatz, wenn Sie es mit gut geschützten und rigiden Personen mit bereits längerer Therapieerfahrung zu tun haben. Greifen Sie zu härteren Körpertherapie-Techniken, die die Blockaden entschiedener lockern und lösen und die Gefühle freisetzen.
2. Sie bitten den Klienten ganz einfach, sich mit dem Widerstand zu identifizieren und jenem Teil in sich eine Stimme zu geben, der der Erkenntnis und dem Ausdruck von Affekten widersteht. Wie ich schon für den schizoiden Fall gesagt habe, führt diese Technik mit der Zeit zur Entspannung der Abwehr und zur Anerkennung ihrer positiven Funktion.

Wenn sich das direkt unter der Oberfläche des Bewußtseins versteckte Gefühl befreien kann, kommt der Körper in Bewegung. Er ist nun freier und aufnahmebereiter für neue Einsichten. Ihr Klient wird sich sofort besser fühlen. Jedenfalls meistens. Sich besser zu fühlen ist natürlich für jeden innerhalb der schmerzvollen Prozesse der Psychotherapie wichtig, aber ganz besonders für die orale Persönlichkeit.

Wir zapfen die orale Wut an, indem wir die Verärgerung nähren, nach der Wut suchen und schließlich die infantilen Affekte aufrufen. Anfängliche Widerstände können durch harmlose Interventionen wie: "Wie würdest du dich fühlen, wenn du ein weniger verständnisvoller und mehr leidenschaftlicher Mensch wärst?" abgeschwächt werden. Ist der Affekt schließlich da, haben wir die Möglichkeit, seine Ursprünge aufzudecken oder zu interpretieren. Wir können fragen, ob der Affekt dem Klienten bereits irgendwie bekannt ist: "Ich glaube, daß du dieses Gefühl nicht zum ersten Mal erlebst. Ich habe das Gefühl, daß du nicht zum ersten Mal so behandelt worden bist. Kann es sein, daß du deine natürlichen Gefühle zu dieser Frustration auch früher schon versteckt hast, sogar vor dir selbst?" Oder: "Wer hat dich noch so behandelt? Wann hast du dich schon mal so gefühlt? Wer, den du kennst, hat sich auch so gefühlt wie du jetzt?" Damit steigt die orale Feindseligkeit allmählich auf. Sie klettert im Laufe der Therapie zu immer höheren Intensitäts- und Bedeutungsebenen. So stellt sie sich (gefördert durch Prozeduren wie der Dauerproblem-Übung und härterer Körperarbeit) der Analyse.

Sogar diese anfängliche und relativ oberflächliche Arbeit an Zorn und Feindseligkeit kann andere wichtige affektive Erfahrungen auslösen. Das offene Ohr und die einfühlende Ermunterung läßt den Groll, die Frustration und die Wut des Oralen aufblühen. Früher oder später kommt es zu derart erbitterten Reaktionen, die sogar er, gemessen an den auslösenden Umständen, für übertrieben hält. Wie damit umgehen? Die Gestalt-Therapie gibt uns eine mögliche Antwort. Sie nimmt an, das jedes maßlose, überspannte, unangemessene Gefühl ein "Ablenkungs-Gefühl" ist. Mit ihm wird ein anderes Gefühl abgelehnt, unterdrückt oder verdrängt. Uns geht es als Therapeuten natürlich darum, das versteckte, das wirkliche Gefühle zu enthüllen. Muriel Schiffman bietet uns in ihrem Buch "Self-Therapy" (1967) eine aus fünf Schritten bestehende Übung an, die einiges mit Eugene Gendlin's (1981) Fokussieren gemein hat, aber etwas anderes erreichen will. Ich skizziere sie zuerst zum persönlichen Gebrauch und werde dann ein Beispiel für ihren Nutzen bei einem oralen Thema geben.

## Schiffman's "Versteckte-Emotions-Übung"

*Schritt 1: Erinnern Sie sich an eine unangemessene Reaktion.*
Eine unangemessene Reaktion ist eine den Umständen nicht gerecht werdende, extreme, überladene und überspannte Verhaltensweise. Danach fragen Sie sich vielleicht: "Warum bin ich eigentlich so wütend? Wieso fühle ich mich denn derart verletzt?" Und nun versuchen Sie sich selbst aus der Emotion "herauszuargumentieren": "Schließlich ist es doch nur ein Kind", oder: "So ein Macker! Ein fremdes Nummernschild, naja", oder: "Ne Frau! Kann nicht autofahren... aber sie bemüht sich ja...laß gut sein!" usw. Aber irgendwie funktionieren diese Erklärungen nicht und die offensichtliche Überreaktion löst sich nicht auf. Sie erleben diese aufbrausenden, jähzornigen Affekte des öfteren. Sie fühlen sich danach nicht entspannt oder befreit, sondern werden fast zwanghaft immer mehr von Vorurteilen verfolgt. Die Emotion ist dauerhaft und hört nicht auf vernünftige Erklärungen. Alles deutet auf ein "Ablenkungs-Gefühl" hin. Wir haben das Ziel für unsere Übung gefunden.

*Schritt 2: Fühlen Sie die Emotion noch einmal.*
Schicken Sie alle Gründe das Gefühl nicht zu fühlen in Urlaub. Lassen Sie sich alle Empfindungen und Gedanken noch einmal spüren. Geben Sie sich jeglichen Übertreibungen hin. Erlauben Sie Ihrer Fantasie zu tanzen und Ihrem Körper, in das Erlebnis einzutauchen. Wut, Angst und Verzweiflung dürfen sein. Denn die Vermeidung unangemessener Gefühle trägt viel zu

ihrem Fortbestehen bei. Schauen Sie sich die Einzelheiten des auslösenden Vorfalls an und gewähren Sie den ausufernden Gefühlen ausuferndenRaum. Eventuell fallen Ihnen mit Hilfe veränderter Bewußtseins-Zustände noch mehr Perspektiven, Töne, Empfindungen und Emotionen der Original-Situation ein.

### Schritt 3: *"Was habe ich noch gefühlt?"*

Stellen Sie sich diese Frage. Vielleicht entwickelt sich in Ihnen nun ein weiteres Gefühl, das Sie bisher übersprungen haben. Gewöhnlich trieb es in der Zeit direkt vor dem Zwischenfall in Ihnen umher. Schiffman schreibt (1967, S.7): "Wenn Sie es versuchen, können Sie sich daran erinnern. Sie sahen etwas wie mit den Augenwinkeln. Sie realisierten es kaum, als Sie es erblickten." Meist ist es ein Gefühl, das Sie überhaupt nicht zugeben wollen. Sowas fühlt man nicht, oder: Nein, so bin ich doch nicht. Sie würden sich wahrscheinlich schämen, wenn es hochkäme.

### Schritt 4: *"An was erinnert mich das?"*

Wie bei der Dauerproblem-Übung suchen Sie nach ähnlichen Reaktionen aus früheren Tagen. Sie suchen nach Situationen oder Menschen, die denselben Affekt bewirkten. Wir wollen hier weniger das Muster haben, sondern das wirkliche Gefühl. Falls das für Sie zu schwierig ist, empfiehlt Schiffman einen objektiveren Blickwinkel. Fragen Sie sich: "Was scheine ich hier zu tun?" Beobachten Sie sich, als ob Sie ein anderer wären. Welche Emotionen scheint dieser andere durch sein Verhalten verstecken zu wollen?

Wie bei Gendlin's Fokussieren leitet sich die Richtigkeit einer Idee nicht aus ihrer Plausibilität ab, sondern aus der emotionalen Reaktion, die sie er-zeugt. Anders gesagt: Sie achten auf die körperlichen Veränderungen, d.h. in der Atmung, im Pulsschlag, in der Erregung. Die intellektuellen Eingebun-gen, Andeutungen und Winke werden vom Körper übernommen und als richtig oder falsch gefühlt. Schließlich entsteht eine kongruente Wahrneh-mung des Gefühls und Sie können beruhigt sagen: "Ja, das ist es!" Schiffman gibt uns zwei bestätigende Merkmale an die Hand, mit denen wir überprüfen können, ob wir das versteckte Gefühl tatsächlich getroffen haben (1967, S.7).

1. "Es ist genauso intensiv oder sogar noch stärker, als jene anfängliche, für alle sichtbare Emotion."
2. "Es verschiebt die anfängliche Emotion. Die ist verschwunden oder zu einem ziemlich unwichtigen Gedanken geworden."

Sie stellen sich selbst nun vier konkrete Fragen zu dem Menschen, um den es während des Ereignisses ging:

1. "Diese Person erinnert mich irgendwie an mich selbst. Was erinnert mich an dieser Person an mich selbst?", oder "Was erinnert mich an etwas in mir, was ich nicht mag?"
2. "Was erwartet dieser Mensch von mir? Welche Fantasie habe ich darüber, was er oder sie von mir erwartet?"
3. "Mit meiner anfänglichen Emotion versuche ich, mir etwas zu beweisen. Was versuche ich mir mit meiner anfänglichen Emotion zu beweisen?"
4. "Was versuche ich anderen zu beweisen?"

*Schritt 5: Suchen Sie nach dem Muster.*
Der fünfte Schritt überlappt mit dem vierten, denn Sie forschen nach ähnlichen Verbindungen zwischen wirklichem Gefühl und Ablenkungs-Gefühl in Ihrer Vergangenheit. Es gab sicherlich bereits Zeiten, in denen die versteckten Emotionen zur Oberfläche strebten und von demselben Ablenkungs-Gefühl verdeckt wurden. Versuchen Sie, diese Vorkommnisse zu sammeln und dabei die unterschwellige Emotion zu erkennen. Sie tragen damit viel zur Auflösung des Musters bei. Es wird in Ihrem Leben Ereignisse gegeben haben, bei denen Sie die Selbst-Zentriertheit eines anderen Menschen mißbilligten und ihre eigene verneinten. Oder Sie ärgerten sich über den mit seiner Freundin flirtenden Tischnachbarn, während Sie Ihre eigene sexuelle Erregung ablehnten. Oder Sie bemühten sich mit allen Mitteln Recht zu behalten, wo Sie doch eigentlich selbst Zweifel in sich spürten.

Dieser Prozeß ist gut für jedermann. Aber für den Oralen mit seinem Hang für Verkehrungen, Verschiebungen und Identifikationen natürlich besonders. Der Orale betrügt sich ständig selbst mit seinen Gefühlen, um seine Verneinung und die Glaubwürdigkeit des falschen Selbst, das er sich und den anderen präsentiert aufrechtzuerhalten. Sobald er sich jedoch mit Ihnen als Therapeut sicher fühlt, wird er immer bereitwilliger die Katakomben seiner komplizierten und verwickelten Abwehrstruktur erforschen. Sie können die "Versteckte-Emotions-Übung" von Schiffman als einfaches Interview ausführen oder auch mit Hilfe eines veränderten Bewußtseinszustandes. Entspannung und Hypnose verlangsamen die emotionale Reaktion und führen viel eher zu dem darunter fließenden wirklichen Gefühl. Außerdem bringt die Trance oft sehr frühe Ereignisse und Empfindungen an den Tag.

**Eine Fallgeschichte**

Carol war 35 Jahre alt und leitende Angestellte in einem kleineren Geschäft. Erst vor kurzem hatte sie sich von ihrem Freund Bob, mit dem sie zusammenlebte, getrennt. Während der ganzen Beziehung war sie ihr chronisches

Gefühl emotionaler Verlassenheit nicht losgeworden. Die beiden hatten viel gemeinsam. Sie verbrachten ihre Zeit oft zusammen und kamen soweit ganz gut miteinander aus. Ihre Ideen, Wertvorstellungen, Freunde, sportlichen und anderen Tätigkeiten waren identisch. In dieser Hinsicht bestand eine Art Symbiose. Aber im Bett klappte es nicht. Carol fühlte sich ständig unzufrieden, weil sich ihr Freund sexuell nicht sehr für sie interessierte. Er gab ihr nicht die romantische und sentimentale Aufmerksamkeit, die sie sich wünschte. Stattdessen flirtete er ab und an mit anderen Frauen. Wenn Sie sich sexuell liebten, fand sie ihn unemotional, mechanisch und unbeteiligt. Wenn er Sex haben wollte, wies sie ihn deshalb oft ab.

Letztendlich führten die chronischen sexuellen Probleme zur Trennung. Wegen ihrer vielen gemeinsamen Freunde und Interessen behielten beide allerdings ihren weitläufigen sozialen Kontakt. Obwohl Carol eine andere, in vielerlei Hinsicht angenehmere Beziehung einging, wurde sie bald zum Opfer intensiver Wut, die sich auf Bobs neue Partnerin Jeanette richtete. Carol lehnte Jeanette vollkommen ab. Sie konnte kaum mit ihr in einem Raum sein. Die "andere Frau" war ein relativ hilfloser Typ. Im Gegensatz zu Carol und ihrer langen Geschichte der Selbstständigkeit und leitenden Rolle im Beruf, hatte Jeanette sich immer von Männern unterstützen lassen, indem sie, so sah es jedenfalls Carol, ihre "weiblichen Tricks" anwandte. Bob nun von einem solchen "Weib" "übertölpelt" zu sehen, machte sie wütend. Besonders dann, wenn er "ihr mit Glupschaugen und wie ein Schoßhund nachlief."

Es war gar nicht so schwierig, Carol dabei zu helfen das nicht allzusehr versteckte Neid-Gefühl aufzudecken. Ihren oralen Teil verneinte sie allerdings ziemlich stark. In ihren Arbeitsbeziehungen war sie vom kollabierten oralen Charakter weit entfernt. In ihren ziemlich symbiotischen Beziehungen mit Männern hatte es immer nur wenig Sexualität gegeben. Carol wies ihre Sehnsucht, völlig von einem Mann umarmt und versorgt zu werden stark ab. Und nun mußte sie Jeanette beobachten, die alles erhielt, wonach Carol sich sehnte. Dabei war Jeanette nichts anderes als eine bedürftige Frau. Carol wurde erst neidisch und dann wütend. Es war noch nicht einmal nötig, die Frage: "Was an Jeanette erinnert dich an etwas, was du an dir selbst nicht magst?", zu stellen.

Die Aufdeckung des versteckten Gefühls weckte noch andere Erinnerungen zu ähnlichen Ereignissen. Carol wurde sich ihrer vorhersagbaren Wut über Frauen bewußt, die bekamen was sie wollten, indem sie jene Regeln brachen, die Carol für sich selbst aufgestellt hatte: Verantwortlichkeit, Ehrlichkeit, Selbstständigkeit. Carol fand nun immer stärker zu ihrem eigenen Bedürfnis nach Aufmerksamkeit und Versorgung.

Indem ich die Reizbarkeit und Verärgerung unterstützte, konnte Carol ihre Wut freilassen. Dadurch wiederum erkannte sie ihre Bedürftigkeit. Die Bedürftigkeit ist der Kern der oralen Persönlichkeit. Auf die gleiche Art können wir von einer oberflächlichen Trauer oder Ängstlichkeit ausgehend zu tieferen Schichten gelangen. Mit dem Fokussieren, dem Dauerproblem-Prozeß und Schiffman's Versteckte-Emotions-Übung inklusive aller möglichen Varianten, verfügen wir über eine weite Skala verbaler Techniken, die dem oralen Menschen bei der Aufdeckung und Integration seiner essentiellen Lebensthemen helfen.

## Die Selbst-Versorgung

Wir haben mit der im Anfangsstadium einer Therapie möglichen Affekt-Arbeit begonnen und gezeigt wieviel Erleichterung und Einsicht sie der oralen Person geben kann. Ich möchte dieses Feld kurzfristig verlassen und andere frühe Interventionen betrachten. Der Orale freut sich über alles, was ihn nährt und beruhigt. Er gewinnt bereits viel, wenn er sich damit selbst versorgen kann. Reden Sie mit ihm darüber, was er bereits tut und was er verbessern könnte.

Ihn muß der Gedanken nahe gebracht werden, daß er sich wirklich allein hegen und pflegen und "sein Baby in den eigenen Armen wiegen" kann. Als Kind mußte er mit unzureichender Nahrung auskommen. Er erlernte kaum selbst-nährende Verhaltensweisen. Als Erwachsener kann er nährende Fertigkeiten introjezieren, sich mit ihnen identifizieren und sich so selbst unterstützen. Das einfache Gespräch führt schon ein ganzes Stück weiter. Was tut dir gut? Was macht dir Spaß? Wann fühlst du dich wohl? Was tun andere Menschen für sein Wohlergehen? Es gibt so viele schöne Sachen. Ein Spaziergang im Sonnenschein, ein gutes Essen, ein warmes Bad, ein Päuschen zum Musikhören oder Fernsehen, ein Nickerchen, ein warmes Feuer im Kamin... wir sind noch lange nicht am Ende der Menükarte fürs Wohlbefinden. Aber wie stehen wir zu all dem grundsätzlich? Oft verdirbt unser Standpunkt die Freude an den Süßigkeiten des Lebens. Wenn ich z.B. gefühlsmäßig meine, jemand sollte sie mir geben, jemand sollte sie mir in den Mund schieben, werde ich mich natürlich nur unwillig an die Vorbereitung eines Mahls, eines Bades oder eines schnuckeligen Leseabends machen. Wenn ich das Ganze jedoch als Geschenk an jenen Teil in mir auffasse, der versorgt werden möchte, kann sich das Erlebnis völlig umdrehen. Als Erwachsene können wir das. Und wenn nicht, so können wir es doch lernen. Sogar der Oralste unter uns ist kein hilfloses Kind mehr. Wir üben unsere Fähigkeiten etwas zu tun und nähren gleichzeitig das unterernährte Kind in uns. Damit verbessert sich außerdem unsere Möglichkeit andere zu versorgen. Die unreife Frucht ist nicht nur bitter, sondern auch hart und ohne Saft. Je mehr Pflege wir erhalten, desto mehr Saft haben wir für alles, was wir tun.

Geben Sie Ihrem Klienten also die ausdrückliche Erlaubnis, sich selbst zu versorgen und verordnen Sie es ihm sogar. Hypnotische Fähigkeiten werden Ihnen bei der Veränderung dieser Verhaltensweisen zugute kommen. Ich benutze dabei drei Arten, um sie indirekt zu suggerieren. Das hört sich ungefähr so an:

*"Erinnere dich an eine Zeit, in der es notwendig war, einen anderen Menschen zu pflegen. Vielleicht hast du das viele Male getan. Such' dir jetzt aber nur eine Erinnerung aus. Du hattest Mitgefühl, hattest Empathie und warst leidenschaftlich bei der Sache. Du weißt, was die andere Person dabei gespürt haben muß. Du wolltest alles geben, was du hattest, damit es dem anderen besser ging. Du erinnerst dich nun, wie sich das anfühlte und vielleicht fällt dir nun auch ein, was du sagtest und sogar wie du es sagtest. Du weißt wieder, was du gemacht hast und wie dein Nähren und Versorgen aufgenommen wurde. Das Erlebnis entsteht wieder in dir. Du fühlst es voll und ganz. Nun aber fügst du eine leichte Veränderung hinzu. Du wirst zu demjenigen, der gepflegt wird und bleibst jedoch auch der, der pflegt. Pflege und werde gepflegt! Hege und werde gehegt! Tröste und werde getröstet! Benutze dieselben Worte und dieselbe Betonung wie vorher. Tue dasselbe. Berühre und werde berührt! Du hast das Recht dazu, Aufmerksamkeit und Unterstützung zu erhalten. Wisse, daß du dieses Recht hast. Nimm es in dich auf, wenn es dir gegeben wird. Fühle die Entspannung, die Befreiung und fühle die Leidenschaft. Laß das alles leben.*

*\* \* \* \**

*Wenn sich das Erlebnis in dir vertieft hat, lege eine Hand auf die Mitte deiner Brust über dem Herzen und die andere auf deinen Bauch. Fühle die Wärme deiner Hände auf deinem Körper. Fühle den Trost und die Sicherheit deiner Wärme. Wenn du ein Baby in deinen Armen halten würdest, wäre das genau wie jetzt. Eine Hand würde den Po und die Beine des Babys unterstützen und die andere Rumpf und Kopf. Du würdest es ganz nah bei dir halten und ihm deine Wärme spenden. Es könnte den Schlag deines Herzens hören und die Sicherheit deiner großen Hände spüren, die seinen ganzen Körper halten. Es würde Sicherheit und Wohlbehagen fühlen. Wenn das Baby ein Bedürfnis danach hätte, würdest du es bewegen, schaukeln oder mit ihm spazierengehen. Du hältst es, solange es das braucht. Du legst es hin, wenn es schlafen will. Wenn es dich wieder braucht, wirst du da sein. Du würdest für das Baby da sein, es halten und versorgen. Das zu tun, fühlt sich gut an.*

*Es ist keine Anstrengung für dich. Es fällt dir leicht. Es ist alles so einfach. Ernähren und lieben. Das Baby würde wachsen und reifen, aber immer noch deine Führung brauchen, deine Unterstützung und Liebe. Du würdest dich an dem Kind freuen, während es aufwächst. Aber du könntest auch immer wieder das Baby im Kind pflegen, nähren und befriedigen.*

*\* \* \* \**

*Hast du jemals als Kind auf deinem Rücken gelegen und in den Himmel geschaut? Dann hast du sicherlich die Wolken beobachtet. Vielleicht lagst du im Gras. Du konntest die Kühle des Bodens spüren und das Kitzeln der Grashalme auf deiner Haut. Und über dir diese wundervollen Wolkengebilde. Tiere, Gesichter, wundersame Gestalten. Sie bilden sich, bewegen sich, sind ganz klar und verschwimmen dann wieder. Die Wolken verändern sich stetig. Manchmal so langsam, daß du es kaum bemerkst. Aber wenn du woanders hinschaust und nach einer Zeit an die alte Stelle zurückkehrst, ist dort alles anders geworden. Du nimmst alle Unterschiede zwischen den Wolken wahr. Da gibt es die mächtigen, wogenden und daneben die wie Haarsträhnen streifigen und in der Ferne dunkel, drohende, die Regen tragen. An manchen Tagen siehst du alle möglichen Formen, die sich dauernd verändern. An anderen wiederum ist der Himmel nur grau und dunkel und wieder an anderen lacht die Sonne dich überall an. Damals hast du gelernt, was die Wolken bedeuten. Mitten im Sommer hast du die schweren Regenwolken gesehen. Du hast gespürt wie sie sich vollgesogen mit Feuchtigkeit ineinander rollen und sich danach sehnen, endlich ihre Last loszuwerden. Übervoll barsten sie schließlich und gaben sich ab an die Erde. Sie regneten sich nieder, lösten sich auf und gaben alles was sie hatten an alles und jeden, den sie erblickten. Sie spürten so sehr das Bedürfnis in sich zu geben. Sie mußten einfach geben, geben, geben. Sie fühlten keine andere Wahl in sich als ihr Wasser loszulassen, das sie belastete. Sie waren keine netten, niedlichen, weißen Wölkchen am blauen Himmel, oh nein! Die konnten der Erde nicht solches Leben spenden. Es braucht Fülle, um geben zu können. Die Fülle will geben, muß geben. Sie muß sich befreien, muß sich entlasten. Zu geben braucht Fülle, und Fülle muß geben...*

Ich glaube, das Gesagte genügt zur Illustration einer hypnotischen Arbeit, die meiner Meinung nach die selbst-versorgenden Verhaltensweisen stärkt. Beim ersten Prozeß wird dem Geben auch das Nehmen hinzugefügt. Er baut auf Prinzipien aus dem Neurolinguistischen Programmieren auf. Beim zweiten lernen wir es, uns selbst zu halten. Das habe ich aus meinem Bioenergetik-Training. Die Metapher, das Baby zu wiegen kam mir während der spontanen Trance eines Klienten in den Sinn. Und die Regenwolke, die sich entladen muß, stammt aus einer Rede von Bhagwan Shree Rajneesh, der sagte: Wer wirklich geben will, muß voll sein! Diese Botschaft ist natürlich für jeden oralen Charakter bestimmt. Denn gerade er gibt ja eher aus einer Position des Mangels und des Habenwollens und nicht aus einer Position der Fülle. Das erzeugt im Empfänger keine Erleichterung sondern Verpflichtung. Der Orale wird daraufhin wieder abgelehnt und verlassen.

Während der Zusammenbruchsphase kann sich der Orale nicht daran freuen, sich entweder selbst zu nähren oder genährt zu werden. Er kann sich nicht freudig der Entspannung hingeben, denn er hat sich gegen sein Bedürfnis und seine Schwäche kontrahiert. Er fühlt immer Schuld in sich, wenn er bekommt, was er möchte. Er kann sich deshalb nie völlig gehen lassen. Wenn der Orale sich nicht um das sorgt, was er gerade tut, fühlt er sich schuldig. Er ist der verletzte Helfer, der für seine Hilfe auch noch mit Schmerzen bezahlen muß. Alles was ihm jedoch hilft, sich wirklich zu entspannen und, was noch wichtiger ist, sich über die Entspannung zu freuen, ist von unschätzbarem Wert für seine Entwicklung. Es befriedigt nicht nur seine unbefriedigten Bedürfnisse, sondern stärkt sein Verantwortlichkeits-Gefühl für sein Erwachsenenleben.

Durch Rückschau, Überblick und Gespräch haben wir nun erst einmal das essentielle Bedürfnisse des Oralen nach Kontakt, Aufmerksamkeit, Sympathie und Unterstützung zufriedengestellt. Er ist sich jetzt, hoffentlich, sicher, daß wir auf seiner Seite stehen, daß wir ihn nicht abweisen und auch nicht verlassen. Von dieser soliden Basis aus können Sie mit ihm in der Therapie fast überall hingehen. In dem bis hierher präsentierten hypothetischen Szenario habe ich Ihnen die relativ sanften therapeutischen Techniken vorgeführt. Schon sie helfen dem Klienten, alle Gefühle zu spüren. Im speziellen schlug ich vor, seine Affekte zu nähren, damit aus der Verärgerung Wut, aus der Traurigkeit Verzweiflung und aus der Ängstlichkeit jene tiefsitzende Angst wird, die er in Bezug auf sein Kern-Thema hat. Das Interview und die anderen damit zusammenhängenden Techniken entspannen, ermöglichen neue Einsichten und öffnen den Weg für zentrale Veränderungen. Die Vorschläge zur Verbesserung seiner selbst-versorgerischen Fähigkeiten und Verhaltensweisen werden zum Wohlbefinden des Klienten mit sich und in sich beitragen.

## Oralität und Großartigkeit

Sicherheit und Befreiung sind wiedergefunden. Jetzt, und speziell wenn der orale Zusammenbruch überwunden ist, folgt üblicherweise eine grandiose und manische Phase. Der Orale fühlt sich besser und dehnt sich aus.

Allerdings meist über die Maßen. Wir sehen dann alle Symptome, die wir schon weiter oben für den kompensierten Oralen aufgelistet haben: schlechte Selbst-Versorgung, Überarbeitung, exzessiver Drogenmißbrauch, exzessive Versorgung anderer über die eigenen Resourcen hinaus, übertriebenes Verantwortlichkeits-Gefühl und das Verpulvern ungeerdeter Energie in optimistisch bis größenwahnsinnig einzuschätzende Pläne und Aktivitäten. Lassen Sie sich davon nicht übertölpeln. Denn Ihr Klient läuft auf einen neuerlichen Kollaps zu. Vielleicht brauchen sie eine oder zwei Runden, bevor Sie diesen Vorgang verstehen.

Die ungeerdete Aufregung mag mit einer neuen Arbeit, einer neuen Liebe oder anderem zusammenhängen. Jedenfalls füttert sie die manische Erregung. Wenn Sie bis zu diesem Zeitpunkt genügend Vertrauen aufbauen konnten, wird es Ihnen wahrscheinlich gelingen, das aufgeblasene Ich langsam, freundlich und ohne schwere Brüche zu entspannen. Die direkte Erklärung des Musters ist hilfreich. Wir gewinnen jedoch mehr, wenn es die Klientin selbst entdeckt. Fragen Sie z.B (mit oder ohne Trance), wann sie dieselbe Art Erregung schon einmal erlebte. Helfen Sie ihr, die Erinnerung in allen Details zu vervollständigen. Welche Gefühle hatte sie dabei, welche Empfindungen, Einstellungen, Visionen, welche Aussagen machte sie damals über sich selbst, etc.? Bitten Sie dann um Erinnerungen aus der Zeit nach der Hochphase. Üblicherweise wird das im letzten Kapitel vorgestellte Muster von bester Stimmung und Zusammenbruch auftauchen. Die neue Liebe, das neue Projekt, das neue Hobby brachte eben nicht die erhoffte Rettung. Stattdessen erschöpfte der Orale sich nur durch seinen manischen Lebensstil und war daraufhin nicht mehr fähig, seine Verantwortlichkeiten auszufüllen.

Einige Orale sind ziemlich unrealistisch narzißisch und grandios, aber viele haben auch Pläne, die für einen vernünftig lebenden Erwachsenen gut passen. Leider funktionieren diese Oralen nicht vernünftig und halten ihre Absichten deshalb auch nicht durch. Je sanfter die Wellen von Hochstimmung und Depression werden, desto leichter erreichen sie ihre durchaus wirklichkeitsnahen Ziele. Das orale Muster ist jedoch: Wenn sein Leben gut läuft, lenkt er es allmählich auf den Zusammenbruch zu. Der Fall nach dem Aufstieg ist ein erneuter Versuch, doch noch jene Unterstützung, Hilfe und Nahrung zu bekommen, die er immer vermißte. Der Orale möchte ganz bewußt auf seinen eigenen Füßen stehen. Aber er hat Angst davor. Denn auf einer unbewußten Ebene müßte er seine Hoffnung aufgeben, doch noch das zu bekommen, wonach er sich schon so lange sehnt. Deshalb muß er den realen Verlust anerkennen und betrauern. Von diesem "Boden" aus kann er dann auf das zugehen, was tatsächlich möglich ist. Bevor dies nicht erreicht ist, dreht sich der Teufelkreis teuflisch weiter.

Sie beobachten also, wie die manische Phase den unvermeidlichen Fall ausbrütet. Eine mögliche Frage an Ihren Klienten wäre: "Auf welche Art und Weise könntest du das Positive unterminieren?" Wir wollen das manische Verhalten ganz bewußt proben. Wir impfen ihn damit sozusagen. Zumindest wird ihm schneller bewußt, wann er anfäng,t sich selbst in die Niederlage zu manövrieren. Wegen der unterschwelligen Dynamik wird es im Laufe der Therapie vielleicht vieler Versuche bedürfen, bis sich das Muster glättet. Ermutigen Sie Ihre Klientin, sich in diesen manischen Perioden auf ihre bereits bestehenden Verbindlichkeiten mit sich selbst, ihrer Arbeit, ihrer Familie usw. zu konzentrieren. Hierher gehört ihre Energie. Soweit Sie sie bereits mit ihren eigenen Bedürfnissen und der Ablehnung dieser Bedürfnisse bekannt gemacht haben, wäre es nun möglich, auch das manische Verhalten in diesen größeren Rahmen einzuordnen. Es geht nicht darum, das schöne Sommerfest im kalten Regen zu ertränken. Es geht darum, größeres Verständnis für sich selbst zu entwickeln und vom Leben das zu verlangen und zu bekommen, was das Leben tatsächlich geben kann.

## Aktive Techniken

Dabei helfen uns einige ganz einfache Körper-Übungen. In der kompensierten oder kollabierten Phase hat der Orale kaum Kontakt zu seinen wirklichen Gefühlen. Es ist ungeerdet. Körperarbeit verbessert seine Erdung in der äußeren Wirklichkeit und die Verbindung zu seinem wirklichen Selbst. Zusammengebrochen ist er depressiv und/oder krank. Er hat unter der körperlichen und mentalen Depression seine tatsächlichen Gefühle begraben. In seiner hochgestimmten Zeit schwebt er über dem Boden und hat genauso wenig Berührung mit sich selbst und der Realität. Die Erdungs-Übungen ziehen ihn wieder herunter und wieder hin zu seinem realen Selbst.

Er wird sich allerdings oft vor den Anstrengungen und Wiederholungen der Körperarbeit scheuen. Er scheut sich ja im allgemeinen vor Anstrengung und Leistung. Die Körperarbeit bietet ein gutes Umfeld zur Bearbeitung dieses Themas. Sie sollten allerdings gerade bei der oralen Persönlichkeit sehr aufmerksam sein. Bei der Formung seines Toleranzbereiches für Leistung braucht er einen guten Kontakt, der seine Schmerzen und Bemühungen mildert. Tun Sie alles, was erleichtert und entspannt.

Wir haben uns die Erdungs-Übungen für den schizoiden Charakter ja schon angesehen. Dazu gehörte die Stab-Arbeit mit den Füßen, die Technik zur Entwicklung und Freisetzung von Energie in den Fußgelenken und die Vorbeuge-Übung, die unsere Beine stärkt und auflädt. Gerade die Vorbeuge-Übung paßt sehr gut für den oralen Charakter. Sie verbessert seine Erdung und kräftigt seine Beine. Er wird wahrscheinlich Schwierigkeiten haben, sie regelmäßig zu Hause anzuwenden, aber es wäre wirklich gut für ihn. Besonders während der Perioden manischer Aufregung.

Aber auch in den Kollaps-Phasen ist die Körperarbeit für Orale extrem hilfreich. Denn dann haben sie alle Affekte unterdrückt und bewegen ihre Körper kaum. Das Körperleben findet fast nicht statt. Alle Aufwärm-Übungen für die Schizoiden (Kapitel 3) nützen auch den Oralen. Sie werden jedoch wahrscheinlich weniger Augen-Arbeit brauchen. Hier noch einige zusätzliche Übungen zur Erdung und Lockerung von typischen oralen Kontraktionsbereichen.

## Erdungs-Übungen

### Auf einem Bein stehen
Wir wollen Energie und Ladung aufbauen. Es gibt viele Arten auf einem Bein zu stehen. Konzentrieren Sie sich z.b. einfach auf den Kontakt ihres Fußes mit dem Boden und spüren Sie wie die Ladung entsteht. Nach einer Weile wechseln Sie auf das andere Beine und wiederholen. Oder Sie beugen das Knie, legen all ihr Gewicht darauf und benutzen das andere Bein nach hinten gestreckt nur um das Gleichgewicht zu halten. Bleiben Sie so, bis sie etwa 15-30 Sekunden vibriert haben. Und dann wechseln. Bei der dritten Variante nehmen Sie die Bogen-Position (Kapitel 3) ein und verschieben die Belastung auf eine Seite. Halten Sie solange wie möglich aus. Danach auf die andere Seite pendeln. Wiederholen Sie jeweils mehrmals. Das verbessert die Erdung, Ladung und Kraft der Beine.

### Mit den Füßen stampfen
Sie stampfen einfach abwechselnd ihre Füße auf den Boden. Experimentieren Sie dabei mit dem Auftreffwinkel. Vielleicht trampeln Sie ein paar mal nur mit den Fersen auf usw. Die Aktion kommt natürlich auch im Sprichwort vor und paßt gerade für Leute, die wirklich mal "mit den Füßen aufstampfen müssen." Worte oder Schreie wie "Nein!", "Ich will nicht!", "Hör' auf damit!" unterstützen das Ganze.

### Gegen die Wand kauern
Stellen Sie sich mit dem Rücken gegen eine Wand und rutschen Sie ein wenig an ihr herunter bis Sie kauern. Verschränken Sie dabei die Hände hinter dem Kopf. Atmen Sie frei und voll. Behalten Sie diese Stellung bis Ihre Beine vibrieren. Die werden dadurch gestärkt und energetisch aufgeladen. Besonders für die Anwendung zu Hause geeignet.

## Springen

Es gibt viele Arten zu springen. Springen erdet und verhilft gleichzeitig zu einer Reihe weiterer Erfahrungen.

1. Wie ein protestierendes Kind hochspringen und beim Runterkommen mit den Füßen aufstampfen.
2. Hüpfen Sie so hoch wie möglich und treffen sie flach-füßig und solide wieder auf.
3. Lehnen Sie sich zurück und gehen Sie auf die Fersen. Sie nehmen nun die typische Fersen-Ruhestellung des Oralen ein. Man kann Sie leicht umstoßen. Versuchen Sie zu springen... Schlecht möglich, nicht?!
4. Schnellen Sie von den Zehen aus nach oben und landen Sie auch wieder auf ihnen. Sie erleben sich als Sprungfeder, leichtfüßig und leicht federnd.
5. Zu Hause können Sie auch ein Sprungseil oder ein kleines Trampolin benutzen. Konzentrieren Sie sich dabei auf Ihre Füße und Beine.

## Chronische Spannungen lösen

### Die Windmühle

Sie stehen aufrecht in der üblichen Position. Schieben Sie den rechten Fuß ein wenig vor den linken. Lassen Sie nun Ihren linken Arm ganz einfach aus der Schulter heraus nach hinten schwingen. Beschleunigen Sie langsam die "Windmühle" bis Sie nicht mehr schneller können. Anhalten und die Richtung wechseln. Der linke Arm dreht nun nach vorn... Und jetzt das Ganze mit dem rechten Arm. Stellen Sie dabei den linken Fuß vor den rechten. Bei dieser Übung geht es natürlich um die chronischen Verspannungen des Schultergürtels.

### Die Arme hochstrecken

Strecken Sie ihre Arme 45 Grad vom Nacken aus gemessen nach oben und breiten Sie sie aus. Die Handflächen zeigen zum Himmel. Das dehnt die Schultern am besten. Wenn Sie nun die Ellbogen ein wenig beugen und die Fäuste ballen, spüren Sie vielleicht wie Wut hochkommt.

### Den oberen Rücken dehnen

Ich stelle Ihnen die Abfolge dreier Yoga-Positionen vor, die ihre langen Rückenmuskeln zwischen den Schulterblättern bis hoch in den Nacken ziemlich gut dehnen. Gerade die sind bei der oralen Persönlichkeit gewöhnlich besonders angespannt. Knien Sie sich und legen Sie ihre linke Gesichtshälfte (Ohr und Backe) auf den Boden. Entspannen Sie sich und lassen Sie ihre Schultern fallen, bis Sie die Dehnung in Nacken, Schulter und oberem Rücken auf der linken Seite fühlen. Bleiben Sie so solange wie möglich. Dann rollen Sie ihren Kopf bis die Krone oder der Scheitel auf dem Teppich aufliegt. Drücken Sie den Schädel nun nach vorn. Sie strecken so den Nacken und Rücken. Auch hier wieder solange sie können. Nun rollen Sie auf die rechte Kopfseite (Ohr und Backe) und strecken die rechte Seite von Nacken, Schultern und oberem Rücken.

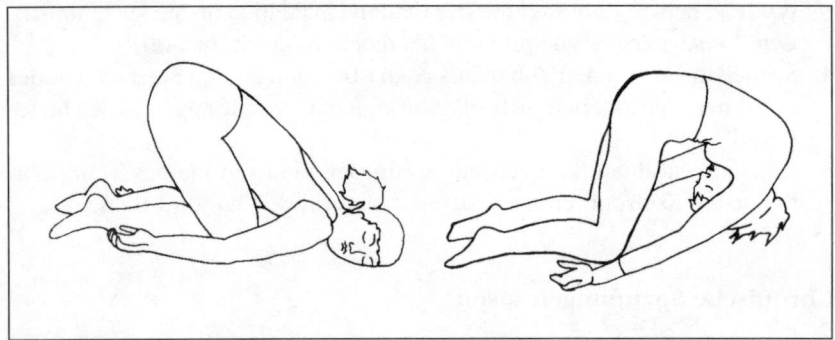

Abb. 7 Den oberen Rücken strecken

### Die Rolle
Die Rolle ist ein weiteres bioenergetisches Schlüsselwerkzeug. Sie ist gepolstert und dient derselben Rückendehnung wie der bioenergetische Bock oder Stuhl. Die Rolle ist allerdings sanfter, leichter zu kontrollieren und der Erde näher. Sie zielt außerdem auch auf die chronischen Kontraktionen des Oralen im unteren Rücken. Legen Sie sich mit den Schultern auf die Polsterung und strecken Sie die Arme nach hinten. Rollen Sie nun zurück, bis Ihr Kreuz aufliegt. Bleiben Sie hier, solang Sie können.

### Die Handtuch-Rolle
Die Kreuzbein-Dehnung auf der Rolle ist für einige Klienten zwar wünschenswert, aber vielleicht zu schwierig und zu invasiv. Nehmen Sie statt der Rolle einfach ein Handtuch oder eine Decke, die sie zusammenrollen. Ihre Klientin kann sich nun mit dem unteren Rücken darüberlegen, wobei sie die Füße aufstellen sollte. Die Po-Backen sollten den Boden noch berühren, aber eine Erleichterung spürbar sein. Die Dehnung wird stärker, wenn die Knie zur Seite fallen. Meist kann dies ohne Unbehagen für mehrere Minuten ausgehalten werden. Aber Vorsicht! Vermeiden Sie diese Übungen bei Rückenverletzungen jeglicher Art. Wenn die Verspannungen sehr schwer

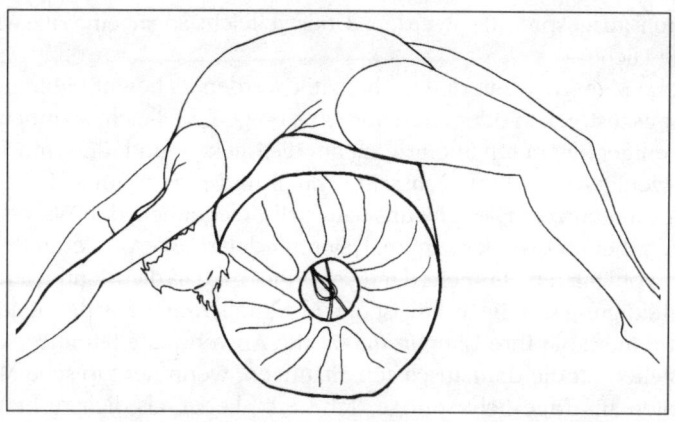

Abb. 8 Die Rolle

sind, sollten Sie entsprechend aufmerksam sein. Mit einer guten Erdung und systematischen Lockerung der verspannten Bereiche können Sie bei der Anwendung von bioenergetischen, Gestalt- und sogar Verhaltens-therapeutischen Prozessen sehr viel weiter kommen als ohne. Schon 10-15 Minuten beleben den Klienten, erden und energetisieren ihn, lassen ihn voller atmen und tiefer fühlen. Sie können auf diese Art jedes der bereits aufgeführten affektiven und verhaltensmäßigen Ziele wesentlich besser erreichen.

## Das Öffnen von Bedürfnis und Sehnsucht

Nach einem aufwärmenden und Energie aufbauenden Teil könnten Sie z.B. auf die verneinten Kern-Gefühle von Bedürfnis und Sehnsucht zielen. Bitten Sie Ihre Klientin, sich auf den Rücken zu legen und für eine Weile mit den Füßen zu treten. Danach soll sie tief atmen, sich entspannen und ihren Körper fühlen. "Strecke nun ganz langsam deine Arme nach oben, als ob du jemanden umarmen möchtest. Stell' dir vor, wer das sein könnte. Aber mach' langsam. Fang' mit deinen Fingern an, geh' dann zu deinen Gelenken über und hebe sie allmählich hoch. Tauche langsam in dieses Ausstrecken deiner Hände und Arme ein. Atme dabei. Fühle dein Ausstrecken."

Trotz der Anweisung langsam zu sein, werden viele Klienten ziemlich schnell ihre Hände ausstrecken. Sie halten den Atem an und versteifen ihre Arme, um nicht zu spüren, daß sie nach etwas greifen. Sie wollen die dadurch aufsteigenden Gefühle nicht haben. Sprechen Sie darüber und helfen Sie ihrer Klientin, ihre Abwehr zu erkennen. Wenn sie dazu bereit ist, können wir den Vorgang erweitern. Denn nun soll auch noch der Name des oder der

Ersehnten ausgesprochen werden. Und vielleicht sogar ein Satz wie: "Ich brauche Dich!"

Etliche Menschen mit oraler Thematik werden es bewußt ablehnen, die Hände auszustrecken oder ihren Spruch zu sagen. Vielleicht spannen sie auf einer weniger bewußten Ebene auch nur die Nacken- und Kiefermuskeln an, atmen weniger oder bewegen sich schnell und rigide, um sich gegen die Gefühle zu schützen. Dies gibt uns natürlich Gelegenheit, den Widerstand zu erkennen, herauszustellen, zu analysieren oder zu interpretieren. Ich brauche Sie wohl auch nicht mehr daran zu erinnern, daß die Identifizierung mit der Verteidigung sehr instruktiv ist und letztendlich sehr entspannend auf sie wirkt. Erinnern Sie Ihre Klientin daran, der Abwehr eine Stimme zu geben. Es entstehen oft die dramatischsten Sitzungen, wenn der typische Merksatz der Oralen ans Tageslicht springt: "Ich sterbe lieber, als dich zu brauchen!" Wenn diese Gefühle sich verbinden oder registriert werden, folgt entweder die große Erleichterung oder die Aufdeckung weiterer Empfindungen. Der Klient ist verzweifelt, daß er verlassen wurde, als er jemanden brauchte. Er spürt die Wut darüber und die Angst vor zukünftigen Wiederholungen. Vielleicht blitzen auch nur Andeutungen der versteckten Gefühle auf, die wir weiter entwickeln können. So schreitet die affektive Arbeit mit der Freisetzung von Gefühlen, der Erinnerung und der Analyse voran.

Für mich sind dies immer wieder bemerkenswerte und intensive Sitzungen. Wie beim schizoiden Charakter leiten sie grundlegende, transformative Veränderungen ein. Die Klientin beginnt zu begreifen, wer sie wirklich ist. Vielleicht kann sie sogar sagen: "Ich habe große Bedürfnisse und das ist auch in Ordnung. Ich bin verlassen worden, als ich bedürftig war und ich habe Angst, wieder verlassen zu werden. Ich bin immer noch darüber wütend, daß ich beraubt wurde und ich fürchte mich davor, es wieder zu erleben. Ich bin erwachsen, aber ich habe einige kindliche Emotionen, die mein Leben bestimmen."

Von nun an spielt sie das Spiel mit den Karten, die sie in der Hand hält. Mag sein, daß es nicht die besten sind. Aber ihre Chancen damit zu gewinnen sind allemal größer als mit Karten, die nur in ihrer Phantasie bestehen. "Aus der eigenen Erde wachsen. Vom eigenen Grund und Boden herkommen." Das ist es, was wir mit dieser Art analytischer Therapie zu erreichen suchen.

Das weiter oben entworfene Szenario zeigt wieder einmal, wie die affektive Therapie des einen Bereichs Möglichkeiten für die affektive Therapie eines anderen Bereichs eröffnet. In diesem Fall zentrierten sich alle Primärgefühle um das Bedürfnis und die Sehnsucht. Die Beschäftigung mit dem einen führte uns schließlich zu dem anderen. Weitergehend können wir zu Wut, Furcht und Trauer kommen, wenn wir die in vorigen Kapiteln für den Schizoiden aufgestellten Strategien verfolgen, die auch beim Oralen voll anwendbar sind. Sobald die chronischen Spannungen kleiner, und sobald Ladung und Atmung größer sind, können wir unsere Klienten um Worte und Taten bitten, die Emotionen hervorrufen. Dann erlebt er das Leben oder er erlebt den Widerstand oder eine Kombination von beiden. Er wird die Befreiung und Erleichterung erkennen. Die Aufgabe des Therapeuten ist es, sie zu vertiefen. Außerdem sollte der Klient verstehen, was geschah und wie es zu der Entspannung kam. Ist es jedoch der Widerstand, müssen wir ihm helfen, sich mit ihm zu identifizieren, seine Dienste anzuerkennen, um so letztendlich seinen Griff zu lockern und die tatsächliche Erfahrung frei-zugeben.

Wenn sich Gefühl und Erkenntnis verändern, verändert sich fast ganz natürlich auch das Verhalten. Ein Therapeut, der sich mit Verhaltenstechni-ken auskennt, kann den Effekt noch beträchtlich vergrößern. Sie haben in einer Therapie-Sitzung erfolgreich an den Bedürfnis-Affekten gearbeitet. Ihr Klient konnte sie spüren und ausdrücken. Kann er das aber auch draußen, außerhalb des Beratungszimmers? Vielleicht hilft es ihm, wenn Sie beide ein wenig (theoretisch oder praktisch) in die Zukunft schauen: "Stell' dir vor, daß du deine Freunde, deine Familie oder irgend jemanden in einer wichtigen Angelegenheit um etwas bittest!" Eine gute Möglichkeit die Selbst-Behaup-tung zu trainieren, ist auch das Rollenspiel.

Sobald ich weiß, daß ich etwas will, werde ich nicht lange brauchen, um zu wissen, was ich will. Und wie ich es bekomme, wird mir dann sicherlich auch bald einfallen. Damit stehe ich am Anfang von ganz praktischen Problemlösungsprozessen. Entweder kann ich direkt ein Problem angehen oder ich brauche erst Verhaltensweisen, die mir dabei helfen. Wenn die ursprüngliche Verneinung des Bedürfnisses erst einmal überwunden ist und die Durcharbeitung der damit zusammenhängenden Gefühle begonnen hat, beginnt der erwachsene Teil in dem Oralen ganz realistische Diskussionen mit der Therapeutin darüber, wie er weiterwachsen und sein Leben wirklich-keitsnah gestalten kann.

Sobald der Orale in seine Bedürftigkeit und Sehnsucht kollabiert und um Hilfe ruft, beginnt er, Verantwortung zu übernehmen. Er ist motiviert zur Ver-änderung. Aus dieser verantwortlichen, obwohl immer noch bedürftigen Position heraus, bewegt er sich in Richtung Reife. Es handelt sich keinesfalls um eine Blitzheilung, sondern um eine solide Kur, an deren Ende er die eigenen Karten mit den eigenen Händen ausspielt. Bis dahin spürt er aller-dings immer wieder die Versuchung, sich in die ungeerdete Manie zu stürzen. Es ist daher die Aufgabe des Therapeuten, den Erdungs-Prozeß fortzusetzen, die manischen Phasen zu dämpfen und den Reifungs-Vorgang Schritt für Schritt zu stabilisieren.

# Kapitel 7

# Die Heilung des verlassenen Kindes
## Teil 2

### Interpretation und die Dreiecke der Einsicht

Verlassen wir für einen Moment die speziellen Themen des oralen Charakters und die entsprechenden Interventionen. Ich möchte Ihnen stattdessen kurz ein sehr nützliches Werkzeug vorstellen, mit dem Sie die Grundstrukturen der interpretierenden Psychotherapie leichter verstehen können. Die psychodynamischen (Kurzzeit-) Therapeuten (z.B. Davanloo, 1980; Malan, 1979) benutzen es, um interpretative Methoden zu lehren. Die zwei Dreiecke der Einsicht stellen im Schema die Inhalte praktisch aller Interpretationen der psychodynamischen Psychotherapie dar. Das Dreieck des Gefühls steht auf seiner Spitze, weil das versteckte Gefühl als unterschwellige Basis für Abwehr und Angst angesehen wird.

Der Orale versteckt sowohl seine extreme Bedürftigkeit als auch seine Wut und Traurigkeit über seine chronisch unbefriedigten Wünsche. Theoretisch war es die durch diese Gefühle erzeugt Angst, die ursprünglich die Formation der Abwehr auslöste. Wenn wir also die Abwehr entspannen oder bedrohen, kommt die Angst. Wir zielen in der Affekt-Therapie auf das direkte Erlebnis der versteckten Gefühle. Eine ihrer grundlegenden Strategien ist: Helfen Sie dem Klienten

1. seine Abwehr zu entspannen,
2. seine Toleranz für die Angst zu vergrößern, und
3. die versteckten Gefühle direkt zu erleben und auszudrücken.

Die Interpretation ist eine Methode unter vielen, um diese zentrale Absicht zu erreichen. Wenn wir positiv und aufbauend interpretieren, helfen wir dem Klienten nicht nur zu fühlen, sondern auch zu verstehen.

Sobald die Verteidigungsmechanismen aufweichen, steigen die Ängste hoch. Sobald die Ängste toleriert werden, erscheinen die versteckten Gefühle. Viele der in diesem Buch dargestellten aktiven Techniken dienen dieser Abfolge. Der Klient soll sie durch sie direkt erleben können. Die Interpretation des Therapeuten kann danach zum kognitiven Verständnis des Prozesses beitragen.

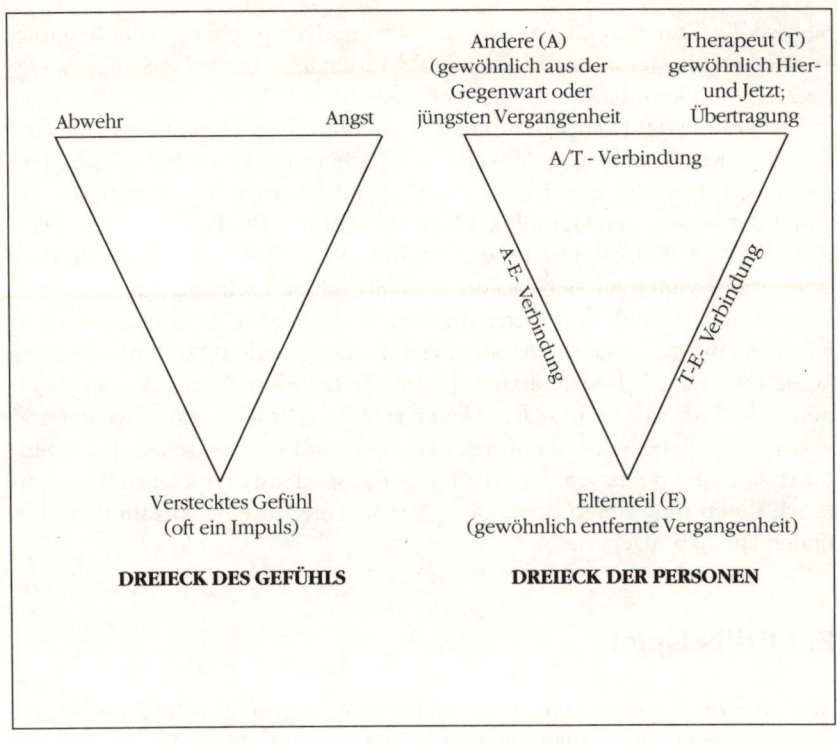

Abb. 9 Die zwei Dreiecke der Einsicht nach Malan

Das Dreieck der Personen demonstriert im Detail, auf wen Abwehr, Angst und versteckte Gefühle gerichtet werden können. Die Eltern stehen unten, weil sie im allgemeinen das ursprüngliche Ziel waren. Durch Übertragung verschieben sich dieselben Gefühle (plus dazugehöriger Angst und Abwehr) entweder auf andere Menschen in der Umgebung des Klienten oder in direkter Hier-und-Jetzt-Übertragung auf den Therapeuten. Ein dynamischer Therapeut verbindet nun interpretierend zwei Punkte des Dreiecks. Er stellt z.B. heraus, daß sich der Klient zu einem Menschen aus seiner Umgebung ähnlich verhält wie zum Therapeuten (A/T-Verbindung). Oder er benimmt sich gegenüber einem anderen Menschen heute so wie gegenüber seinen Eltern in der Vergangenheit (A/E-Verbindung). Oder zu seinem Therapeuten wie zu seinen Eltern damals (T/E-Verbindung).

Das gleiche gilt für Grundeinstellungen oder Gefühle. Je besser der Klient seine Abwehrstrukturen wahrnimmt, desto eher wird er die Ähnlichkeiten und Verbindungen auch ohne den Therapeuten selbst erkennen. Hier haben

Sie also die Grundstruktur der interpretativen, dynamischen Psychotherapie. Das versteckte Gefühl soll direkt erlebt werden und sich auf das angemessene Ziel, die Eltern der Vergangenheit, richten.

Sowohl in der Kompensation als auch im Kollaps präsentiert sich Ihnen der orale Klient mit seiner Abwehr in der Übertragung auf Sie oder andere Menschen. Ihre Aufgabe ist es, Abwehr und Übertragung zu entspannen, damit die versteckten Gefühle endlich im richtigen Briefkasten landen. Das Rezept klingt einfach, doch die Ausführung ist oft extrem schwierig. Der Widerstand verteidigt sich tapfer. Deshalb müssen wir die interpretierten Verbindungen wiederholt durcharbeiten. Nach meiner Erfahrung brauchen wir dabei mit dem oralen Charakter ziemlich viel Geduld. Außerdem gibt es keine feinsäuberliche Hierarchie der interpersonalen Thematik. Der therapeutische Prozeß wird in sich Schleifen schlagen. Er wird immer wieder und wieder durch die Widerstandsmechanismen und versteckten Gefühle hindurchzirkulieren müssen. Innerhalb einer ausgedehnteren Fallstudie möchte ich ihnen nun einige Behandlungsvorschläge für eine Anzahl typischer oraler Themen machen.

## Ein Fallbeispiel

Als Phil in die Therapie kam, war er 48 Jahre alt, Staatsangestellter und befand sich momentan in Scheidung von seiner zweiten Frau. Er klagte über chronische Depressionen, Erschöpfungszustände, verschiedene körperliche Leiden und das Gefühl, ein Opfer zu sein. Während seiner 20jährigen Ehe hatte er nicht nur seinen Beruf ausgeübt, sondern auch konstant kleinere Schnellimbisse, Waschsalons und vermietbare Warenlager aufgebaut. Obwohl er über etliche Immobilien verfügte, war er finanziell kaum flüssig. Sobald er Bargeld besaß, steckte er es auch schon wieder in ein neues kleineres Geschäft. Tagsüber kümmerte er sich um seinen Beruf bei der Regierung, abends und an den Wochenenden um den eigenen Kram. Er schlief schon lange nur noch drei bis vier Stunden pro Nacht. Wenn er zu beschäftigt war oder ihm das Kleingeld fehlte, aß er zwei oder drei Tage lang auch mal nichts.

Trotz einer Geschichte schmerzhafter Verletzungen und Krankheiten, baute Phil beständig weiter an seiner Karriere und seinem Papierglück. Die ökonomische Krise im Frühjahr 1980 und die gleichzeitig ablaufende Scheidung trafen ihn und seine Geschäfte schwer. Infolge einer emotionalen Depression unterliefen ihm zusätzliche Fehler, die schließlich in den Bankrott führten. Während der Therapiezeit stand außerdem sein Job auf dem Spiel, weil er wiederholt unfähig war zu arbeiten. Kurz: Er verlor fast alles, was ihm im Leben wichtig war. Die äußeren Umstände riefen lauthals nach einem

Zusammenbruch. Aber nichtsda. Fast unglaublicherweise hielt seine Kompensation stand. Er hielt sich z.B. ganz bewußt an seine Schlafgewohnheiten, aß des öfteren kaum etwas oder ließ seine Wohnung kalt. Andererseits lud er Leute zum Essen ein, kaufte ihnen Blumen oder Geschenke und lieh ihnen Geld. Er fühlte sich ständig von Frauen, Freunden oder Geschäftskollegen angezogen, die in jedem Sinne des Wortes "bankrott" waren. Er unterstützte sie, wo er nur konnte. Er hatte Mitleid mit einem mittellosen Ehepaar und übergab ihnen einen seiner kleinen Läden. Obwohl er in etwa wußte, was sie taten, gelang es ihnen, Geld zu veruntreuen, um sich Drogen zu kaufen.

Letztendlich ruinierten sie das Geschäft. Phil lebte eine Weile in einem engen, motelartigen Apartment, plante aber nun, in ein bescheidenes Haus zu ziehen, das ihm trotz seines Bankrotts noch gehörte. Da lernte er ein arme, arbeitslose Frau mit drei Kindern ohne Heim kennen und überließ es ihr. Immer wenn der völlige körperliche oder finanzielle Kollaps drohte fand Phil eine neue Freundin, oder er erfand einen neuen vielversprechenden Plan, der ihn sicherlich aus dem wirtschaftlichen Desaster ziehen würde. Fast jeder Plan und alle Beziehungen schlugen fehl und immer wieder trommelte der Zusammenbruch... und immer wieder löste der drohende Klang eine neue kompensatorische Runde aus.

Die Therapie dieses ziemlich puren, oralen Charakters brachte uns regelmäßig zwei Schritte vorwärts und anderthalb Schritte zurück. Immerhin also bei jeder Wiederholung eine leichte Verbesserung. Mein Mitgefühl und meine Unterstützung nahm er an. Doch jeder Technik setzte er massiven Widerstand entgegen. Mit Hilfe der Dauerproblem-Übung und anderer historischer Methoden enthüllten wir seine Kindheit. Seine chronisch kranke Mutter hatte ihn ständig vernachlässigt, sein sehr narzißtischer, zuzeiten wahrscheinlich psychotischer Vater mißbraucht. Phil erinnerte sich daran, daß seine Mutter immer krank im Bett lag und sein Vater oft den letzten Dollar für Medizin ausgab. Während Phils Erzählungen ging es nicht mehr einfach nur um die orale Ätiologie. Phil war vom Vater oft schwer geschlagen und schwer verletzt worden. Ihm fielen nun wieder Zeiten ein, in denen er tief um die verlorene Liebe getrauert und sich geschworen hatte gut zu sein, freigiebig zu anderen Menschen und auf keinen Fall wütend.

In den ersten Monaten der Therapie verbrachte Phil den größten Teil der 60-90 minütigen Sitzungen damit, über die Geschehnisse der Woche detailliert zu berichten. Es ging ihm dabei besonders um Enttäuschungen oder Verluste und um neue Freunde oder finanzielle Hoffnungen. Alle Versuche zu intervenieren führten praktisch ins Nichts. Aber er schätzte es sehr, wenn ich ihm zuhörte. Erst nach einer geraumen Zeit wurde es möglich, anders zu arbeiten.

201

Natürlich gab es Zeiten, in denen Phil nicht mehr zurecht kam, in denen er von seinen Verantwortlichkeiten, manigfaltigen körperlichen Leiden und den widrigen äußeren Umständen überwältigt wurde. Dies sind nützliche Momente, um den oralen Charakter zum völligen Zusammenbruch zu ermutigen. Er neigt dazu ihm zu widerstehen, indem er dauernd klagt. Wir können den Kollaps natürlich direkt und bewußt fördern, aber auch mit Hypnose und Körperarbeit. Wir können Metaphern aus der Natur heranziehen, können suggerieren, daß er von Befreiung und Entspannung begleitet wird und das Ganze durch entsprechende Körper-Übungen konkretisieren.

**Übungen zur Förderung des Kollaps**

*Das Vorwärts-Kauern*
Bitten Sie den Klienten sich aus der Vorbeuge-Position hinzukauern (Abb. 10). "Atme ein, wenn du die Knie ein wenig weiter nach unten beugst und atme aus, wenn du wieder hochkommst. Aber bleibe in der Kauer-Stellung solange du kannst. Strenge deinen Willen an." Das tut weh und strengt die Beine außerordentlich an. "Der Schmerz ist nun sehr groß geworden.

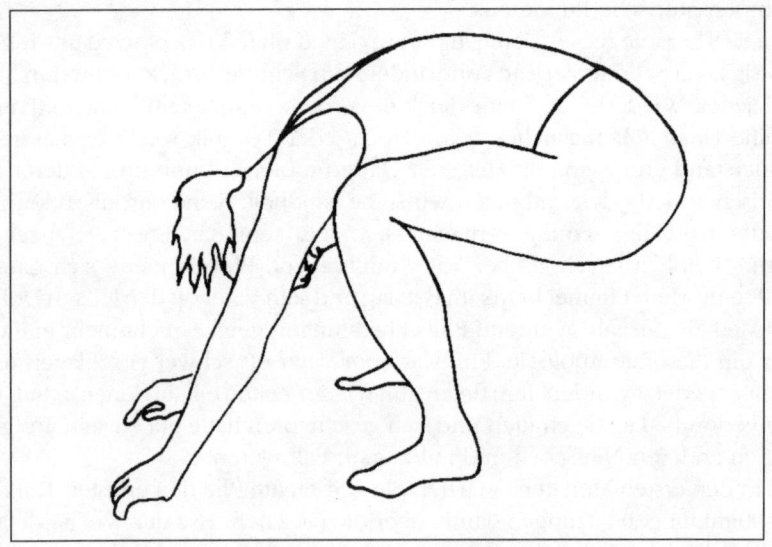

Abb. 10 Das Vorwärts-Kauern

Strecke jetzt deine Hände aus und bitte mich dir zu helfen." Schlagen Sie, wenn der Kollaps schließlich bevorsteht, vor: "Sag', `Ich gebe auf'." Sobald

202

er zu Boden geht, hilft oft ein wenig Körper-Kontakt (besonders im unteren Rücken, der ja sehr strapaziert worden ist). Seien Sie dann einfach für eine Weile still. Bleiben Sie bei dem Klienten und dem, was er gerade erlebt.

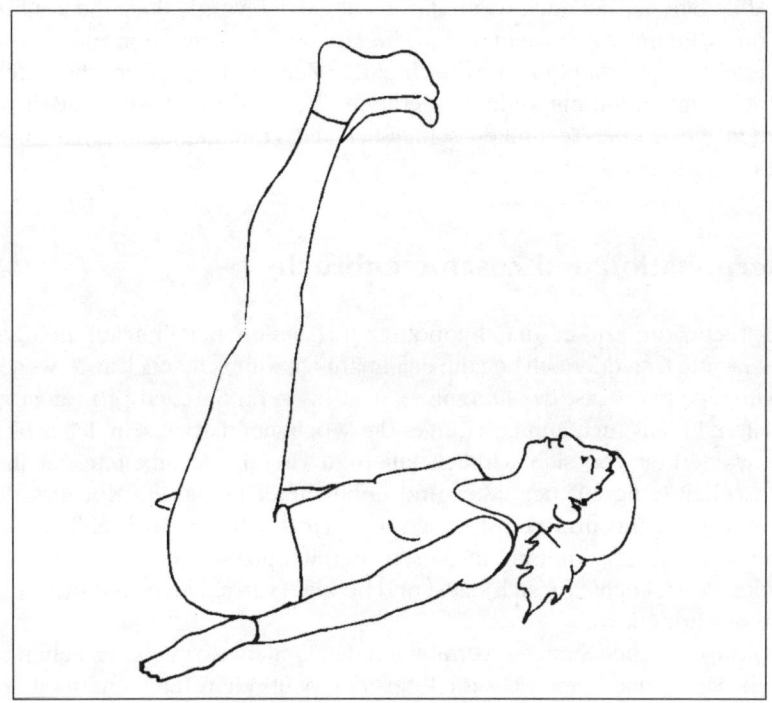

Abb. 11 Beine in die Luft strecken

### Auf einem Bein stehen

Es gibt noch eine Menge Varianten dieser Hochhalten-um-Hilfe-bitten-Zusammenbrechen-Abfolge. "Verschiebe dein ganzes Gewicht auf ein Bein. Biege nun das Knie... und noch ein Stückchen tiefer. Bleib' so." Empfehlen Sie auch hier wieder Ihrer Klientin, um Hilfe zu bitten. Der Prozeß sollte immer mit dem Kollaps enden. Geben Sie dann Körper-Kontakt und warten Sie auf den spontanen Fluß der Gefühle und Ideen.

### Die Beine in die Luft strecken

"Lege dich bitte mit dem Rücken auf den Boden (oder die Matte). Strecke nun beide Beine so hoch wie möglich in die Luft. Deine Fersen zeigen zur Decke.

Halte diese Stellung solange wie möglich." Der Zusammenbruch löst vielleicht eine Flut von Gefühlen aus (meistens Schluchzen) und führt schließlich aller Voraussicht nach zum völligen Kollaps. Von hier aus kann der Klient sich wirklich fühlen. Von hier aus kann er ganz eigenverantwortlich um Hilfe bitten. Aber auch wenn dies nicht gelang, wurde doch die konkrete Körper-Erfahrung gemacht und die therapeutische Suggestion zu kollabieren erlebt. Vielleicht braucht es noch einige Zeit, bis der gewünschte Effekt eintritt. Gemeinsam mit anderen Methoden bewußter und unbewußter Art werden die Körper-Techniken schließlich die Verteidigungsmechanismen zerbröckeln lassen.

## Interpretation und Zusammenbruch

Alle Techniken, außer den hypnotischen, stießen bei Phil auf heftigen Widerstand. Und dennoch begann er allmählich, wahrscheinlich auch wegen der ungeheuren Last der Ereignisse, acht bis zehn Stunden pro Nacht zu schlafen. Er ließ auch immer häufiger die Wochenendarbeit sein. Ich schlug ihm wiederholt vor, sich wirklich fallen zu lassen und arbeitete mit ihm ebenso beständig auf bewußter und unbewußter Ebene ein Konzept der Selbst-Versorgung und Selbst-Pflege aus. Trotz etlicher Rückschläge war seine bewußte Zustimmung in diesem Bereich größer. Mit der Zeit aß er regelmäßiger, kochte für sich selbst und befolgte verschiedene medizinische Diätvorschriften.

Diese einfachen Strategien ermutigen den Oralen, sich wirklich gehen zu lassen. Sie machen einen Großteil der therapeutischen Interventionen aus und öffnen schließlich die Türen zu den versteckten Gefühlen der Verzweiflung über den ursprünglichen Verlust. Wenn er den Verlust schließlich akzeptieren kann, hören die Versuche, ihn in immer neuen Zyklen zu wiederholen auf.

Nach 18 Monaten Therapie bot ich Phil diese Interpretation schließlich an. Ich sagte sinngemäß: Wir haben ja beide erkannt, daß du einige deiner Desaster selbst in Szene gesetzt hast. Durch sie kannst du die Traurigkeit, die in dir steckt, erleben. Deine Katastrophen sind aktuelle Übertragungsmöglichkeiten.

Obwohl er die Interpretation auf der bewußten Ebene nicht völlig verstand, reagierte Phil positiv. Er meinte: "Mein Sohn erzählt immer irgendwelche Leidensgeschichtchen, damit er Sympathie und Hilfe bekommt. Und wissen Sie was, mein Vater war genauso - immer eine Pech-gehabt-Story auf Lager. Ich bin auch so. Sorgen, Sorgen, Sorgen. Da kann ich was erzählen." Ich antwortete ihm und bekräftigte es mehrmals: "Du brauchst keine weiteren Verluste in deinem Leben, um deine Trauer zu rechtfertigen." Aber immer wenn ich wußte, daß wir kurz vor dem Durchbruch standen, immer wenn der Zusammenbruch schon nach ihm griff, stieg am Horizont strahlend eine neue Liebe oder ein brandneuer Plan auf und lenkte die Therapie in andere Gassen. In diesen manischen Zeiten blühten die "Lösungen". Üblicherweise bestanden sie aus emotionalen und/oder geschäftlichen Beziehungen mit anderen chronisch vernachlässigten und beraubten Menschen, die mit der Welt nicht mehr zurecht kamen. Er würde z.b. den Sohn des einen in ein gemeinsames Geschäft mit aufnehmen oder seine Freundin in einem Haus wohnen lassen, daß er sich wirklich nur gerade noch so leisten konnte. Die persönliche oder geschäftliche Symbiose würde dann den Weg für seine narzißtischen Erfolgs- und Erfüllungspläne ebnen.

Für jeden Fall gab es eine offenkundige Interpretation. Wenn Phil fühlte, daß er sich um den anderen sorgte, würde er schließlich das bekommen, was er brauchte. Er hatte in seiner Kindheit immer gehofft, seiner Mutter richtig helfen zu können. Gelänge ihm das, so glaubte er damals, würde er doch noch das kriegen, wonach er sich sehnte.

Während einer seiner manischen Phasen konnte er erst eine Stunde später zu unserem Abendtermin kommen. Er rief an und ich stimmte zu. Als er schließlich einigermaßen hektisch eintraf, brachte er mir etwas zu essen mit. Er dachte, daß die von ihm verursachte Verspätung vielleicht mein Abendbrot verhindert hätte und ich jetzt hungrig sei. Sie sehen ganz deutlich das Muster: Die unangemessene Versorgung anderer inmitten schwerer Selbst-Vernachlässigung. Seine Sorge um andere liefert uns Beispiele für die Andere/Elternteil-Verbindung, die Andere/Therapeut-Verbindung und die Therapeut/Elternteil-Verbindung in seinem Dreieck der Personen.

Ich versuchte meine Interpretation von Phils ständigen Neuinszenierungen seines ursprünglichen Verlustes bei allen möglichen Gelegenheiten, wo ich glaubte, er könne sie vielleicht hören, an den Mann zu bringen. Immer wieder schenkte er anderen Menschen Aufmerksamkeit und Pflege. Immer wieder hoffte er dabei dasselbe, wiederzubekommen. Mit der Zeit hörte er meine Interpretationen tatsächlich. Weil er aber so große Widerstände hegte, übermittelte ich sie mehr und mit größerem Erfolg auf dem hypnotischen Wege als auf dem bewußten und intellektuellen.

Als er mir dann erzählte, daß er sich in verschiedenen Situationen der vergangenen Woche in die Hilfe für einen anderen hätte flüchten können, es aber nicht getan habe, wußte ich, daß wir durch waren. Aber dennoch, Rückfälle kamen und Geduld war gefragt. Es war tatsächlich wie das Aufziehen eines Kindes. Manchmal wurde es für mich wirklich schwierig, meinen eigenen Einsatz unter Kontrolle zu halten. Ein sehr wichtiges Problem.

Jeder Orale tut Dinge, die für einen "unterernährten" Menschen wie ihn eigentlich zu schwer sind. Die Kollapsphasen bieten uns gute Chancen die Verärgerung und den Groll darüber zu verstärken, sodaß er sie erleben und zeigen kann. Wir können dazu die einfache Interview-Technik verwenden, aber auch direkte Prozeduren aus der bioenergetischen Therapie. Fangen Sie mit den üblichen Entspannungs-Übungen an oder massieren Sie die Bereiche chronischer Verspannung.

Danach bitten Sie Ihren Klienten, sich auf den Rücken zu legen. Er soll nun bis zur Erschöpfung mit den Beinen um sich treten und mit den Fäusten auf die Matte schlagen. Kurze Ausrufe wie "Es ist zuviel!", oder "Ich will nicht!" sind dabei immer hilfreich. Gewöhnlich tritt bald der völlige Zusammenbruch ein und eine Periode tiefer Entspannung folgt. Am besten bleiben Sie nun einfach still bei Ihrem Klienten und unterstützen sein sich-gehen Lassen und seine Verzweiflung. Es bestünde auch die Möglichkeit, etwaige Einsichten zu interpretieren. Aber im allgemeinen ist es viel wichtiger, das Gefühl zu halten. Vermeiden Sie in diesem Stadium lieber die kognitiven Interventionen.

Die Affekt-Befreiungs-Therapie kann erst einmal befremdlich und einschüchternd wirken, weil sie vielen Therapeuten immer noch unbekannt oder ungewohnt ist. Es mag Sie entspannen, wenn Sie noch einmal daran denken wie einfach Ihr Konzept ist:

An der Basis unserer komplexen Psychopathologie liegen nur wenige Grund-Affekte. Sie sind primitiver Natur. Wenn ihnen erlaubt wird, sich direkt und primitiv auszudrücken, wirkt das heilend.

Die meisten von uns schrecken wohl nicht vor der Vielfältigkeit der Affekt-Therapie zurück, sondern wegen ihres eigenen Widerstandes gegen die eigenen primitiven Emotionen. Daher wohl auch unsere Neigung, die Affekt-Therapie immer noch ein bißchen komplexer und und noch ein wenig schwieriger zu machen, während sie in Wirklichkeit doch so unglaublich simpel ist. Wir brauchen als Therapeuten oft nur einfach Zeugen dessen zu sein, was unser Klient im Moment erlebt. Die Affekt-Therapie ist für die meisten Therapeuten anfänglich bedrohlich, aber mit der Zeit indirekt entspannend.

Mit Phil bin ich diesen intensiven Weg nicht gegangen. Wir haben jedoch den gleichen Inhalt mehrmals in Interviewform behandelt. Er ließ sich schließlich von dem Erlebnis seines Grolls viel stärker berühren als von seinem Stolz, von Kindesbeinen an gearbeitet zu haben. Aber bedenken Sie: wir haben drei Jahre dazu gebraucht und sind noch nicht am Ende. Es ist ganz klar: wir müssen nochmal und nochmal hinschauen, wahrscheinlich sogar in den oben beschriebenen intensiven Arten, bevor die Kompensation endgültig vor dem wahren Selbst zurückweicht.

## Hochstimmung und falsches Selbst

Die meisten kompensierten oralen Charaktere manövrieren sich in Umstände, in denen sie überfordert werden. Sie ärgern sich darüber, aber unterwerfen sich dennoch. Phils Bankrott war ausgestanden. Er fing langsam an frische Kräfte zu schöpfen. Statt sich aber nun angemessen zu versorgen, stürzte er sich flugs in neue Abenteuer, um sein "Imperium wieder aufzubauen." Neue Geschäfte, neue Knochenbrecherarbeit, neue Lohnzahlungen, die seine schmale finanzielle Decke schwächten. Aber jetzt war Phil bereits fähig zu hören. Er erkannte, daß er wieder einmal dabei war, überzogene Forderungen an sich zu entwickeln, die er letzten Endes nicht erfüllen konnte und deshalb schließlich verabscheuen würde. Und er anerkannte die Tatsache, daß es ihm nicht "genug" war, einfach aus seinem wahren Selbst heraus zu leben. Es war ihm nie genug gewesen. Seine ursprünglichen narzißtischen Verletzungen zwangen ihn stattdessen immer wieder, ein falsches Selbst aufzubauen, das er nicht aufrechterhalten konnte und das ihm keinesfalls gab, was er vom Leben wirklich wollte.

Wir widmeten der Unterbrechung dieses Teufelskreises eine Menge Zeit. Ich interpretierte sehr vorsichtig seine gegenwärtigen Pläne. Waren sie nicht eine Wiederholung der kompensatorischen Fallen, die ihn erst kürzlich in den finanziellen, persönlichen und körperlichen Zusammenbruch geworfen hatten? Phil verstand, und mehr noch, er tastete sich sachte an den Satz heran: "Ich, Phil, bin nicht genug." Damit stieß er in die tieferen Schichten seiner Gefühle vor. Er kam in die Nähe jener Verletzung, um die sich sein Lebensmuster drehte. Aber auch nach jahrelanger, intensiver Therapie mußte noch einiges bis zur Öffnung dieses Kerns getan werden.

Der Orale braucht in seiner manischen Phase vor allen Dingen die Erdung in der Realität, und zwar körperlich und kognitiv! Es wäre gut, wenn er verstünde, warum die Entwicklung eines soliden Gespürs für den eigenen Körper und die Unterstützung, die er einem geben kann, so wichtig ist. Es wäre gut, wenn er verstünde, warum die Entwicklung eines kognitiven Verstehens in ihrer momentanen Lebenssituation so wertvoll ist.

Wie könnten also die therapeutischen Reaktionen auf die manische Phase aussehen? Auf der Körperebene gehören dazu die bekannten "Erdungs-Übungen" für Beine und Füße, die "Ich-bin-Meditation" und das Fokussieren. Je mehr Erfolg wir damit haben, desto größer sind unsere Chancen, den Klienten bezüglich seiner Lebenspläne und -ziele wieder auf die Erde und den Boden der Tatsachen zurückzuholen. Versichern Sie Ihrem Klienten, daß deren wahres Selbst Ihnen, dem Therapeuten, voll und ganz ausreicht. Das falsche Selbst löst nicht ein, was es verspricht. Viele Menschen stehen bereits in der Mitte ihres Lebens, wenn sie in die Therapie kommen.

Sie haben die Enttäuschungen des Erfolges oft schon erfahren. Mit Geld kann man nur Dinge kaufen und mit Leistung nur Anerkennung. Das mußten sie bitter erleben. Es hilft dem Oralen, sein falsches Selbst loszulassen, wenn wir die Enttäuschungen des Erfolgs mit dem was er wirklich braucht vergleichen.

Wir haben die Wahl zwischen dem kompensatorischen falschen Selbst inklusive seiner Kompromißbefriedigungen und unserem wirklichen Selbst, das, obwohl verletzt, einzig und allein zu wirklicher Befriedigung fähig ist. Diese Wahl hat jeder. Sie ist essentiell für unser Leben.

Dem oralen Charakter stellt sich dieses Problem mit besonderer Schärfe, denn er springt in ständig wiederkehrenden Zyklen auf die falsche Seite. Aber ein leibhaftig gespürter Zusammenbruch angesichts der Realität ist auch für ihn zu schmerzhaft. Nur wenn er genügend stark ist und unterstützt wird, kann er den mutigen Schritt in Richtung Wirklichkeit und Gesundheit machen. Phil stand inmitten dieses Dilemmas. Ich habe seinen Fall gerade deshalb ausgewählt, weil es an ihm so deutlich wird. Der "hinreichend gute" Therapeut muß die Größe des Dilemmas einschätzen und anerkennen können. Nur so sind wir fähig, unser Mitgefühl und unsere Hilfe, die empfindlich getestet werden wird, auch weiterhin freiwillig, statt gezwungenermaßen, zu geben.

## Orale Spiele

Wenn wir uns zwingen lassen ihn zu unterstützen, spielt der Orale seine destruktivsten Karten aus. Er wird bitten, den Rahmen der Therapie zu ändern und damit versuchen die Abhängigkeit zu fördern. Es ist daher gerade bei ihm wichtig, auf vernünftigen Grundregeln zu beharren, oftmals mehr als bei allen anderen Charaktertypen. Der Orale hat natürlich ein wirkliches Bedürfnis nach Sympathie und Hilfe. Eine harsche und rigide Reaktion oder Interpretation wird besonders in den frühen Phasen der Behandlung nur hemmen. Wir wandeln auf einem schmalen Grat. Aber nur auf ihm behaupten wir unsere Stellung, nur auf ihm haben wir festen Boden unter den Füßen und können gleichzeitig den Klienten auch weiterhin unterstützen.

Ich lehne die Bitten gewöhnlich ab, betrachte sie aber dennoch mit großer therapeutischer Aufmerksamkeit. Im allgemeinen erkläre ich meine Grundsätze und interpretiere das Muster des "Zwangs zu helfen", damit der Klient es versteht. Außerdem berichte ich ihm von meinen negativen Erfahrungen mit dem Brechen von Grundregeln. Ich ärgere mich letztlich doch immer wieder darüber und habe das gleiche bei meinen Studenten beobachtet. Diese Verärgerung belastet die Therapie. Indem ich mitteile, daß auch ich verärgert und grollend sein kann, mildere ich die Konfrontation und offenbare meine eigene menschliche Seite. Ich zeige auf diese Weise ganz deutlich meinen Teil der Verantwortung an der Interaktion. Dadurch gebe ich nicht nur das gute Beispiel, sondern ebne auch den Weg für die Interpretation der

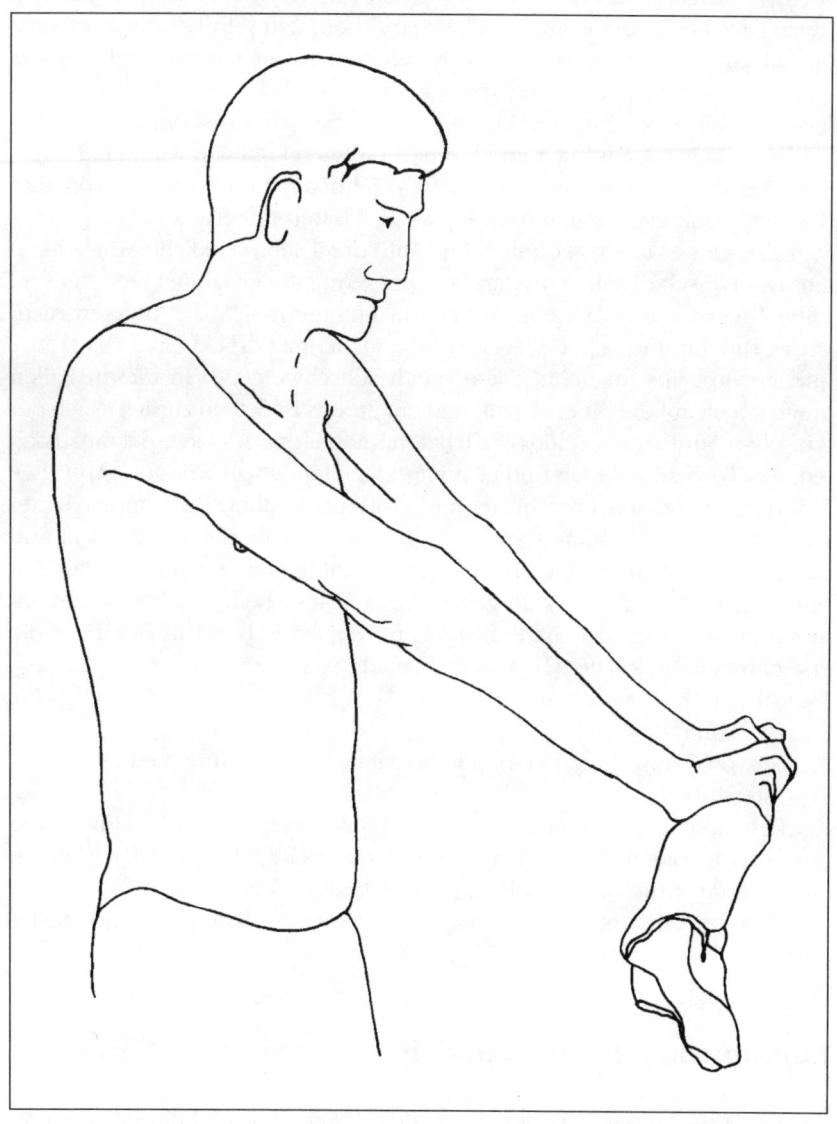

Abb. 12 Handtuchwringen

A/T-Verbindung. Denn wahrscheinlich haben sich auch schon andere Menschen über den Versorgungs-Zwang des Klienten geärgert.

Ich benutzte die Gelegenheit, um Phil nach Fällen zu fragen, bei denen seine Versorgerei zurückgewiesen worden war. Ich thematisierte sogar sein Zwangsmuster, anderen Geschenke zu machen, statt selbst etwas zu essen... und sie auch noch von seinem Opfer wissen zu lassen. Für den Oralen ist das eine sehr heikle Sache, weil sie einen wesentlichen Bestandteil seines falschen Selbst berührt: "Ich bin freigiebig, aber ich selbst brauche nichts." Und dennoch, mit Sanftheit und Wiederholungen kommen wir zu Ergebnissen. Besonders wenn wir zusätzliche Techniken benutzen, die von ihm direktes, konkretes Fragen nach etwas und Bitten um etwas verlangen.

Dazu gibt er uns gewöhnlich im Laufe der Therapie etliche Möglichkeiten. Der typische Orale wird darüber jammern, mißverstanden, verfolgt und ohne Unterstützung zu sein. Außerdem kümmern sich die anderen nicht genug um ihn und geben viel zu wenig. Manchmal drückt er das ganz klar und bewußt aus, manchmal aber auch stillschweigend. In diesen Fällen greife ich oft auf die Bioenergetik und ein großes Badetuch zurück. Nach der typischen Aufwärm-Periode bitte ich den Klienten sich gut geerdet hinzustellen, das Tuch zu nehmen und es mit beiden Händen zu wringen (Abb. 12). Währenddessen soll er: "Gib es mir!" rufen und allmählich immer lauter werden. Wenn die Übung sehr erfolgreich verläuft, kommt erst die Wut und dann die Verzweiflung. Durch diese Art Prozeß nimmt der Orale mit der Zeit seine eigene fordernde Natur, gegen die er sich so heftig anstemmt, zunehmend besser wahr. Ich habe bisher drei der typischsten in der Therapie erkennbaren Merkmale des oralen Charakters erörtert:

1. Kollaps
2. Hochstimmung
3. Der von ihm wahrgenommene Mangel an sozialer und therapeutischer Unterstützung.

Zur Behandlung empfahl ich jeweils u.a. Prozeduren zur Auf- und Entladung des Körpers. Das einfache Schlagen und Treten (s.Kap. IV) zieht den Klienten auf die Erde zurück, stärkt seinen Körper, kräftigt sein kognitives Verstehen und läßt ihn jene unterliegenden Gefühle intensiv erleben, die sein Muster aufrechterhalten.

## Einsamkeit, Eifersucht und die Angst vor dem Verlust

Ein weiteres charakteristisches Muster des Oralen ist die: Erfahrung unerträglicher Einsamkeit, Eifersucht und Angst vor dem Verlust. Das soll alles "nicht mehr da sein.", "Es soll weggehen!" Ich glaube genau an das Gegenteil und bevorzuge eine der wesentlichsten Aussagen des est-Trainings von Werner Ehrhardt: "Was Du ablehnst, bleibt bestehen. Was Du erlebst, verschwindet." In der Panik von Einsamkeit, Eifersucht und Verlust-Angst ist der Orale seinem Kern viel näher als in den drei vorerwähnten Mustern. Das grundlegende Problem ist sein Widerstand, wirklich in diese Kern-Erlebnisse einzutauchen. Ich betrachte dies als Variante der klassischen Trennungs-Angst und komme deshalb häufig auf die Objekt-Beziehungs-Theorie zurück. Ich erkläre meinen Klienten, daß wir die Entwicklung des Kindes durchaus als Analogie für die Schwierigkeiten des Erwachsenen heranziehen können.

Wie meistert der junge Mensch seine fundamentalen Lebensthemen? Verläuft die Entwicklung optimal, erfreut sich das Kind etwa vom 2.-8. Monat der soliden Einheit mit seiner Mutter. Dann dämmert ihm, daß Baby und Mama getrennt sind. An diesem Thema und dessen manigfachen Verzweigungen wird es in den nächsten anderthalb Jahren arbeiten. Bis zum achten Monat sah es sich selbst und die Mutter als eins. Es erlebte die Sicherheit und Bedeutung seines Lebens durch diese Einheit. Das alles ist nun tatsächlich oder scheinbar bedroht. Traumata können die Folge sein. Je sicherer jedoch die Symbiose war, desto vertrauensvoller ist seine Erwartung in die Zukunft und desto weniger traumatisch die Loslösung.

Um mit der durch die (notwendige) Trennung entstandene Angst fertig zu werden, greift das Kind zu Übergangs-Objekten wie flauschigen Tüchern oder Teddybären. Es tröstet sich damit. Durch wiederholte Trennung und Wiedervereinigung versteht es schließlich, daß Mama zurückkommt. Auch das hilft die Furcht zu mildern. Mit zunehmender Reife und Autonomie lernt es auch, sich zunehmend besser selbst zu versorgen. Es benutzt andere, um zu bekommen, was es braucht. Wenn es über ein intaktes, zuversichtliches Selbst verfügt, erfreut es sich der eigenen Fähigkeiten im Umgang mit der Welt. Schließlich nimmt es die nährenden Funktionen sowohl der Mutter als auch der Übergangs-Objekte in sich auf, damit es sich selbst mental versorgen kann, wenn die beiden nicht da sind. Durch eine solide Empfindung, wer es selbst und wer die Mutter ist, erfährt es sich als getrennt und vollständig. Und dennoch schätzt es den dauerhaften Zyklus der Liebe, der zwischen ihnen existiert und stützt sich auf ihn.

Mit Hilfe dieser kurzen Skizze des Entwicklungsprozesses biete ich dem Klienten nun Erklärungen über die wahrscheinlichen Vorläufer seiner gegenwärtigen Probleme an. Es handelt sich dabei um leichte Arbeitshypothesen, an die ich mich natürlich nicht festklammere. Sie sollen lediglich auf die Probleme hinweisen. An diesem Punkt wird es nützlich sein, dem Klienten zu versichern, daß er in vielen Bereichen ein verantwortungsvoller und gut lebender Erwachsener ist. In den Problembereichen agiert er allerdings, mit allem Respekt gesagt, wie ein sehr junges und verängstigtes Kind, das an seinen emotionalen Schwierigkeiten arbeiten muß, die es nie völlig gemeistert hat. Wir kreisen damit die Zielgebiete und die Hilfsmittel, die wir benutzen wollen, weiträumig ein. Die Erklärungen können direkt zu einer Betrachtung der bestehenden psychologischen Verteidigungsmechanismen, der nützlichen, aber auch der schädlichen Übertragungs-Objekte, der noch zu erlebenden Emotionen rund ums Thema Trennung und der Diskussion über eine direkte Arbeit an den historischen Vorläufern des Problems überleiten. Oder es entwickelt sich ein Gespräch über die Entwicklung selbst-versorgender und ausgreifender Fähigkeiten. Mit diesem Menü therapeutischer Alternativen und der Ätiologie im Hinterkopf können Sie das Problem von vielen Seiten betrachten und einen Behandlungsverlauf entwerfen. Wir haben schon über viele Techniken gesprochen. Ich möchte sie nun auf den gegenwärtigen Kontext beziehen.

Bei der weiteren Erforschung der Ursachen und des Kern-Schreckens, (der dabei sogar abreagiert werden kann), kann uns die Dauerproblem-Übung (Kap.4) sehr helfen. Sie wird wahrscheinlich Episoden der Angst beim Alleinsein, der eifersüchtigen Panik und der Wut an den Tag bringen. Je stärker die Emotion, desto zugänglicher ist der Klient wahrscheinlich für Interpretationen seiner Abwehr.

Der orale Charakter macht sich gerne beliebt, um die Möglichkeiten der Trennung zu vermeiden. Dadurch baut er in sich Verärgerung und Reizbarkeit auf. Wir können dieses Muster mit zunehmendem Verständnis der Ätiologie mit Hinweis auf die Andere/Elternteil-Verbindung und die Elternteil/Therapeut-Verbindung herausstellen und in Bezug auf uns oder signifikante andere Menschen im Leben des Klienten interpretieren. Auch ein interpretierender Blick auf die Übergangs-Objekte mag zum Verständnis ihrer Funktion beitragen und Veränderungen ermöglichen.

Dies ist der Hintergrund und das Umfeld. Von hier aus können wir mit Methoden der Bioenergetik- und der Gestalt-Therapie auf die zurückgehaltenen Emotionen des jeweiligen Themas zugehen. Nach dem Aufbau eines ausreichenden körperlichen und kognitiven "Verständnisses" wenden wir uns nun z.B. der Furcht zu (s. Kap. 5).

Bitten Sie Ihren Klienten, tiefer und vielleicht sogar paradox zu atmen. Bitten Sie ihn, die Augen weit zu öffnen, seinen Kiefer zu lockern und mit immer höherer Stimmlage z.B. den Satz "Verlaß mich nicht!" zu schreien. Typischerweise erscheinen dabei nicht nur die Furcht, sondern auch die assoziierten Affekte von Wut und Traurigkeit. Wie immer brauchen wir für die Transformation Geduld und wiederholte affektive Durcharbeitung.

In einer anderen Übung (s.a. Kap. 6) kauert sich der Klient halbhoch mit dem Rücken an die Wand. Diese Haltung erdet und streßt ihn gleichzeitig. Wir warten, bis die Vibration da ist. Dann bitten wir ihn, seine Arme auszustrecken, sich eine für ihn wichtige Person vorzustellen, die ihn gerade verläßt und nun einige Male zu rufen: "Verlaß mich nicht!" In einem späteren Stadium der Behandlung dieses Themas können Sie die weggehende Person auch selbst spielen. Anfangs wird es jedoch besser, sein bei dem Klienten zu verweilen. Helfen Sie ihm dabei, die Fähigkeit zu entwickeln, das Gefühl wirklich zu erleben. Genau dies ist das Ziel des Prozesses. Das Kind ist verlassen worden. Der Klient soll lernen bei seinen Gefühlen zu bleiben, statt sich gegen sie zu wehren.

Der orale Mensch muß schließlich kognitiv und affektiv begreifen, daß er alleine ist und es im wesentlichen schon immer war. Er hat sich ja bisher irgendwie versorgt. Aber er kann es noch besser. Bessere Unterstützung ist möglich. Dennoch wird er nie ungeschehen machen können, was geschah und nie wiedererlangen, was verlorenging.

Sie können diesen Lernprozeß konkret verstärken, wenn Sie den Klienten bitten, sich nach dem Erlebnis des Schreckens selbst zu beruhigen. Und natürlich können Sie ihm Unterstützung und Kontakt geben. Er liegt z.B. auf dem Bauch. Ein Vorschlag wäre, Ihre Hand zu nehmen, sie langsam auf sein Herz zu legen und dort festzuhalten. Oder: "Strecke deine Hände nun nicht mehr aus, sondern plaziere sie auf deinen Bauch und dein Herz. Sage dann ganz ruhig und mehrmals das Wort: `Ich'."

Während Übungen dieser Art sollten Sie sich als Therapeut in der Rolle des Beobachters wohlfühlen. Sie müssen nichts Großartiges tun. Nicht jede Sitzung muß zu einer Katharsis der Emotionen und Flut von Einsichten führen. Ihre Klienten lernen die Sprache des Gefühls und die Lektionen des Lebens und wenn Sie ihnen nicht wirklich sehr weit voraus sind, lernen Sie mit. Das mag nicht geschwind und fehlerfrei, aber gewöhnlich in seinem eigenen Tempo gehen, wenn Sie ganz einfach dem Prozeß in sich selbst, im anderen und in der Interaktion vertrauen. Wenn die Übung klappt, erlebt der Klient Entspannung und Befreiung. Er fühlt sich besser. Es werden ihm Einsichten über gegenwärtige Beziehungen mit Ihnen, mit anderen und aus vergangenen Jahren aufgehen. Sie oder er werden allmählich diese Einsichten verbinden, überkreuzen und aufeinander beziehen. Die versteckten Gefühle richten sich langsam auf ihre ursprünglichen Ziele. Mit der Zeit verlieren die Reaktionen auf das aktuelle Umfeld ihre übertriebene Qualität. Die Vergangenheit zieht sich aus der Gegenwart zurück. Das Verhalten ist dem Hier-und-Jetzt angemessener.

Vielleicht fühlen Sie eines Tages, daß der Klient nun auch gut alleine mit seinen Gefühlen umgehen und sich selbst versorgen kann. Sie empfehlen ihm also, die nächste Trennungs-Panik oder Eifersucht nicht mehr abzuschneiden, sondern tief zu atmen und die unangenehmen Emotionen frei zu fühlen. Nachdem diese ihren Höhepunkt erreicht und sich wieder gesetzt haben, sollte er sich ganz bewußt selbst beruhigen und um sich selbst kümmern. Er soll ganz bewußt zu jemandem hingehen. Vielleicht reicht auch ein Telefonanruf.

Die abnehmende Verlassenheits-Angst mag nicht automatisch zu größerer Selbst-Genügsamkeit führen. Der Orale hat sich lange in Richtung Abhängigkeit orientiert. Er muß Schritt für Schritt lernen, sich unabhängiger zu benehmen. Dazu gehören viele direkte "handwerkliche" Fähigkeiten der Lebensbewältigung, die er sich am besten in entsprechenden Kursen aneignet. Die Einzel- oder auch Gruppen-Psychotherapie ist meist nicht der richtige Ort dafür. Dennoch glaube ich, daß zu Beginn des Selbstwerdungs-Prozesses Hilfe bei der Lebensplanung angebracht ist. Wir müssen Fähigkeiten unterstützen, mit denen er sein volles Potential erkennen kann.

## Den eigenen Boden behaupten

Der Orale wird typischerweise auch von Situationen erzählen, in denen er übervorteilt oder herumgestoßen wurde. Er muß lernen, seine "Füße auf die Erde zu stellen," und seinen "Boden zu behaupten." Milton Erickson versetzte seine Klienten (mit oder ohne Hypnose) in genau die Situationen, die sie brauchten, um zu lernen, was sie lernen sollten. Das war ein hervorstechendes Merkmal seiner kreativen Arbeit. Sein Scharfsinn, sein Erfindungsgeist und seine handwerklichen Fähigkeiten waren natürlich außerordentlich. Aber das Prinzip seiner Methode kann auch den weniger Einfallsreichen unter uns sehr nützen.

Nehmen wir z.B. den Fall des Herumgestoßenwerdens. Nach einigen erdenden, aufladenden, bioenergetischen Übungen bitten wir den Klienten, sich uns gegenüberzustellen. Wir wollen uns nun einfach darüber austauschen, wie er seinen Boden behauptet. Sie spielen jemanden, der irgendwas von ihm will und er spielt jemanden, der das ablehnt. Sie sagen, schreien oder schmeicheln wiederholt: "Ja, du wirst es tun." Er antwortet genauso beharrlich: "Nein, werde ich nicht." Und wie wär's, wenn Sie danach die Rollen tauschen? Probieren Sie jedenfalls einige Variationen aus. Z.B: "Bitte, bitte, tu's doch!" "Auf keinen Fall," "Ich will nicht," "Niemals!", "Nie!",usw. Wie ist es etwa, wenn der Klient dabei mit seinen Füßen aufstampft?

Kennen Sie das klassische "Indianer-Ringen"? Sie stehen einander gegenüber und geben sich die rechte Hand. Nun stellen beide die rechten Füße nach vorn und gegeneinander. Die rechten Füße müssen bleiben wo sie sind, die linken dürfen sich bewegen. Versuchen Sie nun, Ihren Partner aus dem Gleichgewicht zu ziehen. Gut ist es, wenn beide gleich stark sind. Falls der Klient gewinnt und seinen Boden behauptet, können seine Reaktionen sehr aufschlußreich sein. Sie werden wahrscheinlich selbst eine Reihe ähnlicher Übungen kennen oder leicht erfinden. Ich mag solche Sitzungen. Sie machen mir meistens ziemlichen Spaß. Sie sind ohne große Schwere und oft produktiver als es aussieht. Damit die Ergebnisse sich außerhalb der Therapie gut auswirken, versuche ich auch, etwaige zukünftige Situationen zu erarbeiten.

Diese und ähnliche Übungen kräftigen den Klienten und verändern sein Verhalten im Alltag. Gerade diese Arten des Selbst-Ausdrucks waren oft mit einem Tabu belegt. Auf den Therapeuten gerichtet, locken sie die Therapeut/Elternteil-Verbindung hervor. Dem Klienten fallen nun vielleicht wieder die elterlichen Verbote und Ereignisse ein, bei denen seine Selbst-Behauptung unterdrückt wurde oder man ihn manipulierte und einfach überrollte. Jeder Widerstand, den er spürt, wenn er gegen den Therapeuten aufstehen oder ihn sogar schlagen soll, wird diese Sorte Erinnerungen wecken.

Ebensooft wird der orale Charakter darüber berichten, wie er von Ihnen und anderen im Stich gelassen und enttäuscht wurde. Vielleicht waren Sie gezwungen, den Termin zu verändern oder konnten seinen momentanen Eingebungen nicht folgen. Diese Situationen lösen häufig bedeutsame Wiederholungen des oralen Verlassenheits-Skripts aus. Ein ziemlich kompensierter Notarzt berichtete von einem Vorfall, bei dem er offensichtlich emotional übertrieben und hart reagiert hatte. Das sah sogar er ein. Während einer fast normalen Abendschicht in der Notaufnahme "versetzten" ihn die Röntgen-Kollegen. Das wirkte sich auch auf seinen Arbeitsablauf aus. Es kam zu einer sich durch den ganzen Abend immer weiter nach hinten schiebenden Verspätung. Und obwohl auch das und sogar noch mehr Patienten pro Abend eigentlich ab und an zum Geschäft gehörten, wütete er. Warum? Weil ihm die ihm gebührende Unterstützung versagt worden war. Er grollte noch nach Tagen. Solche harten, ein wenig irrationalen Emotionen geben uns die Möglichkeit die Andere/Elternteil-Verbindung zu erforschen.

Ich benutzte dazu eine Variation einer klassischen, bioenergetischen Behandlungsstrategie. Zu Anfang wieder ein paar erdende und die chronischen Verspannungen lockernde Übungen, damit der Klient etwas Bewegung in seinen blockierten Bereichen spürte. Als die Energie floß, bat ich ihn: "Stell' Dich nun auf ein Bein und beuge es etwas. Bleib' so bis Vibrationen und Schmerzen kommen... Denke nun an deinen Vater und bitte ihn, dir zu helfen. Sag: Hilf mir!" Aus vorhergehenden Stunden waren mir seine Schwierigkeiten mit einer einigermaßen rigiden und gefühlsmäßig kalten Mutter bekannt. Er war sich dessen auch bewußt. Die Feindseligkeit seinem Vater gegenüber, der ihn ebenfalls kaum unterstützt hatte, waren ihm noch nicht klar. Ich suchte sehr genau nach irgendeinem Zeichen von Wut in seinem

Gesicht... Da war es! Ich bat ihn, sich vor einen Kissenturm zu stellen und mit beiden Fäusten draufzuschlagen. Ganz spontan erkannte er nun wie sehr ihn der Vater gegenüber der Mutter allein gelassen und enttäuscht hatte. Jetzt leuchtete auch sein Merksatz auf: "Männer enttäuschen mich und sind nie da, um mir zu helfen." Ich fragte ihn: "Wie oft erwartest du in deinem Leben, im Stich gelassen oder enttäuscht zu werden?" Er war verblüfft, als er begriff, daß sich seine ganzen zwischenmenschlichen Beziehungen um dieses Thema drehten. Er erwartete immer von vornherein: "Ich werde ja doch im Stich gelassen." Damit endete unsere Sitzung.

Dieses Beispiel illustriert sehr gut die Art der Interpretationen, die sich oft aus bioenergetischer Arbeit ergeben. Es geht nicht um Spekulationen aus dem Großvatersessel, um Fragereien oder direkte Interpretationen. Stattdessen haben wir eine Hypothese und bitten den Klienten, aktiv zu handeln. Gar nicht selten sage ich auch ganz offen, wer nach meiner Vermutung das eigentliche, ursprüngliche Ziel ist.

Wenn wir das Ganze nicht in einem zu frühen Stadium veranstalten, können wir gewöhnlich mit einigen einsichtigen Wahrnehmungen sowohl auf der Gefühls- als auch der Kognitions-Ebene rechnen. Aber auch wenn die Interpretation frühreif war oder die affektive Energie nicht vollständig mobilisiert wurde, kommt die Einsicht... halt ein wenig verschoben. Die Kombination von verstärktem Energiefluß im Körper und direktem Ausdruck des gefühlsmäßigen Inhalts erhöht die emotionale Effektivität von Erfahrung und Erkenntnis.

## Kollaps und Kompensation

Unser letztes Thema muß zwar von allen Charaktertypen gelöst werden, zeigt sich aber am offensichtlichsten beim oralen. Es geht um die Integration sowohl des kollabierten und des kompensierten Selbst, als auch des "guten" wie des "schlechten", und des falschen und wirklichen. Das Ziel jeder charakterologischen Transformation ist die Integration dieser Polaritäten in die Repräsentation des Selbst. Wir wollen damit ein übergeordnetes Selbst-Konstrukt herstellen.

Mit Hilfe eines Prozesses, der ursprünglich aus der Gestalt-Therapie stammt, aber im Neurolinguistischen Programmieren deutlicher skizziert ist, können wir sozusagen im Schnelldurchgang viele der wesentlichen Bestandteile dieser Integration lesen.

Der Abkömmling der Gestalt-Technik des "leeren Stuhls" heißt im NLP "zweiseitiger Neuentwurf" oder "doppelte Umdeutung" ("two-part reframe"), weil er im wesentlichen dem "einfachen" Umdeutungs-Prozeß (Kap.3) gleicht. Wir fügen jetzt allerdings einen zweiten, gegensätzlichen Part hinzu. Aber auch hier gehen wir von der nützlichen Fiktion aus, das Selbst in Teile spalten zu können. Die Tabelle in Kap. 5 dient diesem Zweck. Sie zeigt die Merkmale der beiden oppositionellen Seiten im Oralen: den kollabierten und den kompensierten Ich-Zustand.

Jeder wirklich orale Charakter kann leicht jene Zeiten, in denen er depressiv, zurückgezogen und hilflos in Einsamkeit, Verzweiflung und Sehnsucht kollabierte von jenen Tagen unterscheiden, in denen er sich hochgestimmt und kompetent in jenen realen, erwachsenen-ähnlichen Verhaltensweisen engagierte, auf die er berechtigterweise stolz ist. Für den "doppelten Umdeutungs-Prozeß" müssen diese beiden Seiten zugänglich sein. Es ist nicht unbedingt nötig, veränderte Bewußtseinszustände herzustellen, hilft aber oft. Helfen Sie Ihrem Klienten, eine vollständige Hör-, Seh- und kinästhetische Repräsentation jedes Teils zu entwickeln (einschließlich der Selbst-Bilder, Verhaltensweisen, Körperhaltungen, Gesichtsausdrücke, Grundeinstellungen, Glaubenssätze, Emotionen, Gefühle, usw.). Er soll sich vorstellen, daß das kollabierte Selbst in seiner rechten und das kompensierte Selbst in seiner linken Körperhälfte wohnt (oder umgekehrt).

Die eine Seite ist nun voll da. Fragen Sie: "Welche wohlwollende Absicht hat diese Seite der Polarität?" Der kompensierte Teil will typischerweise mit der Welt auskommen. Er will Liebe und Bewunderung erregen und anderen geben, was sie brauchen. Der kollabierte Teil will sich ausruhen und spielen. Er will das Selbst vor den übertriebenen Forderungen, der Auszehrung und der Selbst-Verneinung des kompensierten Parts schützen. Er möchte versorgt werden und seine Verärgerung und Wut über den ursprünglichen Verlust ausdrücken.

Sobald die Absichten beider Seiten beleuchtet sind, bitten wir jeden Teil, den anderen direkt anzuschauen: "Kannst Du die Absicht der anderen Seite erkennen und schätzen?" Natürlich wird es hier nach jahrelangen Gegensätzlichkeiten Widerstände geben, an denen wir arbeiten müssen. Aber gewöhnlich kann die gegenseitige Anerkennung der Intentionen erreicht werden. Dann: "Ist es möglich, daß ihr beiden zum Wohle des Ganzen zusammenarbeitet?" Nehmen wir an, dies gelingt. "Kannst du jetzt die beiden visuellen Bilder der Teile aufeinander zugehen lassen?... Und nun lasse sie verschmelzen... Nimm dir genügend Zeit die Verschmelzung vollständig zu erleben. Nimm alle Gefühle, Vorstellungen und Grundeinstellungen wahr, die die Fusion der Polaritäten begleiten." Und schließlich: "Stell' dir vor, wie dein verschmolzenes Selbst mit den wichtigen Problemen deines gegenwärtigen Lebens umgeht." Und hier noch einmal die einzelnen Schritte:

**Der doppelte Neuentwurf**

1. Identifizieren Sie die hauptsächlichen Merkmale der beiden miteinander in Konflikt stehenden "Teile".
2. Etablieren Sie einen veränderten Zustand.
3. Stellen Sie eine vollständige Repräsentation der Teile her. Einer wird der rechten, der andere der linken Körperhälfte zugesprochen.
4. Beleuchten Sie die positiven Intentionen.
5. Arbeiten Sie an der Anerkennung der positiven Intentionen des jeweils anderen Teils.
6. Arbeiten Sie an der Kooperation der beiden auf Grundlage der gegenseitig akzeptierten Absichten.
7. Falls dies alles gelungen ist, soll der Klient die visuellen Repräsentationen der beiden Teile aufeinander zugehen und sie, wenn dies angemessen erscheint, verschmelzen lassen. Bitten Sie ihn, die Union der Polaritäten in seinen Bildern, Grundeinstellungen und Gefühlen voll zu erleben.
8. Fragen Sie den Klienten wie sich die Fusion auf seine wichtigen Lebenssituationen auswirken könnte.

Dies ist natürlich nur, wie immer, die grobe Skizze eines viel komplexeren Prozesses, der auch auf anderen Wegen erreicht werden kann. Der von mir beschriebene legt die Grundlagen für die Integration der Polaritäten und damit der Bildung eines übergeordneten Konstrukts des Selbst. Dies ist einer seiner manigfaltigen Vorteile. Wie die einfache Umdeutung will auch die doppelte die abgespaltenen Aspekte wertschätzen und integrieren. Wir wollen diese Teile nicht eliminieren, sondern akzeptieren. Denn sie sind der Ausdruck positiver Intentionen. Wenn wir dabei mit veränderten Bewußtseinszuständen arbeiten, umgehen wir entweder die seit langem bestehenden Widerstände, oder wir benutzen sie auf konstruktive Weise. Wir kommen auf beiden Pfaden unserem Ziel der Akzeptanz und Integration näher. Auch diese Übung kann als Analogie für eine Langzeit-Therapie genommen werden. Auch sie kann den Teilnehmern wieder einmal deutlich machen, um was es im wesentlichen im therapeutischen Prozeß geht.

An dieser Stelle wollte ich das Kapitel eigentlich beenden, aber irgendwie hatte ich das Gefühl, daß etwas fehlte. Das, was bereits auf dem Papier stand, war nicht genug. Ich ließ es also erst mal so und wartete. Nach einigen Monaten dämmerte es mir: Wir können nie allen Bedürfnissen des oralen Charakters gerecht werden. Kurz: es ist nie genug. Dies gehört einfach zur Übertragungs-Situation eines Menschen, dessen Wünsche tragischerweise chronisch unerfüllt blieben. Es gibt niemanden, der alle Bedürfnisse des oralen Charakters befriedigen kann. Der Orale muß die Tiefen seines Verlustes ausloten und er muß entdecken, was er hier und heute ganz real kriegen kann. Dennoch: Er wird von der Therapie enttäuscht sein und damit auch vom Therapeuten. Er bringt uns an unsere Grenzen und wir sollten uns darüber klar sein. Ich kann Ihnen nur Malcolm's Buch "Psychoanalyse: Der unmögliche Beruf", 1983) empfehlen. Je ungeerdeter wir sind und je weniger wir unsere Grenzen anerkennen, desto größere Schwierigkeiten haben wir mit diesem vorhersagbaren oralen Thema.

Verglichen mit dem massiven Schaden, dem wir in unserer Arbeit gegenüberstehen, erscheint unser heilender Beitrag oft ziemlich unbedeutend. Das kann entmutigen und bedrohen. Unsere Fähigkeiten zu helfen sind begrenzt. Damit müssen wir fertig werden und daran muß jeder für sich selbst arbeiten. Erst dann können wir für andere Menschen wirklich da sein. Auch ich bin noch nicht damit fertig. Ich bin immer noch enttäuscht, daß alles so lange dauert, daß vieles durch Ich-Mängel und Widerstände abgewürgt wird und manches derart langweilig, ermüdend und weitschweifig ist. Diese Hindernisse sind bei schweren oralen Störungen besonders groß.

Glücklicherweise war ich selbst lange Zeit Klient in Psychotherapie und glücklicherweise habe ich mich an diesem Thema ziemlich abgearbeitet. Wenn die Enttäuschung ausgedrückt wird, öffnet sich eine wichtige Tür zur Transformation des oralen Problems. Als Therapeut atme ich dann tief durch, erinnere mich daran, bei mir zu bleiben und ermutige die Klientin, ihre Enttäuschung weiter auszuführen. Kein Trick. Ich lasse mich nicht herab oder geruhe selbstverteidigend zu fragen: "Nun zeig' mir mal all deine Wut." Nein, es dreht sich ums wirkliche Zuhören und ums wirkliche Mitfühlen. Denn die Frustration ist sehr verständlich. Außerdem muß die Orale wissen, daß ich sie nicht verlassen werde, weil sie mir ihre Gefühle zeigt. Einige Klienten befürchten den drohenden Entzug von vornherein und erstarren, sobald sie sich mitgeteilt haben. Es gibt zwei wesentliche therapeutische Reaktionen darauf. Die Reihenfolge obliegt Ihnen und den Umständen:

1. Arbeiten Sie mit den Enttäuschungen und Frustrationen, die die therapeutische Beziehung direkt angehen.
2. Arbeiten Sie mit den historischen Wurzeln der gegenwärtigen Übertragung.

Der zweite Ansatzpunkt ist oft effektiver, solange das Gefühl noch Energie hat und nicht von sofortigen Konfliktlösungsversuchen verwässert ist. Gleichzeitig sollten Sie jedoch die legitimen Beschwerden Ihrer Klientin über die Begrenzungen der Therapie, die sie von Ihnen erhält, nicht ignorieren.

Beim Thema Übertragung schlage ich oft vor: "Würdest du mich jetzt bitte anschauen und sagen: 'Du gibst mir nicht genug'... Magst du das wiederholen und vielleicht noch mehr dazu ausführen?" Wenn die Gefühle sich ausdehnen und ausdrücken, bitte ich: "Stell' dir jetzt deinen Vater, deine Mutter oder irgendjemanden vor, der dir wichtig ist und sprich die gleichen Worte zu ihr oder ihm." Diese Technik aus der Gestalt-Therapie dient der Durcharbeitung und Interpretation der Übertragung. Möglicherweise befreien sich dadurch Gefühle und reagieren sich ab. Vielleicht löst sie auch Einsichten aus, durch die wir uns der Realität dessen nähern, was wir tatsächlich von anderen Menschen bekommen können und was nicht.

Damit wären wir beim Drama der oralen Liebe. Unser Klient kann sich halsstarrig an seine infantilen Bedürfnisse nach absoluter und bedingungsloser Liebe, Versorgung und Verschmelzung zu klammern und fordern, daß seine Illusion Wirklichkeit werde. So programmiert er allerdings den erneuten Verlust. Oder er stellt sich der Katastrophe des ursprünglichen Verlustes und akzeptiert ihn, um dann auf das zuzugehen, was möglich ist. Es wird weniger sein als er haben will, aber viel mehr, als er jemals besaß. Das Gewünschte kommt dann sowohl von innen wie von außen.

In den allermeisten Fällen akzeptiere und respektiere ich die wirkliche, aktuelle Enttäuschung der Klientin über die therapeutische Beziehung. Ich erzähle ihr auch von meinen Gefühlen über die gemeinsam geleistete Arbeit. Häufig schätze ich sie positiver ein als sie. Obwohl das so ist, weiß ich ebenso um meine eigenen Enttäuschungen in meiner eigenen Therapie. Und ich weiß wie schwer es ist mit den eigenen Grenzen als Heiler und Helfer zurechtzukommen. Manchmal denke ich: Könnte ich doch nur ein Psycho-Chirurg sein und einfach das Leiden aus den Leuten herausschneiden. Dann würden sie gesund und glücklich nach Hause gehen.

Aber da schlägt wohl mein eigener Größenwahn zu und meine messianischen Erwartungen an mich selbst tanzen. Da gilt es sich immer wieder der Realität zu stellen. Aber ich muß das nicht alleine tun. Ich muß nicht allein mit meiner Enttäuschung verhandeln und die Klientin muß es auch nicht. Ich versichere ihr, daß es möglich ist, sie zu verstehen, sie durchzuarbeiten und mit ihr ins Reine zu kommen.

Ich habe durch dieses gegenseitige Mitteilen und Teilen von wechselseitigen Enttäuschungen schon sehr schöne und wichtige Sitzungen erlebt. Es tröstet den Oralen (aber auch andere), wenn er lernt, daß er Frustration und Wut ausdrücken kann, ohne daß das Ziel der negativen Emotionen ihn verläßt oder Rache übt. Das ist für den oralen Charakter wahrlich eine transformierende und heilende Erfahrung.

# Der geheilte Orale

Die Entdeckung des wirklichen Selbst gibt uns einige tatsächlich einzigartige Vorteile. Der Orale findet in sich eine Person, die wirklich bedürftig ist. Das mag sie anfänglich bedrohen, aber ihr schließlich immer mehr Spaß machen. Das Bedürfnis darf für alle sichtbar dastehen. Das offenkundige Bedürfnis ist der Schlüssel zu den Befriedigungen des Lebens. Und den hatte sie doch schon immer gesucht. Die Hingabe und besonders die Sehnsucht nach dem anderen, wird schließlich zum hochgeschätzten und weiterführenden Erlebnis. Damit sie in ihre wirklichen Tiefen hinabtauchen kann, muß sie in sich selbst erst einmal stärker werden. Wir brauchen ein solides Selbst, um das allumfassende Sehnen auszuhalten, daß ja nicht sofort oder vielleicht sogar niemals erfüllt wird. Der Orale muß sich also stark genug fühlen, um verletztlich zu sein. Er ist bedürftig und stark. Er ist nicht länger bedürftig oder stark.

Wir erreichen das, weil die wiederholte Arbeit mit den Affekten die Verunreinigungen des Bedürfnisses durch Wut, Schrecken und Trauer beseitigt. Bei jedem, der mit einem oralen Thema herumläuft, wird das Erlebnis bedürftig zu sein, Wut auslösen. Er kann das Bedürfnis deshalb nicht einfach und klar als grundlegendes Gefühl und als natürlichen Teil des Lebens auffassen. Das ändert sich, wenn wir die Wut und die dazugehörigen Enttäuschungen der Vergangenheit durcharbeiten. Dann wird das Gefühl, etwas zu brauchen zum exquisiten Fundus menschlichen Daseins. Genauso wie der Schizoide sein Leben mit den freien Bewegungen seines Körpers und seiner Atmung wiedergewinnt, gewinnt es der Orale, wenn er sein Bedürfnis klar und deutlich in sich spürt. Er ist stark genug es zu erleben, ohne daß es gleich befriedigt werden müßte. Er weiß, daß es nie befriedigt werden wird, wenn er es niemals erlebt. Das Bedürfnis ist der Schlüssel zur Befriedigung. Aber es ist nicht die Garantie zur sofortigen Erfüllung. Jedenfalls nicht im Erwachsenenleben. Befriedigung braucht Stärke und Selbst-Behauptung. Beidem sollte die Therapie des Oralen gewidmet sein. Falls sie darin versagt, haben wir am Ende jemanden, der vielleicht fähig ist, seine Bedürfnisse zu fühlen, aber unfähig, sie sich zu erfüllen.

Je weiter der orale Mensch auf dem Weg der Heilung gegangen ist, desto besser wird er sich entspannen und sich seinem Wunsch loszulassen hingeben können. Er wird immer mehr die Ruhe annehmen, ohne sich aus ihr herauszureißen, weil er etwas tun oder etwas sein will. Wenn er diese Kompensation aufgibt, beginnt er seine Grenzen zu akzeptieren. Er muß sie nicht mehr überspielen. Vielleicht arbeitet er von nun an weniger und verpflichtet sich nicht mehr so oft, sondern sorgt sich stattdessen mehr um sich selbst. Der Orale ist ein unterladener und geschwächter Organismus. Er wird einen Teil seiner Verletztlichkeit gewöhnlich während des ganzen Lebens behalten. Die intellektuelle und praktische Anerkennung dieser Tatsache ist ein Beweis für seine Heilung. Er erkennt nun, daß er sein Leben bisher großenteils allein geführt hat und auch weiterhin dazu fähig ist, auch wenn sein Wunsch nach Bindung und Zugehörigkeit größer geworden ist. Er wird immer weniger Angst davor haben verlassen zu werden, wird immer geringere Panik verspüren, wenn er allein ist und sich sogar währenddessen freuen können. Und er wird sich nicht mehr so sehr um die Verluste der Vergangenheit grämen. Eine der großen Freuden der oralen Heilung ist die wiederholte Entdeckung seiner Fähigkeit, autonom zu leben und sich ruhig und kompetent mit den Verantwortlichkeiten des Erwachsenenlebens auseinanderzusetzen. Konkrete Verhaltensprogramme leisten hier immer wieder gute Dienste. Ich habe selbst einiges über programmiertes Lernen auf dem Wege zur Autonomie geschrieben (Johnson, 1985).

Der Orale wird zunehmend geben und nehmen, statt geben oder nehmen. Er wird weniger in die Versorgung der Hilflosen investieren und weniger darin, sich hilflos versorgen zu lassen. Er kann ein Mitglied der Gruppe oder Gemeinschaft sein, ohne entweder immer in die Rolle des Mädchens-für-Alles oder des Wohlfahrtsempfängers zu schlüpfen. Seine Liebesbeziehungen entwickeln sich stetig oder sie werden durch andere, gegenseitig erwachsenere, ersetzt. Dies gilt für alle Charakter-Transformationen). Diese Veränderungen brauchen natürlich Zeit. Sie treten allmählich ein und kaum plötzlich. Gerade der orale Charakter neigt zum Fortschritt-Rückschritt-Fortschritt-usw.-Muster. Ein gutes Maß an Geduld ist gefragt. Unser Weg durch die oralen Themen wird von wiederholten Gewinnen und Verlusten begleitet. Die Heilung des Oralen kommt (vielleicht mehr als bei den anderen) durch die Integration der Schlüssel-Polaritäten "stark-schwach", "genährt-kollabiert", und "geben-nehmen". Wenn sie gelingt, wird ein realistisches und lohnendes Erwachsenenleben möglich.

**Kapitel 8**

# Die Heilung des Ich: Strategien einer unterstützenden Therapie

*Analytische Arbeit braucht hunderte verschiedener Phantasien - keine Techniken, keine Methoden - sondern Phantasien, innerhalb derer wir arbeiten können. Das kann Baseball oder Stierkampf oder Kochen oder Farmarbeit oder Kriegskunst oder Weben oder Muscheln sammeln oder Bildhauerei sein... Wenn Sie über Arbeit nicht phantasieren können, gibt es sie nur als gemeinschaftlich erlittenes, buchstabengetreues marxistisches oder psychoanalytisches "Durcharbeiten" - ziemlich schwer, ziemlich langweilig und die Widerstände reizend. Wir brauchen eine Phantasie, die uns ein Körpergefühl, ein handfestes Gefühl für den Job gibt, in dem wir uns engagieren. Es hilft in der Therapie, ab und an jene Fantasie zu erwähnen, mit der Sie arbeiten. Denn Therapie muß sich auch mit dem Problem der Arbeit selbst befassen. Sie muß dem Klienten herausfinden helfen, wie er sie sich vorstellen kann. Wenn ich Ihnen also sagen kann, in welchen Fantasien wir uns gerade befinden: im Umschreiten der Stadt mit den hohen Wällen oder im Aufdrehen der Hitze oder im Versuch mehr rose', aquamarin oder gelb ins Bild zu kriegen, bewahre ich die analytische Arbeit davor, in das "Was-wir-tun-sollten", ins abstrakte Konzept, ins Idol genannt "Analyse" zu fallen.*

*- James Hillman (1983) -*

Mit jeder Stunde Psychotherapie wollen wir über kurz oder lang die Lebensqualität des Klienten verbessern. Jede fixe Idee über ihren Inhalt schnürt die ihr innewohnenden manigfaltigen Bewegungsmöglichkeiten ein. Wir müssen bei verschiedenen Klienten (und beim gleichen Klienten zu verschiedenen Zeiten) unterschiedliche Rollen spielen. Lassen Sie uns alles tun, um diese psychotherapeutische Freiheit zu legitimieren. Es ist die Freiheit mit dem Klienten zu fließen. Wir sollten ihn und uns nicht zwischen irgendwelchen angelernten Vorstellungen von Psychotherapie einzwängen. Sehr oft stammen unsere festgefahrenen und beschränkten Begriffe aus der Unsicherheit unserer Ausbilder. Sehr oft kommen sie aus unserer eigenen Unsicherheit über einen Prozeß, der immer wieder die Grenzen unseres intellektuellen und emotionalen Verständnisses vom Leben herausfordert.

In diesem Kapitel verfolge ich noch stärker als in den anderen meine integrative Absicht. Die "Unterstützende Therapie" wird so oft mißverstanden und braucht deshalb eine allgemeine Theorie, die definiert, was "unterstützen" und "unterstützt sein" bedeutet.

Die Ich-Psychologie hat eine solche Theorie. Die "beschreibende Entwicklungsdiagnose" von Blanck und Blanck (1988, 1989) soll uns dabei helfen, die Arbeitsweise des Ich einzuschätzen. Sie antwortet uns auf die Fragen mit welchen Elementen es zu arbeiten gilt, welche unterstützt, neu gedeutet und neu betrachtet werden sollten. Durch die Objekt-Beziehungs-Theorie lernen wir, wie das normale menschliche Kind seine wichtigen Ich-Funktionen entwickelt. Die psychoanalytische Psychotherapie serviert uns ein wohldurchdachtes Menü klassischer verbaler Methoden, die wir zur unterstützenden und Ich-aufbauenden Therapie verwenden können. Und schließlich werden wir von jenen therapeutischen Schulen, die aktivere, aufs Hier-und-Jetzt bezogene Ansätze bevorzugen, mit einer Unmenge von Strategien versorgt, die das Funktionieren des Ich verbessern sollen.

Wir brauchen eine ganze Menge verschiedener "Phantasien" über die therapeutische Arbeit, wenn wir dies alles nicht nur in unseren Köpfen, sondern auch in unserem Verhalten integrieren wollen. Die theoretische Untermauerung durch die Objekt-Beziehungs-Theorie und die Ich-Psychologie vereinbart die so unterschiedlichen Phantasien. Auf diese Weise können wir auswählen, ohne uns völlig zu verwirren.

## Das Defizit-Modell und das Konflikt-Modell

Ich habe Ihnen in diesem Band einen psychotherapeutischen Ansatz vorgestellt, der (immer wieder die beiden Ziele ausbalancierend) - einerseits die destruktiven Abwehrmechanismen und Kompromisse zerbröckeln und andererseits die adaptiven und selbst-verteidigenden Fähigkeiten stärken will.

Dadurch soll der Patient sowohl mit seinen inneren Forderungen und Mängeln, als auch mit den äußeren Ansprüchen der Realität besser zurechtkommen. Ohne den Weg der Balance, ohne den Weg des Gleichgewichts, wird die Therapie viele Menschen nur aus der Bahn werfen, d.h. dekompensierend wirken oder auf der anderen Seite kaum etwas mehr sein als oberflächliche Beratung. Ich bin davon überzeugt, daß die meisten Psychotherapie-Klienten den beständig balancierenden Ansatz, der das Defizit-Modell und das Konflikt-Modell zur Erklärung und Behandlung der Psychopathologie benutzt, brauchen und auch verlangen.

Die große Zahl der außerklinischen Klienten leidet glücklicherweise nicht an den schweren Ich-Mängeln jener borderline oder narzißtischen Charaktere, die von Kernberg, Kohut u.a. beschrieben wurden. Sie verfügen aber in ihrer überwiegenden Mehrheit auch nicht über jene solide Ich-Organisation, wegen derer man sie aus klassisch psychoanalytischer Sicht als "neurotisch" bezeichnen könnte. Die meisten Psychotherapie-Klienten heutzutage, sind in ihrer präödipalen Entwicklung gestört. Es geht deshalb um mehr als eine schlechtfunktionierende Abwehrstruktur gegen die hervorströmenden Impulse des "Es". Ein großer Teil der psychoanalytischen Literatur konzentriert sich auf die Extreme und schießt deshalb am Ziel vorbei. Das Ziel befindet sich in der Mitte, dort wo die vielen Menschen stehen, die Therapie brauchen. Diese Menschen verfügen über eine Ich-Struktur, mit der sie durchaus in der Welt funktionieren, ihr Geld verdienen und auf einer gewissen Ebene menschliche, sexuelle und intime Beziehungen eingehen können. Auf bestimmte Art und Weise macht ihnen das Leben auch Spaß. Und doch werden sie von im wesentlichen präödipalen psychologischen Themen geplagt, die die Arbeit ihres Ich auf kognitiver, verhaltens- und gefühlsmäßiger Ebene stören.

Psychotherapie muß jedoch viel mehr sein als die Rekonstruktion des Ich. Und es reicht auch nicht aus, sich einfach durch die vom Ich aufgebauten Widerstände hindurch zu den Es-Impulsen vorzuarbeiten. Ein essentieller Bestandteil im Balanceakt der psychotherapeutischen Kunst ist das Wissen, wann ich was und wieviel davon tue. Die Erkenntnisse der Objekt-Beziehungs-Theorie und Charakteranalyse sind deshalb von größtem Nutzen für den praktizierenden Therapeuten, denn sie treffen auf die meisten, wenn nicht sogar alle Klienten zu, auch wenn deren Ich-Funktionen intakt zu sein scheinen.

Während meiner ganzen Diskussion des schizoiden und oralen Charakters bin ich von einer Funktionsbreite ausgegangen, an deren einem Ende der hochkompensierte, gutfunktionierende Klient steht und am anderen der ungeschützte, kollabierte Mensch oder Borderliner. Es könnte nun so aussehen, als ob der weniger kompensierte Klient mehr Ich-aufbauende Therapie benötigt und der besser kompensierte mehr von jenen Techniken, die ihn auf die hohen Kosten seiner Kompromisse und Anpassungen aufmerksam machen. Dies stimmt teilweise und gilt besonders für die Anfangsphasen der Behandlung. Es kann aber auch sein, daß ein Mensch, der sehr adaptiv erscheint, damit in Wirklichkeit einige schwere Störungen seiner Ich-Entwicklung verdeckt. Genausogut kann ein Klient, der zeitweilig von Panik überflutet wird, über ziemlich hoch entwickelte Ich-Funktionen verfügen. Im ersten Falle wird die Behandlung wahrscheinlich länger dauern und mehr reparieren müssen als es anfänglich schien, während die Prognose beim zweiten günstiger ausfällt als zuerst angenommen. Eine genauere und tiefergehende Einschätzung der Ich-Funktionen braucht Zeit und eine gewisse Vertrautheit mit den Verhaltensmechanismen des Klienten. Gewöhnlich neigen unerfahrene Therapeuten dazu, die Ebene der emotionalen Entwicklung ihrer Klienten eher höher als niedriger einzuschätzen.

Die in diesem Buch skizzierte Entwicklungstheorie ermöglicht eine Neuorientierung des klassischen Widerstandskonzeptes. Der Klient will seine defensiven Manöver, mit denen er seine Es-Impulse kontrolliert, nicht aufgeben. Er versucht, diese Abwehr mit seinem Negativismus und seinem widerstrebenden, halsstarrigen Festhalten an schlechtangepaßten Mustern zu verteidigen. Aber das ist nicht alles. Vielmehr klammert er sich mit seinen Manövern oft an eine primitive Ich-Anpassung, die einen ernsthaften Ich-Mangel überdeckt. Die defensiven Manöver erlauben ihm zu "funktionieren". Wenn wir ihm nun die primitive Anpassung wegnehmen, ohne bereits die unterliegende Ich-Störung behoben (oder eine entwickeltere Anpassung geliefert) zu haben, werfen wir ihn höchstwahrscheinlich aus dem Gleichgewicht und hinein in die Dekompensation. (Gelegentlich geschieht dies. Besonders bei Therapien und Gruppenprozessen, die diese Faktoren nicht beachten und die unsicheren Anpassungen überfluten).

Ein allgemein erkennbares Beispiel einer primitiven Ich-Anpassung ist das rigide und defensive Festhalten an einer unflexiblen, moralistischen, fundamentalistischen und oft religiösen Position. Ihre Anhänger haben eine äußerst vereinfachende, dogmatische und bestrafende Moral geschluckt, die offensichtlich auf einer sehr niedrigen Stufe der Entwicklung des moralischen Empfindens angesiedelt ist. Sie glauben häufig, daß Andersdenkende vom Teufel besessen sind und deshalb die Grundlagen der Gesellschaft bedrohen. Dies ist eine Projektion. Sie brauchen ihr Glaubenssystem, um ihre eigenen primitiven Impulse zu kontrollieren. Sie verteidigen also ihre Position aus völlig eigennützigen Interessen. Das bedeutet nicht, daß sie nicht auch höhere Ebenen der moralischen Entwicklung erreichen könnten. Das soll nur unser Thema illustrieren und davor warnen, die primitiven Anpassungen zu beseitigen, bevor die darunter liegenden Mängel behoben worden sind.

Ziel dieses Kapitels ist es, noch einmal den Wert einer "beschreibenden Entwicklungs-Diagnose" zu betonen und genauer auszuführen (Blanck & Blanck, 1988). Ziel dieses Kapitels ist es auch, noch einmal und selbstbewußter als in den vorigen, das Problem der "Reparatur" des Ich aus der Sicht der Integration therapeutischer Techniken anzusprechen. Ich will hier die spezifischen Techniken der klassischen, verbalen, unterstützenden Therapie allerdings nicht ausführlich beschreiben. Das können erfahrenere Leute wie Langs (1973), und Blanck und Blanck (1988, 1989) besser als ich. Ich will nur die Fragen zur Ich-Funktion stellen und die verbalen Techniken katalogisieren. Außerdem möchte ich die wirklich guten Ideen der kognitiv-behavioristischen Systeme betrachten.

Die Beiträge der Verhaltens-, Familien- und Strategie-Therapeuten dienen der Ich-Entwicklung des Klienten über die einzelne Sitzung hinaus. Sie richten unsere Aufmerksamkeit auf die Außenwelt und stärken so die Arbeit des Ich im Alltag (durch ihr Grundprinzip: Leben muß geübt werden). Wir können uns mit dem "erwachsenen, beobachtenden Ich" des Klienten zusammentun. Wir können mit ihm Vereinbarungen über seine Tätigkeit in der Welt da draußen treffen. Dies kann bei der Einschätzung und Übung von Ich-Funktionen helfen. Die Ausführung vereinbarter Übungen dient auch der Diagnose, weil wir das Ich und den Widerstand arbeiten sehen. Daraus können wir dann neue Interventionen ableiten. Die Ausführung vereinbarter Übungen trainiert die Ich-Funktion und fördert so ihr entwickelteres und autonomeres Arbeiten.

## Über die Selbstständigkeit und die Arbeit des Ich

Lassen Sie uns diese angeleiteten, aktiveren Techniken auf einer therapeutischen Erwachsenen-Erwachsenen-Ebene anwenden und nicht im Umfeld eines Eltern-Kind-Milieus. Letzeres würde den Widerstand des Klienten herausfordern. (Der versucht dadurch, seine Autonomie zu schützen). Ich ziehe gerne das Beispiel vom Klavierlehrer heran. Der Lehrer muß den Lernenden in neues Material einführen und ihm die neuen Techniken beibringen. Wichtiger ist jedoch, daß er spezielle Übungen ausarbeitet, die den speziellen Schüler anregen, sich den Stoff wirklich anzueignen. Auf einer bestimmten Ebene ist es nicht wichtig, ob der Klient die Aufgabe löst oder nicht. Das sage ich ihm auch. Wenn er sie löst, geht es in der von uns beiden gewollten Richtung weiter. Wenn nicht, haben wir ein Feedback über eine Blockade erhalten, die es nun mit anderen Methoden zu erforschen gilt.

Aus Ich-aufbauender Sicht ist die zusammenarbeitende Erwachsenen-Erwachsenen-Atmosphäre vielleicht der wichtigste Faktor dieser Form der Behandlung. Denn die "Vormundschaft der Autonomie", der "Vorrang und Schutz der Selbstständigkeit", (Greenacre, 1959) muß bei Anwendung der Unterstützenden Therapie das Leitprinzip des Therapeuten sein. Alles was die autonome Arbeit des Ich schützt und fördert, sollte bewußt eingesetzt werden. Wir müssen jedoch alles vermeiden, was die Selbstständigkeit zerbröckelt und die Klientin infantilisiert.

Das Autonomie-Prinzip verklebt sich allerdings in jenen Situationen, in denen zuerst einmal ein symbiotischer Mutterboden aufbereitet werden muß, in dem sich dann die Arbeit des Ich überhaupt erst erden kann. In diesen Fällen läuft der Therapeut übers Drahtseil und muß von Augenblick zu Augenblick die Balance zwischen im Moment nötiger Symbiose und bald zu erreichender Autonomie halten.

Ich will in diesem Kapitel nicht nur einige der "nach draußen führenden" Ansätze der Verhaltens-, Strategie- und Familientherapie integrieren, sondern auch noch einmal auf die kognitiven Verfahrensweisen eingehen. Die kognitive Therapie blickt mit größter Aufmerksamkeit auf die präzise Abfol-

ge von mentalen Repräsentationen sowohl im beweglichen, anpassungsfähigen als auch im weniger beweglichen und weniger anpassungsfähigen
Denkprozeß. Das ist meiner Meinung nach ihr Schlüsselbeitrag. Ihre Fragen
wären z.b.: "Wie sieht deine interne, geistige Strategie aus, um depressiv zu
werden?" "Wie sieht deine interne, mentale Strategie aus, um ängstlich oder
mißtrauisch oder überflutet zu werden?" "Wie sieht sie aus, um dich kompetent, sicher und geliebt zu fühlen?" "Wie veränderst du durch Hör-, Seh-, und
Bewegungs-Repräsentationen innerlich deinen geistigen Zustand?" "Wie ist
deine innere kognitive Strategie für Arbeitsabfolgen wie den Hausputz, den
Verkauf eines Autos oder die Zubereitung des Mittagessens?" Es geht nun
darum, diese anpassungsfähigen oder schlecht anpassungsfähigen internen
Abfolgen für die Diagnose und Wiederherstellung von adaptiven Ich-Funktionen auszuwerten.

Wir wollen mit dieser kognitiven Metastrategie die Selbstständigkeit des
Klienten fördern und seinem beobachtenden Ich helfen, die geistigen
Strategien zu durchschauen. Das beobachtende Ich soll entscheiden können, wo die kognitiven Strategien anpassungsfähig-beweglich und wo sie
anpassungsunfähig-unbeweglich sind. Häufig finden wir einen zufriedenstellenden Bereich, in dem die kognitiven Abläufe der Sache gerecht werden. Wir können diese Abläufe dann in Bereichen zum Tragen bringen, wo
Dysfunktionen vorherrschen.

Wo bin ich anpassungsfähig? Wo lebe ich nützlich für mich selbst und
gleichermaßen für andere? Wir müssen der Klientin helfen, auch diese
Fragen zu beantworten. Auch das gehört zu unserer unterstützenden Tätigkeit. Wenn diese Art der Therapie allerdings nur der Selbstdarstellung des
Therapeuten dient, ist sie kaum hilfreich, sondern eher demoralisierend und
die Abhängigkeit fütternd. Ich vermeide dies oft dadurch, indem ich einfach
von meinen Erfahrungen mit der Überprüfung und "Instandsetzung" meiner
eigenen kognitiven Strategien erzähle.

Zusammengefaßt: Dieses Kapitel besteht aus einer Sammlung von Methoden der Ich-Einschätzung und Ich-Ausbesserung. Ich präsentiere sie
innerhalb des Rahmens einer umfassenden Entwicklungs-Theorie, die ohne
Schwierigkeiten alles von psychoanalytischer Psychotherapie bis zur Verhaltens-Modifikation in sich aufnehmen kann.

## Wie gut arbeitet das Ich?

Die Perspektive der Objekt-Beziehung oder Ich-Psychologie stimmt den
Therapeuten, und letztlich auch den Klienten, auf die Entwicklungsstufe der
Ich-Funktion ein. Das ist vielleicht ihr größter Vorteil. Wir können auf die

Landkarte zeigen und erkennen, wo wir uns befinden. Wir sehen wo's hingehen soll oder kann. Die sorgfältige Diagnose sagt uns zumindest allgemein, was wir unterstützen und was wir ignorieren, was wir konfrontieren und was wir beiseite lassen können. Sie sagt uns ungefähr, welche Ratschläge die Klientin derzeit überhaupt auf- und annehmen kann und welche nicht, welche Ich-Übungen möglich und welche "zuviel" sind, welche vorhandenen Ich-Funktionen die Anpassungsfähigkeit vergrößern helfen und welche noch entwickelt werden müssen. Mit diesem genaueren Wissen wird die Unterstützende Therapie zu mehr als der Verteilung von Bonbons und Nettigkeiten. Sie wird mehr als der Versuch, die (zur Stützung einer fehlerhaften Ich-Struktur absolut nötigen) anpassungsunfähigen Verhaltensweisen und Grundeinstellungen zu beseitigen. Sie wird mehr als die Anstrengung, den Menschen beizubringen, was sie noch nicht wissen.

Es folgt nun eine immer noch unvollständige Liste von Fragen, die ein Therapeut stellen könnte, um in etwa herauszufinden, auf welcher Ebene der Ich-Funktion sich sein Klient befindet und was dies generell bedeutet. Eines sollten Sie beachten: Im allgemeinen zieht sich eine bestimmte Ebene der Ich-Entwicklung durch alle Kategorien. Dies ist aber nicht immer der Fall. Es ist gar nicht ungewöhnlich, besonders bei ziemlich gut funktionierenden Erwachsenen, neben recht hochentwickelten Bereichen einen ziemlich unterentwickelten zu finden. Nehmen Sie z.B. den Schizoiden, der mit großer Angst, ja fast früh-schizoider Vernichtungs-Furcht, auf bedrohliche Situationen reagiert, dessen Ich aber ansonsten wirklich gut arbeitet. (Bei einer vollentwickelten, klaren borderline oder narzißtischen Anpassung, finden wir jedoch häufig ein überraschend gleichbleibendes Profil).

Bei der Formulierung der Fragen stützte ich mich auf Gertrude und Reuben Blanck, die einen Großteil des Materials in Angewandte Ich-Psychologie (1988, Kap. 7) und Ich-Psychologie II: Psychoanalytische Entwicklungspsychologie (1989, Kap. 5 u. 12) in so hervorragender Weise zusammenfaßten. Ihnen gilt mein tiefster Dank.

*1. Die Selbst-Repräsentation:* Gibt es eine solide Vorstellung vom Selbst? Beinhaltet sie ein klares Selbst-Bild, eine kinästhetische, mit dem Körper identifizierte Empfindung, ein kognitives Verständnis davon, "wer ich bin"? Ist die Selbst-Repräsentation deutlich von den Repräsentationen der anderen unterschieden, so daß der Klient weiß, was aus ihm selbst und was von den anderen, also von außen kommt? Ist diese Differenzierung stabil oder instabil? Wodurch wird sie instabil? Gibt es in der Selbst-Repräsentation eine Spaltung? Erlebt sich der Klient einmal rundherum in Ordnung und gut und ein andermal völlig daneben und schlecht? Sollen Sie die Wünsche der Klientin ungefragt erraten und erfüllen können, so daß sie nur noch still zu wünschen braucht? Sucht sie dauernd die Symbiose mit anderen Menschen? Fühlt sie sich ohne die Verschmelzung unvollständig? Fühlt sie sich identisch mit ihrem Geschlecht? Will sie, daß der für sie wichtige Mensch genauso ist wie sie selbst?

*2. Objekt-Repräsentationen und Objekt-Beziehungen:* Nimmt der Klient andere Personen so wahr, wie sie wirklich sind oder so, wie er sie sich wünscht oder voller Angst vorstellt? Zählen sie nur wegen ihrer Bedürfnisbefriedigenden Fähigkeiten oder auch darüber hinaus? Gibt er ihnen einen relativ "konstanten" Wert, oder fluktuiert dieser mit dem Bedürfnis-Level oder der Laune des Klienten? Kann die Klientin eine relativ stabile Hör-, Seh- und Bewegungs-Repräsentation von anderen Menschen aufrechterhalten? Sind die anderen Selbst-Objekte oder Real-Objekte? Wie sieht die Übertragung in der Therapiesituation aus? Besteht sie aus Mißtrauen, Verschmelzung, Abhängigkeit, Zwillingsverhalten, Idealisierung, Versöhnungsgehabe, Manipulation oder Herausforderung? Ist der Wunsch nach Verschmelzung bewußt? Wird der Wunsch nach Verschmelzung verneint oder sonstwie abgewehrt? Wie sehen die Arbeits-, Liebes-, und Freundschaftsbeziehungen außerhalb der Therapie aus? Welche Qualität haben sie?

*3. Angst:* Ist die Primär-Angst die Angst vor der Vernichtung, die Angst das Objekt zu verlieren, die Angst die Liebe des Objekts zu verlieren, ist sie "Kastrations-Angst" (Angst vor Rache und Vergeltung) oder ist sie die Angst des Über-Ich? Wie geht der Klient mit seiner Angst um? Erhöht eine Angstprovozierende Situation die Leistung, dient sie also eventuell einer Signal-Funktion, oder überflutet sie die Fähigkeit der Person zu funktionieren, was andeutet, daß die Signal-Angst noch nicht erreicht ist? Wie stark sind die selbst-beruhigenden Fähigkeiten? Wie gut können sie Angst und Streß mildern? Inwieweit kann der Klient von außen beruhigt werden? In welchem Ausmaß fluktuiert die Angst? In welchem Ausmaß ist sie situationsbedingt? Welche Situationen lösen Angst aus und welche Entspannung? Wenn die Angst in einem oder einigen Bereichen überläuft, heißt das nicht unbedingt, daß die Signal-Angst nicht arbeitet. Es kann auch nur bedeuten, daß ein interner Konflikt die Leistungsfähigkeit schwerwiegend beeinträchtigt. Blanck und Blanck (1989) schreiben:

*"Der Patient, dessen Angst sich nicht verringert, der weder kompetente Abwehrstrukturen verwenden noch die kleinen Angstquantitäten ertragen kann, mit denen wir alle nun mal leben müssen, der die meiste Zeit im Schrecken lebt, der keine Selbst-Linderungsmechanismen besitzt, sondern getröstet werden muß, oder der noch nicht mal das akzeptieren kann, dieser*

*Patient lebt mit einem Angstlevel, das nicht auf ein Signal hin verschwand und verschwindet."*

*4. Abwehr-Funktionen:* Wie gut kann sich die Klientin wehren? Auf welcher Entwicklungs-Stufe steht ihre Abwehr-Funktion? Ist die Abwehr hauptsächlich primitiver Natur? Stammt sie aus der frühesten Entwicklungs-Hemmung, die wir schizoid genannt haben? Besteht sie deshalb aus Verneinung, Introjektion und Projektion? Oder ist die Verteidigung charakteristischer für die orale Periode mit: Wendung gegen das eigene Selbst, Verkehrung, Verschiebung und Identifikation? Oder kommt sie mehr aus den späteren Phasen der Trennung-Selbstwerdung mit: Ungeschehen machen, Reaktionsformation, Isolierung, Spaltung, Intellektualisierung oder gar Regression? Arbeitet die Abwehr hauptsächlich mit der Unterdrückung und Verdrängung von Es-Impulsen, was auf höher entwickelte Ich-Strukturen schließen läßt? Welche Verteidigungsmechanismen sind Ich-syntonisch und welche Ich-dystonisch?

*5. Regulieren und halte:* Kann die Klientin ihren Ärger oder Kummer regulieren oder halten, wenn sie frustriert, enttäuscht oder verlassen wurde? Wie tut sie das kognitiv? Wie tut sie das energetisch? Braucht sie dazu den Rückzug oder paranoide Wahnbildungen?

*6. Anpassungsfähigkei:* Wie nimmt der Klient die Außenwelt wahr (Realitäts-Prüfung)? Von welcher Qualität ist diese Wahrnehmung? Ist er fähig Befriedigungen zu verschieben? Wie gut kann er seine Absichten formulieren, an ihnen festhalten und sie erreichen? Kann er abstrakt denken? Wie steht es mit seiner Fähigkeit zu synthetisieren und zu integrieren? Auf welcher Ebene arbeitet seine Erinnerung? Sind die Lücken in seiner Erinnerung Inhalts-spezifisch? Welches sind die Eigenschaften seiner angemessen funktionierenden Anpassungsfähigkeiten? Falls die Anpassung geschwächt ist: welchen Mangel hat die Anpassungsstrategie?

*7. Verinnerlichung:* Bis zu welchem Ausmaß hat die Klientin die elterlichen und gesellschaftlichen Werte internalisiert und daraus ein "Über-Ich" oder eine zusammenhängende Werte-Struktur gebaut? Wie hoch ist die Entwicklungsstufe der Moral? Wie groß ist der Zusammenhang zwischen Glauben und Verhalten? Hängen Werte- oder Moral-Struktur zusammen? Sind sie einheitlich oder existieren sie in unzusammenhängenden, nicht integrierten Bestandteilen? Besteht die Primär-Angst auch aus der Angst vor dem Über-Ich? Gibt es die Erfahrung wirklicher Schuld? Oder besteht die Primär-Angst aus niedrigeren Ebenen der Angst? Wer waren die Primär-

Figuren der Identifikation? Gab es Entwicklungsschwierigkeiten, die die Identifikation störten oder eine Ablehnung sich zu identifizieren auslösten? In welchem Ausmaß konnten die Identifikations-Personen die Voraussetzungen für die Entwicklung einer reifen moralischen Empfindung nicht liefern?

8. *Affekt:* Umfang und Unterscheidungsfähigkeit. Wie viel kann die Person fühlen? Wie fein kann sie Gefühle unterscheiden? Sind besondere oder alle Affekte gedämpft oder der Situation unangemessen? Wie erlebt sie und wie drückt sie die Hauptaffekte Angst, Trauer, Furcht oder Angst, Liebe, Freude, persönliche Kraft usw. aus? Wie stark ist ihre Launenhaftigkeit? Welcher Affekt herrscht vor?

9. *Regression:* Kann die Klientin regredieren und trotzdem die Ich-Kontrolle behalten? In welchen Bereichen regrediert sie? Beim Regulieren oder beim Halten? Bei Objekt-Beziehungen, bei der Anpassungs-Arbeit, auf der Angst-Ebene oder den Abwehr-Funktionen? Regrediert sie aus Freude oder Kreativität? Die Fähigkeit zu regredieren und dennoch die Ich-Kontrolle zu behalten, ist maßgeblich wichtig für die erfolgreiche Arbeit mit Gestalt-, Gefühlsbefreiungs-, Bioenergetik- und bestimmten Formen von Hypnose-Prozessen. Wenn diese Fähigkeiten nicht intakt sind, kann die Klientin noch einmal schwerwiegend traumatisiert werden, was in der Folge den Widerstand zusätzlich verhärtet.

1o. *Der Ödipus-Komplex:* Gibt es Anzeichen dafür, daß die ödipale Situation stattfand? In welchem Ausmaß beeinflußen ungelöste präödipale Themen Natur und Auflösung des Ödipus-Komplexes? Wie haben die Eltern auf die liebevollen und sexuellen Annäherungen ihres Kindes reagiert? Wie sahen die Muster elterlicher Verführung, Zurückweisung und Bedrohung aus? Gab es solche überhaupt?

Durch die Antworten auf diese und ähnliche Fragen aus der psychoanalytischen Entwicklungs-Theorie, erhalten wir ein Ich-Profil unseres Klienten. Wenn wir ihm dieses Profil allmählich und zu den richtigen Zeiten mitteilen, stellen wir seinem erwachsenen, beobachtenden Ich ein sehr hilfreiches Werkzeug zur Verfügung. Die gemeinsame Perspektive von Therapeut und Klient führt zu einer therapeutischen Allianz. Ihr Ziel ist die Wiederherstellung der Funktion und schließlich die Lösung des Konfliktes.
Ich glaube daß eine Kombination von Defizit- und Konflikt-Modell, sowie der ihnen zugehörigen therapeutischen Arbeitsmethoden, für jede außerklinische Psychotherapie notwendig ist. Die nur ödipale oder nur präödipale

Persönlichkeit kommt kaum vor und noch seltener in der Therapie. Die Dichotomie oder Zweiteilung von ödipaler versus präödipaler Persönlichkeit ist im allgemeinen falsch, die Gesamtsicht dagegen unschätzbar nützlich.

## Techniken verbaler Psychotherapie

Und nun ein Skizze einiger in der "Unterstützenden Therapie" am häufigsten verwendeten Techniken klassischer, verbaler Psychotherapie. Die meisten, wenn nicht sogar alle, stammen aus der psychoanalytischen Psychotherapie, die wesentlich mehr aktive Techniken entwickelte als die reine Psychoanalyse. Diese verbale und gewöhnlich von Angesicht zu Angesicht ablaufende Form entstand, weil immer weniger Klienten die für eine klassische Analyse nötige Ich-Struktur besaßen. Ich umreiße im folgenden die Grundzüge einer aktiven psychotherapeutischen Technik und bereichere sie durch die Integration einiger weiterer Methoden aus der Verhaltens-Modifikation, der kognitiven Psychotherapie, der Strategie- und der Familien-Therapie. Ihre Techniken wollen den Klienten ermutigen, seine Ich-Funktionen zu üben. Das Leitprinzip und -ziel ist die "Vormundschaft der Autonomie", also der "Vorrang und Schutz der Selbstständigkeit" (Greenacre, 1959). Auch die psychoanalytischen Psychotherapeuten stimmen im allgemeinen dieser Verwendung der Techniken zu.

*1. Das Ich unterstützen:* Schenken Sie den bereits vorhandenen oder sich gerade entwickelnden Ich-Funktionen der Klientin Anerkennung, Ermutigung und Lob. Technisch gesehen ist das besonders dann nützlich, wenn es ihr hilft die eigenen schon existierenden oder im Aufbau begriffenen Ich-Kräfte gutzuheißen. Wir wollen die Ich-Entwicklung gerade in jenen Bereichen kräftigen und fördern, die die Klientin aktuell bearbeitet. Denken Sie z.B. an den "Umdeutungs-Prozeß". Sogar in den negativen Erfahrungen des Klienten können wir die positive Arbeitsweise des Ich unterstützend kommentieren. Die Unterstützung des Ich wirkt immer am konstruktivsten, wenn sie auf spezifische Lebenserfahrungen bezogen wird. Sie sollte von Erwachsenen-Ich zu Erwachsenen-Ich gegeben werden und Realitäts-Prüfung, Synthese-Fertigkeiten, moralische Entwicklung, bewußt einzusetzende psychologische Abwehrmethoden, Differenzierung und Initiative etc. üben.

*2. Gegenüberstellen:* Wir präsentieren dem Klienten unseren Blick von außen und erzählen ihm, wie wir sein Verhalten, seine Haltung, seine Konflikte und seine Verteidigung auf bestimmte aktuelle Situationen bezogen sehen. Der Therapeut lenkt die Aufmerksamkeit des Klienten auf einen Aspekt seines Benehmens, (welches ihm bereits bewußt ist) und lädt ihn ein, diesen Aspekt von der Warte des beobachtenden Ich aus zu betrachten. Im Gegensatz zur Interpretation, die ja überwiegend auf unbewußte oder intrapsychische Konflikte oder historische Vorläufer gegenwärtiger Muster gerichtet ist, zielt die Gegenüberstellung oder Konfrontation auf aktuelle Situationen und reale Auseinandersetzungen. Die aktivere Therapeutin wird dabei vielleicht sogar einen "Schnappschuß" vom Klienten anbieten. Auf einer oberflächlichen Ebene ermöglicht ihm dies, sich so zu sehen wie andere ihn sehen, auf einer tieferen Ebene erfährt er etwas über seine eigenen Verhaltens- und Denkprozesse. Die weniger aktive Therapeutin weist ihn eventuell nur auf ein Gedanken- oder Benehmens-Muster hin und ermutigt ihn, einen kritischen Blick darauf zu werfen. Auch so trainiert sie mit ihm die Arbeit des Ich.

Gegenüberstellungen sind technisch am hilfreichsten, wenn sie als Kommunikation von Erwachsenem zu Erwachsenem frei von jeglichem beurteilendem Inhalt oder Ton geführt werden. In einigen Kreisen wurde die Konfrontation dazu mißbraucht, um Klienten an den Pranger zu stellen. Man hoffte so seine destruktiven Verhaltens-Muster zu verändern. Das wird in der psychotherapeutischen Literatur im allgemeinen mißbilligt. Wir glauben nicht, daß dadurch die Entwicklung eines selbstständigen Ich und eines selbstständigen Über-Ich gefördert wird. Wir glauben vielmehr, daß diese Art die therapeutische Allianz stört und eine infantile Ebene der Ich-Anpassung unterstützt.

*3. Erklären:* Die Therapeutin teilt mit ihrem Klienten ihr Wissen vom psychologischen Prozeß des Menschen und erklärt, wie es auf seine speziel-le, aktuelle Lage angewandt werden kann. Die Erklärung fordert die Thera-peutin in ihrer erzieherischen Aufgabe, die sie ja auch hat. Sie fordert aber auch den Klienten als Erwachsenen und spricht sein beobachtendes Ich an. Sie regt ihn an, seine kognitiven Funktionen zu üben. Die Erklärung mag Grundsteine legen, auf denen der Klient seine eigenen Interpretationen und Rekonstruktionen aufbauen kann.

*4. Interpretieren:* Die kognitive Umstrukturierung des Verhaltens, der Grundeinstellungen und Gefühle des Klienten soll bewußten, statt vorher unbewußten, Konflikten und/oder Übertragungen (auf den Therapeuten oder andere Menschen) den Vorzug geben. Die meisten, wenn nicht alle Interpretationen verbinden verschiedene Punkte des Konflikt-Dreiecks (s. Kap. 7) und/oder des Personen-Dreiecks. Sie sind am effektivsten, wenn sie vom Klienten gleichzeitig als kognitiv bedeutsam und gefühlsmäßig kontaktreich erlebt werden. Übliche Objekte für Interpretationen sind Träume, Phantasien und übertriebene Alltagsreaktionen, sowie die Übertragung und der Widerstand in der Therapiesituation.

*5. Rekonstruieren:* Der Therapeut erstellt ein historisches Szenario, das das gegenwärtige Funktionslevel, die gegenwärtigen Fantasien, die aktuellen Gefühlsreaktionen und ihren assoziierten Inhalt erklärt. Diese verbale Intervention liegt zwischen Erklärung und Interpretation. Sie ist eine Hypothese, die ein geschichtliches Verständnis für jenes psychologische Trauma ermöglichen soll, das die augenblickliche Dysfunktion oder den heutigen Konflikt des Klienten erzeugte. Rekonstruktionen sind besonders dann sehr wertvoll, wenn das ursächliche Trauma vorverbal zu sein scheint und nur schwierig oder überhaupt nicht erinnert werden kann. Das gleiche gilt für so heftig unterdrückte Traumata, die auch nicht durch Interpretationen hervorzulocken sind. Rekonstruktionen werden typischerweise kaum von starken Gefühlen begleitet, wie sie bei gutplazierten Interpretationen vorkommen. Aber sie lassen den Klienten einen Blick auf seine traumatische Lebensbasis werfen. Sie verhelfen ihm zu einem allgemeinen Verständnis seiner traumabezogenen, trauma-abgeleiteten Lebensweise und spülen vielleicht sogar traumatische Erinnerungen ins Gedächtnis.

Es ist für ihn oft ganz wichtig zu erfahren, daß seine Probleme, egal welcher Art sie auch seien, angesichts seiner Geschichte und genetischen Ausstattung, natürlich, voraussagbar und zu erwarten waren und sind. Mit anderen Worten: Die Klienten sollen sich nicht als schlecht, böse oder gar teuflisch einschätzen, sondern als Menschen, die an den natürlichen Folgen einer frühen Störung leiden. Wir bieten dem erwachsenen, beobachtenden Ich einen Plan der wahrscheinlichen Ursachen und der wahrscheinlichen Entstehungsgeschichte der Problematik an, und helfen ihm so, sich zu organisieren. Wir ermutigen es außerdem, seine organisierenden Fähigkeiten noch mehr zu trainieren. Eine meiner Klientinnen drückte es kurz, aber bündig so aus: "Sie meinen also, mit anderen Worten gesagt: Wenn ich schwanger bin, muß ich auch gefickt worden sein."

*6. Fragen und Klären:* Es soll Zweideutigkeiten auflösen und die Meinungen des Klienten über seine Verhaltensweisen, Grundeinstellungen und Gefühle präzisieren. Weil nicht jeder die gleichen Worte exakt gleich benutzt, muß sich der Therapeut versichern, daß er die Erfahrungen und "Tiefenstruktur" (Dilts u.a., 1984) des vor ihm sitzenden Menschen auch wirklich versteht. Die Depression des einen wird vom anderen Angst genannt usw. Gerade wenn wir in die kognitive Arbeitsweise des Klienten eingreifen wollen, müssen wir so genau wie möglich über sie Bescheid wissen. Außerdem helfen Fragen und Bitten um Klärung beim Ich-Aufbau, weil sie jene Ich-Funktionen trainieren, die für die Beantwortung nötig sind: Wahrnehmung, Gefühls-Unterscheidung, Realitäts-Prüfung, Synthese, etc. Denn einige Klienten erwarten oder hoffen zumindest, daß man in ihren Kopf hineinschaut und ihnen die Verbalisation, also den sprachlichen Ausdruck, erspart. Wir fordern damit diese dysfunktionale Illusion heraus und beginnen damit, sie durchzuarbeiten.

*7. Zum Sprechen ermutigen:* Wenn der Klient über seine Gefühle, Erfahrungen und Konflikte reden kann, baut er sein Ich auf und trägt zur Lösung von Problemen bei. Vorher präverbale oder unbewußte Reaktionen, Bewußtseins-Zustände oder Glaubenssätze werden dadurch für die Ich-Prozesse der Assimilation, Akkomodation, Synthese usw. erreichbarer. Die Verbalisierung trainiert also erstens die Ich-Funktion und regt zu weiteren Übungen an. Zweitens dient sie der Regulierung von Trieb und Affekt. Sie liefert entwickeltere Reaktionsmöglichkeiten, die nicht mehr nur einfach auf Impuls und Gefühl hin anspringen. Drittens konfrontiert sie den primitiver organisierten Klienten mit der Notwendigkeit zu klarer und genauer Kommunikation. Sie fordert seinen Wunsch verstanden zu werden heraus, den er sich bisher nichtverbal zu erfüllen suchte. Viertens vergrößert sie die Frustrationstoleranz. Wir werden fähiger, die Befriedigung unserer Wünsche zu verschieben. Es ist wichtig, wenn der Klient z.B. folgende Sätze wahrnehmen und dann aussprechen kann: "Es fühlt sich wirklich so an, als ob Sie völlig verschwinden, sobald ich Ihr Büro verlassen haben," oder: "Ich fühle mich, als könnte ich Sie umbringen, wenn Sie das sagen."

*8. Schweigen:* Es läßt sich nur situationsbedingt beurteilen. Das Schweigen des Therapeuten kann hoch traumatisierend wirken, aber auch die überhaupt wirksamste Intervention darstellen. Angemessen eingesetzt, kann es Respekt, die Bereitschaft zuzuhören, Akzeptanz und die Ermutigung zu besserer Ich-Autonomie vermitteln. Gerade bei großen Lücken in der vorsprachlichen Symbiose, kann das gemeinsam geübte Schweigen die Fähigkeit des Klienten trainieren, lange Perioden der Stille zu tolerieren und sich sogar an ihnen zu erfreuen. In anderen Fällen entmutigt es (gemeinsam mit der es begleitenden nonverbalen Kommunikation) bestimmte Denk- oder Verhaltensweisen. Es kann die Frustrationstoleranz verbessern und den Klienten auffordern, seine eigenen Möglichkeiten zur Problemlösung heranzuziehen. Näheres zum Thema Schweigen finden Sie bei Langs (1973).

*9. Ratschläge geben:* Der Therapeut sagt seine Meinung darüber, was der Klient in der jeweiligen Lebenssituation tun oder denken sollte. Im allgemeinen geben Psychotherapeuten wesentlich weniger Ratschläge, als viele Patienten anfänglich erwarten. Die psychoanalytische Psychotherapie sieht den Rat (außer in extremen Notsituationen) als ziemlich primitive und schlechtberatene Technik an. Der Grund ist einleuchtend. Der Klient soll ja lernen sich immer mehr auf die eigenen Kräfte zu stützen, um so sein Ich und die "Vormundschaft der Autonomie" auszubauen. Außerdem projiziert der Therapeut eventuell seine Werte-Struktur und etwaige irrige Wahrnehmungen unangemessen auf den Klienten. Menschen müssen ihre eigenen Fehler machen und direkt aus ihnen lernen. Meistens brauchen sie das.

Andererseits sollte unsere Position nicht zu rigide sein. Besonders wenn das Verhalten oder die Situation unseres Klienten ihn und auch andere Leute in Gefahr bringt. Dann ist der Rat durchaus angebracht. Oder z.B. dann, wenn die Klientin unter so extremem äußerem Streß steht, daß substantieller oder bleibender therapeutischer Fortschritt unmöglich wird. Das ist gar nicht so selten. Offensichtlich geht es nun zuerst einmal um den Streß und jene Ich-Mechanismen, mit denen sie ihn bewältigen will. Manchmal klappt das nicht. Häufig stellen sich vorbewußte oder unbewußte kognitive Regeln der Lösung des Problems entgegen. Wir müssen sie aufdecken und konfrontieren. Diese Arbeitsweise steht der Beratung nahe und wird (zwar selten, aber doch) tatsächlich zu ihr, wenn die Gegenüberstellung versagt und die Selbstständigkeit nicht durchschlägt. Unser Ratschlag arbeitet dann im Dienste des Ich. Er soll den Streß vermindern, der die Anpassungsfähigkeit verhindert.

*10. Verhaltensvorschläge machen:* Obwohl auch die Verhaltensvorschläge der Klientin sagen, was sie tun soll, unterscheiden sie sich von den Ratschlägen. Die Therapeutin gibt nämlich nicht die Lösung vor, sondern erklärt, wie man das Problem durcharbeiten könnte (wobei sie nicht vergißt, daß es immer um die Verbesserung der Autonomie geht). Im besten Falle arbeitet die Klientin an der genauen Abfolge mit. Diese Technik gehört zur Verhaltensmodifikation, wird aber in vielen Formen von Beratung und Psychotherapie angewandt.

*11. Überzeugen:* Im allgemeinsten Sinne gehört das Überzeugen zu allen Psychotherapien. Alle bieten sie stillschweigend das bessere Leben an, so subtil sie das auch tun mögen. Jeder Therapeut hat seine eigene Art, den Klienten davon zu überzeugen, daß diese Hoffnung schließlich zumindest zum Teil erfüllt wird. Auch wo sie paradox erscheint, wirkt sie - vielleicht hier sogar noch stärker. Ich halte es für die Pflicht eines Therapeuten, der ja Gespräche professionell einsetzt, sich die Wirkung seiner Art der kommunikation klar zu machen und in diesem Sinne verantwortungsvoll zu handeln. Je aktiver und anweisender er ist, desto geläufiger müssen ihm die direkten und strategischen Methoden der Überzeugung sein. Wie auch immer die Richtung sein mag: wir "verkaufen" alle einen bestimmten Blick auf die Welt und eine bestimmte Art, mit menschlichem Leiden umzugehen. Das Bewußtsein darüber hilft uns, verantwortlicher die Auswirkungen unserer Kommunikationen zu bedenken.

## Ebenen der unterstützenden Therapie

Wir können das Ich auf verschiedenen Ebenen unterstützen. Als ich die sprachlichen und andere Strategien in die Unterstützende Therapie integrierte, half mir die Unterscheidung dieser Ebenen sehr viel. Sie erscheinen bei allen Techniken, egal welchen Ursprungs.

Ich nenne die erste die *einfache, menschliche Unterstützung*. Darunter fällt all das, was der eine Mensch für den anderen tun kann, indem er ganz banal verfügbar und präsent ist, d.h.: aufmerksam und aktiv zuhören, mitfühlend reagieren, körperlich und emotional kontaktbereit und persönlich kongruent sein. Besonders in Krisenzeiten wird das Ich häufig von Angst überflutet. Die Sicherheit, die die wirkliche und wahrhafte Anwesenheit eines anderen Menschen erzeugt, läßt es oft wieder angemessen arbeiten. Und auch wenn daneben noch mehr getan werden muß, kann dieser einfache, menschliche Beistand die weiteren Prozesse vorbereiten.

Die zweite Ebene nenne ich die *Unterstützung durch ein Hilfs-Ich*. Ich deute damit auf jene Fälle hin, in denen der Therapeut dem Klienten seine eigenen Ich-Fähigkeiten zur Verfügung stellt und ihm z.B. bei Beurteilungen, Realitäts-Prüfungen, kognitiven Strukturierungen von Erfahrung usf. hilft. Er redet hauptsächlich mit ihm, teilt ihm seine Wahrnehmungen mit und gibt sogar Ratschläge.

Die dritte Ebene heißt *Instruierende Unterstützung* oder Ich-Aufbau. Damit sind alle Aktivitäten oder Strategien der Therapeutin gemeint, die die Ich-Funktion des Klienten stärken. Also Techniken, die seine Entscheidungsfähigkeiten, seine Realitäts-Prüfung, sein kognitives Verständnis der Welt, sein persönliches und zwischenmenschliches Management usw. verbessern.

Wie die meisten Kategorisierungen dieser Art sind auch diese von vorwiegend heuristischem Wert. Es gibt therapeutische Aktivitäten, bei denen sie sich überlappen. So bereitet z.B. schon die einfache, humane Unterstützung jenen menschlichen Boden vor, in dem wir das verlorene Selbst des schizoiden und oralen Klienten finden und entwickeln können. Die Kategorisierungen sind jedoch als Orientierungshilfen bei den Fragen,

was und warum etwas zu tun ist ganz nützlich. Nachdem ich nun noch einmal
- die Einschätzung der Ich-Funktion,
- die einfachen Formen der Ich-unterstützenden verbalen Therapie und
- die Ebenen der Ich-Unterstützung betrachtet habe,

möchte ich zu den aktiveren Strategien einer Unterstützenden Therapie
kommen. Ich beginne mit einer Fallgeschichte.

## Ein Fallbeispiel

Melissa ist eine 31jährige Frau, die über vier Jahre bei mir in unterstützender
Therapie war. Durch eine Geschichte sehr früher, extremer Deprivation und
extremen Mißbrauchs baute Melissa einen stark schizoiden Charakter auf. Ihr
Ich funktionierte auf einer ziemlich niedrigen Entwicklungsebene. Obwohl
sie sich noch immer an vieles nicht erinnert und vielem was sie erinnert nicht
so recht vertraut, ist es klar, daß die Mutter ihr feindselig gegenüberstand.
Melissa wurde außerordentlich vernachlässigt. Ihre Mutter lehnte es ab, das
Kind zu füttern. Daher war sie auf einen nur zeitweise zuverlässigen Vater angewiesen, einen Alkoholiker, der sie abwechselnd ernährte und dann
wieder beschimpfte. Die Mutter und Melissas ältere Schwester traktierten sie
oft durch beleidigende Kritik, bizarre Angriffe und den Entzug von Essen.
Als Melissa acht Jahre alt war, verließ der Vater das Haus und zog in die
Nachbarschaft. Wenn Mutter und Schwester besonders grausam mit ihr
umsprangen, lief sie immer zum Vater, der ihr zunächst auch half, dann aber
auch wieder seine bösartigen, verbale Ausbrüche gegen sie hatte. Aus
diesem Verhältnis zum Vater entstand ein atypisches symbiotisches Charakter-Thema. Das analysierten wir im Laufe der Therapie.
Um ihr frühes Trauma zu überdecken, entwickelte Melissa eine zerbrech-
liche und spröde "Als-Ob-Persönlichkeit". Eine Zeitlang war sie fähig, auf
einer sehr oberflächlichen, aber gleichzeitig stark flüchtigen Ebene zu
funktionieren. Dann jedoch stürzte sie wieder in Panik und eine dämonische, selbst-zerstörerische Kraft ergriff von ihr Besitz. Sie verlor sich in
stundenlangen dämmerig-düsteren Zwischenzuständen, watete durch stän-
diges Grauen und hegte ernsthafte Selbstmord-Gedanken. Sie konnte weder
essen noch schlafen. Dieser höchst schmerzvolle Ausbruch von Krankheits-
erscheinungen dauert oft mehrere Tage.
In den Therapiestunden war sie oft unfähig, über Einzelheiten aus ihrer
Vergangenheit, aber auch ihrer Gegenwart zu berichten. Sie hatte Angst vor
der teuflischen Kraft. Bis vor einem Jahr noch sprach sie häufig verschlüsselt:.
die Worte bedeuteten etwas für sie, aber sie konnte sie für mich nicht

übersetzen. Es fiel ihr am Anfang fast jeder Sitzung äußerst schwer, über irgendwas zu reden. Jedesmal kämpfte sie darum, den menschlichen Kontakt abzuwehren oder aufzunehmen.

In den ersten Jahren der Therapie verfügte sie über kein wirkliches Selbst-Empfinden, sondern bezog sich nahezu vollständig auf ihr "Als-Ob-Selbst". Heute nimmt sie ihr wirkliches Selbst und die Realität einmal wahr und dann auch wieder einmal weniger. Es kommt und geht. Dadurch hat sich ihr vorher ziemlich einsames Leben verändert. Sie steht mit einer kleinen Gruppe von Freundinnen in recht tiefem Kontakt. In der Therapie nahm sie von mir anfangs kaum Notiz. Jetzt gibt es eine intensive, sehr symbiotische Bindung. Als sie langsam entstand, mußten wir uns durch eine starke Abhängigkeits-Thematik durcharbeiten. Wir bauten behutsam milde, aber dennoch feste Grenzen auf. Melissa kommt nun regelmäßig alle vierzehn Tage. Gelegentlich telefonieren wir auch kurz. Mein Urlaub ist immer noch ein Problem, aber auch damit geht sie zunehmend konstruktiver um.

Im folgenden schreibe ich über einige allgemeine Prinzipien bei der Behandlung des weniger gut kompensierten Schizoiden und Oralen. Melissas Fall wird die Beispiele liefern und den manigfaltigen Diskurs durch einen menschlichen Faden verbinden.

## Das unterstützende Umfeld

Melissas Fall ist einer von jenen, in denen die einfache menschliche Unterstützung schon instruierend und Ich-aufbauend wirkt. Das ist deshalb so, weil sie eine schwere frühe Verletzung heilt und den symbiotischen Boden aus dem eigenen Selbst und dem des anderen wiederherstellt. Auf ihm kann eine eigene Identität wachsen. Melissa war eine große Herausforderung für mich, weil sie zu Beginn jeder Sitzung unfähig war wirklich mit mir zu reden. Ich mußte also auf andere Art ein unterstützendes Umfeld schaffen. Meditative, hypnotische und entspannende Methoden versagten. Sie beruhigten sie nicht und gaben ihre keine Sicherheit. Stattdessen wurde ihre Angst stärker und sie dachte umso mehr nach. Im Laufe der Arbeit beobachtete ich, daß einige sehr kurze und einfache bioenergetische Erdungs-Übungen (s. Kap. 3 u. 4) ihr Wohlbefinden steigerten. Sie fing an, sich für Kontakt und Kommunikation zu öffnen. Denselben Effekt hatte es, wenn ich über mein eigenes Leben, meine eigenen Gefühle, meine eigenen Absichten für die gemeinsame therapeutische Arbeit usw. sprach. Und dann waren da noch die winzigen Körper-Kontakte, die anfänglich aus der bioenergetischen Arbeit entstanden. Auch sie überwanden die Barrieren. Es erdete sie besonders, wenn ich ihre Füße hielt. Sie wurde ruhiger.

Der Körper-Kontakt ist für viele Klienten wesentlich. Natürlich müssen wir mit ihren Berührungs-Grenzen sehr behutsam und respektvoll umgehen und uns genauso über unsere eigenen im klaren sein. Die Verletzung ist vorsprachlich und die Heilung gelingt am besten auf der direkten, körperlichen Ebene. Ich finde es wichtig den Klienten um Erlaubnis zu fragen, bevor ich ihn berühre. Ebenso wichtig ist es, die Auswirkungen der Berührung genau zu beobachten und mitfühlend zu reagieren. Dies ist eine weitere Art, mit dem Thema "Meine Grenzen - Deine Grenzen" zu arbeiten.

Gerade die einfachen Entspannungs-Übungen aus der Bioenergetik laden zum Kontakt ein. Wenn die Therapeutin z.b. während der Vorbeuge-Übung ihre Hand auf den unteren Rücken des Klienten legt, ist dies eine relativ harmlose Berührung. Oder sie bittet ihn, sich hinzustellen und mit dem Rücken an sie zu lehnen. Oder beide sitzen Rücken an Rücken auf dem Boden und stützen sich gegenseitig. Die Berührung bedroht den Klienten. Aber auf diese Weise wird die Bedrohung auf ein Minimum reduziert, während der Klient lernen kann, die Unterstützung zu akzeptieren.

Bei Melissa kamen mir diese körperlichen Interventionen zugute. Sie erkannte durch sie, welche Kontakt- und Intimitäts-Ebenen ihr Sicherheit gaben und welche sie ängstigten. Wir erforschten während eines ganzen Abschnitts der Therapie ihre sozialen Grenzen und Fragen wie: "Wie beginne ich einen Kontakt und wie beende ich ihn? Wie vergrößere ich den Abstand zwischen meinem Therapeuten und mir und wie verkleinere ich ihn?" Darauf aufbauend können wir nun einen sehr einfachen erdenden Kontakt eingehen, der entweder von ihr oder von mir ausgelöst wird. Und der kann nun zur Grundlage einer produktiven Stunde verbalen Austauschs werden.

Ich setze mich z.B. auf den Boden und nehme ihre Füße so in meinen Schoß wie eine Mutter, die damit ihr Baby erdet. Inzwischen kann sie auch etwas viel Intimeres tolerieren. Sie setzt sich zwischen meine Beine und lehnt ihren Rücken gegen meine Brust. Diese klassische bioenergetische Stellung gibt dem Klienten vielleicht das größtmöglich unterstützende und haltende Umfeld. Natürlich birgt sie Übertragungs- und Gegenübertragungs-Risiken in sich, besonders wenn es zwischen den beiden Menschen sexuelle Ladungen gibt. Es ist nicht unser Job, ihnen auszuweichen, sondern mit ihnen umzugehen. Wir müssen dem Klienten die Wahrnehmung einer soliden Grenze im Zusammensein ermöglichen. Für Melissa war die einfache, menschliche Unterstützung absolut notwendig, bevor wir zu größerer Unterstützung durch ein Hilfs-Ich und instruierender, Ich-aufbauender Unterstützung weitergehen konnten.

## Instruierende und Hilfs-Ich-Unterstützung

Als sich unsere Beziehung entwickelte, fand Melissa den Mut, sich ihrem selbst-bestrafenden dämonischen Teil zu stellen, indem sie mit mir über einige ganz konkrete Dinge in ihrem Leben sprach, die sie streßten. Sie hätte bereits vor einem Jahr ihren Auto-Führerschein verlängern lassen müssen. Wegen der Verspätung stand ihr nun eine abermalige theoretische und praktische Prüfung bevor. Sie hatte Angst durchzufallen. Daß sie ohne gültige Papiere fuhr, war in der ganzen Zeit natürlich für ihre selbst-peinigenden Kräfte ein gefundenes Fressen. Ich bat sie darum, ihr Lehrbuch mitzubringen. In den nächsten Stunden verbrachten wir jeweils zehn Minuten damit, uns mit zusammenfassenden Fragen zu beschäftigen. Nach etwa fünf Wochen war sie soweit, sich dem Prüfungsbüro vorzustellen. Sie bestand ziemlich glatt.

Nachdem das erledigt war, gestand sie mir, seit drei Jahren keine Einkommenssteuer mehr bezahlt zu haben. Wieder, so sagte sie, wegen ihres Angst-Selbstbestrafungs-Musters. Genau wie beim Führerschein erwartete sie auch hier wegen ihres Fehlers gräßliche Folgen. Dabei hatte sie wirklich wenig verdient, weil sie kaum fähig war, beständig zu arbeiten. Das Ganze war also gar nicht so schlimm, aber sie kam einfach nicht damit weiter. Ich schlug ihr vor, die ziemlich simplen Formulare soweit wie möglich auszufüllen. Den Rest würden wir dann gemeinsam machen. Mit dieser kleinen Hilfe gelang es ihr, die ersten beiden Steuer-Jahre abzuhaken. Sie brauchte mich nur dazu, um die Angaben nochmal zu überprüfen. Das dritte Jahr erledigte sie völlig ohne mich.

Während eines besonders schweren Zusammenbruchs hielt ich es für notwendig, sie wegen psychotroper Tabletten zu einem Psychiater zu schicken. Sie war aber nicht fähig, ihm etwas über die Symptome oder Auswirkungen seiner Behandlungsvorschriften zu berichten. Daraufhin probte ich mit ihr das Gespräch, das sie mit dem Arzt haben würde. Ich machte mir von dem was sie sagte Notizen. Ich schlug ihr vor, mit dem Psychiater genauso zu reden wie mit mir, oder wenn das nicht ging, meine Notizen vorzulesen, oder wenn auch das mißlang, sie ihm einfach zu geben. Aber das war nicht nötig, denn sie konnte ihm alles erklären, was er wissen wollte.

Wichtig ist: Der Klient sollte soviel selbst tun wie möglich, der Therapeut soviel wie nötig. Wir wollen ihm helfen, sich seinen Verantwortlichkeiten zu stellen, aber wir wollen sie ihm nicht abnehmen.

Wenn die Verletzung so schwer ist und so früh liegt wie bei Melissa, ist es (zumindest manchmal) absolut nötig, den Klienten ganz direkt in seinem Leben draußen zu unterstützen. Auch das dient dem Aufbau eines immer selbstständigeren Daseins.

## Signal-Angst und Trauma-Angst

Ich glaube, daß die meisten meiner Erklärungen irgendwo zwischen der Unterstützung durch ein Hilfs-Ich und der instruierenden, Ich-aufbauenden Unterstützung liegen. Durch die Erklärung soll die Klientin ihre Erfahrung auf neue Art und Weise verstehen und sich ihr besser anpassen können. Das hoffe ich jedenfalls. Ich helfe also, indem ich meine eigene Theorie-Struktur anbiete und ich instruiere, weil dadurch eventuell die eigene Struktur akkomodiert und das dadurch entstehende Modell ganz aktiv für eine größere Anpassungsfähigkeit benutzt werden kann. Manchmal reicht allein schon die Erklärung, aber manchmal müssen auch noch stärker informierende, unterweisende und belehrende, sowie Ich-aufbauende Methoden hinzukommen.

Melissa hatte ständige, recht große Angst vor der Welt und vor dem, was geschehen könnte. Das gilt für fast alle schizoiden und oralen Klienten. Ich finde es hilfreich, gerade hier zwischen der Trauma-Angst und der Signal-Angst zu unterscheiden. Gemäß der Objekt-Beziehungs-Theorie entwickelt sich die Signal-Angst etwa im zwölften Monat. Das Kleinkind wird fähig, seine Angst als Signal zu benutzen. Die Angst signalisiert ihm, sich gefälligst ordentlich zu benehmen, wenn es unangenehme Folgen vermeiden will. Die Angst dient also bereits in diesem frühen Alter als innerliches Gefühls-Signal. Wenn es reden könnte, würde es sagen: "Tu' etwas." Auch der Hunger ist ein Signal. Er sagt: "Iß etwas." Oder die Erschöpfung. Sie signalisiert: "Ruhe Dich aus."

Dagegen stammt die traumatische Angst aus dem Trauma der Vergangenheit, hauptsächlich der infantilen. Sie verursacht die Erwartung eines zukünftigen Traumas. Die Trauma-Angst gibt keine Signal, das einer Anpassungs-Reaktion dient, sondern versetzt uns in einen übererregten, aber dennoch gefrorenen Zustand. Wer in seinen frühen Jahren ernstlich traumatisiert wurde, schleppt ganz typisch traumatische Angst mit sich herum. Die Fähigkeit, Angst als Signal zu verwenden ist gestört. Der Klient lebt in einem mehr oder weniger anhaltenden Zustand böser Vorahnungen, die sich dramatisch verschlimmern können, sobald bewußt oder unbewußt äußere Stimuli wahrgenommen werden, die an das ursprüngliche Trauma erinnern. Für den Schizoiden sind das Andeutungen von Feindseligkeit, Bedrohung und Zurückweisung, für den Oralen jegliche Hinweise darauf, daß er verlassen oder ihm die Unterstützung entzogen wird. Wenn uns die Trauma-Angst packt, neigen wir dazu, uns ziemlich hilflos zu fühlen. Können wir denn irgendetwas tun, um die Retraumatisierung zu vermeiden? Ach, nein, wir können ja doch nichts tun! Weil wir uns an diese Art Angst gewöhnt haben, gehen die Signal-Funktionen der Angst allgemein verloren oder nehmen zumindest ab.

Diese Definitionen sind wichtig. Denn durch sie können wir herausfinden, wann die Angst uns ein Signal zu unserem Hier-und-Jetzt-Verhalten gibt und wann sie ein Trauma-Alarm ist, der sich wesentlich mehr auf unser Dort-und-Damals bezieht. Dies bedeutet auch eine Umdeutung, eine Neudeutung der Angst an sich. Bestimmte Arten der Angst sind genau wie Hunger oder Erschöpfung funktional, weil sie uns auf etwas hinweisen. Wenn die Klientin das annimmt, kann sie sich fragen: "Sagt mir die Angst, daß ich hier-und-jetzt mein Verhalten verändern soll oder hört sie auch wenn ich das getan habe nicht auf?" Im letzteren Fall kann sie das, was sie in der Therapie erlebt und gelernt hat heranziehen, um mit dem aus der Vergangenheit stammenden traumatischen Gefühl fertig zu werden.

In jeder Langzeit-Therapie mit Menschen, die an Trauma-Angst leiden, werden sowohl innerhalb als auch außerhalb der Sitzungen Retraumatisierungen vorkommen. Wenn wir sie durcharbeiten und dem Klienten helfen die Hier-und-Jetzt- im Gegensatz zu Dort-und-Damals-Unterscheidung zu treffen, sind auch sie Anlässe, den heilenden Prozeß voranzubringen. Ich ließ einmal ganz unabsichtlich die Außentür meines Büros verschlossen, so daß Melissa klopfen mußte, um ins Vorzimmer zu gelangen. Ich hatte deshalb eine Sitzung zu unterbrechen, rauszugehen und zu öffnen. Melissa glaubte mir den unabsichtlichen Fehler nicht. Sie erlebte das Ganze als eine bewußte, böse und zurückweisende Tat. Wir arbeiteten die Sache durch. Ich akzeptierte und verstand ihre Wut, nahm die Verantwortung für meinen Fehler an und entschuldigte mich. Das half ihr, die Unterscheidung zwischen mir und ihren Eltern zu machen. Es gab noch mehrere solcher Vorfälle, aber seit dem letzten Jahr nimmt sie eine zufällige längere Wartezeit oder eine Terminänderung als ziemlich unwichtiges Vorkommnis hin.

Außerhalb der Therapie wurde sie durch eine Bemerkung ihres Psychiaters retraumatisiert. Während einer ihrer übererregten Episoden gab er ihr ein Beruhigungsmittel. Er sagte, daß zu hohe Dosen Blindheit verursachen könnten. Als sie wieder auf der Straße stand, geriet sie in Panik. Sie hatte Angst die Tabletten zu schlucken, hatte Angst den Arzt nochmal zu befragen oder die Dinger ganz bewußt nicht zu nehmen. Sie fürchtete der Doktor würde sie kritisieren, klein machen und eine weitere Behandlung ablehnen etc. Ich stimmte ihr bei, daß dem Psychiater ein Fehler unterlaufen war, indem er sie so unvorbereitet auf die mögliche Nebenwirkung des Medikaments gestoßen hatte. Ich erinnerte sie an unsere Gespräche über Signal- und Trauma-Angst und jene Fälle, die uns beide angingen. Ich sagte ihr: "Es ist nicht unsere Absicht, dich zu retraumatisieren. Ich glaube, auch das hier ist unabsichtlich geschehen und der Arzt wird es wiedergutmachen. Wenn er etwas tut, was dich ängstigt, werden wir einen anderen finden. Aber ich denke, du solltest ihm eine Chance geben. Er wird den Schaden sicherlich wieder bereinigen." Dann probten wir ihr Auftreten und das, was sie sagen wollte. Ich versicherte ihr, selbst mit dem Kollegen zu reden, wenn das nötig sein sollte. Und sollte es nötig sein, würden wir eben zu einem anderen gehen. Wie erwartet konnte der Psychiater mit seinem Fehler umgehen. Der retraumatisierende Vorfall war durchgearbeitet. Das war eine weitere sehr hilfreiche Erfahrung für Melissa.

## Das Selbst-Gefühl

Der Schizoide muß sein eigenes Selbst wahrnehmen lernen. Das ist die wichtigste Aufgabe für den Ich-Aufbau. Es geht darum, das eigene Selbst und die äußere Welt als getrennt, aber aufeinander bezogen kinästhetisch direkt zu erleben. Es ist schwer dieses Selbst-Gefühl mit Worten zu beschreiben, weil es so grundlegend und so nonverbal ist. Wenn dieses Selbst-Gefühl und das seiner Grenzen unvollständig entwickelt ist, wird es vom Klienten solange nicht als solches begriffen, bis sich ein vollständigeres entwickelt hat. Wir haben ja schon über die Prozesse, die dabei helfen gesprochen (Kap. 3). Dazu gehören z.B. die "Ich-bin-Meditation", die Hör- und Seh-Techniken und die einfachen Wahrnehmungs- und Entspannungs-Übungen. Sie sind meist intrapersonell, gehen also innerhalb des Menschen vor. Es wird nötig sein, sie auf interpersonelle, also zwischen zwei Menschen stattfindende auszudehnen.

Bei einem von ihnen, einem trügerisch einfachen, legen Sie Ihre Hand auf verschiedene Körperteile des Klienten und fragen fast feierlich: "Spürst du meine Hand auf deiner Schulter?" Bitten Sie ihn, sich völlig auf das Erlebnis der Hand auf seiner Schulter zu konzentrieren und dann ebenfalls mit feierlichem Ernst zu antworten: "Ja, ich spüre deine Hand auf meiner Schulter." Wiederholen Sie das Ganze auf dem Rücken, den Beinen, am Kopf usw. Falls er auch mit anderen Menschen Körper-Kontakt hat, soll er darauf achten, wieviel davon er wahrnehmen und aufnehmen kann. Der Schizoide versucht typischerweise die wirkliche Wahrnehmung von Kontakt abzublocken. Weil er sich nicht erlaubt die Berührung zu fühlen, kann sie ihn auch nicht nähren oder beruhigen. Es gelingt ihm deswegen nicht, die Realität der Körper-Grenzen zwischen sich und dem anderen anzuerkennen.

Stoßen und drücken, ziehen und zerren: auch das kann helfen, das eigene Selbst und die eigenen Grenzen sinnlich, körperlich zu erleben. Kennen Sie z.B. das Zieh-mich-weg-Kinderspiel? Sie setzen sich mit gespreizten Beinen vor dem Klienten auf den Boden, falten die Hände zusammen, entspannen sich völlig und lassen sich, ohne auch nur das geringste selbst zu tun, nach vorne wegziehen. Danach wechseln. Oder Tauziehen mit einem eingerollten Badetuch. Der Klient soll ganz einfach seinen Körper spüren und auch den Widerstand erleben können, den Sie geben. Beim Tauziehen hatten Melissa und ich so guten Kontakt, daß wir häufig mit geringem Kraftaufwand dabei blieben und währenddessen weiterredeten. Das Badetuch wurde zur Nabelschnur und symbolisierte die symbiotische Bindung, die wir gerade entwickelten. Melissa fühlte sich "verbunden", aber auch sicher genug, um wirklich mit mir zu sprechen.

Im Alltag nehmen wir am häufigsten über unsere Augen Kontakt auf. Wieweit können wir andere Menschen an uns heranlassen, ohne unsere Grenzen und unsere Integrität zu verlieren? Gerade der Augen-Kontakt bietet uns ein umfangreiches Selbst-Erforschungsfeld. Für Borderline-Klienten oder solchen auf einer niedrigen Funktions-Ebene können Augen-Kontakt-Übungen zu bedrohlich sein. Sie sollten mit diesen Leuten erst dann probiert werden, wenn sie gut durch alle bereits dargestellten Prozesse gegangen sind.

Im allgemeinen ist es wichtig, daß sich die Klientin vor einer Augen-Kontakt-Übung in sich zentriert und erdet. Ich bevorzuge dafür ganz gerne die "Ich-bin-Meditation" (Kap. 3). Die Klientin schließt die Augen, richtet die Aufmerksamkeit nach innen und identifiziert sich mit ihren Körperempfindungen. Wenn nach einigen Minuten eine gewisse Zentrierung erreicht ist, bitte ich sie, die Augen zu öffnen: "Betrachte nun die Gegenstände im Zimmer. Bleibe bei deinem Selbst-Gefühl und in deiner Mitte... Versuche jetzt auch mich anzuschauen. Achte ganz genau darauf, was du dabei erlebst. Teile mir dein Erlebnis mit, wenn du magst. Du kannst aber auch frei assoziieren. Nimm deine Meditation wieder auf, sobald du 'weggehst', oder dich von dir abspaltest. Wenn Du wieder zentriert genug bist, laß dich erneut auf den Augen-Kontakt ein."

So lernt die Klientin, wann sie verfügbar und da ist oder wann sie verschlossen und weg ist. Bitten Sie sie, auch im alltäglichen Leben auf dieses Schwingen zu achten. Vielleicht steigert sich dadurch ihr Bewußtsein darüber, wann sie in der sozialen Interaktion "weggeht" oder ab wann sie den Körper-Kontakt, der ihr gegeben wird, nicht mehr wahrnimmt. Das hilft ihr, die eigenen Grenzen zu erkennen und zu respektieren.

Auch hypnotische Verfahren können die Entwicklung von Selbst-Gefühl, Grenzen und Bezogenheiten vorantreiben. Ich bitte meine Klienten gerne, sich visuell und kinästhetisch einen Kern oder ein Zentrum des Selbst vorzustellen, das vom Scheitel des Kopfes bis zu den Sohlen der Füße reicht. Wie sieht dieses Kern-Gefühl aus? Welche Form hat es, welche Größe, welche Beschaffenheit, welches Volumen usw.? "Stell' dir vor, der Kern dehnt sich in einer Schleife über dich hinaus in deine Umgebung aus. Vielleicht tritt sie aus deinen Augen oder deinem Scheitel aus und durch die

Fußsohlen wieder in dich ein. Die Schleife verbindet dich vollkommen mit deiner Umwelt und jedem Objekt in ihr. Stell' dir Dinge vor, die du kennst. Laß die Schleife durch sie hindurchwandern und dann wieder zu dir zurückkehren." Wenn jemand Schwierigkeiten mit der Identifikation der eigenen Grenzen hat, soll er der Schleife eine andere Farbe, Beschaffenheit oder Struktur geben, sobald sie den Kern verläßt und in die Umgebung hinauswandert. Ich empfehle nach mehreren, aber manchmal auch schon nach einer hypnotischen Sitzung, sich auch im Alltag Zeit für die Visualisierung des Kerns und seiner Ausdehnung durch die Schleife zu nehmen. Das kann z.B. in Form einer Meditation (oder mehrerer) sein, bei der die Schleife als Mantra oder psychologisches Hilfsmittel benutzt wird. Die Betonung liegt dabei immer

1. auf der Existenz und Solidität des Kerns,
2. der Verbindung, Interaktion und Einheit des Klienten mit seiner Umwelt,
3. der Realität von Begrenzungen zwischen dem soliden Kern und den Objekten der Welt.

Mit Ausnahme der Augen-Kontakt-Übung, die immer noch zu bedrohlich für sie ist, haben Melissa und ich alle beschriebenen Techniken durchgearbeitet. Während all der harten Arbeit erleben wir beide oft das Wunder, wie sie sich selbst und die Welt in einer völlig neuen und wirklich realen Art und Weise erlebt. Melissa drückt das manchmal so aus: "Ich kann Ihnen einfach nicht sagen, wie anders das ist. Es bedeutet soviel für mich. Ich habe vorher nicht gelebt, tatsächlich nicht gelebt. Und jetzt lebe ich, jetzt bin ich, wenigstens manchmal. Es ist wirklich so anders. Ich finde keine Worte dafür." Während ich Melissas Sätze aufs Papier schreibe, weiß ich ganz genau, was sie meint.

## Objekt-Konstanz

Besser als Melissa kann man den Mangel an Objekt-Konstanz wohl nicht ausdrücken. Sie sagte: "Es fühlt sich an, als ob du dich auflöst, sobald ich von dir weggehe." Sie konnte sich nicht vorstellen, daß ich unabhängig von ihr existierte. Sie konnte sich davon kein Bild machen. Sie meinte, mit anderen Objekten ginge ihr das genauso. Sie mußte z.B. eine ihr wertvolle und liebe Pflanze woanders hinstellen, damit sie mehr Licht bekam. Wenn sie nun den leeren Platz sah, ängstigte sie sich jedesmal. Sie konnte ihr Gefühl für Dauerhaftigkeit und Fortbestehen einfach nicht aufrechterhalten.

Ich nahm die Gelegenheit wahr und erklärte ihr das Konzept der Objekt-Konstanz und warum diese sich bei ihr nicht genügend entwickelt hatte.

Gleichzeitig begann ich mit einem Lehr-Programm, das diese Fähigkeit ausbauen sollte. Der einfachste Teil sah so aus: "Schau dich bitte im Zimmer um und such dir ein Objekt aus, das dir gefällt. Sieh es an und nimm seine Form wahr. Achte auf deine Gefühle, die du hast, wenn du das Objekt anblickst. Gib ihm einen Namen. Und jetzt fotografiere es mit deinem Geist... Schließe jetzt deine Augen und laß das Bild in dir entstehen. Laß auch das Gefühl wieder auftauchen und auch den Namen... Das Bild, das du jetzt siehst, muß nicht unbedingt genau der Wirklichkeit entsprechen." Der letzte Satz ist sehr wichtig. Ich versicherte ihr, daß sich so ihre Fähigkeit, Objekte zu reproduzieren verbessern werde. In Melissas Fall wirkte es sehr förderlich, wenn sie ihre Aufmerksamkeit auf die Beleuchtung und Struktur eines Objekts lenkte. Nachdem wir eine Zeitlang damit gearbeitet hatten, bat ich sie, ein Bild von mir aufzunehmen und die innere Repräsentation davon umfangreich zu entwickeln.

Ich teilte ihr übrigens auch meinen ganzen Arbeitsplan für die Woche mit, damit sie eine Vorstellung davon bekam, was ich tat, wenn wir nicht zusammen waren. Ich fragte sie daraufhin während der Sitzungen und später auch dazwischen, ob sie sich mich auch bei anderen Tätigkeiten vorstellen könne. Im weiteren ging es auch um die Frage: "Wie sehen die anderen mich?" Dazu benutzten wir auch einen Spiegel. Sie sollte sich damit in verschiedenen Kontexten und Haltungen betrachten. Diese schon auf einer höheren Ebene ablaufenden Übungen befinden sich noch im Prozeß. Aber ich bin bereits zu einem Real-Objekt geworden, das ein von ihr unabhängiges und doch mit ihr in Zusammenhang stehendes Leben führt. Während der frühen Behandlungsphasen achtete ich sorgfältig darauf, ihr Übergangs-Objekte zu geben, z.B. eine Telefonnummer, unter der sie mich erreichen konnte, wenn ich verreist war.

### DieDifferenzierung

Eine zentrale Aufgabe bei Klienten, die ein schwerwiegendes schizoides oder orales Thema mitbringen, ist die Entwicklung der Unterscheidungsfähigkeit. Das Ich braucht Hilfe, um zwischen innen und außen, zwischen mir selbst und dem anderen, zwischen Gegenwart und Vergangenheit usw., differenzieren zu lernen. Nach diesen primitiveren Qualitäten kommen wir dann zu den Gefühlen und ihren subtilen Kombinationen. Wir kommen zu Angst, Wut, Trauer, Eifersucht, Betroffenheit, Liebe, Lust etc.

Solange das beobachtende Ich nicht die Gegenwart von der Vergangenheit abheben kann, wird die Angst vor einer Wiederholung des ursprünglichen Traumas vorhanden und mehr als nur eine neurotische Übertragung sein. Deshalb müssen wir besonders bei den stärker borderline ausgerichteten Strukturen ein ununterbrochen wohlwollendes therapeutisches Milieu gewährleisten, um der allmählich wachsenden Unterscheidungsfähigkeit zwischen dem Hier-und-Jetzt und dem Dort-und-Damals auf die Beine zu helfen. Aus dem gleichen Grunde sollte der Therapeut immer wieder zu einer Quelle von Wohlbefinden und Trost werden, damit seine Person mit einer Verminderung der Angst assoziiert wird.

Zu diesem Zweck stütze ich mich auf alle streßreduzierenden Techniken aus der Bioenergetik, dem Stretching, dem Yoga, der Meditation etc. Innerhalb gewisser Grenzen erlaube ich meinen Klienten, mich kurz anzurufen, wenn sie Beruhigung und Versicherung brauchen. Ich erinnere sie dann immer an jene Entspannungs-Übungen, die wir bereits ausgearbeitet haben. Häufig ermutige ich sie auch, zu anderen ihnen wichtigen Leuten ihrer Umgebung, die Unterstützung und Trost durch sozialen Kontakt geben können, zu gehen.

In der Therapie ist mir außerdem der kontinuierliche Beistand durch mein Hilfs-Ich wichtig, besonders wenn es sich um Retraumatisierungen und die Unterscheidung von Gestern und Heute handelt. Ich möchte der Klientin konkret dabei helfen, jene Leute und Erfahrungen zu meiden, die eine Neuauflage des Traumas auslösen. Ich will ihr helfen, Realität und Projektion zu trennen. Ich sagte z.B. wiederholt zu Melissa: "Ich bin nicht deine Mutter. Diese Person da ist nicht deine Schwester. Wir wollen dich nicht verletzen." Wie so viele traumatisierte Menschen wurde auch sie von Leuten angezogen, die sie mißbrauchten oder zumindest unsensibel auf sie reagierten. Ohne Zögern empfahl ich ihr, diese Kontakte aufzugeben: "Die Welt ist nicht voller Teufelszeug und Verletzung für dich. Aber wenn du danach suchst, kannst du's natürlich kriegen." Sie machte einen wirklich großen Schritt nach vorn, als sie den Mut fand, sich von zwei Leuten zu trennen, die Melissa in genau jenes Trauma zurückzogen, aus dem ihre Hauptschwierigkeit gewachsen war.

Intrapsychisch gesehen mußte sie zwischen der dämonischen Macht, von der sie besessen war und ihren eigenen Kräften, die ihr halfen mit dieser Macht umzugehen, unterscheiden lernen. Immer wenn der Dämon überwältigend wurde, bat ich Melissa genau auf die Natur ihrer Hör-, Seh- und Bewegungs-Erlebnisse zu achten. Entweder hörte sie dann mich oder den bösen Geist, der sie kritisierte, geißelte und züchtigte. Ich fragte sie: "Erinnert dich die Stimme, der Ton, der Inhalt oder irgendetwas an den Botschaften, die du bekommst, an irgendjemanden aus deiner Vergangenheit?" Im Laufe etlicher Wiederholungen dieses Prozesses erkannte sie, daß die teuflische Kraft eine Kombination aus ihrer älteren Schwester und der Mutter war. Die hatten Melissa damals so behandelt, wie sie es heute mit sich selbst tat. Das war ein Durchbruch für die Therapie. Melissa hatte die Ursprünge der dämonischen Kraft erkannt. Sie unterschied nun ganz solide zwischen der Zeit "vor ihrer Trennung" und "nach ihrer Trennung" von dem bösen Geist.

Nachdem uns die Unterscheidung auf dieser Ebene gelungen war, stellte ich ihr das bekannte Dramatische Dreieck aus der Transaktions-Analyse vor (James & Jongeward, 1986; Karpman, 1968). Ich verglich den bösen Geist, den wir ja jetzt historisch an Mutter und Schwester festgemacht hatten, mit dem Verfolger innerhalb dieses Dreiecks. Der Verfolger überwältigte Melissa, wenn sie sich "geschlagen und auseinandergerissen" fühlte und wenn nichts mehr lief. Sie wurde zu seinem Opfer. Wenn sie jedoch funktionieren und ihn analysieren konnte, befand sie sich in ihrem schützenden Ich-Zustand. Dann arbeitete ihr Erwachsenen-Ich und rettete sie vor dem Verfolger.

Seitdem widmeten wir viele Sitzungen der Frage, wer denn gerade "da" ist. Melissa kann immer besser erkennen, wann der Verfolger zuschlägt, wann sie von ihm in Besitz genommen wird, wann sie im allgemeinen gut reagiert und wann sie trotz der Verfolgung angemessen funktioniert. Als sie verschiedentlich das Opfer war, bat sie mich: "Ich möchte, daß du mir etwas sagst. Ich möchte, daß du mir etwas erzählst." Ich interpretierte darauf: "Du willst, daß mein Erwachsenen-Ich dich rettet." Ich war durchaus gewillt das zu tun, habe aber jedesmal auch ihr eigenes Erwachsenen-Ich aufgefordert, diese Aufgabe zu übernehmen. Mehrmals gelang ihr das sogar. Ich half ihr, indem ich fragte: "Wer ist jetzt da?" Außerdem teilte ich ihr manchmal meine Vermutung mit, wer gerade "da sei." Diese Art intrapsychischer Differenzierung, bei der das beobachtende Ich wiederholt dazu gebracht wird, auf den intrapsychischen Prozeß einzuwirken, ist natürlich ein Hauptmerkmal aller analytischen Psychotherapie. Je schlechter das Ich arbeitet, desto stärker muß die intrapsychische Differenzierung geübt werden.

Ganz nützlich und organisierend wurde auch das Bild vom "Eltern-Transplantat." In diesem Bild werden alle negativen Introjekte durch konstruktivere und freundlichere ersetzt, die von jenen Menschen kommen, mit denen Melissa jetzt zusammen ist.

Der Rest dieses Kapitels ist verschiedenen instruierenden, Ich-aufbauenden Methoden aus der Verhaltens-Modifikation, dem Neurolinguistischen Programmieren und aus kognitiven Therapieansätzen gewidmet. Ich beziehe sie besonders auf schizoide und orale Thematiken. Ich möchte sie nicht erschöpfend erklären, sondern lediglich auf ihre praktische Nützlichkeit und ihren Stellenwert innerhalb eines charakterologischen und Objekt-Beziehungs-Therapierahmens hinweisen. Ich will sie integrieren und ihre Anwendung innerhalb dieses Rahmens rechtfertigen. Sie passen (im Gegensatz zu den bei Melissa erwähnten Methoden) auf besser funktionierende Menschen mit Dysfunktionen in bestimmten Bereichen. Es handelt sich dabei hauptsächlich um die für alle Schizoiden und Oralen so wichtigen Themen sozialer Bezogenheit. Das fängt bei Möglichkeiten an, wie sie verbessert und die Angst vor ihr vermindert werden kann und geht bis zur Partner- und Ehe-Therapie.

## Das soziale Verhalten

Jeder schwerwiegend schizoide oder orale Mensch hat Schwierigkeiten, auf andere zuzugehen. Entweder hat er überhaupt keine "vertrauensvolle, zuversichtliche Erwartungshaltung" oder sie wurde beträchtlich geschädigt. Weil er Angst davor hat, daß man ihn verläßt oder zurückweist, bittet er um nichts. Ich kenne z.b. etliche attraktive, intelligente und relativ gut funktionierende Männer, die sich überarbeiten, isolieren und über ihre Einsamkeit jammern, sich aber hartnäckig wehren, Kontakt und Unterstützung zu suchen. Gleichzeitig beklagen sie ihren Widerstand. Affekt-therapeutisch gesehen müssen sie erleben wie einsam, unglücklich und persönlich unerfüllt sie wirklich sind. Ganz typisch verteidigen sie sich durch (meist berufliches) zwanghaftes Denken und Verhalten. Das schützt sie vor der notwendigen tiefen Verzweiflung, die sie motivieren würde, sich zu verändern. Ohne die emotionale Arbeit sind rein kognitive oder rein behavioristische Methoden (die den sozialen Kontakt verbessern wollen) kaum von bleibendem Wert.

Umgekehrt reicht auch die emotionale Arbeit alleine meist nicht aus, sondern verzögert nur unnötigerweise das soziale Engagement, das uns ja so reiches Material für den therapeutischen Prozeß liefern könnte. Was wir brauchen, ist also wieder einmal eine Kombination der Ansätze.

Wir machen uns miteinander bekannt. Damit beginnt die soziale Interaktion. Ich habe im meinem Buch "Nach der Trennung wieder glücklich" (1985) ein ganzes Kapitel über kognitive Umdeutungs-Methoden und über Verhaltens-Möglichkeiten geschrieben, die den Prozeß des Miteinander-bekannt-Werdens verbessern sollen. Ich empfehle es meinen Klienten oft als Teil einer erzieherischen, unterstützenden Therapie. Mit einigen Leuten kommt man z.B. leichter ins Gespräch als mit anderen. Es ist für die meisten von uns viel weniger bedrohlich, einen alten Freund wieder zu treffen, als einen neuen. Es ist einfacher einen guten Bekannten anzurufen, um mit ihm auszugehen, als jemanden, den man kaum kennt. Auf einer Party lernt man schneller Leute kennen, als an der Straßenecke. Die Lebensumstände unseres Klienten werden uns schnell darüber Aufschluß geben, wo er Gelegenheiten für Bekanntschaften hat und wo nicht.

Damit die Sache ins Rollen kommt, können wir gemeinsam mit der Klientin Ziele für die Woche aufstellen. Wieviele Bekanntschaften welcher Art sollten gemacht werden? Aber nehmen Sie lieber zuwenig als zuviel. Es wäre nicht gut, wenn ein Machtkampf oder eine Eltern-Kind-Beziehung aus der Aufgabenstellung entstünde. Wenn die Klientin die Zahl nicht schafft oder Schwierigkeiten bei der Ausführung hat, haben wir auf alle Fälle wertvolles therapeutisches Material bezüglich der Natur des Blocks oder Problems gewonnen. Wenn sie's schafft, geht's weiter zu schwierigeren Aufgaben. Sie sollten exakt formuliert sein, damit von Woche zu Woche ein präzises Feedback entsteht.

Obwohl dieser zielstrebige Verhaltens-Prozeß nicht als "die" Therapie für den sozial ängstlichen oder zurückgezogen lebenden Klienten betrachtet wird, kann er extrem hilfreich sein. Als zusätzliche Therapiemöglichkeit verbessert er sein soziales Leben und liefert uns weitere Informationen für die affektive und charakterologische Arbeit.

Dem gleichen Zweck dienen auch intrapsychische Übungen wie der schon erwähnte V-K-Dissoziations-Prozeß (Kap. 3). Ich bitte den (entspannten) Klienten, sich selbst dabei zu beobachten, wie er in verschiedenen Situationen andere Leute kennenlernt und Gespräche führt. Er soll seine Bilder und Vorstellungen nicht direkt erleben, sondern sie vom vorteilhaften Außen-Standpunkt her betrachten. Er ruft z.B. einen Freund an und verabredet sich mit ihm zum Essen; er will etwas mit der neuen Party-Bekannten unternehmen; er möchte mit einem Fremden auf der Straße reden usw. Es ist wichtig, in einigen dieser Szenen auch Angst, Frustration und Versagen auftreten zu lassen. Aber auch hier soll er den externen Blickwinkel behalten und entspannt bleiben: "Kannst du dich auch sehen, wenn du dich ängstlich verhältst oder nicht mehr weitersprechen kannst? Schau' dir jetzt einmal zu, wenn du abgewiesen wirst."

In vielen Fällen werden noch direktere Anweisungen und Anleitungen nötig sein. Hinzu kommt das sehr nützliche Rollenspiel. Der Klient erhält dadurch für die verschiedensten sozialen Situationen unsere Wahrnehmungen und unsere Ermutigung. Detaillierte Instruktionen finden Sie in der Literatur zum Selbst-Behauptungs-Training (z.B. Liberman u.a., 1975). Und schließlich können wir unseren Klienten auf seinem Weg in die Welt ja auch noch leibhaftig begleiten. Die Exkursion kann äußerst positiv wirken. Ich schlage meistens solche hochschwangeren Kontaktfelder wie Universitäts-Cafeterien oder Marktplätze vor, arbeite mit ihm oder ihr die Methoden für den sozialen Kontakt aus und verabrede ein offizielles therapeutisches Treffen an einem dieser Orte. Ich bitte um mindestens drei fünfminütige Interaktionen. Die Zeitbegrenzung ist wichtig, damit die Klientin nicht nur lernt den Kontakt zu beginnen, sondern ihn auch zu beenden. Ich betone auch die Wichtigkeit von Frustrationen und verordne vielleicht sogar wenigstens eine frustrierende Erfahrung oder ein Versagen. So erkennt sie, daß sie Abweisung und Enttäuschung überlebt.

Um die verständliche Hemmung gegenüber dieser das eigene Selbst betonenden Aktivität zu verringern, erzähle ich gerne ein paar schöne Geschichten anderer sozial ängstlicher und zurückhaltender Menschen, die diese Aufgabe zu erfüllen hatten. Einige waren so glücklich über ihren Erfolg und die neugefundene Freiheit, daß sie den Auftrag voller Freude auch noch auf die nächsten Tage ausdehnten.

Die Therapie greift über das Beratungszimmer hinaus. Sie unterstützt direkt in der wirklichen Welt. Das ist genau dann absolut nötig, wenn der Widerstand gegen derartige soziale Handlungen sehr groß ist. Da es sich um einen therapeutischen Vorgang handelt, muß er natürlich bezahlt werden. Das ist wichtig. Wenn der Klient psychologisch dazu bereit ist, kann die Auflösung der sozialen Gehemmtheit sein Leben merklich verändern und ihn zur letzten Unterscheidung führen, die da heißt: "Ich bin nicht länger gehaßt und allein. Mein ehemals verständlicher und früher angemessener Merksatz stimmt nicht mehr. Akzeptanz, Gemeinschaft und Liebe sind auch für mich erreichbar, wenn ich sie nur haben will."

Einige Klienten bekommen wegen größerer sozialer Kontakte Probleme mit der Einteilung ihrer Zeit. Ich erinnere mich an einen arbeitssüchtigen, sozial phobischen Computer-Programmierer, der auch noch zu Hause stundenlang vor dem Terminal saß. Er starrte auf den Monitor, um nur nicht seinen inneren, emotionalen Zustand und die depressive Verkümmerung seines gesellschaftlichen Lebens ansehen zu müssen. Gemäß dem Premack-Prinzip (Premack, 1965) verpflichtete ich ihn zu zwei Stunden der Ruhe und Entspannung für den einen Tag, um am nächsten wieder an seinen Computer zu dürfen. Er erholte sich zusehends und verbesserte seine sozialen Verbindungen. Gleichzeitig wurde er sich aber auch seiner Isolation unangenehm bewußt. Unsere einfache Vereinbarung machte ihn nicht nur mit dem was er vermißte bekannt, sondern auch mit den tiefen Gefühlen, die er über das Verlorene empfand. Unbewußt hatte er sich immer in die Arbeit geflüchtet, um die schmerzliche Realität seines von ihm so eingerichteten Lebens nicht spüren zu müssen. Das gelang ihm jetzt zunehmend weniger. Und wenn doch, dann wußte er nun zumindest, was vor sich ging. Als wir zu den grundlegenderen affektiven und historischen Thematiken kamen, überwachte ich ziemlich genau seine äußeren, sozialen Verhältnisse, um seine arbeitssüchtige Abwehr wirksam blockieren zu können. Wie bei vielen geschickt kompensierten Personen, war es auch bei ihm sehr wichtig, den Druck zur Selbst-Konfrontation, zur Selbst-Gegenüberstellung sowohl innerhalb als auch außerhalb der Therapie aufrechtzuerhalten, damit der

Fortschritt weitergehen konnte. Die verbesserte und reichhaltigere soziale Bezogenheit der schizoiden oder oralen Klienten wird (egal mit welchen Techniken erreicht) genau jene Themen stimulieren, die von Bedeutung sind. Dazu gehört u.a. die Unterscheidung von Gefühlen. Die Klienten werden es angesichts der gesellschaftlichen Vielfältigkeit immer schwieriger finden, sich an ihren rigiden Beziehungs- und Glaubens-Mustern festzuklammern. Verschiedene Realitäten stimulieren verschiedene Gefühls-Reaktionen. Auch leichte Verschiebungen fördern die Ich-Entwicklung. Methoden, die die sozialen Fähigkeiten verbessern (besonders Kennenlernen und Interaktion), ermutigen den Klienten, sich seinen Bindungs-Schwierigkeiten anzunähern.

## Angst, Agression und soziale Unterstützung

Wie bereits mehrmals erwähnt, ist die (lästige bis dekompensierende) Angst für den Schizoiden wie Oralen ein sie durchdringendes Problem. Objekt-Beziehungs-theoretisch betrachtet konnten beide die angst-vermindernden Funktionen einer hinreichend guten Mutter nicht internalisieren. Die abweisende, unstabile, ängstliche oder überwältigende Bezugsperson war nicht fähig, genügend äußere Beruhigung und Pflege zu geben, die dann als selbst-versorgende Fähigkeit hätte an- und aufgenommen werden können. Es war deshalb auch nicht möglich, Angst als Signal voll zu entwickeln. Deshalb wird sie kaum toleriert. Sie überwältigt jeglichen Handlungsmechanismus des Individuums (oder droht zumindest damit). Ziel muß es darum sein, die Angst besser ertragen und mit ihr umgehen zu lernen. Außerdem soll ihr letztlich erlaubt werden, ihre Aufgabe als Signal zu erfüllen, welches dann verschiedene Abwehr- und Anpassungs-Mechanismen des Ich auslösen kann.

Ich habe Ihnen in diesem Buch eine Menge Techniken zu diesem Zwecke vorgestellt. Darunter Übungen zur Selbst-Beruhigung, zur Meditation, die V-K-Dissoziation, die heilende Kraft der Erklärung usw. Aber aus der Sicht der Objekt-Beziehungs-Theorie sind die spezifischen Inhalte der Anti-Angst-Manöver weniger wichtig als die vom Klienten erlebte und wahrgenommene Absicht und Fähigkeit des Therapeuten, ihm zu helfen, seine Angst freizusetzen, sie zu tolerieren und mit ihr umzugehen. Blanck & Blanck (1989) sagen, der Klient habe ein "Recht auf Trost und Beruhigung". Es sei für ihn wichtig, dies zu erkennen. Gelingt ihm das, beginnt er nicht nur die Methoden des Therapeuten zu internalisieren, sondern viel wichtiger, dessen Intention ihm zu helfen. Wenn das geschieht, kann er sein beobachtendes Ich dazu benutzen, selbst all das auszusuchen und zu verwenden, was seine Angst verringert. Er geht nun auch zu anderen Menschen, die ihm wohlgesonnen sind und nimmt ihre unterstützenden Funktionen in sich auf. Er wird innerhalb dieses wachsenden und nährenden Unterstützungs-Systems verstehen, daß andere froh sind, wenn sie einen Mitmenschen in Angst metaphorisch oder tatsächlich körperlich halten dürfen. Sie geben ihm dadurch einen zwischenmenschlichen Mutterboden, auf dem er seine Ich-Fähigkeiten entwickeln und mit seiner Furcht umgehen kann.

Zwischen Angst und Aggression gibt es eine Verbindung. Schizoide und Orale rechnen mit Auslöschung, Verlust oder Abweisung als Antwort auf ihre Aggressivität. Sogar ein zur Selbstwerdung nötiges "Nein" (ähnlich dem des 18 Monate alten Kleinkindes) löst Befürchtungen aus. Wir müssen die Aggressions-Angst-Verbindung kappen. Alles was der Selbst-Behauptung hilft, dient diesem Ziel. Ich habe etliches dazu in diesem Buch vorgeschlagen. Bei allem was Sie tun, sollten Sie bei Ihrem Klienten bleiben und seinen Ausdruck unterstützen. Hoffen wir, daß sich die gleichen Erfahrungen in seinem sozialen Umfeld häufig wiederholen und es so zu einem nährenden Umfeld wird.

Aber auch in einer "heilsamen" sozialen Gruppe wird es Schwierigkeiten geben. Eine gute Unterstützende Therapie bleibt auch hier in der Verantwortung. Der schizoide Charakter neigt dazu, sich heilsamen Gruppen von vornherein zu verweigern, während der Orale sie in einer einzigen Person finden will: der perfekten Mutter. Das nützt beidemal wenig und frustriert nur. Ein Klient mit Bindungs-Schwierigkeiten braucht die wirklichen und soliden Objekte der Welt. Er muß sich mit ihnen auseinandersetzen und lernen, die Knüffe der Realität zu ertragen und zurückzurempeln. Er muß seine Angst vor Vernichtung, Ablehnung und Verlust durcharbeiten. Der Therapeut bietet wenn nötig seine instruierenden Beistand an, leiht sein Hilfs-Ich bei der Realitäts-Prüfung usw. Natürlich ist es immer besser, wenn der Klient selbst zurechtkommt, aber wir sollten uns deshalb nicht verweigern.

Direktes Selbst-Behauptungs-Training, wie es von den Behavioristen praktiziert wird, kann den Klienten ganz nützlich durch die Wechselfälle alltäglicher Interaktionen geleiten. Ich kombiniere es soweit wie möglich mit gefühls-freisetzender Therapie, die auch infantilere und destruktivere Impulse auslöst. Erst dann komme ich zu den stärker ich-syntonischen, also mit dem Ich gleichlaufenden, Übungen. D.h. zum Beispiel: bioenergetisch durch Schlagen und Treten die kindliche Wut rauslassen und erst danach im Rollenspiel mit dem Boss, dem Ehepartner oder anderen bedeutsamen Leuten aus dem sozialen Umfeld verhandeln. Oft verschwand dadurch die Anspannung derart, daß der Klient ganz ruhig, angemessen und selbstbewußt seine Sache im Rollenspiel und danach auch in der tatsächlichen

Situation vertreten konnte. Wir erlauben die primitiven Gefühle im therapeutischen Rahmen und formen gleichzeitig das adäquate, selbst-behauptende, soziale Verhalten für draußen.

Wenn es uns als Therapeuten wirklich um die Unterstützung der sich entwickelnden Ich-Funktionen geht, werden wir jegliche selbst-bestimmte Handlungsweisen fördern, ob sie nun mit der außertherapeutischen Sozialsphäre des Klienten zu tun haben oder auch mit uns selbst. Jeder Versuch, sich vom Objekt zu unterscheiden, ermutigt die Differenzierungs-Fähigkeit innerhalb des Subjekts. Wir können kaum etwas falsch machen, wenn wir immer wieder seinem "Nein" den Rücken stärken. Das gilt sowohl für die Arbeit mit den Gefühlen als auch für das passende, selbst-bestimmende Sozial-Verhalten. Allerdings nur dann, wenn wir zwischen dem primitiven Auskippen von Affekten und dem entwickelteren, selbst-behauptenden und differenzierenden Handeln unterscheiden. Das traditionelle Verhaltens-Training übergeht oft die unterliegenden, den Menschen peinigenden Gefühle. Das uneingeschränkte Loslassen aggressiver Affekte in der Therapie kann sich draußen in undisziplinierten Akten fortsetzen. Dagegen kommt eine Kombination von behavioristischen und affektiven Methoden den aufwachsenden Ich-Fähigkeiten des Klienten zugute.

## Paradoxe Methoden und soziale Beziehungen

Die Objekt-Beziehungs-Theorie gibt uns Anhaltspunkte dafür, auf welcher Entwicklungsebene sich das Ich des Klienten befindet. Das ist ein extrem wichtiger Beitrag für die klinische Praxis. Wir verstehen durch sie, warum die Abwehr nötig war und dem puren Überleben des Selbst diente. Blanck & Blanck (1989) sagen das so: "Patienten haben aufgrund ihres Entwicklungsstandes ein Recht auf ihren Widerstand. Dies ist eine grundlegende Prämisse." Der entwicklungsgeschichtliche Blickwinkel erlaubt dem Therapeuten die gute Absicht von Widerstand und Abwehr anzuerkennen. Das kann er gegenüber dem Klienten direkt und indirekt auch ganz ehrlich ausdrücken. Es steht keineswegs dem Ziel entgegen, beides letztendlich aufzutauen. Der strategische Ansatz von Milton Erickson (von Haley 1988 hervorragend skizziert) beruft sich immer wieder auf dieses Prinzip der Akzeptanz. In der Praxis erscheint die Strategie-Therapie oft manipulativ. Es sieht so aus, als werde der Klientin etwas "übergestülpt." Ich glaube jedoch, daß uns ihre Techniken (die unbenommen auf der Basis von Akzeptanz und tatsächlicher Anerkennung der Grenzen des Klienten stehen) wirklich nützen können, wenn wir sie auf dem Hintergrund der Objekt-Beziehungs-Theorie anwenden. Gerade im schizoiden Fall sind Abwehr und Widerstand gegen Bindungen sehr stark. Der Klient vermeidet sie sowohl innerhalb wie außerhalb der therapeutischen Beziehung durch automatische und oft extrem halsstarrige Verhaltensmuster. Dazu gehören:

1. Defensives Abwenden. "Das kümmert mich nicht." Darin zeigt sich die Haltung des Klienten gegenüber Bindungs-Objekten und dem ganzen Bindungs-Prozeß überhaupt.
2. Unintegrierte Mehrfach-Bindungen. "Sicherheit durch hohe Zahl." Viele regelmäßig auswechselbare Therapeuten, Liebhaber usw. sollen eine tiefe, kontinuierliche Bindung verhindern.
3. Bindungen über das falsche Selbst (Horner, 1979). Der Klient bezieht sich auf seine Bezugspersonen nur durch das falsche Selbst, um sein verletzliches, wirkliches Selbst zu schützen. Diese Bindung kann unbewußt, vorbewußt oder bewußt sein.

Jede dieser Anpassungen soll das reale, verletzbare Selbst vor erneuter Verletzung durch Ablehnung oder Verlust bewahren. Bei jeder kann die Erklärung, Rekonstruktion, Konfrontation oder Interpretation den kognitiven Zugriff auf das Muster verbessern. Gerade beim Schizoiden kommt es jedoch häufig vor, daß er sein ihn schützendes Muster bereits intellektuell durchschaut, aber gefühlsmäßig nicht den Preis wahrnimmt, den er dafür bezahlen muß. Intellektuelle und affektive Wahrnehmung sind gespalten. In anderen Worten: Der Klient weiß, was er vermißt, aber er fühlt nicht, was er vermißt. Dementsprechend spürt er auch nicht wie rachsüchtig befriedigt seine dämonische Seite ist, wenn er sich in seinen Primär-Beziehungen immer wieder geschickt zurückhält und entzieht. Strategische oder paradoxe Aufgaben helfen ihm sowohl den Preis als auch die Macht seines Rückzugs zu fühlen. Insofern die therapeutische Allianz solide, der Therapeut kongruent und umsichtig und das Ich des Klienten genügend differenziert ist, um die Auswirkungen der Arbeit zu absorbieren, wirken sie eher heilend als retraumatisierend.

Zu derartigen Interventionen gehört auch z.B. die Verordnung des defensiven Manövers. Es kann allerdings sehr destruktiv wirken, dem Klienten eine paradoxe Aufgabe zu stellen oder Anweisung zu geben, von der der Therapeut weiß, daß sie im Grunde falsch ist.. Denn wenn die Therapie die gestörte Bindung heilen soll, sind Sie schlecht beraten irgendetwas zu tun, was als manipulativ, sadistisch oder hintenherum aufgefaßt werden kann.

Charles war ein 42 Jahre alter Universitäts-Professor, der sich von seiner 20jährigen Frau getrennt hatte, weil ihm die extrem symbiotische Natur seiner Ehe bewußt geworden war, die das Paar immer wieder in ein chronisch unbefriedigendes Melodram stürzte. Aber noch zweieinhalb Jahre nach der Trennung hatte er sich noch nicht wirklich von seiner Exfrau gelöst, denn er hielt neben seiner neuen Beziehung auch noch die alte aufrecht. Beide Frauen wußten nichts voneinander. Durch diesen Zustand ließ er sich auf keine wirklich ein. Das war ihm bereits klar geworden.

Nachdem wir bereits eine Weile miteinander gearbeitet hatten, entschloß ich mich zu einem strategischen Versuch. Ich nahm seine eigene Interpretation über den defensiven Charakter seiner Bindung auf und bat ihn, den Einsatz zu erhöhen. Er sollte gleichzeitig seinen Kontakt zu beiden Frauen verstärken, ohne das Geheimnis zu lüften. Er sollte außerdem seine Gefühle genau beobachten. In der Folge begriff Charles immer deutlicher, welchen Preis er für diese Art der Anpassung zahlen mußte. Als sich die Spannung, sein Geheimnis zu bewahren immer mehr erhöhte, wurde ihm klar, wieviel Energie er dafür brauchte. Er war in keiner der beiden Beziehungen wirklich präsent. Diese Erkenntnis machte ihn sehr traurig. Ein für ihn bis zu diesem Zeitpunkt rares Gefühlserlebnis.

Eine paradoxe Intervention muß nicht sofort etwas verändern. Wenn sie als einzige Technik angewandt wird, mag das der Therapeut erwarten, aber vom Klienten nicht zu leisten sein. Wenn sie jedoch neben anderen Techniken der Beratung und Psychotherapie steht, kann sie sehr gut dazu dienen, weitere Erfahrungs-Ebenen zu öffnen. Die strategischen oder paradoxen Strategien helfen besonders bei hartnäckigen, resistenten Problemen.

Das gilt auch für das "Warum-etwas-verändern-Paradox?": "Dein gegenwärtiges Anpassungsniveau ist der beste Kompromiß zwischen der Realität und den Forderungen deiner Psyche. Jede Veränderung deines problematischen Musters führt zu enormen psychischen Belastungen. Du solltest dich lieber mit deinem ärgerlichen Verhalten und deiner unbequemen Grundeinstellung anfreunden, statt dich den Schwierigkeiten gegenüberzustellen, die folgen, wenn du beides aufgibst."

Für viele Klienten steckt viel Wahrheit in dieser Interpretation. Sie stimmt vollkommen mit der hier formulierten Theorie überein. Die Literatur der Strategie-Therapie präsentiert sie jedoch meist ziemlich manipulativ und ohne wirklich haltbare theoretische Untermauerung. Man nimmt mehr oder weniger blind an, daß jeder so herausgeforderte Mensch der Interpretation der Therapeutin widerstehen, das Symptom aufgeben und eine bessere Anpassung finden kann. Die Annahme ist oft völlig unberechtigt und der nicht zu dramatischen Veränderungen bereite Patient erlebt ein erneutes Versagen und wird retraumatisiert.

Auf einer soliden theoretischen Basis verwendet, erhöht dieselbe Botschaft jedoch das Verständnis und die Akzeptanz des Klienten und erlaubt eventuell eine Umdeutung des Problems. Vielleicht ist das symptomatische Verhalten ja tatsächlich die beste verfügbare derzeitige Kompromißlösung.

Vielleicht bringt ihn die Interpretation mit den vielen Vorteilen dieser Kompromißlösung in Berührung und läßt ihn seine Feindseligkeit, (die durch die Symptome ausgedrückt wird), unmittelbarer und bewußter erleben. Wenn das Symptom kleiner wird, werden die wirklichen Schmerzen und das wirkliche Leiden größer. Die Botschaft hilft ihm, diesen Vorgang zu verstehen. Er kann sich auf ihn vorbereiten. Und wenn er das kann, sind wir ja bei dem von den Strategie-Therapeuten angepeilten Ziel: der erhöhten Motivation sich zu verändern. (Besonders nützlich bei Fällen defensiver Abwendung. Die Intervention kann auch mit anderen Methoden kombiniert werden).

Die Klientin steht vielleicht unter dem Druck, sich verändern zu müssen. Der paradoxe Ansatz erlaubt der Therapeutin, davon Abstand zu nehmen. Das ist vor allem bei Menschen günstig, die ihre eigene Identität durch den Widerstand gegen die Forderungen und Erwartungen ihrer Eltern finden müssen. Denn wenn die Therapeutin es braucht, daß die Klientin sich verändert, stimuliert sie die Übertragung auf unproduktive Weise. Wenn sie es nicht braucht und sich stattdessen mit allen angebotenen Mustern kongruent wohlfühlt, haben die therapeutische Allianz und der therapeutische Fortschritt größere Chancen. Ich glaube, dies ist eine der zentralen Ursachen für einige der durch paradoxe Interventionen ausgelösten rapiden Veränderungen. (Vorausgesetzt die Klientin hat die Kraft zur sofortigen Veränderung und der Widerstand ist von der oben skizzierten Art). Wer jedoch glaubt, das schnelle Resultat komme immer, wird bitter enttäuscht.

## Kognitive Methoden für den Aufbau des Ich

Die meisten der von mir vorgestellten kognitiven Verfahren zum Aufbau des Ich stammen aus dem Neurolinguistischen Programmieren (s. bes. Kap. 3 u. 4). Aber auch andere Richtungen sind vertreten. Ich habe z.B die V-K-Dissoziation besprochen, die Umdeutung, das Anzapfen der persönlichen Kraft-Quellen, die Selbst-Beruhigung und weitere Methoden des Angst-Managements. Sie unterstützen hauptsächlich die Abwehr-Fähigkeiten. Nun will ich die Ideen der kognitiven Therapie an sich erörtern und zeigen, wie wir durch sie unsere internen Denk-Prozesse besser verstehen und kontrollieren können, was zu effektiverem, äußerem Verhalten beiträgt.

Sie laden z.B. den Klienten ein, seine inneren Vorgänge auf neue Art und Weise zu beobachten. Ich erinnere mich da an John, einen jungen Mann mit einer Reihe schwerwiegend oral-schizoider Themen. Er litt bereits seit einigen Monaten an der Trennung von seiner Freundin. Sie hatte ihn verlassen und war in die nächste Stadt gezogen, die John häufig aus geschäftlichen Gründen besuchte. Immer wenn er dorthin kam, plagte ihn seine Depression besonders stark. An jeder Ecke erwartete er, die Frau plötzlich zu sehen.

Ich half ihm, diesen Gefühls-Zustand durch hypnotische Arbeit aufzurufen, damit wir die Abfolge seiner Gedanken verlangsamen und genauer untersuchen konnten. Außerdem bat ich ihn, die Sequenz gut zu beobachten, wenn er wieder einmal die Stadt besuchte oder seine Trennungs-Depression bekam. Wir fanden heraus: wenn er bestimmte Kneipen und Restaurants sah oder sich an sie erinnerte, stellte er sich vor, seine frühere Freundin sitze darin und fühle sich mit einem anderen Mann so richtig wohl. Diese Anfangsphantasie konnte kurz sein, aber auch länger anhalten. Schließlich würde er zu sich sagen: "Tja, du hast sie eben nicht glücklich machen können. Der andere Mann kann das." Danach fühlte er sich traurig, einsam und depressiv.

Ich möchte Sie bitten einmal alle ihre interpretativen Reflexe, die Sie jetzt verspüren mögen, beiseite zu lassen und sich nur auf die Aneinanderreihung der Gedanken zu konzentrieren: John entwickelte ein Bild, verurteilte sich daraufhin und fühlte sich schließlich schlecht. So sah seine Depressions-Strategie aus. Bild - negatives Selbstgespräch - schlechte Gefühle. Vor meiner Intervention entzog sich diese Folge seiner bewußten Wahrnehmung, weil sie sehr schnell und automatisch ablief. Danach war der Zugang da. John hatte eine weitere Form innerer, kognitiver Selbst-Erforschung gelernt, die ihm neue Einsichten gewährte. Mit diesem Wissen gewappnet, konnte er die Anfangsphantasie stoppen oder die Selbst-Verurteilung verändern. Oder er beschloß, sich darüber zu freuen, daß es seiner Exfreundin gut ging usw. Es hilft dem Ich immer, wenn ihm die inneren Fantasien und Denk-Prozesse zugänglich sind. Wir können diesen allgemeinen Ansatz auf alle kognitiven, affektiven oder verhaltensmäßigen Abfolgen anwenden. Die grundlegende Frage ist: Wie erzeugen wir Angst, Schuld, Liebe, Schüchternheit, Kompetenz usw.?

Häufig hat jemand in einem speziellen Bereich sehr wirksame kognitive und verhaltensbezogene Strategien entwickelt, kann sie aber nicht auf einen anderen, meist konfliktbeladenen, übertragen. In diesen Fällen sollten wir sowohl die effektive, als auch die ineffektive Vorgehensweise erforschen. Denn der Unterschied zwischen beiden kann uns wahrscheinlich über den störenden Konflikt aufklären. Diese detaillierte, vergleichende Information für das beobachtende Ich trägt zur Heilung der schwächenden Verfahrensart bei. Der Strategie-Ansatz hilft auch bei den vielen kleineren Problemen des Lebens, die gerade für den Borderline-Klienten oft von großer Bedeutung sind. Alles was ihn darin unterstützt sein Umfeld zu organisieren und zu meistern, erleichtert ihm den Tag. Viele Borderliner leben ziemlich desorga-

260

nisiert, was ihr Frustrations- und Angst-Niveau nur noch erhöht und ihr persönliches Chaos vergrößert. Praktische Organisations-Methoden verringern den beunruhigenden Hintergrundlärm und stellen mehr Energie für die Anpassungsfähigkeit frei.

Besonders schizoide, orale, symbiotische und viele narzißtische Menschen wollen nicht wirklich aufwachsen und die Verantwortung eines Erwachsenen übernehmen. Die stärker borderline strukturierten neigen dazu, schnell zu vergessen. Sie finden Hammer und Zange nicht mehr, wenn sie sie brauchen und kümmern sich nicht darum, ob sie am Wochenende genug Essen im Kühlschrank haben. Das alles kann ihnen direkt und oft ziemlich einfach beigebracht werden. Sie üben und kräftigen dadurch die Arbeit des Ich. Durch meine Tätigkeit in der Ehescheidungs-Forschung und Beratung von neugebackenen männlichen wie weiblichen Junggesellen habe ich einige Erfahrungen über Menschen sammeln können, die beim praktischen Lebens-Management ganz von vorne anfangen mußten. Meine Klienten und ich waren immer wieder erstaunt, wie die Bemeisterung simpelster Aufgaben die Empfindung für die eigene Kraft und die Selbst-Einschätzung verbesserte. Ich möchte Ihnen nun einige einfache Beispiele vorstellen.

Als ich eine Klientin behandelte, die ständig etwas verlor, stellte ich mir die Frage, wie ich selbst mit meinen Sachen umging. Wie diese Frau bin auch ich eher ein Kopf-Mensch. Ohne gewisse Erinnerungshilfen würde mir wahrscheinlich genau soviel wie ihr abhanden kommen und die Frustration wäre da. Ich fand heraus, daß ich mir erlaubte so gedankenverloren zu sein, wie ich wollte - außer wenn ich aus dem Haus oder von irgendwo wegging. Dann machte ich folgendes. Der Ablauf ist kurz, aber ausgetüftelt.

1. "Habe ich auch alles dabei?"
2. Ich seh' mich nochmal um, vielleicht liegt noch 'was rum.
3. Wenn der Tag einige Termine hat, oder Erledigungen zu machen sind, versuche ich, sie mir zu merken oder sogar aufzuschreiben. Ich werfe also einen Blick aufs Zettelchen.
4. Die kinästhetische Prüfung. Ich fühle die Wärme und das Gewicht meines Mantels, taste nach meinen Schlüsseln, aha, links im Händchen ist der Schirm, rechts der Aktenkoffer.
5. So..., fühle ich mich jetzt vollständig oder zwickt mich die Ahnung, doch noch etwas vergessen zu haben? Wenn das so ist, wiederhole ich flugs das Ganze.

Obwohl sich das kompliziert und lang anhört, läuft es, erst einmal eingefleischt, meistens sehr schnell ab.

Meine Klientin interessierte sich sehr für diese Methode. Sie übte sie in ihrer Phantasie und ich verordnete sie ihr dann sozusagen für die nächsten Wochen. Es klappte wirklich gut. Sie läßt jetzt kaum noch Sachen liegen und fühlt sich viel weniger frustriert.

Jeder nicht zu enge Borderline-Charakter könnte von etwas Zwanghaftigkeit in der äußeren Struktur seines Lebens nur profitieren. Die meisten gutkompensierten Menschen unserer Gesellschaft benutzen sie, um zu überleben. Für viele der stärker geschädigten ist sie sowohl strukturierendes Hilfsmittel als auch abwehrendes Manöver. Zwanghaftigkeit ist anerkannt. Viele Experten geben Ratschläge darüber wie sie konstruktiv anzuwenden ist (z.B. "Wie Sie ihre Zeit und ihr Leben kontrollieren können," von Alan Lakein, 1974), und betonen immer wieder einige Schlüsselpunkte:

1. Eine Liste darüber, was, wann, wo zu erledigen ist, das wichtigste unterstrichen.
2. Am besten geht's mit einem Notizbüchlein.
3. Und fürs Haus oder Büro: "Ein Platz für alles und alles an seinem Platz."

Helfen wir also unserem schlecht-organisierten Klienten auch mit Hinweisen, Abläufen und Vereinbarungen für die Organisation seiner Küche, seines Büros, seines Geschäftes usw. Es gibt aber auch genügend auf diese Bereiche spezialisierte Leute, die schnell und gut beraten können. Die kreativen Zwanghaften unserer Kultur haben sich an diesen Problemen schon ziemlich abgearbeitet. Als ich anfing, mit Melissa übers Kochen und die Hausarbeit zu reden, ging's plötzlich aufwärts. Bis dahin bereitete sie für sich kaum etwas zu. Ihre Mutter hatte das fürs Kind ja auch nicht getan. Ich gab ihr einige einfache Rezepte und sie machte sich ans Werk. Allmählich heilte so (u.a. aufgrund der Identifikation) dieser Mangel. Melissa war ein Stück erwachsener geworden.

Kommen wir zu einer letzten kognitiv-behavioristischen Methode, bevor wir zu weniger profanen Dingen weiterschreiten. Bei der Beratung geschiedener Eheleute ist das Thema Freizeit immer wichtig. Verheiratete haben oft ein ziemlich vorprogrammiertes Sozialleben. Um die verbleibenden Lücken kümmert sich meist nur einer von beiden. Der Alleinstehende muß viel verantwortlicher und planender vorgehen, wenn er mit anderen Menschen zusammenkommen möchte. Alles liegt allein auf seinen Schultern. Einer meiner Freunde erleichtert sich diese Aufgabe folgendermaßen: er stellt sich einen Plan regelmäßig wiederkehrender sozialer Kontakte und Verabredungen bei Mittagessen, Abendessen, Kursen, Konzerten usw. auf und trägt die Termine in einen großen Kalender mit Monatsübersicht ein. Er verzeichnet auch interessante gesellschaftliche Ereignisse, die er bei Gelegenheit besuchen könnte. Mit einem geringen Zeitaufwand von zehn bis fünfzehn Minuten pro Woche legt er sich so eine Liste mit Wahlmöglichkeiten vor. Auf einen Blick verfügbar regt sie ihn zu gesellschaftlichen Aktivitäten an. Dilts und andere haben 1984 die Voraussetzungen einer effektiven, internen, kognitiven Strategie skizziert.

1. Damit sie heilend wirkt, sollte sie gut definierte Ziele setzen. Um zu wissen, ob die Methode klappt oder nicht müssen Erfolgs-Kriterien da sein. Je faßbarer und beobachtbarer sie sind, desto leichter fällt die Beurteilung. Z.B. ist mein oben beschriebenes Erinnerungs-Verfahren dann erfolgreich, wenn ich den Schirm aufspannen kann, sobald es regnet, wenn ich zu Anfang des Seminars meine Notizen tatsächlich dabei habe oder meine Sportsachen im Wagen liegen, wenn ich zum Joggen fahre.
Der Erfolg läßt sich negativ ausdrücken: "Ich muß mich nie ärgern, weil ich nie etwas vergesse.", aber ich bevorzuge die positive Form. Das gibt mir wiederholte Möglichkeiten, mich zu belohnen und die effektive Strategie fortzuführen. Ich sehe konkret, daß sie funktioniert. Und wenn ich dann doch mal was nicht dabei habe, nehme ich den Vorfall zum Anlaß, die Strategie zu überprüfen, anstatt mich eines Fehlers zu beschuldigen, was schnell vorkommen kann, wenn ich die positiven Erlebnisse nicht mehr beachte.

2. Die zweite Voraussetzung einer effektiven Strategie ist die Verwendung der drei hauptsächlichen Repräsentations-Systeme im kognitiven Prozeß: Hören, Sehen, Kinästhetik (Bewegungsempfindung, Muskelsinn). Bei der Erinnerungs-Methode frage ich mich z.B.: "Habe ich auch alles, was ich brauche?" Ich überprüfe daraufhin meinen geistigen Merkzettel, um meine Hör-Komponente zu befriedigen. Dann schaue ich mich um, ob ich nichts zurückgelassen habe. Außerdem gucke ich bei mir nach, ob alles da ist, was ich benötige. Und nun der kinästhetische oder Gefühls-Check: Ja, ich spüre, daß ich den Mantel anhabe, ich taste die Schlüssel, ich spüre Schirm und Tasche in meinen Händen. Und am Ende die allgemeine, intuitive, kinästhetische Prüfung: "Hab' ich nun tatsächlich alles? Keine gegenteiligen Gefühle? ...Gut!" Obwohl wir bei einigen Problemen sicherlich eine der drei Repräsentationen weit mehr brauchen als die anderen, ist es gut, unsere ganze kognitive Ausstattung parat zu haben.

3. Das dritte Kriterium einer effektiven Methode soll wiederholten zwanghaften Schleifen vorbeugen, die wir vor die endgültige Entscheidung schieben könnten. An dem Punkt, da ich durch hören, sehen und spüren sicher glaube alles dabei zu haben, gehe ich. Ich fühle mich dann genauso

wie die vielen anderen Male, als ich später feststellte, daß ich damit richtig lag. Oder ich fühle mich eben nicht so. Wenn die Antwort zum Zeitpunkt der Entscheidung "Nein" lautet, ist es angemessen, den Zyklus zu repetieren. Erneut frage ich, "Habe ich meine Schlüssel?", antworte mit "Ja", gehe zu anderen Fragen weiter, bis ich die Lücke gefunden und behoben habe, soweit sogut, ... komme wieder zu den Schlüsseln, zum Schirm, zur Aktentasche, zum Geld, zum Schlüssel, zum Schirm, usw. ... soweit so nicht mehr gut. Ich habe mich in einer Schleife und einer offensichtlich ineffektiven Strategie verfangen. Hinter den meisten derartigen Fällen steckt eine zu untersuchende psychopathologische Komponente. Es reicht nicht aus, die fehlerhafte Methode rein technisch zu beheben, wie es viele Neurolinguistischen Programmierer tun.

4. "Wann muß ich meine Methode aufgeben?" Das zu wissen, ist die vierte Anforderung an eine wirksame Strategie. Auch wenn sie viele Male und unter den verschiedensten Umständen extrem erfolgreich gearbeitet hat, kann es Situationen geben, wo sie wiederholt versagt. Ich muß also Kriterien haben, die mir sagen, daß ich sie zumindest zeitweise ruhen lassen soll. Ich habe z.B. etwas verloren und benutze mein Erfolgs-Verfahren, um es wiederzufinden. Aber es klappt nicht. Ich erinnere mich, daß ich manchmal blind an meiner Vorgehensweise festhielt, obwohl ich damit nur Zeit verschwendete. Genau die begrenze ich jetzt. Und ich erlaube mir nur eine bestimmte Anzahl von Prüfung-Durchläufen. Seitdem geht's mir besser mit meinem Gefühl dafür, wann es genug ist. Oft löst sich das Problem sehr schnell, wenn ich dieselbe Strategie etwas später noch einmal anwende oder eine neue einsetze. Alle Methoden brauchen einen Ausgang. Jedes gute Verfahren braucht ein vernünftiges Maß für Zeit und Erfolg.

Natürlich wird sich ein Mensch mit schweren präödipalen Störungen seiner Ich-Funktion gegen viele dieser Vorgehensweisen wehren. Der Schizoide weigert sich, auf Leute zuzugehen, der Orale will sich nicht selbst versorgen, der Symbiotische fühlt sich von jeglichen Autonomie-Bestrebungen seines Partners bedroht usw. Aber das sind ja nur Anlässe, charakterologisch und analytisch weiterzuarbeiten. Bei guter Ausführung sehe ich keinen Grund, warum die kognitiv-behavioristischen Interventionen nicht mit tiefergehenden analytischen Interventionen kombiniert werden sollten. Die Beispiele "Zeit" und "praktisches Lebens-Management" wurden nur gewählt, weil sie zum einen so einfach und zum anderen besonders für stärker borderline geprägte Klienten wichtig sind. Sie verdeutlichen aber vor allem die wertvolle Metastrategie des kognitiv-behavioristischen Ansatzes: Bei gleichen Voraussetzungen können wir die erfolgreiche Methode eines anderen Menschen kopieren und ebenfalls erfolgreich einsetzen. Natürlich sind die Voraussetzungen, die Umstände, das Talent, die Intelligenz oder die Motivation oft nicht gleich und es kommt zu anderen Ergebnissen. In den meisten Bereichen persönlicher Lebens-Organisation, die wir therapeutisch durcharbeiten, sind die Unterschiede aber gar nicht so gewaltig. Es sind vielmehr die charakterologischen Themen, die die Vielfältigkeit erzeugen. Und auf die wenden wir ja andere Methoden an. Die Metastrategie dient dementsprechend einmal als allgemeine Verfahrensweise zur Hebung der Lebensqualität unserer Klienten und ein andermal als Auslöser von Charakter-Themen innerhalb eines umschreibbaren und leicht zu beobachtenden Feldes. Sofern die Therapeutin das über allem stehende Ziel der "Autonomie als Leitprinzip" immer im Auge behält, kann sie sich durchaus auf derlei Aktivitäten, die die Arbeitsweise des Ich verbessern sollen, einlassen.

## Charakterologische Familientherapie

Ich verbinde, besonders während der Ich-aufbauenden Psychotherapie, gerne Erkenntnisse und Methoden der Familien-Therapie mit solchen der charakterologischen und Objekt-Beziehungs-Theorie. Ich glaube, daß die Familien-Therapeuten im wesentlichen berechtigte Kritik an der Psychoanalyse üben, aber ich glaube auch, daß die Psychoanalytiker genauso berechtigt die Familien-Therapie kritisieren.

Zum ersten: die meisten Erwachsenen leben in einem familiären Umfeld irgendwelcher Art. Außerdem haben sie oft auch noch Kontakt mit ihrer Ursprungsfamilie. Die Ich-Mängel und intrapsychischen Konflikte der Klientin zeigen sich wahrscheinlich vor allem in ihrer aktuellen Familie. Gerade feste und längerdauernde Beziehungen fordern die tiefen Übertragungs-Reaktionen heraus. Außerdem ermutigt oder entmutigt die familiäre Umgebung die Entwicklung des Ich und die Lösung von Konflikten. Wir leben in keinem intrapsychischen Vakuum. Es kann zu großen Enttäuschungen führen, wenn wir einen Teil eines geschlossenen Familiensystems isolieren und nur ihn "reparieren". Auch wenn die Reparatur dieses Teils gelingt, kann sie die Ökologie des Sozialsystems zerbrechen und umso größeren Streß produzieren, was zum Zusammenbruch des Systems oder einiger seiner Mitglieder führen kann. Therapeuten sollten die ökologischen Auswirkungen ihrer Interventionen bedenken. Sie sollten die existierende Ökologie zum Nutzen ihrer Interventionen verwenden.

Andererseits ist die analytische Position genauso grundlegend richtig: die meisten unserer schweren und dauerhaften Probleme entstehen aus unserem Charakter und unserer Vergangenheit. Oberflächliche Manipulationen der Machtstruktur oder Kommunikationsqualität der Familie verändern gewöhnlich tiefsitzende Schwierigkeiten nicht dauerhaft. Sie glätten sie vielleicht zeitweilig, sprechen aber nicht die grundlegenden Probleme an.

Meine Synthese des Konflikts sieht so aus: Wie alle behavioristischen, kognitiven und strategischen Ansätze, kann auch der familien-therapeutische äußerst hilfreich sein, wenn man von ihm nicht mehr erwartet, als er leisten kann. Realistisch entweder alleine oder zusammen mit charakterologischen Methoden angewendet, kann er zur Verbesserung der Lebensqualität beitragen. Weil es in diesem Buch um die charakterologische Transformation geht, diskutiere ich ihn nur in diesem Zusammenhang. Seine Beiträge sind allerdings vielfältiger und doch begrenzt, weil Charakter-Schwierigkeiten durch Oberflächenmanipulationen nicht zu beseitigen sind.

So gesehen soll die Familien-Therapie ein optimales Umfeld ermöglichen, in dem der Ich-Aufbau und die Konflikt-Lösung fortschreiten kann. Dazu bedarf es einer gewissen Diagnose der familiären Abläufe und Zusammenhänge und eine zumindest allgemeine Einschätzung der Entwicklungsstufen wenigstens der Erwachsenen des Familien-Systems. Die Ergebnisse können die Therapeutin durchaus veranlassen, eine gewisse erzieherische Rolle einzunehmen und kurzfristig erreichbare Ziele aufzustellen.

Wir sollten aber hier und gerade auch bei der Eheberatung immer wieder auf die Erkenntnisse der Charakteranalyse und Objekt-Beziehungs-Theorie zurückgreifen, um die Menschen und ihre Beziehungen untereinander zu verstehen. Ich arbeite innerhalb der Eheberatung mit Paaren, aber genauso mit Einzelnen und beschäftige mich mit diesem Thema natürlich ebenso, wenn es in der allgemeinen Psychotherapie auftaucht. Dabei benutze ich die Grundlagen des charakterologischen Ansatzes und spreche mit meinen Klienten auch darüber. Mal mehr, mal weniger. Ich erkläre dem Paar auf einem Niveau, das mir konstruktiv erscheint, einiges über Objekt-Beziehungen, Charakteranalyse, Merksätze usw. Außerdem teile ich ihnen ihre Charakter-Themen mit, wie ich sie sehe. Ich wende mich dabei an ihre intellektuellen und Ich-Kräfte.

Danach erörtere ich allgemein die Familien-Struktur und gehe darauf ein, wie sie die Ich-Entwicklung fördert oder stoppt, wie sie zu Konflikt-Lösungen beiträgt oder sie verhindert. Dies führt gar nicht so selten zu einer therapeutischen Umdeutung der familiären Probleme. Es kommt mir oft so vor, als ob wir Menschen uns Lebenssituationen aussuchen, die uns Gelegenheit geben, jene Lektionen zu lernen, die wir noch nicht gelernt haben. Häufig sieht das nach Wiederholungszwang aus: wir fühlen uns immer wieder zu der gleichen Sorte Leute, der gleichen Sorte Probleme, der gleichen Sorte Lösungen hingezogen, bis unsere charakterologischen Basis-

Themen gelöst sind. Wir arbeiten sie immer wieder durch, bis sie keine mehr sind. Dieses Konzept erhellt Partnerwahl und Ehekonflikt. Die meisten schweren Beziehungsprobleme sind Gelegenheiten zur Transformation oder Verwandlung des Charakters. Eine Beziehung kann, zumindest auf kognitiver Ebene, transformiert oder umgestaltet werden, wenn die Themen klar und verstanden sind. Auf dieser konstruktiven Grundlage kann das Paar seine Ich-Kräfte zusammenarbeiten lassen und die Familien-Probleme gemeinsam angehen. Wir stellen die Oberflächen-Interventionen der Familien-Therapie in den Rahmen charakterologischer Heilung, in dem niemand verurteilt wird und jeder verantwortlich ist. Wir setzen damit eine Menge psychischer Energie für Problemlösungen und persönliches Wachstum frei.

Um alle Möglichkeiten einer charakterologischen Familien-Therapie zu erörtern, müßte ich ein eigenes Buch schreiben. In diesem Kapitel will ich deshalb nur einige Prozeß- und Fall-Beispiele geben, bei denen die Familien-Intervention die Ich-Funktionen der Mitglieder des Familien-Systems unterstützt.

Innerhalb dieser eher engen Zielsetzung geht es mir meistens darum, die Regulierung der Impulse bei außer Kontrolle geratenen ehelichen Kämpfen zu verbessern. Zuerst einmal versuche ich das Problem um- oder neuzudeuten, damit beide Partner beginnen, Verantwortung zu übernehmen. Wenn es immer wieder zu Ausbrüchen und Eruptionen im Eheleben kommt, haben nach meiner Erfahrung beide einige schwere prädipale Ich-Mängel, die es zu beheben gilt. Bei einigen der deswegen von mir behandelten Paare, sah das charakterologische Make-up auffallend gleich aus.

Ich erinnere mich an drei Fälle, wo die Frauen hauptsächlich oral oder symbiotisch und deshalb ziemlich eifersüchtig und voller Trennungs-Angst waren. Die kleinsten Anlässe lösten Panik und Mißtrauen aus. Sie versuchten auf kindliche Art, damit fertig zu werden. Sie wurden wütend, anschuldigend oder klammerten sich an. Wenn das anklammernde Abhängigkeitsverhalten nicht zu der erhofften Rückversicherung und Nährung führte, folgten wieder Zorn und Anklage.

Die Männer zeigten in diesen sich wiederholenden Melodramen eine eher narzißtische Struktur. Sie neigten im allgemeinen zumindest unbewußt dazu, sich von der Abhängigkeit ihrer Partnerinnen geschmeichelt zu fühlen. Sie übernahmen für deren Gefühle Verantwortung. Gleichzeitig ärgerten sie sich aber auch darüber. Sie machten dann meist doch was sie wollten, während sie ihre Frauen verbal beruhigten: "Vertrau'mir bitte. Versteh' mich bitte. Verlang' nicht immer Rückversicherungen von mir." Die Wut und Anschuldigungen ihrer Partnerinnen schnitten gleich zweimal in ihre alten narzißtischen Wunden:

1. Sie forderten seine Leistungsfähigkeit, Befriedigungen verschaffen zu können heraus und sagten übersetzt: "Du tust nicht genug und du tust es nicht richtig. Du kannst mich nicht glücklich machen. Du mußt noch mehr von dir aufgeben, um mich zu befriedigen."
2. Die unaufhörliche Panik, Eifersucht und Anklage machte ihn hilflos.

Der zweite Punkt ist der wichtigere, wenn man die innere Erfahrung dieser Männer wirklich verstehen will. Der Narzißt kann die eigene Hilflosigkeit nicht ausstehen. Hilflos zu sein, bedroht ernsthaft seinen Charakter. Um diese gefährliche Emotion zu vermeiden, wird er oft wütend.

Diese Konstellation führte in den ansonsten oft zufriedenstellenden Beziehungen zu einem fast völligen Zusammenbruch der regulierenden Ich-Kräfte beider Partner. Da schlug ein emotional zwei Jahre alter Junge auf ein emotional ein Jahr altes Mädchen ein. Und keine Erwachsenen in Sicht. Das führte im besten Falle zu unkontrollierten, irrationalen Schrei-Gemetzeln und im schlechtesten zu körperlichen Angriffen und dem Erscheinen der Polizei.

Der Verlust der Ich-Kontrolle war für beide ein Ich-dystonischer, also Ich-fremder Vorgang. Daher gelang es relativ leicht, von jedem die Anerkennung eigener Verantwortung zu erreichen. Beide Partner sahen ein, daß das unbequeme, störende und sogar krankhafte Verhalten des anderen nicht unbedingt gleich die eigene Wut rechtfertigte. Außerdem war es kaum ein Mittel, dieses Verhalten abzustellen. Sobald beide ihre Verantwortung und die von mir skizzierten charakterologischen Ausführungen akzeptierten, standen wir auf einer Basis, von der aus Verhaltens-Vorschläge charakterliches Wachstum einleiten konnten. Zumindest im Bereich der Regulation von Impulsen. Jedes Problem wurde nun zur Gelegenheit, ein Charakter-Thema durchzuarbeiten.

Wir müssen uns das eigene Thema aneignen und in Besitz nehmen, statt es marktschreierisch wegzubrüllen oder unsere Gefühle dem anderen wie Müll über den Kopf zu schütten. Damit wollen wir nämlich nur unser Gegenüber zwingen, nicht mehr unser zentrales Lebens-Problem zu stimulieren. Der angemessene Umgang und die Durcharbeitung von Trennungs-Angst und Mißtrauen gehört zu unserer Verantwortung für das eigene Wachstum. Und auch die Auseinandersetzung mit unseren begrenzten Fähigkeiten sowie das Eingeständnis der eigenen Hilflosigkeit bedeutet eine zur vollständigen Reife notwendige Wiederannäherung an die Realität. Wir fügen unseren Problemen nur noch ein weiteres hinzu, wenn wir vom Partner fordern, unsere Themen auf keinen Fall mehr anzurühren. Vielleicht gehört es sogar, umfassender betrachtet, zur Verantwortung des anderen Menschen, unsere Lebens-Themen anzuregen bis sie gelöst sind. Die Lösung des Problems heißt: meine Gefühle so vollständig wie möglich erleben und die Verantwortung für sie übernehmen. Die Lösung heißt nicht: meine Gefühle über dem anderen auskippen.

Bei Paaren wie diesen hilft oft eine kurze Trennung. Sie verringert die Möglichkeit, den anderen als Gefühls-Abladeplatz zu benutzen und fördert das eigene Erleben. Ermutigen Sie den oral-symbiotischen Partner, in dieses einzutauchen, aber mildern Sie auch seinen Verlust und seine Angst, damit er sie letztlich tolerieren und wiederholt die Rückkehr des verlorenen Objekts erfahren kann. Der narzißtische Partner muß seine eigenen Begrenzungen erleben: er kann die Gefühle des anderen nicht kontrollieren und er kann ihn nicht so manipulieren, daß der sich so verhält wie es dem Narzißten gefällt. Der Narzißt muß lernen mit seinen Begrenzungen zu leben. Alle in diesem Buch erwähnten Techniken, die das Erleben und Ausdrücken von Gefühlen innerhalb und außerhalb der Therapie fördern, dienen diesen Zielen.

Wenn ich Verhaltens-Rezepte für derartige kurze Trennungen oder Isolierungen, die einen eskalierenden Streit stoppen sollen, gebe, versuche ich die Grundregeln äußert präzise herauszustellen. Ich verpflichte beide Partner zu einem Vertrag. Sobald z.B. einer der beiden bemerkt, daß die Auseinandersetzung außer Kontrolle zu geraten droht, beendet er sie durch ein vereinbartes Wort oder Signal und verläßt den Raum oder sogar das Haus. In diesen Abbruch des Kontaktes ist jedoch das Versprechen eingeschlossen, sich später wiederzutreffen, um das Thema ruhiger und rationaler anzugehen. Wir können uns auch auf Ort, Zeit und Dauer der Diskussion einigen. In diesem Zusammenhang sind regelmäßige Kommunikations-Sitzungen oft sehr hilfreich. Sie reinigen systematisch und in bestimmten Abständen immer wieder die Luft. Außerdem sollten verschiedene Formen des aktiven Zuhörens trainiert und auch verordnet werden. Dazu gehört eine Diskussion über den Unterschied zwischen Problemlösungs-Kommunikation und Ausdrucks-Kommunikation (Johnson, 1985). Hier wird es des öfteren nötig sein, besonders den narzißtischen Klienten anzuhalten, alle problemlösenden Versuche mit seiner Partnerin zu unterlassen, bis er ausdrücklich darum gebeten wird. Seine mitwirkenden und affektiven Reaktionen auf diese Anordnung klären uns über seine Flexibilität und dadurch über jene Bereiche auf, in denen noch gearbeitet werden muß.

Ich benutze auch gerne eine Intervention aus der Strategie-Therapie und bitte das Paar ganz bewußt, sein permanentes Beziehungs-Spiel aufzuführen. Im oben beschriebenen Beispiel soll dabei der Narzißt die Unsicherheit und Eifersucht seiner Partnerin vorsätzlich und subtil stimulieren, indem er z.B. nicht wie erwartet anruft oder ein bißchen später als gewöhnlich nach Hause kommt. Die oral-symbiotische Frau eröffnet daraufhin ganz bewußt den Streit, sie schimpft und klagt an. Der Narzißt tut dann, was er immer tut: sich verteidigen und schließlich wegen des unverständlichen Mißtrauens wütend werden. Ebenso die Frau. Sie verstärkt ihre Eifersüchteleien und paranoiden Anschuldigungen. Irgendwann soll einer der beiden sagen: "Ist das jetzt echt hier oder machen wir das nur, weil Steve (Dr. Johnson) uns darum gebeten hat?" Wer sich während des Spiels immer bewußt blieb, hat gewonnen. Es gibt also keinen, einen oder zwei Sieger.

Diese Verhaltensübung schärft das Ich-Bewußtsein über das störende Muster und erzeugt eine viele Möglichkeiten eröffnende Unsicherheit, sobald es wieder wirken und ablaufen möchte. Ihre Ergebnisse können dramatisch sein, wenn sie zur richtigen Zeit eingesetzt wird, d.h. nach vorheriger kognitiver und verhaltens-bezogener Arbeit, die beide Partner auf diese energiegeladene Interventions-Ebene vorbereitet. Des öfteren werden die Anweisungen kaum oder gar nicht befolgt, ...und dennoch wirken sie. Unter anderem kappen sie einen Großteil des Sekundärgewinns, der aus dem Spiel gezogen wird und verderben sozusagen den Spaß daran.

## Durcharbeiten und Transformation

Gar nicht so leicht, all diese Sichtweisen von Psychotherapie im Kopf zu behalten! Es dauernd und bewußt zu tun, ist tatsächlich unmöglich. Während meiner eigenen Entwicklung habe ich mich von einem Modell ins andere gestürzt, bis ich da war, wo ich heute bin: bei der Integration meiner Erfahrungen. Das ist vielleicht nicht der effizienteste Weg, aber für mich war er nötig, weil ich die Integration so, wie ich sie haben wollte, von keinem Lehrer bekam und auch die theoretische Untermauerung bis kurz vor Ende meiner Reise nicht in Sicht war.

Wir stehen am Beginn einer Ära der Integration von Polaritäten. Sowohl in unserer Kultur allgemein, als auch in der Psychotherapie im besonderen. In vielen psychotherapeutischen Schulen gibt man immer mehr die eigenen Grenzen zu, ohne gleich den ganzen Ansatz wegzuwerfen. Die Anerkennung der eigenen Begrenztheit öffnet uns anscheinend für die Beiträge aber auch Begrenzungen der anderen. Unvermeidlich wird diese Öffnung von Verwirrung begleitet. In der Verwirrung sprudelt die Quelle des Anfangs und steht das Tor zu einem Wissen, das uns bis dahin unbekannt war. Eine zentrale verwirrende Polarität für meinen Anfang drückt sich im Untertitel des Buches aus: The Hard Work Miracle. (Anm. d. Übersetzers: dieser Untertitel der amerikanischen Ausgabe ist als deutscher Untertitel nicht in der notwendigen Kürze zu übersetzen.) Nach dem gegenwärtigen Stand unseres Wissens und unserer Kunst, dauert die Psychotherapie charakterologischer

Themen oft Jahre. Und dennoch erleben wir Wunder. Es gibt Menschen, die spontan und schnell transzendieren. Was erklärt diesen Gegensatz?

Psychotherapie ist harte Arbeit, ...bis sie es nicht mehr ist. Der Ich-Aufbau gehört zu ihren Grundlagen. Er bereitet die Bühne für die Transzendenz vor, ist selbst aber nicht transformierend. Bei der Psychotherapie zur Konfliktlösung arbeiten wir uns durch die Abwehr zum notwendigen Erleben durch. Das Erlebnis muß Gefühl, Geist und Verhalten einbeziehen, um die Erfahrung völlig zu befreien. Die Befreiung heilt. Der Weg ist oft schwer, aber die Leute fühlen sich besser. Doch auch die Befreiung transformiert nicht. Der letzte, unabdingbare Schritt ist die Vergebung, ist die Versöhnung - die Versöhnung mit dem was geschah, die Versöhnung mit dem was geschieht und die Versöhnung mit dem, was geschehen wird. Ich nehme das, was war, was ist und was noch kommen mag, an. Viele der in diesem Buch vorgestellten Fallgeschichten sind eigentlich ziemlich tragisch. Die in ihnen dargestellten Menschen wurden auf schreckliche Weise zurückgewiesen und verlassen, als sie offen, bedürftig und hilflos waren. Die natürliche Konsequenz daraus wäre ein lebenslänglicher vorprogrammierter Leidensweg gewesen. Aber sie fanden den Mut, ihren Schmerz loszulassen und bereiteten damit den Boden für die wirkliche Vergebung, für die tatsächliche Versöhnung.

Als Psychotherapeuten begleiten und leiten wir den Prozeß der Befreiung und Verzeihung. Das ist unsere Aufgabe. Und wir dürfen ihn beobachten, wir dürfen Zeuge sein. Das ist die uns gewährte Gunst. Um den Prozeß zu vollenden, brauchen wir eine sensible Balance. Es scheint mir, daß viele der "althergebrachten", dynamischen Therapeuten mit ihren Klienten im Kreislauf des Durcharbeitens zur Befreiung von Gefühlen steckenbleiben. Durcharbeiten ist hilfreich, aber erreicht nicht die Transformation. Im Gegensatz dazu ermutigen die sogenannten "Transformer" häufig frühreif zur Vergebung, die zwar kognitiv geleistet, aber im Herzen nicht gefühlt wird. Sie muß deshalb mit großen Anstrengungen auf den Beinen gehalten werden, um dann schließlich doch irgendwann auf die Knie der Desillusionierung zu fallen.

Wenn wir den natürlichen Ablauf des Befreiungs-Versöhnungs-Prozesses respektieren und fördern, ist die Transformation, ist die Veränderung, ist die Verwandlung möglich. Hugh Prather schrieb (1988): "Die Versöhnung und der Wille glücklich zu sein sind dasselbe." Wenn die gehaßten und verlassenen Kinder dieser Welt bereit sind, ihre Leiden loszulassen (damit es besser wird und nicht um sie jemandem heimzuzahlen), ist die Umgestaltung nah. Wenn sie Zurückweisung und Verlust verzeihen, wenn sie die Versöhnung wirklich fühlen und danach handeln können, sind sie transformiert und das ist das Wunder. Solche Wunder, kleine und große, ereignen sich in der Psychotherapie. Deswegen machen wir sie.

# Bibliographie

**Abraham, K.:** *Contributions to the theory of the anal charakter.* 1921 Neu-druck in: Selected Papers on Psychoanalysis I, New York, 1953

**Bandler, R., und Grinder, J.:** *Reframing.* Paderborn, 1985

dies.: *Neue Wege der Kurzzeit-Therapie.* Paderborn, 1981

**Benson, H.:** *The relaxation response.* New York, 1975

**Beres, D.:** *Ego deviation and the concept of schizophrenia,* in: The Psychoanalytic Study of the Child, 11, S. 164-235, 1956

**Berne, Eric:** *Spielarten und Spielregeln der Liebe.* Reinbek, 1974

ders.; *Spiele der Erwachsenen. Psychologie der menschlichen Beziehungen.* Reinbek, 1967

**Blanck, G., und Blanck, R.:** *Angewandte Ich-Psychologie.* 1988

dies.: *Ich-Psychologie II. Psychoanalytische Entwicklungspsychologie.* 1989

**Boadella, David:** *In the wake of Reich.* Ashley Books, 1977

**Bowlby, John:** *Trennung. Psychische Schäden als Folge der Trennung von Mutter und Kind.* Frankfurt, 1976

ders.: *Attachment and loss. Vol. II: Separation: Anxiety and anger.* New York, 1973

ders.: *Grief and mourning in infancy and early childhood,* in: Psychoanalytic Study of the Child, 15, 9-52, 1960

**Davanloo, H.:** *A method of short-term dynamic psychotherapy,* in: H. Davanloo (Hrsg.), Short-term dynamic psychotherapy. New York, 1980

**Dilts, R., Grinder, J., Bandler, R., Bandler, L., und DeLozier, J.:** *Strukturen subjektiver Erfahrung, ihre Erforschung und Veränderung durch NLP.* Paderborn, 1984

**Freud, A.:** *Das Ich und die Abwehrmechanismen.* Frankfurt, 1988

**Freud, S.:** *Studienausgabe.* Frankfurt/M., 1982

**Gendlin, Eugene T.:** *Focusing. Technik der Selbsthilfe bei der Lösung persönlicher Probleme.* Salzburg, 1981

**Gerber, M.:** *The psycho-motor development of African children in the first year and the influence of maternal behavior,* in: Journal of Social Psychology, 47, 185-195, 1958

**Giovacchini, P.:** *Psychoanalysis of character disorders.* New York, 1975

**Giovacchini, P., und Boyer, L.B.:** *The psychoanalytic impasse,* in: International Journal of Psychoanalytic Psychotherapy, 4, 25-47, 1975

**Greenacre, P.:** *Certain technical problems in the transference relationship.,* in: Journal of the American Psychoanalytic Association, 7, 484-502, 1959

ders.: *The childhood of the artist,* in: Psychoanalytic Study of the Child, 12, 47-72, 1957

**Haley, J.:** *Die Psychotherapie Milton H. Ericksons.* München, 1988

**Harlow, H.K., und Harlow, M.H.:** *Learning to love,* in: American Scientist, 54, 244-272, 1966

**Hartmann, Heinz:** *Ich-Psychologie. Studien zur psychoanalytischen Theorie.* 1972

ders.: *Ich-Psychologie und Anpassungsproblem,* 1975

**Hillman, James:** *Am Anfang war das Bild. Unsere Träume - Brücke der Seele zu den Mythen.* München, 1983

**Hilton, R.:** *General dynamics of character structure development and the therapeutic process,* in: Cassius, J. (Hrsg.), "Horizons in bioenergetics: New dimensions in mind-body psychotherapy." Memphis (Promethean Publications), S. 178-197, 1980

**Horner, A.S.:** *Object relations and the developing ego in therapy.* New York, 1979

**Jacobson, Edith:** *Das Selbst und die Welt der Objekte.* Frankfurt, 1978

**James, M., und Jongeward, D.:** *Spontan leben. Übungen zur Selbstverwirklichung.* Reinbek, 1986

**Johnson, Stephen M.:** *Nach der Trennung wieder glücklich.* Düsseldorf, 1985

**Jones, E.:** *Über analerotische Charakterzüge.* Internationale Zeitschrift für Psychoanalyse. 1919

**Judd, L., und Mandell, P.:** *Chromosome studies in early infantile autism,* in: Archives of General Psychiatry, 18, S. 450-456, 1968

**Karpman, S.B.:** *Fairy tales and script drama analysis,* in: Transactional Analysis Bulletin, 7, 26, S. 39-43, 1968

**Keleman, S.:** *Dein Körper formt Dein Selbst. Selbsterfahrung durch Bioenergetik.* München, 1986

**Kernberg, O.:** *Objektbeziehung und Praxis der Psychoanalyse.* Stuttgart, 1981

ders.: *Borderline-Störungen und pathologischer Narzissmus.* Frankfurt, 1983

**Kohut, H.:** *Narzißmus.* Frankfurt, 1973

**Kurtz, R, und Prestera, H. :** *Botschaften des Körpers.* München, 1986

**Lakein, A.:** *How to get control of your time and your life.* New York, 1974

**Langs, R.:** *The bipersonal field.* New York, 1976

ders.: *The techniques of psychanalytic psychotherapy Vol. I.* New York, 1973

**Liberman, R.P., King, L.W., DeRisi, W.J., und McCann, M.:** *Personal effectiveness: Guiding people to assert themselves and improve their social skills.* Champaign, Il. 1975

**Lowen, A.:** *Körperausdruck und Persönlichkeit. Grundlagen und Praxis der Bioenergetik.* München, 1988

ders..: *Der Verrat am Körper.* Reinbek, 1982

ders..: *Narzissmus. Die Verleugnung des wahren Selbst.* München, 1986

Lowen, A., und Lowen, L.: *Bioenergetik für Jeden*. Gauting, 1979

Mahler, Margaret S.: *Symbiose und Individuation. Psychosen im frühen Kindesalter*. 1986

dies.: *Rapprochement subphase of the separation-individuation process*, in: Psychoanalytic Quaterly, 41, S. 487-506, 1972

Mahler, Margaret S., Pine, R., und Bergman, A.: *Die psychische Geburt des Menschen. Symbiose und Individuation*. Frankfurt, 1988

Malan, David H.: *Psychoanalytische Kurztherapie. Eine kritische Untersuchung.*

Malcolm, Janet: *Fragen an einen Psychoanalytiker. Zur Situation eines unmöglichen Berufs*. 1983

Masterson, J.: *Psychotherapie bei Borderline-Patienten*. Stuttgart, 1980

ders.: *The narcissistic and borderline disorders*. New York, 1981

Muller, E.: *L'Analyse, du carater a la Rumere de la psychologie de l'ego*. in: Analyse du corps, Bd. I, 1, 1982

Murphy, L. und Moriarty, A.: *Vulnerability, coping and growth*. New Haven, 1976

Orme-Johnson, D.W. und Farrow, J.T.: *Scientific research on the transcendental meditation program*. in: Collected Papers, Vol. I. New York, 1977

Paul, J., und Paul, M.: *Do I have to give up me to be loved by you?* Minneapolis, 1983

Pearce, J.: *Die magische Welt des Kindes.*

Perry, J.C., und Klerman, G.L.: *The borderline patient. A comparative analysis of four sets of diagnostic criteria,* in: Archives of General Psychiatry, 35, 141-150, 1978

Prather, Hugh: *Spiele spielen die verwandeln. Ein Wachstumspfad der Fantasie*. Wessobrunn, 1988

Premack, D.: *Reinforcement theory*, in: D.Levine (Hrsg.), Nebraska symposium on motivation. Lincoln, S. 123-180, 1965

Reich, W.: *Charakteranalyse*. Köln, 1988

Schiffman, M.: *Self therapy: Techniques for personal growth*. Menlo Park, CA, 1967

Scott, G.T.: *Bioenergetics. Theory and Practice*. Unveröffentlichtes Manuskript, 1976

Spitz, R.: *Vom Säugling zum Kleinkind. Naturgeschichte der Mutter-Kind-Beziehung im ersten Lebensjahr*. 1989

Winnicott, D.W.: *Transitional objects and transitional phenomena*. in: The International Journal of Psychoanalysis, 34, S. 89-97, 1953.

Winnicott, D.W.: *Reifungsprozesse und fördernde Umwelt*. Frankfurt, 1988

Stephen M. Johnson ist Professor für Psychologie an der Universität von Oregon/USA. Er teilt seine Zeit zwischen klinischer Lehre und privater Praxis in Psychotherapie. Seit vielen Jahren widmet er sich der Erforschung der verschiedenen Charaktere des Menschen.

# Weitere Titel im Transform-Verlag:

**Jack Lee Rosenberg**
**Körper, Selbst & Seele.** **Ein Weg zur Integration**

Jack Rosenberg, bekannt durch das Buch "Orgasmus", beschreibt in seinem neuen Buch eine faszinierende neue Körperpsychotherapie, die sowohl kognitive als auch somatische und spirituelle Wege zu einer umfassenden Gesundheit aufzeigt. Ein begrüßenswerter Beitrag zur Erweiterung des Denkansatzes in der aktuellen Psychologie!

"Dr.Jack Rosenberg ist bekannt als einer der kenntnisreichsten körperorientierten Therapeuten. Sein kreativer Ansatz, Körperspannungen zu lösen, lange zurückgehaltene Gefühle zu befreien und hiermit geistig-seelische und physische Gesundheit zu erzielen, repräsentiert eine ganz besondere Integration zahlreicher therapeutischer Disziplinen."

*Ken Dychtwald, Autor von "Körperbewußtsein"*
416 Seiten, 37 Abbildungen, DM 39,80

**Fritz Frederick Smith**
**Innere Brücken.**
**Handbuch der Lebensenergie und Körperstruktur**

"Innere Brücken" versteht sich als Synthese zwischen östlichen und westlichen Gesundheitssystemen. Diese Verbindung basiert auf dem Konzept, daß Energie als eine fundamentale Kraft in der Natur existiert. Dr.F. Smith beschreibt die alte geheime Lehre der "energetischen Anatomie", welche von den Chinesen und Hindus gelehrt wird. Und er zeigt, daß die traditionellen östlichen Heilmethoden durch die neuesten Erkenntnisse der westlichen Medizin bestätigt werden.

Dr.Smith, der das Energiekonzept mit unserer persönlichen Erfahrung verknüpft, erklärt, wie Menschen, die praktisch im Gesundheitsbereich arbeiten, durch ihre Hände Zugang zu dieser Energie haben, ihr Vorhandensein spüren und die Reaktion eines Menschen auf ihre Bewegung sehen können. Die Vorstellungen von Dr. Smith veranschaulichen die Verbindungen zwischen der physischen Welt und der Welt der Energie. Somit stellt er Brücken dar zu vielfältigen Alternativen für Gesundheit und Heilung, Brücken für ein tieferes Verständnis unseres inneren Wesens.

200 Seiten, zahlr. Abb., DM 28,-

**David Boadella**
**Biosynthese-Therapie**
**Grundlagen einer neuen Körperpsychotherapie**

Nachdem David Boadella seit mehreren Jahren im deutschsprachigen Raum Therapieausbildungen durchführt, liegt nun hiermit endlich ein Buch vor, welches seine Methode, die ihn zu einem sehr effektiven und bedeutenden Körpertherapeuten macht, darstellt. Es schildert den historischen Hintergrund sowie die Entwicklung der Biosynthese-Therapie und beschreibt ihre Grundlagen und Konzepte. Ferner informiert es über Ausbildungsmöglichkeiten und wichtige Adressen.

64 Seiten, 8 Abbildungen, DM 12,80

**DIALOG - Biodynamische Psychologie**
Zeitschrift für Biodynamische und Transformationale Psychologie und Psychotherapie
Mit der Herausgabe von "DIALOG", der Zeitschrift für Biodynamische und Transformationale Psychologie begegnen die Herausgeber einem wachsenden Interesse an körperorientierter Therapie, insbesondere der Biodynamischen Psychologie in Deutschland. "DIALOG" ist ein Diskussionsforum und berichtet sowohl über aktuelle Anwendungsgebiete der Biodynamischen Psychologie als auch über Weiterentwicklung und neue Forschung.

Die Zeitschrift wendet sich an Therapeuten, Psychologen und andere Menschen aus sozialen und helfenden Berufen.

Jeder Band ca. 80-120 Seiten, DM 15,- /Erscheint 1 - 2x Jährlich

**Hugo Kükelhaus**
**Mit den Sinnen Leben**

Mit den Sinnen leben ist eine Aufforderung, sein Leben selbst in die Hand zu nehmen und seine Sinne zu gebrauchen. Hugo Kükelhaus, Autor zahlreicher Bücher und bekannt durch seine erfolgreichen Ausstellungen und Vorträge, geht es um die Entfaltung der Sinne, so daß Tasten, Fühlen, Sehen, Hören, Riechen und Schmecken zum Erlebnis wird.

Das Tun, die eigene Erfahrung stand für ihn immer im Vordergrund. So gibt er in diesem Buch Anregung zur Eigenaktivität und lädt ein zum Ausprobieren.

Ein anregend gestaltetes Buch, in dem sich der handgeschriebene Text mit den Zeichnungen des Verfassers übergangslos verbindet.

38 Seiten, DM 12,80

## John Rowan und Windy Dryden
## Neue Entwicklungen der Psychotherapie

Die Herausgeber haben in diesem Buch die gängigsten neuen Therapieverfahren zusammengestellt. Das Spannende an diesem Buch ist, daß alle Methoden mit dem gleichen Grundraster beschrieben werden, wie z.B.: Historische Entwicklung, das Menschenbild, die Person des Therapeuten, die Entstehung von Störungen, die therapeutische Technik, Fallbeispiel usw.. Dadurch ist es möglich, Ähnlichkeiten, Unterschiede und Verbindungen der einzelnen Verfahren direkt festzustellen. Es bietet auf eine interessante und anschauliche Art eine Fülle von Informationen. Wer sich für eine Therapie entscheiden will oder eine Therapeutenausbildung machen möchte, dem fällt es leicher, anhand dieses Buches eine Auswahl zu treffen.

316 Seiten, zahlr. Abb., DM 38,-

## Werner Eberwein
## Impulse Von Innen
## Biodynamik: Körperpsychotherapie zur Heilung und Selbstfindung

In diesem Buch stellt Werner Eberwein, Dipl.-Psychologe und biodynamischer Körpertherapeut, Grundgedanken der aus der Reichschen Arbeit entwickelten Biodynamischen Psychologie vor. Der Körper ist der Ort der Gefühle; über ihn und die "Impulse von innen" gewinnen wir wieder einen tieferen, wesentlichen Kontakt zu unserem wahren Selbst. An lebendig und einfühlsam geschilderten Fallbeispielen aus seiner Praxis verdeutlicht der Autor, wie die gewährende meditative Grundhaltung den Prozeß des allmählichen Schmelzens muskulärer und emotionaler Panzerungen unterstützt und somit den Weg zu einer Transformation der Identität öffnet.

Mit vielen anschaulichen Illustrationen und Fotos von Übungen!

190 Seiten, DM 29,80

## A.H.Almaas
## Die Leere- Eine psychodynamische Untersuchung der Beziehung zwischen Geist und Raum.

"Auf bemerkenswert direkte Art und Weise macht der Autor uns mit dem Raum oder der Grundlage des Bewußtseins vertraut, auf dem mentale Strukturen wirksam werden. Dieses Buch zeigt auf, wie innere Weite somatisch, psychisch und spirituell erfahrbar wird, befaßt sich ausführlich mit einigen der zahlreichen Ebenen des inneren Raums und, was noch wichtiger ist, veranschaulicht, wie diese Raumerfahrungen eine grundlegende Heilung und Integration unseres Seins bewirken können."

*Aus der Einleitung von Jack Kornfield*

"Almaas hat reichianische therapeutische Praxis, das Wissen der Objekt-Beziehungs-Theorie und spirituelle Weisheit des Sufismus zu einem einzigartigen System verschmolzen, in dem spiritueller Weg und individueller therapeutischer Prozeß eins werden. Die Freisetzung der verschiedenen Qualitäten unserer Essenz wird im Zusammenhang gesehen mit ihrer Blockierung in den verschiedenen Phasen der Ich-Entwicklung."

*Martin Siems, Autor von "Dein Körper weiß die Antwort"*
ca. 140 Seiten, ca. DM 26,80

## Titel in Vorbereitung:

### Jenny James
### Raum zum Atmen

Mit "Raum zum Atmen" liegt ein weiteres, interessantes Buch von Jenny James vor- einer Frau, die sich zu Beginn ihrer Therapie als Nymphomanin bezeichnete.

Sie berichtet mit lebendiger Offenheit und Tiefe über ihre 5-jährige Zeit der Therapie bei dem bekannten Körperpsychotherapeuten David Boadella. Briefe, Geschichten und Tagebuchaufzeichnungen führen den Leser auf eine Reise in die "inneren Dimensionen" der Psyche und lassen ihn eindringlich nacherleben, wie durch den Atem ungeahnte "Räume" wieder zum Leben erweckt werden. Ein beeindruckendes Dokument, voller Spannung.

### Dagmar Hoffmann-Axthelm (Hrsg.)
### Der Körper in der Psychotherapie

Das Buch enthält Beiträge von: Alexander Lowen: Einige Gedanken über Krebs. David Boadella: Stress und Charakterstruktur. Tillmann Moser: Formen der Gegenübertragung in der psychoanalytisch orientierten Körperpsychotherapie. Albert Pesso: Körper, Seele, Ego und "Pilot" in der psychomotorischen Therapie. Thomas Ehrensperger: Psychosomatische Medizin und Bioenergetische Analyse. Niklas Roth: Erfüllung und Begrenzung. Rainer Mahr: Migräne und Bioenergetik. Werner Geigges u. Jörg M. Herrmann: Gruppentherapeutische Konzepte in der psychosomatischen Medizin.